2020 中国物业管理行业年鉴
China Property Management Industry Yearbook

（中）

中国物业管理协会 编

中国建筑工业出版社

图书在版编目（CIP）数据

2020中国物业管理行业年鉴 = China Property Management Industry Yearbook. 中 / 中国物业管理协会编. —北京：中国建筑工业出版社，2021.2
ISBN 978-7-112-25810-9

Ⅰ.①2… Ⅱ.①中… Ⅲ.①物业管理-服务业-中国-2020-年鉴　Ⅳ.① F299.233.3-54

中国版本图书馆CIP数据核字（2020）第267647号

总目录

上册目录

主题报告

物业管理行业发展指数报告 2

专题报告

物业管理媒体影响力报告 22
物业管理行业舆情监测报告 31
物业管理行业劳动力市场价格监测报告 37
物业服务企业综合实力报告 68
物业服务企业上市公司报告 110
物业服务企业品牌价值报告 163
智慧物业管理调研报告 183
住宅物业管理发展报告 191
写字楼物业管理发展报告 206
产业园区物业管理发展报告 219
学校物业管理发展报告 230
医院物业管理发展报告 248
公众场馆物业管理发展报告 260
商业物业管理发展报告 271
社区养老服务发展报告 288
电梯行业发展报告 296
物业管理并购市场发展报告 306
全国白蚁防治行业发展专题报告 327
全国住宅专项维修资金管理专题报告 334

物业设施设备管理发展专题报告…… 351
物业管理行业人力资源发展专题报告…… 356
物业管理行业标准化发展专题报告…… 362
物业管理行业法治化建设发展专题报告…… 367
物业管理行业产学研发展专题报告…… 373

地方报告

北京市物业管理行业发展报告…… 380
天津市物业管理行业发展报告…… 385
上海市物业管理行业发展报告…… 389
重庆市物业管理行业发展报告…… 396
石家庄市物业管理行业发展报告…… 400
内蒙古自治区物业管理行业发展报告…… 409
沈阳市物业管理行业发展报告…… 413
吉林省物业管理行业发展报告…… 416
黑龙江省物业管理行业发展报告…… 426
杭州市物业管理行业发展报告…… 430
安徽省物业管理行业发展报告…… 433
合肥市物业管理行业发展报告…… 439
福建省物业管理行业发展报告…… 444
江西省物业管理行业发展报告…… 447
山东省物业管理行业发展报告…… 453
武汉市物业管理行业发展报告…… 456
湖南省物业管理行业发展报告…… 460
长沙市物业管理行业发展报告…… 472
广东省物业管理行业发展报告…… 475
深圳市物业管理行业发展报告…… 487
成都市物业管理行业发展报告…… 491
甘肃省物业管理行业发展报告…… 495
青海省物业管理行业发展报告…… 499
银川市物业管理行业发展报告…… 503
新疆维吾尔自治区物业管理行业发展报告…… 508

中册目录

企业案例

党建引领社区治理　打通服务业主"最后一公里"	北京首开鸿城实业有限公司	2
疫情面前，选择无畏	北京天鸿宝地物业管理经营有限公司	6
链接业主需求——龙湖智慧服务推出九大业主增值服务	龙湖物业服务集团有限公司	10
坚持人才强企　铸就企业未来	北京国基伟业物业管理有限公司	15
在战疫大考中展现国企物业担当作为	北京首华物业管理有限公司	20
体系防控 "北控做法"守护居民安全——北控抗击疫情战"役"纪实	北京北控物业管理有限责任公司	23
战疫情彰国企担当　铸品质显物业价值	新中物业管理（中国）有限公司	25
酬金制模式，开启枫丹丽舍幸福社区之门	北京瑞赢酒店物业管理有限公司	29
盛世花开　美丽国门——首都机场T3航站楼GTC屋顶景观改造工程	北京首都机场物业管理有限公司	33
疫情下医院物业的使命担当——国天物业战"疫"风雨路	北京国天健宇物业管理发展有限公司	39
微光亦亮，医疗后勤的抗疫创新与启示	爱玛客服务产业（中国）有限公司	43
成为客户首选的智慧城市服务品牌	上海永升物业管理有限公司	47
逆行＋坚守：疫情之下"医管家"的初心与担当	上海益中亘泰（集团）股份有限公司	51
应急管理战疫情，卓越绩效贵实践	上海上实物业管理有限公司	55
心向客户，初心坚守	上海景瑞物业管理有限公司	58
世茂OCEAN X深蓝服务系统——构筑中国0～2公里社区美好生活新方式	世茂服务控股有限公司	62
正荣服务社区治理行动	正荣服务集团有限公司	65
湖北区域物业服务企业疫情防控服务案例	上海保利物业酒店管理集团有限公司	69
上海市委书记点赞　海外瑞管家逆风防控——科瑞战"疫"彰显物业使命担当	上海科瑞物业管理发展有限公司	73
二十载美好深耕，稳健发展美好向上	上海盛高物业服务有限公司	77
物联网技术对于物业运营管理的支撑和未来趋势	上海浦江物业有限公司	82
多管齐下抗新冠，众志成城护家园	上海锐翔上房物业管理有限公司	86
新冠疫情中智慧平台在医院后勤物业服务中的高效运用	上海复医天健医疗服务产业股份有限公司	90
永绿管理体系改革中的人才战略	上海永绿置业有限公司	95
浅谈细节管理在德律风安全文化建设中的作用	上海德律风置业有限公司	98
上海公众物业服务企业党建创新的先行者	上海明华物业服务有限公司	103
"内外"兼修——遍地开花的"定制服务"	上海漕河泾开发区物业管理有限公司	109

标题	公司	页码
历久弥新，守护经典	上海复欣物业管理发展有限公司	112
卓悦成就幸福社区	新城悦服务集团有限公司	115
立足公建优势，创造城市服务新价值	重庆新大正物业集团股份有限公司	119
科技赋能，天骄爱生活智慧社区初探	重庆天骄爱生活服务股份有限公司	122
让红色基因注入社区经营	亿达物业服务集团有限公司	126
"疫"路向前，专注好服务——20条防疫战线场景互联，共筑平安家园	江苏银河物业管理有限公司	130
深耕大江苏，打造区域品质服务标杆——弘阳服务与南京江北新区共成长	弘阳服务集团有限公司	134
诚实守信，多元经营，超越价值	江苏恒通不动产物业服务有限公司	137
共建美丽家园，荣创文明城市	江苏金枫物业服务有限责任公司	140
云享时代，共见未来——绿城云享商写品牌升级焕新	绿城服务集团有限公司	143
南都管家2.0，传递幸福传递爱	南都物业服务集团股份有限公司	146
让品牌加速资产增值	浙江开元物业管理股份有限公司	149
做好能效管理的"加减乘除"打造绿色节能校园	浙江浙大求是物业管理有限公司	153
城市好服务，幸福正升级	浙江绿升物业服务有限公司	156
让物业管理成为良好社区治理的助推器——浅谈安徽长城物业参与社区治理经验	安徽省长城物业管理有限公司	160
打通扶贫最后一公里，创源物业扶贫新模式	安徽创源物业管理有限公司	164
打造校园服务品牌　激发企业的发展活力	安徽新亚物业管理发展有限公司	168
美而特集团：让医院后勤高效又"聪明"	合肥美而特物业服务有限公司	171
永安物业：云海荡朝日，春色任天涯	福建永安物业管理有限公司	175
疫情防控第一线，联发物业在行动	厦门联发（集团）物业服务有限公司	180
同心战"疫"，新力物业全力以赴	新力物业集团有限公司	183
标准领航　铸就卓越——山东明德物业管理集团标准化建设实践	山东明德物业管理集团有限公司	187
筑牢社区防疫生命线　使命彰显品牌价值	山东省诚信行物业管理有限公司	190
健全培养体系，不断夯实"技术润华"基础	山东润华物业管理有限公司	195
匠心品质，创新科技，做领先的泛物业产业运营商	鑫苑科技服务集团有限公司	199
建业物业四大服务生态体系，持续构建企业竞争优势	河南建业物业管理有限公司	204
让标准可复制，让人才可持续	河南楷林物业管理有限公司	208
康桥邻礼汇，品质心生活	康桥悦生活服务集团有限公司	212
对话薛荣：一个受习近平总书记表扬的物业抗疫英雄	河南圆方物业管理有限公司	216
敢为人先，勇挑重担——伟大出自平凡　英雄来自人民	武汉丽岛物业管理有限公司	226
三个"三"模式筑牢安全管理基础——长江三峡实业有限公司安全管控案例	长江三峡实业有限公司	230
匠心永恒　铸造精品服务	湖北中楚物业股份有限公司	233
打造国际交流平台，强化社区人文建设	阳光壹佰物业发展有限公司	237
建筑修缮助力城市新升级	湖南建工七星物业管理有限公司	241
同心战"疫"，共克时艰	湖南保利天创物业发展有限公司	244
万科物业：精工住宅物业服务	深圳市万科物业控股有限公司	248

标题	公司	页码
建设智慧物业，推动数字化转型升级	招商局积余产业运营服务股份有限公司	251
三大保障+三大利器——中航物业的战"疫"法宝	中航物业管理有限公司	255
精筑幸福，创领潮流	中海物业集团有限公司	258
科技化+人性化构建社区新商业文明	长城物业集团股份有限公司	263
红色领航，同心同行	广州粤华物业有限公司	267
落地有章法，服务很走心——碧桂园服务打造社区抗疫范本	碧桂园服务控股有限公司	271
疫情面前，恒大物业的担当与坚守	金碧物业有限公司	275
打造"三横九纵"服务矩阵，与城市共生长	深圳市金地物业管理有限公司	278
深圳市第三人民医院明喆物业团队抗疫案例	深圳市明喆物业管理有限公司	281
竞逐智慧城市服务万亿蓝海	雅生活智慧城市服务股份有限公司	285
美好的一切正在发生	佳兆业美好集团有限公司	289
以党建带动团建，打造独具"广电"特色的企业文化	广州广电城市服务集团股份有限公司	292
用心防护　智慧抗疫　越见美好	广州越秀物业发展有限公司	296
"商办服务"领域创新探索，为美好注入人文动力	保利物业服务股份有限公司	301
合伙人制下的人才激励机制——宏德科技物业的发展利器	广东宏德科技物业有限公司	305
"跨界"探索城市治理"新生态"——深业物业进阶城市服务蓝海拥抱"大航海时代"	深业集团（深圳）物业管理有限公司	309
一颗诚心，所有关爱	深圳市莲花物业管理有限公司	314
深耕物业品质提升，为业主打造"有温度的社区"	龙光服务控股有限公司	317
科技赋能美好生活	广州海伦堡物业管理有限公司	320
科技赋能助力品质提升	路劲物业服务集团有限公司	323
品牌管理探索与实践	众安康后勤集团有限公司	326
筑牢疫情防线　护航春季复学	广东华信服务集团有限公司	331
传承创新基因　智造品质服务	深圳市保利物业管理集团有限公司	334
大湾区核心商务示范标杆项目管理分享	深圳市卓越物业管理有限责任公司	337
联防联动全力抗疫　守望相助共渡难关	广州市庆德物业管理有限公司	343
以智慧化服务凸显核心竞争力	深圳市绿清集团有限公司	347
以温度浸润服务　让生活更美好	四川蓝光嘉宝服务集团股份有限公司	350
四海皆兄弟，谁为行路人——疫情防控，彰显物业服务企业责任与担当	成都金房物业集团有限责任公司	353
努力服务社会，践行社会责任	成都嘉诚新悦物业管理集团有限公司	357
标准化建设，助推产业园区高质量发展	成都嘉善商务服务管理有限公司	361
以标准建设作支撑，促服务品质稳提升	四川悦华置地物业管理有限公司	364
创新人才培养，中天城投物业"有一套"	中天城投集团物业管理有限公司	368
城关物业，西北物业服务的璀璨明珠	兰州城关物业服务集团有限公司	371

下 册 目 录

政策法规

中华人民共和国民法典（摘录）
  （2020年5月28日第十三届全国人民代表大会第三次会议通过） ········· 2

中共中央关于坚持和完善中国特色社会主义制度推进国家治理体系和治理能力现代化若干重大问题的决定
  （2019年10月31日中国共产党第十九届中央委员会第四次全体会议通过） ········· 57

中共中央办公厅 国务院办公厅印发《关于构建现代环境治理体系的指导意见》 ········· 70

国务院关于印发国家职业教育改革实施方案的通知
  （国发〔2019〕4号） ········· 74

国务院办公厅关于应对新冠肺炎疫情影响强化稳就业举措的实施意见
  （国办发〔2020〕6号） ········· 82

中共中央 国务院关于构建更加完善的要素市场化配置体制机制的意见
  （2020年3月30日） ········· 86

国务院应对新型冠状病毒感染肺炎疫情联防联控机制关于做好新冠肺炎疫情常态化防控工作的指导意见
  （国发明电〔2020〕14号） ········· 91

中共中央 国务院关于新时代加快完善社会主义市场经济体制的意见
  （2020年5月11日） ········· 94

国务院办公厅关于进一步规范行业协会商会收费的通知
  （国办发〔2020〕21号） ········· 103

国务院办公厅关于全面推进城镇老旧小区改造工作的指导意见
  （国办发〔2020〕23号） ········· 106

国务院办公厅关于进一步优化营商环境更好服务市场主体的实施意见
  （国办发〔2020〕24号） ········· 111

国务院办公厅关于支持多渠道灵活就业的意见
  （国办发〔2020〕27号） ········· 115

国务院办公厅关于以新业态新模式引领新型消费加快发展的意见
  （国办发〔2020〕32号） ········· 118

住房和城乡建设部等部门关于印发绿色社区创建行动方案的通知
  （建城〔2020〕68号） ········· 123

住房和城乡建设部等部门关于开展城市居住社区建设补短板行动的意见

（建科规〔2020〕7号）…………………………………………………………………………… 127

住房和城乡建设部等部门关于推动物业服务企业发展居家社区养老服务的意见
（建房〔2020〕92号）……………………………………………………………………………… 132

住房和城乡建设部等部门印发《关于进一步推进生活垃圾分类工作的若干意见》的通知
（建城〔2020〕93号）……………………………………………………………………………… 135

住房和城乡建设部等部门关于推动物业服务企业加快发展线上线下生活服务的意见
（建房〔2020〕99号）……………………………………………………………………………… 140

住房和城乡建设部等部门关于加强和改进住宅物业管理工作的通知
（建房规〔2020〕10号）…………………………………………………………………………… 144

工业和信息化部 公安部 住房和城乡建设部 国务院国有资产监督管理委员会 国家市场监督管理总局
关于开展商务楼宇宽带接入市场联合整治行动的通告
（工信部联通信函〔2020〕211号）……………………………………………………………… 148

中国证监会 国家发展改革委关于推进基础设施领域不动产投资信托基金（REITs）试点相关工作的通知
（证监发〔2020〕40号）…………………………………………………………………………… 150

国家发展改革委关于印发《2020年新型城镇化建设和城乡融合发展重点任务》的通知
（发改规划〔2020〕532号）……………………………………………………………………… 153

财政部关于印发《住宅专项维修资金会计核算办法》的通知
（财会〔2020〕7号）……………………………………………………………………………… 159

中共北京市委办公厅 北京市人民政府办公厅印发《关于加强北京市物业管理工作提升物业服务水平
三年行动计划（2020—2022年）》的通知…………………………………………………………… 172

北京市物业管理条例
（2020年3月27日北京市第十五届人民代表大会常务委员会第二十次会议通过）……………… 177

行业相关数据

2019年全国宏观经济数据（单月）………………………………………………………………… 196
2019年全国宏观经济数据（月度累计）…………………………………………………………… 196
2019年国内生产总值及同比增幅数据（季度累计）……………………………………………… 196
2015—2019年国内（地区）生产总值……………………………………………………………… 197
2015—2019年全国及各地区城镇居民人均可支配收入………………………………………… 198
2015—2019年全国及各地区城镇居民人均消费支出…………………………………………… 199
2014—2018年全国人口情况………………………………………………………………………… 200
2014—2018年各地区年末常住人口数……………………………………………………………… 201
2014—2018年各地区年末城镇常住人口数………………………………………………………… 202
2014—2018年各地区年末城镇常住人口数比重…………………………………………………… 203
2014—2018年各地区年末乡村人口数……………………………………………………………… 204
2014—2018年各地区年末乡村人口数比重………………………………………………………… 205

标题	页码
2014—2018年全国就业基本情况	206
2014—2018年分行业城镇非私营单位就业人员年末人数	206
2014—2018年分行业城镇非私营单位就业人员平均工资	207
2014—2018年各地区城镇非私营单位就业人员平均工资	208
2019年全国房地产开发投资情况	209
2019年全国房地产数据（单月）	209
2019年全国房地产数据（月度累计）	210
2015—2019年全国及各地区房屋施工面积	211
2019年全国各地区施工面积（月度累计）	212
2015—2019年全国及各地区住宅施工面积	214
2019年全国各地区住宅施工面积（月度累计）	215
2015—2019年全国及各地区办公楼施工面积	217
2019年全国各地区办公楼施工面积（月度累计）	218
2015—2019年全国及各地区商业营业用房施工面积	220
2019年全国各地区商业营业用房施工面积（月度累计）	221
2015—2019年全国及各地区房屋新开工面积	223
2019年全国各地区新开工面积（月度累计）	224
2015—2019年全国及各地区住宅新开工面积	226
2019年全国各地区住宅新开工面积（月度累计）	227
2015—2019年全国及各地区办公楼新开工面积	229
2019年全国各地区办公楼新开工面积（月度累计）	230
2015—2019年全国及各地区商业营业用房新开工面积	232
2019年全国各地区商业营业用房新开工面积（月度累计）	233
2015—2019年全国及各地区房屋竣工面积	235
2019年全国各地区竣工面积（月度累计）	236
2015—2019年全国及各地区住宅竣工面积	238
2019年全国各地区住宅竣工面积（月度累计）	239
2015—2019年全国及各地区办公楼竣工面积	241
2019年全国各地区办公楼竣工面积（月度累计）	242
2015—2019年全国及各地区商业营业用房竣工面积	244
2019年全国各地区商业营业用房竣工面积（月度累计）	245

卷首语

标题	页码
巩固深化主题教育成果，开创协会党建工作新局面	248
相信口罩摘下的那一天不再遥远	251
我们还没走完这一代	256

上市物企的善治之道探索 ... 258
建业新生活：新型生活方式服务商再启程 ... 260
物业管理开启《民法典》新时代 ... 262
千丁互联：智慧物业摆渡人的情怀与雄心 ... 265
着力推进物业服务公司治理能力建设 ... 268
以"四化"为抓手 提升核"芯"能力 ... 271
加强四个能力，让行业与时代同频共振 ... 273
提升法治能力，加强行业建设 ... 275
物业管理正在迎来最好的时代 ... 277

疫情防控

物业荣光 ... 280
习近平总书记给郑州圆方集团职工回信　勉励广大劳动群众向全国各族劳动群众致以节日的问候 ... 281
物业人牢牢守住疫情防控的第一道防线——来自国务院联防联控机制新闻发布会的声音 ... 282
他们代表千万物业从业人员接受国家表彰 ... 284
第一道防线上的物业英雄 ... 286

协会通知 ... 287
关于全力做好物业管理区域新型冠状病毒肺炎疫情防控工作的倡议书
　　中物协函〔2020〕5号 ... 288
关于紧急向武汉市物业管理行业捐赠新型冠状病毒肺炎疫情防治所需医护物资的倡议书
　　中物协函〔2020〕6号 ... 291
关于征集物业管理行业抗疫先进人物和模范事迹的通知
　　中物协函〔2020〕7号 ... 293
"社区的力量——抗疫情　保供需"倡议书
　　中物协函〔2020〕8号 ... 295
关于学习贯彻习近平总书记重要回信精神进一步推动物业管理行业高质量发展的通知
　　中物协函〔2020〕25号 ... 297
关于进一步发挥"社区的力量"消费扶贫作用助力湖北省滞销农产品和52个未摘帽县
　　特色农产品销售的通知
　　中物协函〔2020〕33号 ... 302
关于转发《住房和城乡建设行业企业应对疫情灾情影响深入推进贫困劳动力稳岗就业的倡议书》的通知
　　中物协函〔2020〕41号 ... 305

抗疫报道 ... 311
新华社经济分析报告：强化物业管理构建社区疫情防控"安全线" ... 312

新冠肺炎疫情对物业管理行业影响调查报告 316

加强社区物业管理 完善基层社会治理——中国物业管理协会提交全国政协
　　第十五次重点关切问题情况通报会的报告 324

专业的力量——中国物业管理协会发布的《操作指引》反响强烈 彰显专业价值 发挥重要作用 330

面对疫情大考 中国物业管理协会做好答卷人 336

上下同欲者胜 同舟共济者赢——一封献给疫情防控一线物业人的家书 342

连线武汉市物业管理协会会长张毅走近坚守"前线"的7万多名武汉物业人 344

致敬每一个坚持 共迎春暖花开——访湖北省物业服务和管理协会副会长兼秘书长郑新汉 349

抗疫大考，北京物业管理行业协会交出合格答卷 353

上海市物业管理行业新冠肺炎疫情防控和复工工作纪实 357

深圳市物业管理行业协会着力抗疫强化行业担当 361

成都市物业管理协会新冠肺炎疫情防控阶段性专题报告 366

合肥市物业管理协会疫情防控工作纪实 369

疫情防控纪念画册 371

\ 大事记 /

行业发展大事记　2020年1月—2020年12月 408

企业案例

党建引领社区治理
打通服务业主"最后一公里"

北京首开鸿城实业有限公司

社区治理是国家治理的基本单元和关键环节，事关党和国家大政方针贯彻落实，事关人民群众切身利益。而物业服务作为社区治理的重要部分，直接关系着居民群众的日常生活，是城市精细化管理"最后一公里"的重点和难点。

北京首开鸿城实业有限公司（以下简称首开实业公司）成立于2008年4月，是北京首都开发（控股）集团有限公司独家出资设立的大型国有企业，注册资金1亿元人民币。公司现有成员企业21家，另有分支机构2家，形成了以物业管理为主业，综合发展的现代化产业链。至2019年底，企业资产总额达29.4亿元，年经营收入21.7亿元。旗下拥有六家全国物业服务一级资质企业，2019年3月设立了北京首开鸿城实业有限公司第一物业管理分公司，高效对接北京市人民政府副中心办公楼项目的物业服务工作。目前，在管项目覆盖住宅、公寓、别墅、办公、商业、学校、工业园区、博物馆、艺术展览馆及体育场馆等多个产品系列，物业管理足迹遍及北京、天津、河北、陕西、内蒙古、辽宁、山东、江苏、浙江、四川、贵州等11个省份19个城市，在管面积达5600余万平方米，项目总数420个。

作为国有物业服务企业，首开实业公司积极践行责任与担当，立足北京市推进构建党建引领社区治理框架下的物业管理体系这一目标，努力探索新形势下的党建引领社区治理的工作途径和方法，助力物业服务品质提升和企业健康发展。

一、深化党建引领，织密社区疫情防控网

社区是基层社会治理的基本单元，也是新冠肺炎疫情群防群控、联防联控的关键阵地，在这场疫情防控大考中，首开实业公司强化党建引领，充分发挥基层党组织在疫情防控斗争中的战斗堡垒作用，层层压实"四方责任"，积极参与社区联防联控，整合各方资源力量，织密疫情防控网络。为确保疫情防控工作顺利开展，首开实业公司党委下拨了专项党费20万元用于疫情防治。各

基层党组织团结带领党员骨干冲锋在前，各级机关党员干部职工共4816人次下沉一线，参与社区执勤工作，525名党员全部到所在社区报到，积极投身疫情防控，工作中戴党徽、亮身份，让百姓有所依、有所靠，让鲜红的党旗在防控疫情斗争第一线高高飘扬。望京街道以下属社区为作战单位，纷纷成立"社区疫情防控战时临时党支部"，首开望京物业公司所辖的7个项目单位已加入其中，成为临时党支部一员，为疫情防控注入了首开物业人的红色力量。

面对北京再次来袭的疫情，首开实业公司积极配合属地做好摸排工作及核酸检测工作，对部分已开放的小区出入口及时恢复集中封闭式管理，调整门岗管控人员数量，加强人车分流检查措施，严格把控测温、查证、验码、登记等环节，做好社区消杀工作，筑牢社区居民身体健康和复工复产的安全屏障。同时，不断加快智慧社区建设。充分发挥"益点通"平台无接触服务功能，加大对业主线上缴费的宣传、推广力度，以推送优惠券、发放"防疫健康大礼包"等多种方式，推动线上报修、线上缴费、电子发票、电子优惠的运用，提升业主居住生活体验。

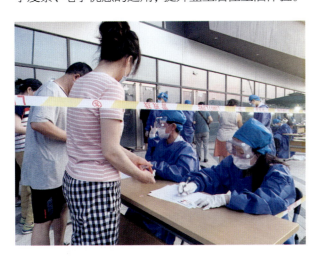

二、聚焦品质提升，重焕老旧小区新生机

党的十九大提出，当前社会的主要矛盾已经转化为人民日益增长的美好生活需要和不平衡不充分的发展之间的矛盾。随着城市化进程的加快，老旧小区配套设施不齐、违章搭建严重、停车位不足等问题日益凸显，直接影响了居民生活质量、和谐社区构建和宜居城市建设。

首开实业公司以责任担当作为物业服务的出发点和落脚点，牢牢抓住疏解北京非首都功能这个"牛鼻子"，积极响应"疏解整治促提升"专项行动，对老旧小区开展了一系列综合改造提升，不断完善城市治理体系，打好"疏整促"组合拳。一方面，探索推广老旧小区改造的"首开模式"，取得"海淀区既有多层住宅增设电梯试点"实施主体资格，对芙蓉里小区环境开展了以"电梯加装"为切入点的一揽子综合改造工作。采用深基础独立结构方式对芙蓉里小区4栋多层住宅加装了16部电梯，全部实现取证并投入运营。同时，还加强小区功能修补和生态修复，增设停车位50个，实现飞线入地及景观提升，使一个30多年的老小区重新焕发了生机和活力。另一方面，积极探索地下空间的转型升级。在落实北京市"疏解整治促提升"工作中，首开实业公司成立领导小组，摸排情况，分解任务，统筹推进。借力"三大专项行动"，与属地政府沟通协作，历经3年多的时间，完成清理整治地下空间344处25万平方米。地下空间腾退既是"减量"，也是倒逼集约高效发展的重要机遇，首开实业公司结合政策、民生导向，积极优化配置、织补社区服务功能，盘活存量、腾笼换鸟，引入社区服务、地下仓储等业态促进地下空间转型利用，打造企业发展新的动力源。

2019年，首开实业公司党委以满足人民群众对美好生活的需求为出发点和落脚点，开展了"迎接建国70周年 提升物业服务品质 增强业主获得感"主题活动，结合疏解整治促提升工作，对排查出的5大类187项问题全部进行整改验收，改善提升了小区居民的居住环境。积极响应市委全会提出大抓基层的工作导向，以"吹哨报到""接诉即办"为抓手，建立了各单位12345"接诉即办"工作网络，与社区一道努力破解疑难问题。

三、做好垃圾分类，撬动社区治理新支点

为进一步提高城市精细化管理水平，营造健康整洁生活环境，建设和谐宜居的美丽家园，首开实业公司党委认真贯彻《北京市生活垃圾管理条例》（以下简称《条例》），坚持首善标准，加强与社区的沟通协作，下大气力抓好生活垃圾分类工作。积极开展有益探索，坚持垃圾分类与当前疫情防控工作相结合，与城市精细化管理相结合，做到思想上高度重视、认识上高度统一、行动上高度自觉，使垃圾分类成为社区居民的"新时尚"。

一是广泛宣传，深入发动。为把《条例》精神吃透，各单位分层次开展了《北京市生活垃圾管理条例》专题培训，进一步提高广大物业服务人员对《条例》的了解和掌握。通过发放宣传材料、张贴海报，利用微信公众号、"益点通"、业主群等线上平台，宣传生活垃圾分类理念、普及垃圾分类处理知识，以及在社区内组织丰富多彩的垃圾分类活动，引导业主养成生活垃圾分类习惯，提升垃圾分类意识。

二是精心组织，精细管理。按照《条例》规定，首开实业公司结合实际，不断将垃圾分类工作细化分解。各级党组织结合疫情防控工作，加大对垃圾站点的消杀力度，定期对垃圾桶进行清洁、擦洗、消毒和维护，避免细菌滋生。考虑到目前仍处于疫情期间，部分服务项目还特别为居民配备了消毒液和洗手处，便于居民分类投放垃圾后就近洗手消毒。在争得业主同意的情况下，部分项目对垃圾分类站点进行压缩整合，实施统一管理，确保每个站点都有人盯桶检查。为了避免厨余垃圾桶混装混运，还采取了对厨余垃圾桶存放前贴封条，密封保存的措施，有效防止有路人掀开盖子往里投放其他垃圾。首开实业公司旗下燕侨物业通过多措并举，在试行垃圾分类仅11天，就实现海淀区曙光花园小区9成居民养成了垃圾分类投放的好习惯，得到了市委副书记、市长陈吉宁的肯定，打造了北京市垃圾分类的"样板式"小区。

三是党建引领，创新模式。首开实业公司党委高度重视垃圾分类工作，积极倡导各基层党组织通过开展主题党日、机关党员下沉辖区垃圾桶站点等活动，认真做好垃圾分类工作。各党支部积极参与社区部署，在社区的带领下，发挥引领作用，通过党的组织优势，凝聚各方力量，做好垃圾分类工作。各级团组织组织广大团员青年回社区报道，积极参与"垃圾分类桶前值守行动"志愿服务。首开实业公司旗下宝地物业积极创新垃圾分类新模式，所管广通小区将北苑街道党建"双向积分"模式与自身特点相结合，建立垃圾分类及物业管理激励机制，对积极主动参与垃圾分类的社区志愿者和长期投放准确率高的社区居民给予反馈奖励，以提升居民垃圾分类的准确率。

四、加强联合共建，开创社区治理新格局

物业管理涉及广大群众切身利益，被称为城市治理的"关键小事"，是群众关注的热点问题，也是当前基层社会治理中矛盾比较集中的领域之一。首开实业公司积极响应物业服务企业参与社区治理的协调联动机制，在与社区联合共建中充分调动激发"红色物业"的党建活力，不断提升物业服务管理水平。特别是随着《北京市物业管理条例》的实施，公司各级党组织大力开展与属地街道、社区联合共建活动，落实党员双报到，项目负责人到社区报道等机制，联合社区对居民关注的重大事项共同协商解决，使物业服务与社会治理同频共振，形成共商、共治、共建、共享的社区治理新模式。如：望京物业公司党委通过与属地街道开展党建"手拉手"活动、植树活动等，积极做好参与社区共建共治工作。2019年望京物业公司被望京物业服务企业联盟大会推举为联盟理事长单位，党委书记被选举为联盟党支部书记，进一步加强了与街道办事处、地区物业服务企业的密切合作，推动物业服务和社区建设的健康发展；方庄物业公司积极配合所辖区域业委会的组建，在芳城园二区项目业主委员会前期筹备工作中，一分公司党支部将社区部分楼内在职党员和退休党员组织起来，成立楼栋功能型党支部，充分发挥不同领域内党员特长和建言献策的作用，在业委会的筹备和各项制度细则的制定方面发挥积极推动作用。目前，芳城园二区项目业主委员会已顺利备案成立。

党建在社区治理中的引领作用是我国在基层社会治理方面的独特优势，是推进基层治理现代化的根本保证。首开实业公司积极探索社区党建新路子，把破解社区难点、热点问题作为工作的重中之重，把党建引领社区治理向纵深发展，努力开创党建引领社区多元治理的新格局。

疫情面前,选择无畏

北京天鸿宝地物业管理经营有限公司

当前,新冠肺炎疫情仍在世界各国不断肆虐,远未结束。在2020年上半年这场惊心动魄、鏖战不息的全民战"疫"行动中,全国1000多万物业人逆行坚守防控前线,20多万家物业服务企业全部投入抗击疫情的"战役"中,整个物业管理行业为抗击疫情构筑起了第一道防线。

在天鸿宝地"驻扎"的防控最前线,全体职工舍小家顾大家,夜以继日的默默抗疫。他们以普通的身份,朴实的行动,平凡的工作,在缺乏专业防护物资和工作量成倍增长的压力下,浇铸起一道阻击肺炎疫情的铜墙铁壁,用实际行动赢得了业主和居民的尊重与肯定。疫情面前,人人都是战士,个个都是勇士,他们成就了天鸿宝地的高光时刻,更被铭记在这段难忘的艰难岁月中。

一、因为责任所以承担

疫情就是命令,防控就是责任。在新冠肺炎疫情蔓延初期,曾抗击过

"非典"的天鸿宝地,就敏锐地意识到了这次疫情的严峻性和复杂性。面对仍有很多"未知"特性的新冠疫情,1月20日天鸿宝地紧急召开防疫专项工作会议,结合 SARS 时期防控经验,全面启动《预防和控制新型冠状病毒感染应急预案》,成立新型冠状病毒感染防控应急小组、应急办公室,制定并落实相应的疫情监测预警和疫情防控措施。

公司党总支统筹部署,要求党员发挥"双报到"机制作用,组织在职党员积极投身社区疫情防控;志愿者服务队迅速分批集结,义务参与疫情防控,引导广大业主和居民进行科学有效的防控;各分公司顾全大局,严格落实防疫工作的属地责任、项目责任、部门责任、个人责任,使防疫工作各个环节万无一失;各项目自觉配合地区党委、政府的工作部署要求,承担管理压力;项目经理、部门主管主动作为,暂停休假、到岗到位;基层员工坚守岗位默默奉献,在在岗人员不足和高强度的防疫工作压力下一干就是 60 天或者更长的时间。

从疫情开始到现在,商店被迫关门,餐厅被迫停业,公共交通被迫停运,但是天鸿宝地全体职工却 24 小时接力坚守在疫情防控最前线,从未停止,更未退却。他们忠诚履行职责,不折不扣完成任务,只因物业人身上那份责任。

二、因为使命所以向前

当疫情来临,有人奔赴前线,有人援送物资,有人收心宅家,有人坚守岗位,全国人民以不同的方式,共同的目的,在防疫路上并肩前行。作为基层防疫的物业工作者,为更多的普通人守好社区这个"大后方",不仅仅是物业人的责任,更是非常时期赋予的使命。

疫情持续的这段时间里,天鸿宝地全体职工以最专业的素养、最尽职的态度坚守岗位,并且身兼数职。有的员工看到项目人手不足放弃难得的调休主动选择并肩战斗;有的员工自己刚病愈就立刻回到岗位开展防疫工作;有的员工个人出资为项目员工购买所需防疫物资;有的员工严格防疫即使被业主误解也甘当门神……在这段全民"战疫"的日子里,一线的员工们做着大量的基础工作,他们不计得失,任劳任怨。因为在这个特殊的时刻,物业人感受到了守护千万家庭安全的使命召唤,站好自己的岗位,落实好每一项防疫任务,就能凭自身的力量为千家万户筑起一道坚固的安全防线。

三、因为平凡所以不凡

"宣传、消杀、排查、值守",简单的八个字可能概括了防疫工作的许多内容,听上去仿佛并不复杂,然而现实的情况比想象的"残酷"得多。园区消杀,面临着防护物资匮乏,工作量成倍增加。防控排查,时间紧涉及范围广,接触的人多不胜数。岗位值守,肩负着外来车辆和人员的登记及测温,24 小时连轴转的工作让他们更加疲劳。

即便如此,全体职工仍然挺身而出,义无反顾。面对疫情,母亲刚刚手术完需要照顾,作为女儿的她,满怀亏欠带头坚守工作岗位;长时间坚守岗位且超负荷工作,颈椎病发作的他,在家通过手机落实各项工作;儿子马上就要高考,身为父亲的他,只能在夜晚休息前叮咛孩子好好学习;自己的生日当天孩子生病,为人母亲的她,忍着不舍连夜返回岗位部署防疫工作。还有同为夫妻的双职工,面对肺炎疫情和家庭的重担，他们毅然选择工作，将孩子寄放在亲戚家，逆向而行。这些只是天鸿宝地众多员工中的缩影，还有更多尽职尽责的无名英雄，他们虽然工作普通，岗位平凡，但是却让防疫壁垒稳如泰山，牢不可破。

据统计，在疫情发生的2月至3月期间，天鸿宝地管理辖区内所有项目每天上报总公司疫情防控相关的各类报表文件总数超过500份，在社区防疫前线，平均每天有351名管理员在彻夜坚守，1227名护卫员在值守检查，1456名保洁员在防控消杀，4124名员工在抗击疫情。在天鸿宝地管理服务着近200个住宅和公建项目，147000户家庭中，目前没有出现一例疫情在社区居民中扩散传染的案例。天鸿宝地的全体职工用平凡的工作，创造了不平凡的成绩。

四、因为有爱所以温暖

疫情的突然来袭，使得前期防疫工作变成了资源战、消耗战。2月初，天鸿宝地部分项目的防疫物资已被消耗得直逼库存红线。广大业主、上级单位和社会各界爱心人士在得知物业防疫一线物资紧缺后，纷纷伸出援手，截至2020年8月，累计支援、捐赠防疫用品、生活物资和现金总价值20余万元。

在社区防疫前线，有的业主看到物业24小时值守，得不到充足休息，主动申请加入防疫大军，协助秩序员进行测温登记等工作；有业主看到防疫人员工作量大，担心小伙子得不到充足的营养供给，亲自熬姜茶、煮鸡蛋，为前线工作人员暖胃加餐；有的业主看到物业全力投入疫情防控，根本没有精力收缴物业费，主动在业主群号召缴纳物业费支持疫情防控，不到1天就有近100户业主响应。

不光如此，更有业主还在朋友圈里晒起了物业、晒举措、晒管理，更不遗余力地夸赞物业人！截至2020年底，天鸿宝地共收到了广大业主送来的表扬信、感谢信共30封，锦旗45面。防疫期间，社会各界的真挚爱心和热情鼓励给予了天鸿宝地全体职工极大的动力，不断地温暖着前线物业工作者的心。

五、因为需要所以甘愿

疫情发生初期,为了防控疫情,人们纷纷选择居家隔离,昔日喧闹的社区变得行人稀少。只能在社区里看到保洁员穿着隔离服在消杀,秩序员戴着防护面具在出入检查,其实走进他们你会发现,他们只是一个个和你我一样的普通人,因为国家需要、人民需要、社区需要、业主需要,他们选择挺身而出,肩挑重任。

疫情的防控关乎着每一个人的健康安危,无形中赋予了物业服务企业服务和管理者的双重身份,严格履行防疫指挥部各项政策,更是天鸿宝地当仁不让的责任。为了保障各物业项目顺利开展防疫工作,天鸿宝地共采购口罩45万余只、84消毒液12万余升、一次性手套25万余只、测温枪800支、背桶等消毒器具2200余套、防护服2000套、酒精2000升、免洗洗手液5000瓶、护目镜2500副,仅购买防疫物资这一项就投入了300多万元人民币。

防控就是责任,疫情就是命令。疫情时期的物业管理超越了合同和法律确定的责任边界,承担的是社会责任,无所谓国企、私企,无所谓成本、范围。非常时期,天鸿宝地的每位员工都甘愿贡献自己的一份力量,就像每一个参与抗疫的人一样,不是生而英勇,只是选择无畏。不管雪天,还是雨夜;不论寒风,还是烈日,天鸿宝地全体职工一定为业主、为社区守好第一道关,站好每一班岗,与国家、人民共同迎接疫情防控的最终胜利。

链接业主需求
——龙湖智慧服务推出九大业主增值服务

龙湖物业服务集团有限公司

秉持"善待你一生"的理念，龙湖智慧服务在坚守服务品质的同时，基于社区场景，围绕业主生活需求，持续进行高附加值服务产品的探索和定制，在空间里叠加更多优质的服务。通过自主经营、平台整合等形式，建立起房屋租售、家居家政、旅游服务、优选好物等全生活服务链。

2020年8月，龙湖智慧服务对业主增值服务产品体系进行再梳理，正式推出4大类9大业务产品：一、资产管理类，包含提供一站式房产经纪服务的"房屋租售"业务，为租房客户提供社区分散式长租公寓的"比邻公寓"，以及针对业主空置房、闲置房屋开展的托管经营业务"金蝉托房"；二、家居服务类，涵盖为业主提供装修、装饰一站式平台业务的"珑龙点睛"，覆盖老房翻新及精装房优化服务的"焕代大师"；三、生活服务类，包括为业主甄选居家日用、生鲜酒水等各类优质产品的"龙眼优选"；为业主出行提供定制化旅游产品及服务的"团团游"；四、到家服务类，有高品质入住保洁服务"田螺美家"和一站式精品搬家服务"愚公搬家"。

一、房屋租售

（一）业务模式介绍

房屋租售业务是龙湖智慧服务最早开展起来的业主增值业务，本着"源于物业，不止于租售"的目标，深度挖掘客户对于房屋价值的切身需求，历经十余年的创新突破和发展壮大，业务现已涵盖二手房租赁与交易、新房购置推荐、资产托管运营、房产金融服务、全案赋能合作、商办招商管理等六大房产经纪服务内容。目前，龙湖的房屋租售业务租售也正在走出龙湖社区，为更多客户提供资产服务。

（二）业务特色

龙湖智慧服务房屋租售业务坚持前行在与传统房产经纪公司不同的"物业

化"发展方向。始终以"为业主的不动产实现全生命周期的健康发展和保值增值"为目标，坚持"安心托付，始终相伴"的服务理念和"轻资产运营、重服务体验、厚人才沉淀"的经营信条，致力于将房产顾问培养成为能够长期服务于业主的新兴社区经营专家。

龙湖智慧服务房屋租售业务对客户做出六大买卖服务承诺，包括：

1. 真·房源——房源真实、证件齐全，海量房源一手掌握

2. 明·交易——交易过程、公开透明，不吃差价没有黑幕

3. 专·清查——房屋消毒、定期检查，处理问题专业及时

4. 快·响应——投诉报事、15min 响应，快速解决日常困扰

5. 享·托付——清理欠费、解决纠纷，交易结束服务不止

6. 护·隐私——保护隐私、信息安全，个人信息永不泄漏

（三）业务规模

龙湖智慧服务房屋租售业务已在全国 20 余座城市实现落子布局，全国门店总数超 150 家，在职经纪人已超 2500 名，累计已为超 50 万个家庭提供不动产信息咨询、服务人数超 100 万人次。连续 5 年，年业绩净增长保持在 50% 以上，年交易市值已成功突破 100 亿元！

二、珑龙点睛

（一）业务模式介绍

为了解决业主的装修难题，珑龙点睛通过整合专业供应链平台，建立起房屋装修、家居建材、家具家电、软装配饰、智能设备、清洗维修、家政保洁等社区一站式服务链条。

（二）业务特色及案例

1. 供应商准入：珑龙点睛制定了严格的供应商准入机制，严格背调企业经营状况和风险信息。

2. 质价保证：60 天内市场最低价，售后问题先行赔付。

3. 品质管控专员：在整个装修过程中设置一百余个质量检查点，品质管控专员全程密集把控工程质量。

（三）业务规模

珑龙点睛业务目前覆盖全国 43 个城市，服务项目超过 293 个，优选家居品牌 1000 余家，业主满意度达到 94%。

三、焕代大师

业务模式介绍

焕代大师涵盖老房改造及精装房选配升级服

改造前

改造后

改造前

改造后

务，其中精装房选配升级服务针对户型定制同风格、同花色、同材质的装修产品，同步交付最佳适配让业主拎包入住；老房改造则提供业主入住后各种房屋焕新服务，让房子常住常新。

四、龙眼优选

（一）业务模式介绍

龙眼优选是专注为龙湖服务社区提供优质产品的生活服务平台。通过深入研究不同业态业主的实际需求，甄选居家、厨房、饮食等各类优质的产品和服务。利用龙湖集团的资源整合优势，龙眼优选在各地积累了大量优质供应商，且供应链条仍在不断延伸。过程中，龙眼优选优质低价，以专业的选品团队、严苛的选品标准、权威的检测机构，确保产品安全和优质。基于邻里关系这类特殊人群，通过线上众测、团购，线下地面拓展等方式展开的新型零售业务，运用"社交-社群-社区"的全新模式，重新定义基于物业服务的社区"人、货、场"。

（二）业务特色及案例

疫情期间，业主面临生活物资尤其是新鲜果蔬采买困难，龙眼优选为了最大限度地减少业主外出，全方位满足业主居家生活需求，推出多项到家服务：
1）在全国十余个城市开展"蔬菜抢先送"活动，

为业主把新鲜蔬果送到家；2）携手专业消毒物资供应商，针对家庭、商铺、办公室及其他公共场所推出入户式、医用级消杀服务；3）响应业主需求，适时推出上门理发、情人节鲜花、火锅配送等到家服务；4）与永辉超市达成战略合作，在重庆地区推出"社区保障计划"，以"物流仓库＋配送到家"的模式，为业主提供优质优价的产品和服务。2—3月，龙湖优选全国订单量超15万单。

五、愚公搬家

（一）业务模式介绍

愚公搬家是为社区业主及租客提供的"日式尊享"级高品质搬家服务，内容包括物品分类、打包整理、物品精心呵护、精致包装、精细还原、新居保洁等，搬家全程无需动手，专业服务省心放心。

（二）业务特色

1. 专业工具：采用挂衣箱、独立鞋盒、餐具保护箱等专业工作，避免衣物用品被挤压褶皱或变形。

2. 分门别类：由技术娴熟的专业师傅对家具进行拆装重组，厨房、卧室、客厅家具按区封箱，并在箱上贴好"身份证"，按图索骥，便于迅速恢复新家摆放。

3. 全面保护：对每件物品层层包装，大件家具家电使用专用伸缩防护罩全面防护；作业时铺设地毯、墙面隔板，避免刮花损失的同时，减少搬家噪声。

六、田螺美家

（一）业务模式介绍

田螺美家为客户提供精细化入户保洁服务，涵

厨房｜高温蒸洗除油污	卫生间｜杀菌消毒除异味
天花板、墙面、墙角、地面、橱柜、置物架、台面、灶台、洗菜池、锅碗瓢盆、玻璃、纱窗、百叶窗、防护窗、垃圾桶，整体清洁去油污，厨房家电高温蒸洗	天花板、墙面、墙角、地面、淋浴房、浴缸、洗衣池、马桶及便器、洗手台、毛巾架、置物架、储物柜、镜面、卫浴金属件、垃圾桶，整体清洁，整体空间杀菌除味，洗衣机蒸洗、热水器表面清洁及消毒除味

卧室	客厅/门厅	餐厅	书房/阳台/储物间
墙角、地面、梳妆台、柜子、衣柜、床头柜、窗户及窗槽、床底部分可接触区域、垃圾桶，表面清洁，日用品及化妆品整理	地面、墙角、鞋柜、电视柜、酒柜、储物柜、柜式空调、电视机底座、茶几及茶几物件沙发、垃圾桶，表面清洁整理	地面、墙角、餐桌、餐椅、餐具、储物柜、垃圾桶、清洁整理	地面、墙角、书柜、书桌、椅子、储物柜、窗户及窗槽、书桌物件整理、垃圾桶，清洁整理

盖新居开荒、日常保洁及深度保洁。

（二）业务特色

1. 专业工具：采用高温蒸汽消毒剂，对油烟机、洗衣机进行消毒；采用全新一次性 3 色毛巾分区分布专用；使用星级酒店同款的专业吸尘设备，杜绝二次污染。

2. 白手套验收：完工后邀请客户佩戴白手套检验保洁效果，如发现灰尘则当场返工。

3. 细致入微：将房屋分为 9 个区域 76 项保洁内容，提供全屋 360 度的保养和清洁服务。

七、团团游

（一）业务模式

团团游为客户提供酒店门票预订、自由行、半自助游及跟团游等多项旅游及服务，满足客户日益丰富的旅游需求。团团游产品分为：龙湖自组团、龙湖优选团，龙湖定制团。

1. 龙湖自组团：龙湖业主及业主亲友独立成团，提供社区门口至机场往返接送机服务，由龙湖制定金牌领队 / 导游带团，出游期间，家中花草、宠物可选择管家代为浇水、照管，出游后顾无忧。

2. 龙湖优选团：以专业视角帮助客户从海量旅游产品中甄选质价双优产品。

3. 龙湖定制团：一单一团，专车专导，1 对 1 专业定制师满足客户个性化旅行需求。

（二）业务案例

随着境外疫情形势变化频繁，境外公民回国愿望越发强烈，但市场上充斥着大量的不明源头和价格较高的真假票源，团团游判断目前市场混乱的情况后，利用本身资源优势从票务机构获取优势价格和真实票源，给业主和员工提供回国机票。截止到 8 月 5 日，归乡计划共帮助 30 位业主和员工回到祖国。

（三）业务规模

从 2018 年开始，团团游累计带领 4 万多客户出游，足迹遍布中国、俄罗斯、法国、意大利、瑞士、德国、日本、泰国等 60 多个国家和地区，服务满意度超过 99%。2019 年团团游客户复购率达 41.8%，荣获国家旅业时尚盛典社区旅游最佳口碑奖。

目前，龙湖智慧服务这 4 大类、9 种增值服务产品，已在全国上千个龙湖管理的社区落地，为业主创造满足而又丰盛的居住生活体验。

坚持人才强企　铸就企业未来

北京国基伟业物业管理有限公司

北京国基伟业物业管理有限公司成立于2001年，注册资金人民币5000万元。作为国家一级资质的民营物业服务企业，公司不忘初心，始终坚守以物业为平台，以质量为根本，以相关产业为突破口的经营理念，先后形成了以北京、上海、成都、郑州和西安等五大区域为核心的"一米宽　百米深"的战略布局，分别在五地设立了科技、酒店、资产管理等五家控股公司，成功实现了跨越式发展。

公司成立十几年来，业务涵盖物业管理、资产运营、餐饮服务等，目前，公司物业服务项目类型主要包括：办公楼、公共场馆、写字楼、商业（工业）综合体、医院、院校、餐饮等。

公司现为中国物业管理协会常务理事单位、中国物业管理协会设施设备技术委员会副主任委员单位、中国物业管理协会高级顾问单位、中国物业管理协会标准化工作委员会副秘书长单位、中国设备工程学会TnPM委员会会员单位、中国物业管理协会新冠肺炎防疫系列指引编审单位。

公司作为副主编单位参与编纂的中国《物业设施设备管理指南》和《物业承接查验操作指南》现已成为业内专业指导教材，成为中国物业管理行业专业首推标准化工具书。公司作为核心成员参与了国家标准《物业服务安全与应急处置》的编制，并作为核心成员参与了中国物业管理协会重点难点课题——《物业共用设施设备维修资金使用界定》的研究工作。目前，公司已成为全国物业管理行业设施设备技术和行业标准权威单位之一。

公司自成立以来始终坚持"内培为主、引进为辅、竞争上岗、能上能下"的人才战略。十九年来，公司优秀的人才培养模式不仅为公司发展提供了强有力的人才支撑，更为行业培养了大量的物业管理人才，为社会贡献自己的力量。

北京国基伟业物业管理有限公司董事长李笑天

一、始终坚持"内培为主、引进为辅、竞争上岗、能上能下"人才战略

公司自成立以来,始终高度重视企业人才培养和人才梯队建设。在成立之初,公司在行业内广招英才,吸引一大批高级物业管理精英人才加入北京国基,奠定公司快速发展的坚固基石。随着公司事业版图的不断拓展和企业的发展转型,越来越多的高级物业管理精英人才和技术型优秀人才加入北京国基。通过公司的广阔平台,他们不断走上更高更宽的事业平台,实现人生价值。

为了满足公司发展需求,2003年,北京国基开启大学生招聘培养之路。从最初的每年招聘50名大学生,到如今每年招聘200余名重点高校本科毕业生。公司不断吸纳优秀毕业生作为中层骨干梯队储备,以人才驱动企业发展,以企业发展吸引更多优秀人才进入北京国基,公司成功走出一条大学生物业管理人才培养之路。截至目前,北京国基为企业和行业累计培养高层管理干部三十余人,培养中层领导干部三百多名,培养主管级人才五百多名,专业技术人才上千名。

在不断吸纳人才的同时,公司建立起公开透明、公平竞争、优胜劣汰的人才晋升机制,坚持为员工打造一个公平、公正、公开的竞争平台。经过多年发展,竞聘制度全面覆盖了公司上至高层下至主管、管理员等各个层级员工。通过公平竞聘,公司有166人走上中层管理岗位,13人走上高层管理岗位,

北京国基核心管理团队

35人次不胜任管理人员被调整岗位。通过竞聘制度，公司管理团队上下协同一致，时刻保持旺盛战斗力，共同在公司发展奋斗之路持续攻坚克难。

2006年公司率先在业内成立"国基职业学院"，对优秀大学生和工程技术人员有计划地进行系统培训和技能训练，加速人才成长。2015年北京国基第一期中层培训班正式开班。这是公司对中高层管理干部定制化培训课程的成功探索，解答了物业管理行业中高层管理人才如何系统化培养的难题。

从小规模的内部培训，发展到定制化培训班，再到以雏鹰堂、飞鹰堂、精鹰堂、雄鹰堂、云学堂为核心的"4+1"线下线上相结合的定制化培养模式。公司每年组织一次大学生"国培鹰"培训班，每年组织两次中层培训班，每年组织一次高层民主生活会。每月通过APP线上课程，针对不同层级管理人员定制多样化学习课程，不断为管理人员加油充电。公司坚持以"学习型组织，创新型团队"为核心竞争力，以"内培为主、引进为辅、竞争上岗、能上能下"人才战略为指导，为实现"打造千人中层管理团队"的目标不断奋进。

二、坚持执行"塑鹰计划"人才培养模式，打通管理、技术人才晋升双通道

2016年，北京国基总结多年人才培养经验，整合形成"塑鹰计划"双通道人才培养模式。包含年度人力资源规划机制，储备人才库管控机制，管理、技术人才双通道晋升机制等。

（一）年度人力资源规划机制

公司每年根据公司年度经营发展目标确定年度人力资源需求，制定年度人才梯队建设目标，各级别人才储备目标、人才预警值、外聘人员目标等，通过对公司人力资源进行系统化规划，确定年度人力资源培养目标和计划。

（二）储备人才库管控机制

公司建立各层级储备人才库，对人才库进行定制化培养，提升人才库员工的综合能力。针对飞鹰储备库（C库）采用内部培训、导师制、岗位轮岗、在岗实习等方式，熟悉工作内容与方法，掌握不同

每年组织两次中层培训班

岗位、工种技能。对精鹰储备库（B库），采用内部培训、轮岗实习、外部培训、导师制、参观交流等方式，帮助大学生顺利适应职场，快速完成身份转变，充分了解公司文化。对雄鹰储备库（A库），采用外部培训、高端课程进修、参观交流、列席会议等方式，提高自身专业素养，提升个人管理能力。

（三）管理、技术人才双通道晋升机制

通过构建公平公正的竞聘平台，让更多精英人才和优秀员工走上晋升的快速通道。针对管理人员，每年覆盖各层级的竞聘活动让优秀员工不间断地脱颖而出。公司每年组织晋升主管竞聘两次，每年组织晋升中层竞聘两次，每两年组织高层管理人员换届竞聘一次。同时针对技术人才，公司每年组织技术人才晋升技能评审一次，并建议成立内训师师资库，每年组织内训师评定一次，彻底打通管理、技术人才晋升双通道，让越来越多的优秀管理人才和工程技术人才成为公司发展的中坚力量。

三、坚持技能比武，以匠心弘扬劳动光荣、技能宝贵、创造伟大的时代风尚

2004年，在"内培为主、引进为辅、竞争上岗、能上能下"人才战略指导下，公司开始每年举办各工种的技能大比武，在公司范围内营造比、学、赶、帮、超的学习和竞争氛围。护管、保洁、会务、工程技术等不同岗位员工在各项目内、各区域公司内举办技能竞赛，用竞赛锻炼专业技能，丰富实操经验，培育出北京国基人严谨认真、精益求精、追求完美的工匠精神。

2016年，北京国基人开始走上物业管理行业技能竞赛舞台。2016年10月19日，郑州市物业管理协会举办第十三届职工技术运动会，公司共有五名选手参加物业服务管理员演讲比赛，取得包揽前五的佳绩。2017年3月25日，在河南省首届物业服务行业职业技能竞赛决赛中，代表公司出战物业服务管理员竞赛的五名选手取得包揽前四的优异成绩，代表公司出战物业设备维修电工竞赛的六名选手取得包揽前六的优异成绩。

2017年5月20日，首届全国物业管理行业职业技能竞赛决赛隆重开幕，河南赛区共有六名参赛选手参加比赛，其中北京国基占据五席。经过激烈的现场比拼，最终北京国基获得物业维修电工组全国第六名、全国第十名，物业管理员组全国第十四名的好成绩。

2018年，在郑州市第十五届职工技术运动会物业管理赛区职业技能实操比赛中，公司参赛选手摘得客户服务员实操比赛、秩序维护实操比赛双项冠军。

2018年，在第二届全国物业管理行业职业技能竞赛中，公司参赛选手沈会娜荣获物业管理员组全国第一名，杨万里荣获北京市行业技能竞赛维修电工组第一名，物业维修电工组全国第十七名的好成绩。

2018年5月，公司员工刘爱青、杨万里荣获"河南省五一劳动奖章"。2019年3月，沈会娜荣获"郑州市物业服务行业十佳巾帼最美物业人"称号。2019年5月，北京国基刘爱青等五人荣获"河南省技术能手"荣誉称号。2019年6月，北京国基孟二青、宋攀荣获"郑州市五一劳动奖章"。2019年10月，在中国国际物业管理产业博览会上，北京国基的沈会娜等七人荣获"全国住建行业技术能手"荣誉称号，沈会娜荣获"全国技术能手"荣誉称号。同时，沈会娜代表全体获奖选手发言。

2019年，北京国基沈会娜代表全国获奖选手上台发言

中国物业管理协会会长沈建忠与北京国基领导以及7位"全国住建行业技术能手"合影

源源不断的荣誉见证着北京国基人才培养战略的成功，公司的快速发展印证着人才培养战略的成功。在北京国基团队建设之路上，是董事长李笑天高瞻远瞩的谋划，是"内培为主、引进为辅、竞争上岗、能上能下"的人才战略，是成熟完善的"塑鹰计划"人才培养模式，造就了一支支爱岗敬业、拼搏奋进、团结协作、无私奉献的优秀团队，铸就了一支支敢打硬仗、能打胜仗的国基之军。

在未来，北京国基的奋斗之路仍然任重道远，然而北京国基人有信心战胜困难，在"实现百亿梦想，打造百年国基"的道路上不断前进。

在战疫大考中展现国企物业担当作为

北京首华物业管理有限公司

北京首华物业管理有限公司在京管辖面积 3000 余万平方米，共计 1300 余处项目，涉及 163 个街道乡镇、近 900 个社区。面对形势严峻的防疫工作，首华物业人主动舍小家、为大家，弘扬了伟大的奋斗精神，以坚强的意志共克时艰。期间，克服人员不足、物资难购等诸多困难，抢在疫情蔓延之前通过各渠道采购防疫物资，抢在返京高峰到来之前封闭全部小区，多措并举开展疫情防控工作，捍卫所管区域内 100 余万首都市民的生命健康安全，并创新科技手段为辖区业主提供周全便利的居家服务。

一、克服困难 打造"硬核防控"

1 月 20 日 2 点 44 分北京市大兴区确诊两例新型冠状病毒肺炎病例。随后仅 5 个小时，公司就以党委名义下发了新冠肺炎防疫通知，向 15 个基层单位、7000 余名物业人员发出了防疫动员令。

紧接着，北京市启动一级响应，公司即刻成立了由公司党委书记为组长的疫情应对领导小组，设立了防疫专项资金。总结 17 年前公司抗击"非典"物业经验，1 小时内召集部署、完成顶层设计的优化，搭建出高效扁平化防疫组织架构，以及 36 人的防疫工作钉钉群，开辟出了一条从公司到一线防疫信息"秒响应"通道。截至目前，陆续下发了 26 个红头文件，其他通知文件 161 个，对抗击疫情工作进行了全面的统筹部署。一天内，基层单位在所管小区开展防护知识宣传，张贴《致住户的一封信》15557 份，悬挂或张贴宣传标语 956 个。同时，让使用"老房管"微信公众号、APP 的 25 余万用户通过智慧平台了解防疫知识。

防疫期间，首华物业主要面临三个方面的挑战。

（一）克服封闭小区有困难

在封闭管理工作中，特别是出入口多的老旧小区、零散住户、沿街平房如

何实现封闭成了主要攻坚的难题。为此，首华物业积极寻求解决之路：

一是公司统一下发了疫情防控责任书（封闭管理）模板，由各单位防疫领导小组组长与一线值守人员直接签订，将封闭管理责任压实到最基层；

二是公司在管面积3000余万平方米，涉及1300余处项目，分步骤实施封闭管理，符合封闭条件的小区立即完成封闭管控，不具备物理封闭条件的小区分类施策、一处一策，区分自行实施封闭改造、联合属地和大物业联防联控、自己担起大物业的责任、实现胡同封闭管控、增设临时隔离设施、安装临时门与居民联防等措施；

三是各项目部第一时间与街道乡镇、社区进行对接，实现"联防联控"，形成物业、社区紧密配合、协同作战的良好格局。

此外，公司以防疫期间封闭小区为契机，安装智能门禁等对原有开放式小区实行"封闭式管理"，并发挥"大物业"职责，将零散老旧小区统一纳入"大物业"管理，为后续老旧小区综合整治、有机更新奠定了基础。

（二）克服人员紧张困难

突发的疫情导致工作量大幅增加，人员配置捉襟见肘。从除夕开始，公司两级领导下沉到一线，5000余名在京员工全部上岗，党员干部冲在前，机关人员支援一线，多种渠道缓解人员紧缺的压力，积极参与到疫情防控工作中去。有的员工将被褥带来，吃住在项目；有的员工三四天见不到孩子；有的员工冻肿手脚，却轻伤不下火线；还有部分按规定隔离的返京员工，也积极参与到疫情防控工作中，一边隔离，一边在家进行人员、物资等各种数据统计工作，为一线的同志们解决后顾之忧。

（三）克服物资缺乏的困难

随着疫情防控物资使用量的激增，库存储备出现严重紧缺现象。公司积极统筹协调，基层单位多种方法、多条渠道采购物资，全力做好后勤保障。

二、科技防疫 打造"贴心管家"

防疫期间，首华物业依托自主研发的"老房管"智慧社区平台助力战疫、升级线下服务、解决社区久拖不决的痛点难点、开展增值服务让业主生活更安全、更方便。

（一）"零接触"登记

2月16日，在自主研发的"老房管"智慧社区平台上，开发电子门岗功能，电子门岗将"登记便捷""信息真实""物业严审""证件防伪""提高效率"五大特点集于一身，为居民提供更加安全、有效的出入通行方案，实现了社区居民电子通行、返京人员信息登记、非本社区人员来访的信息核查等功能。3月6日，"老房管"人脸识别＋测温门禁系统启用。这是电子"出入证"方便居民获认可后，公司再次升级的出入管控的科技手段，通过"红外测温"实现无接触式人体温度快速检测，帮助物业人员第一时间掌握体温异常业主的信息，大大缩短了人员排队测温的等候时间。科技赋能不仅提高了测温效率，节省了人工成本，而且极大程度提升了预警响应速度，更可为后续跟进工作留存数据支撑，利用大数据实现信息可追溯。

（二）开通"社区早市"无接触买菜

2月8日，"老房管"在线订菜功能上线，从按份订购到按需采买，功能随着居民的需求而不断升级。除了蔬菜外，迅速发展到包含水果、蛋奶、大米等的"社区早市"功能，"线上买菜＋线下配送"的社区早市模式，居民说得最多、最认可的就是便捷、新鲜、平价、放心。疫情期间，很多农产品滞销，首华物业公司统一采购、品控，既确保居民在疫情期间吃到便宜又放心的蔬果，还主动开展了爱心助农行动。目前，已依托"老房管"平台优势，帮助平谷区镇罗营镇线上销售红果、红肖梨、蜜梨等水果 1900 箱 9500 斤；帮助河北赞皇县线上销售鹌鹑蛋 1000 箱 6000 斤；帮助贵州平武县 17 吨滞销圆白菜，在解决居民生活便利性难题的同时，实实在在地帮助农民渡过难关。

（三）建立快递驿站

公司与快递公司合作，推出快递驿站服务，收件后通过"云喇叭"及时通知住户，极大程度地方便了住户收取快递，同时也帮助快递公司解决了人工成本。

（四）在线预约入户消杀消毒

"老房管"平台在原有的精细化保洁服务基础上进行升级，根据业主的不同需求为他们进行定制性的消毒服务。对于离鄂返京人员，公司为其在家隔离 14 天提供了送货上门、送菜上门、定时清理生活垃圾及重点消毒等一对一服务，定期与业主进行电话沟通，同时，增加该单元楼道及电梯的消杀频率，在原有 2 次/天基础上增加至 4 次/天，严格保障其他业主的居住环境安全。

多月的坚守与创新，公司从居民需求出发，加深防疫科技创新，逐步构建起"人防＋物防＋心防＋技防＋智防"五位一体的防控机制，形成了立体式小区防控链条和闭环，提升了疫情防控工作成效，为公司后续发展和社区有机更新奠定基础，为国家疫情防控贡献力量。

体系防控 "北控做法"守护居民安全
——北控抗击疫情战"役"纪实

北京北控物业管理有限责任公司

新冠肺炎疫情发生以来，在这场全民战"疫"的疫情防控阻击战中，社区防疫是关键环节之一。北控物业作为服务着首都 200 多个社区逾百万家庭的首都国企，在北京这样一个千万级人口的超大城市，不管是人口输入还是其他要素流动，都是连接全国的中枢，叠加春节期间返乡返工高峰、全国医疗物资紧急倾斜湖北"主战场"等现实因素，北京社区防疫并不轻松。

这场硬仗怎么打？打胜仗要有正确的战略和战术。北控物业积极落实坚定信心、同舟共济、科学防治、精准施策的总要求。在社区防疫方面，北控物业探索建立了一套包括快速应急响应、发挥党建引领作用、靠前指挥有效推进、属地合作联防联控等在内的防控体系，用"北控做法"给出答案。

1 月 23 日，武汉实施"封城"。当天，北控物业立即召开防疫工作紧急部署会，成立了应对重大疫情工作领导小组，对旗下所有管理项目实施周密防控。而在此之前，嗅觉灵敏的北控物业已经开始在社区进行消毒杀菌、体温检测等防控行动。

上下同心是抗击疫情的基础，深入一线、靠前指挥更是赢得胜利的关键。

疫情发生以来，在各项目管理现场北控物业领导展开了一系列"超硬核"的检查调研，摸准实情，悉心指导，层层压实防控责任。

1月30日，农历正月初六。这天一大早，北控物业领导分头行动，开始一天的拉练式专项检查工作。每天10至15个项目，覆盖面积近100万平方米，车程150余公里。疫情发生以来，这样的"飞行检查"每天都在进行，确保每一位员工都时刻保持清醒的战斗状态。检查小组在疫情巡视的过程中，同时查看了社区街道边边角角的防疫情况，问了很多细节问题，能不能买到新鲜蔬菜、居民还有哪些诉求、员工健康情况如何……陪同的项目负责人亲身感受到压力和鼓舞，更感受到沉甸甸的责任。

与此同时，检查小组看望慰问值守员工，调研检查疫情防控工作。强调公司主要负责人要亲自抓好各项防控工作，坚决落实好离京返京人员的隔离工作，同时要做好值班值守、办公区域"消杀"等各项准备工作，并嘱咐员工在防控疫情的同时，更要注重自身健康和安全，共抗疫情。

疾风知劲草，板荡识诚臣。能不能打好、打赢这场疫情防控的人民战争、总体战、阻击战，是对各级党组织和党员、干部的重大考验。在疫情防控的主战场践行初心使命，让党旗在防控疫情斗争第一线高高飘扬！在疫情防控的紧要关头，北控物业的各级党组织和党员收到了来自集团党委的倡议书。未来一段时间，从集团高层到各个业务负责人到基层党员员工，都将围绕打赢疫情防控阻击战的共同目标，冲在疫情防控的第一线。

针对疫情期间社区封闭管理的情况，对于已装智能门禁的小区可通过人脸识别严格控制人员进入，同时北控物业对刚封闭未安装门禁的社区紧急加装智能门禁，并配合温度测量。这不仅能有效控制社区人员进出，还能够帮助物业工作人员第一时间掌握其轨迹，为后续跟进提供信息支撑。

随着返工潮来临，严格管控停车场变得尤为重要。在已安装智能停车管理系统的小区，可通过"前端系统AI识别＋无人收费＋云管控"的智能化方式，对进出小区的车辆进行实时感知、数据采集，严格校验车辆信息，有效控制社区车辆及人员的出入，构筑社区防疫的第三道防线。

疫情期间居家防疫，生活物资采购成为一大难题。社区平台推出"在线订菜"便民服务，每日向居民提供精准采购，不出门、无接触线上下单，利用"新鲜果蔬＋线上订＋定点取菜"模式，将爱心蔬菜送进了社区。对不方便下楼取菜的居民，物业服务人员还会"送菜上门"。

沧海横流，方显英雄本色。目前疫情防控形势积极向好的态势正在拓展，但形势依然严峻复杂，防控正处在最吃劲的关键阶段。北控物业在社区防疫中形成"北控做法"，把北控物业人紧紧团结在一起，守土有责、守土担责、守土尽责，为打赢疫情防控阻击战不断汇聚信心与力量。

战疫情彰国企担当　铸品质显物业价值

新中物业管理（中国）有限公司

"借问瘟君欲何往，纸船明烛照天烧"。60多年前，毛泽东同志欣然作诗，歌颂在社会主义制度下的中国人民，在中国共产党的领导下，精神振奋，斗志昂扬，战胜瘟神，征服自然，使祖国出现欣欣向荣的景象。60多年后，在党中央坚强领导下，一场与新冠疫情搏击的战役迅速打响。正如习近平总书记在给郑州圆方集团全体职工的回信中写的那样，在这场没有硝烟的抗疫战争中，从一线医务人员到各个方面参与防控的人员，从环卫工人、快递小哥到生产防疫物资的工人，千千万万劳动群众在各自岗位上埋头苦干、默默奉献，汇聚起了战胜疫情的强大力量。新冠肺炎疫情发生后，作为中国银行旗下中银集团投资有限公司的全资子公司，新中物业（管理）中国有限公司在党委带领下，坚守在抗疫最后一公里主战场和物业服务的岗位上，以实际行动为抗击疫情作出了贡献，彰显了国企担当，突出了物业价值。

一、把认识转化为决心，把防控上升为担当

新冠疫情发生之际，新中物业正处在上级党委巡视整改的特殊时期，压力很大。落实整改，是公司必须严肃对待不容推卸的政治任务。然而，疫情就是命令，新中物业党委以高度的政治责任感和使命担当认识到，疫情防控更是国企物业的首要政治责任。为此，公司党委在第一时间成立防控领导小组，进入防控"战时状态"，决心把疫情防控作为检验巡视整改的试金石和通关题，勇于担当，统筹做好巡视整改、疫情防控、服务保障三手抓三不误。

二、在党旗下展现积极作为、在防控中践行初心使命

新中物业的防控战役，始终在各级党组织的领导下坚实有效地开展，体现了国有企业党组织的引领作用。在疫情防控的关键时期，新中物业党委号召全体党员、各级管理人员和骨干员工要勇于担当，践行初心使命，号召各单位把党旗高高飘扬在抗击疫情的战斗中，为打赢疫情防控阻击战提供坚强组织保障。唯有责任落实，才有工作落实；唯有责任到位，才有工作到位。新中物业先后召开各种形式的防疫专题会议 30 余次，细化措施，落实责任。从总部到全辖 35 家分支机构，没有一人逃避，没有一人休假，管理干部、共产党员身先士卒，率先垂范，一直坚持在岗在位，有效保障了所有在管项目的平安运行。

武汉分公司刚刚组建，疫情面前，大家毫不退缩，纷纷请战。但因为全市公共交通关闭，值班人员无法到岗，春节值班面临很大困难。安保部经理、共产党员程博，主动请缨，连续 23 天坚守在项目，一人身兼数职，消防值守、楼内巡查、清洁消毒，为保证项目安全做出了突出贡献。北京分公司综合服务部经理乔娟，是单位唯一的湖北籍员工，春节前一个多月就买好了回家团圆的机票。接到防控任务后，毫不犹豫地退掉了机票，全力以赴投入到防疫工作中。仅春节放假期间，她就先后 6 次返回工作现场，一干就是一整天，为节后复工人员的健康安全做出了有力保障。

三、关爱员工履行国企责任、支援伙伴体现国企情怀

在疫情防控期间，新中物业始终把关心关爱员工作为重要责任，把员工的健康安全放在重要位置。在初期防控物资紧张，采购困难时，公司利用中国银行资源开启了"全球购"模式。采购了近百万只口罩和一定数量的测温仪，有效缓解了各项目防控物资紧张的问题。疫情以来，新中物业购买了 3 千余万元的疫情防控物资，保障业主和员工工作生活的健康安全。为让家在外地员工返程后能够有效隔离，公司克服各种困难，积极与各项目业主沟通，协调业主资源，为员工设立隔离宿舍，按照政府规范要求调整员工宿舍间距和同室人员数量，有条件的项目甚至为员工提供班车上下班，避免了感染风险。很多企业因疫情生存遭受重重压力，纷纷裁员降薪，而新中物业顶住压力，以国企担当履行社会责任，坚决不降薪资，不裁一员。

与新中合作的一些外包合作伙伴如保安公司、保洁公司在购买防控物资困难时，新中物业主动给他们支援，为他们及时免费提供了急需的口罩等物资，体现了国企情怀。

四、"三不"服务铸品质、专业科技显价值

一是基础服务"不掉线"。坚持严格按照防控要求做好消毒、测温、进出口把控等工作。疫情期间，

仅对公共区域风口滤网、空调过滤网进行清洗消毒就达 27000 台次。同时，日常项目基础服务如接报修、值守、运维等始终保持正常运行，保证服务不掉线，品质不下降。

二是重要服务"不下班"。疫情之前，新中物业每日提供餐饮服务达 13 万人次，疫情期间也高达 8 万人次。在食材采购与运送异常艰难、大批员工无法正常返岗、提供分餐甚至还要送到业主工位的繁重工作量下，在岗员工只能加班连轴工作。而为了给业主提供更温馨、健康、安全的餐饮体验，各项目都用心地在餐饮各环节做文章。有的项目精心设计"一人一桌"温馨就餐环境，让业主吃出了高考的感觉，成为"网红餐厅"；有的项目集中采购安全健康食材，为业主提供"安心蔬菜带回家"服务；北京新发地疫情发生以后，新中在京单位迅速开展食材来源排查，切断新发地供应链，并创新管理，采取无接触验货等形式，确保餐饮安全。

作为新中物业重要服务内容之一，视频会议疫情期间成倍增加，某项目仅五一假期就保障视频会议多达 16 场次。2020 年的年中工作会议是中国银行迄今为止最大规模的视频会议，地域跨度遍布全球、会议持续时间近 12 个小时，对新中物业的专业技术水平和服务能力都是一次极大的考验。在总部的统一指挥下，新中全辖各机构精心安排、用心准备，提前进行多次的视频设备检查和联机演练，并制定了高度统一的服务标准和服务动作，最终实现会议期间视频、音频设备"无故障、无延迟、无花屏、清晰流畅"，全球各会场布置与服务动作整齐划一，在细节中凸显了专业价值和服务品质。

三是特约服务"不断档"。疫情期间尽管咖啡厅等非生活必需特约服务暂停了，但像理发这类的生活必需服务业主的需求还是很强烈的。疫情趋缓后，新中马上开放了理发服务，严格做好各项防控消毒，采取预约制，保证理发室同一时间只有一人在理发。疫情严重时很多银行都关闭了网点服务，但 ATM 机仍然照常运行。新中物业按照业主单位的要求，加大了各 ATM 机点位的巡查和消毒，保证银行客户的健康安全。

四是专业防控、科技防控，凸显物业价值。在疫情防控上，无论是应急预案的制定、清洁消毒药剂的配比和消毒标准，还是摆放礼宾柱、电梯"膜保护"、空调通风与清洗等，无不体现出极强的专业性。除及时下发政府、行业有关专业规范外，新中物业自己制定各类专业性防控规范、要求和指引26 个，指导全辖有序开展疫情防控工作。同时，充分利用科技防控，通过新中智慧物业平台，进行员工考勤和健康信息管理，进行业务远程管控减少管理人员外出感染的风险。

五、积极作为获认可、常态防控提品质

疫情防控对物业公司的响应能力、作战能力、物资调配能力和客户关系能力都是极大的考验。新中物业不断总结完善疫情防控经验，持续创新，积极作为，实现了服务不间断、质量不下降，全辖未出现疑似、确诊病例，所有项目安全稳定运行。在这场没有硝烟的战争中，新中物业坚持以高度的政治责任感和使命感，团结全辖员工，坚守在防疫工作持久战第一线，凝聚起抗击疫情的磅礴力量，为业主保驾护航，为社会贡献力量，得到了业主的高度认可。有的业主给新中写来了感谢信，有的业主单位专门给新中发放了现金奖励。业主的激励，体现了对新中国企担当、高品质服务、专业水平的认可，提升了物业在他们心中的形象和价值。

后疫情时代，新中物业将在疫情常态化防控基础上，不断提升物业科技含量，创新物业服务手段，强化物业服务品质，进一步体现和彰显物业服务的价值存在，为业主提供更健康、更环保、更有温度的工作生活场景服务体验。

酬金制模式，开启枫丹丽舍幸福社区之门

北京瑞赢酒店物业管理有限公司

北京市海淀区西三旗社区的枫丹丽舍是一个全法式建筑、带有近百亩中心花园的美丽小区，建筑面积近22万平方米，容积率为1，是拥有1500多户居民的大中型小区，是一个很有参考价值的物业管理样本。

然而，2014年11月28日之前，当时小区的现状是：

➢ 行人、车辆随便进出小区的大门；

➢ 小区有1300多个车位，其中约500个车位安装了地锁，致使有些安锁车位闲置，而有些车辆不得不停在应急通道上；

➢ 公共建筑多年失修，一派破败景象，当第三方物业评估机构对原物业管理公司停止服务时的小区物业进行全面查验评估时，发现了几千项缺陷，修缮费用达数百万元；

➢ 杂草丛生、绿地荒芜，到处是裸露的土地；

➢ 一个晚上就有10多户业主家被盗；

➢ 业主与物业管理公司严重对立，诉讼不断；

➢ 小区配套的幼儿园一直被没有办学资质的私人占用，开办"学前儿童看护点"，与业主长期严重对立；

➢ 小区冬季供暖不热，自来水二次管网主管道经常性爆管，严重影响业主的生活；

➢ 业主对物业管理公司不满意，用上了杀手锏——拒缴物业费——抗争，致使物业费的拖欠现象非常严重；

➢ 由于客观上的物业费不足导致物业管理公司不作为，随之而来的是物业管理服务质量下降，管理服务质量下降后，业主就拒交物业费，进而造成物业管理服务经费更为短缺，如此恶性循环，使小区物业管理一步步恶化；

➢ 当时的小区业主委员会名存实亡，长期只有一两个热心的委员在坚守着、煎熬着；

➢ ……

也正是在小区面临如此惨状、濒临无人管理的时刻，业主们实在忍无可忍了！一些热心业主在几经周折后，决定积极行动起来，务必尽快进行业主委员

会的换届，并组建了一支几十人的志愿者队伍，一场改变小区乱象的"运动"，在争议、争吵中艰难地起步。

萧条景象

终于，在2014年11月28日，枫丹丽舍小区迎来了新的物业公司——瑞赢物业，开启了酬金制物业服务的运行模式。酬金制是指在预收的物业服务费中按约定比例或者数额提取酬金支付给物业服务企业，其余款项全部用于物业管理服务的支出，结余或者不足均由业主享有或者承担的物业服务管理模式。

一、建立"共管账户"共同管理资金收支

物业公司和业委会除了各自开立独立的银行账户外，同时开立"共管银行账户"，即物业公司在银行开立一个特殊账户，称作"共管账户"，该账户配备两个"U盾"，物业公司和业委会各持一个，两个"U盾"同时确认通过，资金方可转出，任何一方无权单独动用账户内资金。物业公司结合项目实际，于每年底做出下一年度的收支预算，包括人员工资、秩序维持、垃圾清运、保洁、绿化、维修、水电等所有项目管理中正常所需费用，经业委会审核后执行。

每月底物业公司将上月的全部开支明细情况造册、列出清单，提交业委会；业委会在每月第一个周四的例会中对物业公司上月支出情况进行审查，发现问题随时质询，确认需要调整的及时调整，审核通过无异议后由业委会不少于5位委员同时签字确认，之后从共管账户中将上月核准支出金额转给物业公司的独立账户。每月支出均依照上述流程完成，确保物业项目成本支出合理、可控（每月收支明细见下图）。

枫丹丽舍2020年6月收支明细

预算表	预算总金额	项目	明细账	实际分项金	实际总金额	备注
表2	287745.79	人员费用	工资	219923.44	254692.35	
			技工夜间值班费	1800.00		
			伙食费	18455.30		
			端午节加班费	8603.08		
			端午节加餐费	640.00		
			优秀服务之星	700.00		
			工会经费	4570.53		
表3	12602.79	行政及办公费用	交通费	1783.01	6896.79	
			业务沟通费	3000.00		
			办公用品、办公杂费	638.78		见附件1
			快递费	45.00		见附件2发票复印件
			通讯费	1050.00		见附件3
			条幅费	100.00		见附件4发票复印件
			海报制作费	280.00		发票过几天提供
			POS机手续费	3139.45	3145.45	已支付（POS手续费本月预算3652.79元）
			共管账户付款手续费	6.00		
表4	44780.00	公共设施维护及能耗	公区水费	10478.50	38715.78	见附件5发票复印件
			公区电费	10835.53		见附件6发票复印件
			购买电卡费	1000.00		见附件7发票复印件
			燃气费	780.00		发票持食堂提供
			工程物料	3000.00		见附件8发票复印件
			购买防水卷材费	2890.00		见附件10发票复印件
			购买门禁配件费	9313.75		见附件11发票复印件
			购买东门进出口厂角铁	418.00		
	8462.30	不可预见	购买防疫物品费	2234.90	2234.90	见附件12清单
表5	97800.00	保洁费用	保洁分包费	74100.00	97800.00	6月份实有清运20车、月报包月4200元（预算4200元），见附件
			非生活垃圾清运费	4200.00		
			生活垃圾清运	19500.00		
	38300.00	绿化费用	园艺分包费	38300.00	38300.00	
表6	7800.00	秩序费用	监控维保首款	7500.00	7781.80	依据合同付款
			购买彩旗、困旱地雷装	281.80		见附件14发票复印件
表7	34460.31	5月份税金	销项金额（应缴）	49921.99	42069.80	
			进项金额（抵扣）	12359.67		
			实缴增值税	37562.32		
			实缴附加税	4507.48		已支付
	31708.27	管理酬金	管理酬金	31708.27	31708.27	
	19024.96	业委会办公经费	业委会办公经费	19024.96	19024.96	
合计	582684.43				542370.10	
			实际应支付	497154.85		已支付金额 45215.25
			退装修押金	3000.00	3000.00	见附件15

业委会审批签字：　　　　物业经理审核签字：　　　编制：王林朋

30

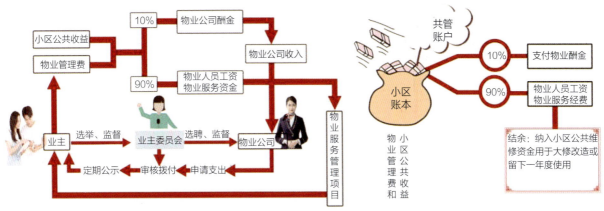

枫丹丽舍"酬金制"服务模式

二、物业管理结余费用由共管账户转入业委会独立账户

每年底决算完成后，物业管理结余费用由共管账户转入业委会独立账户。如遇预算外开支，属于日常物业管理费用的，从物业管理费用支出，当年费用充足的从当年费用中支出，否则由下年度费用补充。如不属于日常物业管理费用的，也不属于住宅专项维修资金使用范畴的，则遵循量入为出的基本原则，从项目历年结余积累资金中支出。

三、明确酬金提取比例

明确酬金提取比例是酬金制模式运作的重要基础，枫丹丽舍小区结合小区实际，创新提出浮动酬金比例的概念，按年度物业费收费率浮动物业酬金比例5%～12%。共分三段计算：物业费收取率低于80%，按物业费应收总额的5%计提；收费率在80%～90%，再按照增额的30%计提；收费率在90%～100%，再按照增额的40%计提；每个月暂按5%预提，年终计算酬金总额；酬金提取规则在物业服务合同中进行明确约定，提取比例与收费率直接挂钩，有利于激励物业公司努力提高服务质量，保证收费率。

除物业费之外，物业服务合同中还约定小区其他资源委托物业公司经营，充分调动物业公司的积极性，同时保证小区资源也得到充分利用。

四、建立奖惩机制，调动员工积极性

为鼓励项目部工作人员积极提高服务质量，项目建立了奖励机制，依据物业服务企业表现，每年从物业费节余中拿出较大比例由业委会直接奖励给物业管理员工。在能源成本方面，建立奖惩机制，鼓励物业公司节能降耗，降低成本支出，以之前三年的水电费平均数为基准，超出部分从酬金中扣除，对节约的部分，提取一定比例直接奖励给物业管理员工，以此激励物业管理员工关注成本控制的积极性和责任心。

五、建立业委会、业主与物业公司之间规范的工作机制

业委会积极履职，充分发挥业主和物业服务企业之间协调、沟通、监督的桥梁纽带作用，有效缓解业主和物业公司矛盾直接激化。设立专职秘书。经业主大会同意，业委会从业主中招聘了两位专职秘书，负责业委会日常工作，秘书每周七天上班，监督、协调物业公司的运作，接待业主来访，解答业主疑问和咨询，处理业主对物业服务提出的问题，记录业主对物业公司的监督结果，及时将业主提出

的问题反馈给物业公司管理人员，以便其快速响应。

实施开放例会制度。业委会和物业公司每周四晚上定期召开联席会，会议为开放式，所有业主均可参加，以便广泛、充分地接受业主的监督。联席会上双方就项目最近一周的管理情况进行沟通协调，对存在的问题或新发生的问题进行研究，找出解决办法。

定期进行收支公示。物业收支账目明细每半年在小区显著位置向业主进行公示，以便业主清晰了解物业费收支情况，及时发现问题，业委会和物业公司工作积极调整工作，同时起到监督作用。

六、小区现状

自2014年11月28日至今，瑞赢物业为枫丹丽舍小区提供物业管理服务以来，小区逐步日新月异，容光焕发。

（一）小区秩序平安、停车管理井然有序

1. 园区内盗窃发案率保持"0"纪录，物业还曾两次跟踪抓获盗窃嫌疑人员。2017年被评为"海淀区五星级平安社区"。

2. 推动并协助政府，于2015年5月，干净、彻底拆除了569个停车位地锁，此后再无发生，极大改善了小区停车环境和停车条件，车辆出入、停放井然有序。参与创建"海淀区文明交通平安示范社区"。

3. 有效遏制了私搭乱建现象，杜绝了新生违章建筑发生。

（二）环境优美舒适、居民有幸福感

修缮了公共设施与道路、修复了景观设施，每年还增添、更换草坪苗木和花卉以改善园区绿化，持续保持园区卫生清洁，极大程度地恢复了小区"洋房花园"风貌，再现昔日"北京十大魅力社区"风采；组织、推动开展各式社区文化、体育、娱乐与休闲活动，让居民切实感受到舒适、祥和、欢乐和幸福。

（三）努力解决了困扰业主的重大难题和事项

1. 积极推动并配合政府，于2016年收回了曾困扰小区十多年的配套学前教育设施——"幼儿园"，建成北京市市属公立示范幼儿园；

2. 积极推动、协助北京自来水集团，于2016年更换了北区自来水供水管道；

3. 推动、协助北京热力集团，于2016年、2018年分两期，全部更换了北区集中供暖管道和楼底盘管；

4. 千方百计筹集资金，于2018年完成小区全部住宅房屋楼道粉刷和单元门雨棚粉刷出新；

5. 积极推动使用公共维修资金，历经近4年努力和曲折，成功对部分楼栋严重破损的屋顶房檐更换维修。

为纪念枫丹丽舍小区2014—2017年波澜壮阔的三年物业管理实践历程而作，由枫丹丽舍第三届业主委员会全体委员和工作人员撰稿编写了《再现枫丹丽影》，同时得到了海淀区房管局、西三旗街道和瑞赢物业的大力支持、帮助和指导。

盛世花开 美丽国门
——首都机场 T3 航站楼 GTC 屋顶景观改造工程

北京首都机场物业管理有限公司

首都机场 T3 航站楼 GTC 屋顶原有的绿植经过多年周期性生长，开始出现一系列植物生长及硬件问题，针对这一问题，北京首都机场物业管理有限公司（以下简称"机场物业公司"）结合当前屋顶绿化的行业发展趋势，通过不懈努力，已成功取得了北京首都机场 T3 航站楼 GTC 屋顶景观改造工程。这是机场物业公司首次承担规模如此之大的屋顶景观改造工程，改造过程中，面临着一个又一个的难题，如施工安全、高温作业、反季节栽植等，加之 T3 航站楼特殊的地理位置，为此工程增添更加重大意义的同时，更增加了施工难度。机场物业公司以"安全施工、文明施工、科学施工"的理念、精细化的项目管理能力，攻坚克难，圆满完成了施工工程。

一、源于问题的探索

（一）GTC 屋顶景观难题

机场物业公司自 2009 年以来，便承担着首都机场 T3 航站楼屋顶绿植的养护工作。通过对现有业务的深入挖掘发现，GTC 屋顶植物的生长存在如下问题。

1. 自然环境下，GTC 屋顶大面积沙地柏成长周期已长达多年，屋顶沙地柏作为速生根油性植物，无规则生长更使根系过于发达，甚至直接威胁 GTC 建筑本身。

2. 土地偏碱性、板结、缺肥，不利于植物的生长。即使在专业化、精细化的养护过程中，植物成活率仍然出现了下降的趋势，大批量死苗现象时有发生。

3. 屋顶管线分布复杂，自动喷淋系统故障频发，有时影响植物的正常浇灌。

4. 常年不变的"绿色线条"景观过于单一，即使是在春意盎然的季节，也同样缺乏生气。

（二）机场物业公司面临的机遇与挑战

北京首都机场物业管理有限公司成立之初，所接项目均为低端的绿植养护和租摆。绿化行业的产业一条龙为规划、设计、施工、养护，而在这四个环节中，我们仅仅抓住"尾巴"，而这一尾巴，是一项典型的"劳动密集型"业务，为了转变这一不利因素，力求打造多位一体的绿化产业链。公司将目光锁定在"设计"和"施工"方面。在此期间，我们设计的百余项航站楼景观、办公室景观、室外景观多次受到业界人士的认可。当然，激烈的市场竞争中有个不变法则就是"逆水行舟，不进则退"。纵观绿化领域客观发展趋势，"屋顶绿化"日益成为人们关注的重点，更是被业界人士称为：下一个园林"淘金场"。其实早在2007年，首都机场便有意向在低空核心区内选择有条件的屋顶进行屋顶绿化。

GTC屋顶绿化景观无疑成为我们新的商机。解决GTC屋顶景观存在的问题，最好的办法，就是为GTC屋顶进行"大改造"。这也成为机场物业服务公司对大型屋顶绿化景观新尝试的绝好的探索机遇。

二、主动出击：成功赢得景观设计、工程施工"双色球"

为了进行GTC屋顶景观改造工程，2012年11月，机场物业公司一行人与北京农学院教授一同前往广州、深圳等地，对屋顶景观、大型盆栽及土壤等各方面的先进试点进行了参观学习。

（一）首都机场实际情况支持"改造"的必然性

1. 植株更换

原有的沙地柏并不适合作为GTC屋顶景观的主要作物，应将其更换为适合北方生长、花期长、花色艳丽的速根花卉，以便后期的养护，除此之外，宿根花卉许多品种的净化环境与抗污染的能力更是其他植物所不及的，如金叶女贞、紫叶小檗、小叶黄杨等，既美观又避免了安全隐患。

2. 土壤改良

原有土壤本身就不利于植物生长，在我们对GTC屋顶土壤进行检测的报告中明确指出，需要中和土壤碱性，才能从根本上支撑新作物的良好生长。

3. 管线排列

原有屋顶管线分布复杂，唯有将管线重新排列，更新喷淋浇灌设备系统，才能保证屋顶景观的正常浇灌。

4. 景观图案

屋顶绿化领域发展迅速，大气美观的图案景观不仅可以改变GTC单一景观缺乏生气的现状，更能彰显首都机场大国之门的风采。

（二）"菜单式服务"理念助推，赢得设计"红球"

GTC屋顶景观改造工程有其特殊意义，面对这样一块诱人"蛋糕"，多家设计公司跃跃欲试，面临激烈的竞争，机场物业公司如何才能成功赢得这块"蛋糕"呢？

作为首都机场的专业化公司，存在一定的优势：

1. 对首都机场的整体发展理念比较了解，能够更好地迎合首都机场大环境。

2. 作为国企，承担着政治责任，在客户面前诚信度相对较高。

而我们与其他竞标单位最主要的竞争点就在于设计内容。

在景观设计中，我们坚持"菜单式服务"的理念，将设计作品以菜单的形式呈献给客户，供其选

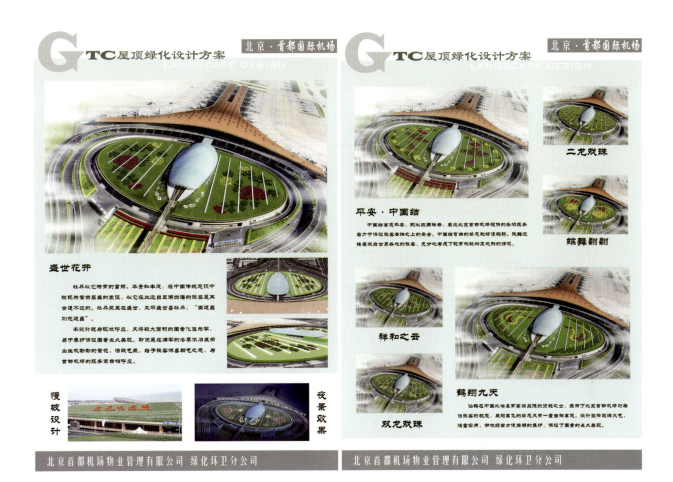

择。在设计领域,审视眼光各不相同,但是我们相信,"菜单"中总有一款"合口味"的。同时,"菜单式服务"更能给客户以尊贵的体验。

在为期五个月的竞标过程中,为了体现我们"菜单式服务"的理念,机场物业公司景观设计室全体成员连续加班加点,经过公司内部多次筛选,选定了13套方案制作"菜单"供客户选择。在与客户沟通的过程中,"菜单式服务"理念的优势更是凸显无疑,其中:"盛世花开""吉祥中国结""鹤翔九天"等多套方案均进入复选。

复选过程中,我们将菜单方案内容细化,将这三个方案的施工难点及解决办法等一一列举,并多次以书面或面对面的形式,就设计图案美观度、图案意义等各方面的细节问题,听取客户意见,力求向客户呈现最优秀的作品。最终结合首都机场大环境及各国旅客切身感受,由公司青年员工设计的"盛世花开"方案脱颖而出。

(三)乘胜追击,赢得施工"蓝球"

在绿化领域中,规划、设计、施工、养护这一系列环节,每一个都相当重要。设计中标,接下来就是施工。其实早在制作设计图的同时,绿化环卫分公司就制作了一套齐全的施工方案。方案以"精细化"为准则,充分赢得客户的认可,赢得施工"篮球"。

那么,是何种"精细化"的方案让我们赢得这一设计、施工"双色球"呢?施工过程中对难点的各个击破足以充分说明。

整个施工过程中,机场物业以"安全施工、文明施工、科学施工"为原则,同时,为了实现项目精细化管理,公司就此次施工制定了"工程进度表",时刻掌握工程进度。

1. 安全施工方面

1)难点1:屋顶承重问题

由于土层薄,且土层复杂,承重有限,加之屋

GTC屋顶绿化改造工程施工进度表

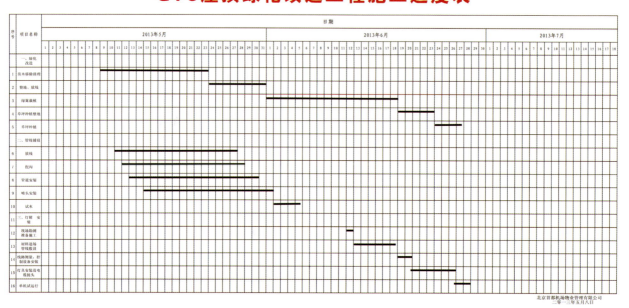

顶有防水层和管线。针对这一系列问题，分公司对土层厚度和承重进行科学论证，最终决定承重2吨以下的车辆设备可以上行，其他车辆，一概不允许驶入施工现场，并严格控制车辆载重量。

2）难点2：车辆行驶问题

GTC临近旅客流动区域，稍不留神就会对旅客及航站楼带来负面影响。为避免施工车辆对T3航站楼的运营带来不便，要求车辆行驶必须按照指定的行驶路线；由于GTC处于机场快轨桥下，为防止清运车辆对桥墩造成意外破坏，在桥墩下科学设置防撞缓冲带。

3）难点3：消防安全问题

施工正值酷暑，现场沙地柏在清理过程中，由于高温暴晒，存在一定的消防隐患。在施工过程中，我们在施工现场作业区域，每40米摆放一个灭火瓶，并对现场堆积的沙地柏实施洒水降温等措施。

由于GTC屋顶夜间停水，因此，在屋顶施工现场的行车道边每20米安装一个消防水槽，共计24个；此外，还要求所有车辆配备灭火器材并派专人对车辆进行监督检查；车辆及器械燃油由专办员统一管理，避免由燃油引发的安全事故发生。

4）难点4：人身安全

部分施工属高空作业，且屋顶少有高度围栏，施工人员的人身安全成了又一重点。因此，我们在工人进入施工现场的南平台搭建防护架，防止发生意外；此外，在现场入口处摆放"严禁烟火""禁止抛物"等警示标牌，并由专职安全员进行监督检查；用彩色标旗和锥筒对行车道进行标示，防止出现人身意外。由于施工正值酷暑，物业公司还为人员配备齐全的防暑用品。

2. 文明施工方面

施工地点为重要区域，因此文明施工尤为重要。

1）有效降尘，防止物体坠落

为有效降尘，不影响GTC的正常使用，我们将排气窗封住，并在施工前对土地进行适量浇灌，使其保持湿润状态；同时将通风口进行封闭，对原有的石材地面铺设竹胶板，防止施工现场物体坠落影响GTC正常运营。

2）形成项目部联动机制，防止遗撒

由于GTC特殊的地理位置，公司要求施工全过程禁止野蛮作业，所有施工人员不得出现影响国门形象的行为，所有施工垃圾立即清理，不得在路面上出现遗撒。为此，公司项目部积极配合形成联动机制，出动人员对施工车辆行驶路线进行跟踪清理。同时，要求所有车辆在清运过程中的装载量不得超过箱体的2/3。

3. 科学施工方面

在安全施工和文明施工方面，公司派专人进行现场监督和巡视，确保施工平稳、顺畅进行，科学施工方面，我们更是迎难而上。

1）难点一：反季节栽植

施工始于夏季，前期准备清理工作量大，加之管线需要重新部署，到了栽种新品种之时已到秋季。因此，我们面临了一个极其严峻的问题：反季节栽种。一般情况下，反季节栽种成活率较低，将会很大程度上影响景观的美观，这也是绿化领域的一个热门难点。

为了寻求更加有效的解决方法，机场物业公司相关人员带着这一问题前往成都，参加了全国园林景观养护交流培训。在培训过程中，分公司就这一问题与现场专家和业内人士深入沟通，最终一致认为我们原定的解决方案是可行的：1. 加强病虫害的防治，更有力地保护植株在秋季的成活率；2. 为了防止植物水分蒸发过快引起的植株死亡，选用营养钵苗，搭建遮阳网，打蒸腾抑制剂，当然，为了更加有效地提高植物的成活率，夜间和阴天也是植物反季节栽种的好时机。管理方面：24 小时供水。最终，此次反季节栽植的成活率达到 98%，远远高于原本的成活率（70%）。

2）难点二：土壤的彻底改良

结合 GTC 屋顶原有景观问题，汲取以往经验，鉴于植物生长的基础是浇灌水和土壤，机场物业公司在施工前对土壤及水源再次进行检测，并在围堰、浇灌水等方面进行了技术交底，明确施工过程中的细节标准；土壤检测报告显示，GTC 屋顶原有土壤偏碱性，因此在施工过程中，在土壤中加入草炭土和含氮、磷、钾的有机肥，以此中和土壤碱性。

3）难点三：聚焦长远，避免后期养护的手足无措

在清理沙地柏的过程中我们发现，原有的管线年久失修，在液压挖掘机行驶过程中，极易发生管线崩裂现象，为确保防水层不受破坏，因此，在清理过程中，我们的管线维修人员全程跟踪，出现问题立即解决，这样也有利于我们详细绘制实地管线铺设图，并进行存档，在今后的养护过程中，一旦喷淋系统出现故障即可重点监测、有的放矢。

三、成效与推广

GTC 屋顶景观绿化工程位于航站楼的重要区域，在飞机上俯瞰首都机场便能将其尽收眼底，可谓中外旅客进出中国国门的"印象景观"。

在长达四个多月施工过程中，机场物业公司面临着各个方面的压力，作为专业化公司，在工程施工全过程，做到了"安全无事故、旅客无投诉、机场无影响"，景观效果更是得到了客户及旅客的认可，可谓是公司在屋顶绿化领域的丰碑之作。

在收获成果的同时，有许多地方值得思考。

（一）菜单式服务理念的推广

在设计过程中，菜单式服务理念立下汗马功劳，同样，无论在服务类行业，还是经营类行业，这一理念都具有一定的推广性。在未来，我们将努力将这一理念在更多业务领域进行推广。

（二）精细化的施工理念

施工前的责任到人，深入细致的现场勘测和问题预见及解决，都渗透着精细化的施工理念。施工过程中，在安全施工、文明施工、科学施工各个方面更是铢称寸量，安排周密。在项目管理中，逐一

击破的"精细化"管理理念更是我们应该推广的。

（三）打造优秀管理团队

1. 在景观设计期间，全员连续两个月不分昼夜、加班加点，高度负责的责任心是设计中标的基础。施工现场环境恶劣，青年员工全程现场跟踪，老同志不吝经验鼎力支持，并进行现场指导，建立了一只优秀的项目管理团队。此外，公司领导更是高度重视，多次视察指导工作。

2. 在这一大工程中，无论是前期景观设计还是后期的工程施工，青年员工成为此项工程的主力军。通过此项工程，青年人有了进一步的成长：他们成立了"草帽军团"，有了自己独有的"草帽文化"。而草帽文化，更体现了他们如稻草人一般对施工现场的坚守。简言之，科学的菜单式服务理念，精细化的管理、优秀的团队，成就了此项工程的圆满完成。

T3航站楼GTC屋顶景观绿化工程作为首都机场打造的国门印象工程，是机场物业公司向中外旅客精心呈现的作品，我们希望这一作品能作为一种国门印记，留在每一位旅客的心中。

习总书记提出的"美丽中国"理念，为绿化领域吹响了嘹亮的号角。"打造美丽国门"更成为首都机场的重要目标，近年来，屋顶绿化工程日益受到人们的关注，成为业内人士公认的最有潜力的发展方向。机场物业人相信，打造"空中花园"不是梦，打造"空中花园机场"更不是梦，我们有信心、有能力作好打造"美丽国门"的主力军，更有信心成为建设"美丽中国"的生力军。

疫情下医院物业的使命担当
——国天物业战"疫"风雨路

北京国天健宇物业管理发展有限公司

庚子鼠年春节,一场没有硝烟的遭遇战不期而至。疫情面前,休戚与共,唯有团结协作,共铸捍卫生命的铜墙铁壁。"把疫情防控工作作为当前最重要的工作来抓""全党全军全国各族人民都同你们站在一起,都是你们的坚强后盾",战"疫"之际,习近平总书记的话强信心、暖人心、稳民心。

一、勇于承担责任

国天物业如今在全国 20 多个省市、自治区服务了 100 多家大型综合医院。针对这 100 多家医院,实施区域化管理,将项目按照项目类型、大小和所在地区分成若干区域。疫情期间,以项目为基本单位,以区域为一个局部,各项目、各区域之间相互协调、相互支援,由公司统筹调配管理,极大地增强了抗疫工作的抗压能力,强有力地保障了公司在人员紧缺情况下对所服务医院所提供的后勤保障工作。

疫情发生之后,国天物业向全体员工发出倡议书。随后,数百封请战书从各区域、各岗位上纷至沓来,国天物业"抗击新型病毒志愿者服务队"正式成立。由公司董事长亲自带队,非一线工作人员自愿报名,冲在抗击疫情第一线。与此同时,国天物业向服务的近百家甲方医院致信表达共同抗击疫情的决心,和医院全体医护工作者共同战斗、同舟共济。

疫情期间,国天物业几乎所有管理人员主动放弃休假,大批一线员工提前返岗,全面投入抗击疫情一线。可以说,经过这次战疫,进一步锤炼了国天物业的危机处理能力,优化了企业的物业管理体系和管理效率,同时凝练和升华了国天物业服务企业文化,企业凝聚力再度大幅攀升,为今后更大的腾飞发展奠定了坚实的基础。

二、智慧服务做保障

疫情发生在春节假期，物业作为抗击疫情重要中坚力量，大部分人员无法返岗，员工短缺严重，而且在岗人员也都面临感染风险。国天物业作为全国100多家医院后勤保障服务单位，倍感压力的同时，圆满甚至出色完成了所担负的抗疫任务，全公司2万多名员工实现了零感染、零事故的双零目标。究其原因，一方面有赖于国天物业严格的管理制度流程和国天人团结友爱、勇于担当的奉献精神，也取决于国天物业拥有一把医院后勤保障服务支持的金钥匙——国天云。

国天云是国天物业凭借20年物业服务实践经验的积累和对客户服务需求的感知，自主设计研发，经历了五年的升级完善，形成成熟可靠的"一站式"医院后勤服务保障支持系统。已经在全国150多家大型综合医院的后勤服务中全面使用。系统共有18大功能模块，基本涵盖医院后勤保洁、工程、保安、运送、医废管理、垃圾分类等所有物业服务单元。目前，系统注册用户近5万人，工作订单总量1000多万。

疫情期间，面对人员少、感染风险大的困境，国天物业充分发挥国天云系统智慧服务的优势，尤其是在涉疫医废管理方面，利用国天云医废管理模块，实现了对涉疫医疗废物的标记、跟踪、清运、暂存和对外交接等所有环节的留痕和监督管理，在抗击疫情安全保障方面发挥了重要作用。

半年多来，国天物业通过信息化管理，智慧化服务，充分利用国天云系统实现零接触、高效率，以最低的人力成本，最小的感染风险，配合150多家甲方医院单位完成了抗击疫情任务。

三、党建充当先锋

一个支部就是一座战斗堡垒，一个党员就是一面旗帜。国天物业成立20年来，一直坚持围绕发展抓党建，抓好党建促发展，坚持走党建引领企业发展之路，着力打造党建这台红色引擎。"有事党员上""有危险党员冲在前"，这是国天物业董事长王立坤在公司北京小汤山定点医院项目临时党支部成立大会上对党员提出的要求。董事长是这样说的，国天物业的党员同志们也是这样做的。半年多来，在公司各个抗疫的重要岗位，都有党员的身影。党员突击队、党员示范岗等带有鲜明党建特色的抗疫岗位，在国天物业全国100多个医院项目发挥着模范带头作用。

疫情期间国天物业党支部积极号召全体党员、积极分子、管理骨干进行爱心捐款数十万余元。同时，公司拨付专项资金，用于一线员工的防护用品及餐饮、住宿等生活条件的改善。国天物业在自身物资采购困难的情况下，党支部代表公司先后向全国几十家服务单位一线医护人员捐赠了价值数百万元的生活保障物资。

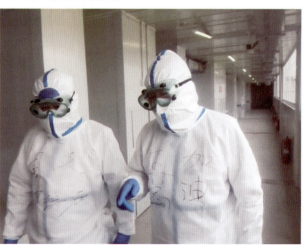

四、三大举措护航

国天物业服务的业态比较多，但主要还是为医院提供专业性的物业服务。从国天物业服务于医院业态的体会来看，主要是要做好以下三点。

首先是"早"。早于其他企业以及整个社会开始行动。在2003年，国天物业参加了抗击非典的一项任务，后来被国务院机关事务管理局评为抗击非典先进单位。国天物业积累了在重大疫情面前，作为物业服务企业如何应对相关问题的一些经验。17年过去了，针对这次新冠肺炎疫情，国天物业提出一个"早"字，就是早行动、早动员、早准备。

其次是"稳"。主要是稳定员工队伍。疫情期间，由于员工队伍不稳定，导致没办法开展正常的物业服务，很多物业服务企业感觉很无奈。而员工队伍的稳定，来自于多方面，包括平时的积累。在疫情期间，需要对员工的生活，后勤的基本保障，如物资的调配、防控设备的保障等给予更多的关注。

最后是"严"。严格物业服务的流程。尤其是医院物业服务这一领域，如感染控制、消毒等专业性的问题，工作流程要非常的严格。就此次疫情来讲，国天物业对过去公司的流程和此次疫情期间的流程进行了梳理，对参与疫情防控工作的全体人员，从管理人员到每一位员工进行严格的培训，同时严格地执行隔离制度。

五、小汤山再考验

2月17日，公司接到北京市医管中心的消息，北京要启用小汤山医院作为收治新冠肺炎病人的定点医院。国天物业主动向北京市医管中心和小汤山医院两级党委递交了请战书，承担医院抗击疫情的物业服务任务。

进驻后，面临的首要问题就是人员问题，时间紧、任务重。国天物业迅速组建了小汤山志愿者服务队，全公司先后有460名员工报名，最终甄选出50名员工确定进入疫区，进行前期准备工作。每个人都要经过严格的培训、演练，如穿脱防护服、隔离衣是每个员工必备的培训内容和硬指标，必须完成。

3月16日，北京小汤山定点医院正式启用，主要用于境外输入人员疫情防控。物业人员需求已经达到300多人，国天物业紧急从北京区域征调精兵强将，支援项目。24小时全天候保障抗疫物业服务工作，随时冲在隔离病区中担负高强度、高风险的病区保洁、维修、医疗垃圾清运、被服洗涤、确诊病人转运等保障工作。

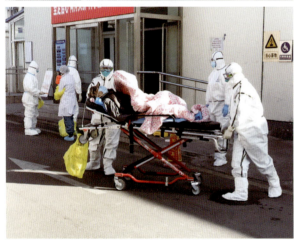

医院开诊以来，短短几天时间，所有查病区人员全满，病床使用高速流转，300多名员工全天候保障。特别是工作在污染区的100名保洁，更是不分昼夜，时刻备战，以病区通知为号令，随时进入污染区隔离病房。大部分人都曾身穿防护服和隔离衣在污染区连续工作12小时以上，更有甚者超过36小时。作为企业负责人，王立坤董事长一直坚持在小汤山医院现场办公，靠前指挥，与员工吃住在一起，亲身感受国家政府抗击疫情的决心和信心，也给我们物业人鼓气加油。

至4月底，小汤山医院筛查确认病人全部清零为止，国天物业小汤山医院项目的全体员工与医院广大医护人员一起完成了2000多名入境人员的筛查、确诊、治疗，为首都疫情防控工作做出了突出贡献，受到医院党委和政府机关的感谢和肯定。

六、化危为机意识

在这场新冠肺炎疫情"危机"中，有人化"危"为"机"，补短板总结经验；也有人在大浪淘沙之后被拍死在沙滩上。对于物业管理行业而言，这次"危机"是对我们专业能力的一次"大考"。

通过此次疫情，进一步凸显了物业管理行业的社会价值。物业管理行业在这次疫情中体现出了"战疫精神"，包括战斗精神、服务精神、科学精神、创新精神。我们发现一开始大家对物业管理行业持悲观态度。以前，大家认为物业管理服务不到位、责任心不强，但在这次疫情期间，物业管理行业的表现让许多人出乎意料，24小时不间断工作、配合政府、员工坚持守在第一线等。

在这次疫情中，我们得到了很多启示。第一是创新始于顾客需求，终于顾客满意。"创新的出发点是解决顾客麻烦，创新的衡量依据是成果，而不是标新立异。"对于物业管理行业而言，好的创新在短期内可以获得业主拥护，长期可以加固企业"护城河"。第二是"基层微创新是根本"。创新的源泉在于基层员工，很多员工都坚守在一线，没有人辞职，也没有人要求加班费。很多员工也因地制宜，做出很多防控措施、消毒方法等，企业在员工保障服务方面也做得很好。第三是"技术创新"。技术创新对物业管理行业而言要以应用创新为主，我们要"以顾客需求和员工能力作为支撑点，紧跟技术变化，提高应用能力"。

微光亦亮，医疗后勤的抗疫创新与启示

爱玛客服务产业（中国）有限公司

2020年1月22日，杨德联背着简单的行囊，从北京飞抵武汉。这是她半辈子少有的坐飞机经历。

杨德联是来自爱玛客公司的一名医院保洁员，至今拥有六年多的手术室清洁经验。迎接她的是刚从福州赶到武汉的运作经理刘锋，负责武汉大学中南医院等多家医疗机构的后勤服务工作。职业的敏感性让刘锋早早向公司提出支援武汉的请求。

1月23日，武汉宣布"封城"。刘锋思考再三，最后还是放弃10：00之前最后离开武汉的航班，开始了77天在武汉的抗疫征程。

"封城"后的紧迫感，驱使杨德联迅速进入角色，连续两周不间断上岗，除夕夜与老母亲通话问好是这期间最重要的"春节联欢"；而此时的刘锋，则承受着工作和家人焦虑的双重压力，但他深知，员工们有些害怕，需要主心骨。

从医院下班回到小区，员工们会受到邻里的排斥。多数员工都没有条件分房休息，为了保护家人，只能睡觉也戴着口罩。由于早期对疫情传播途径的不确定认知，身先士卒的4名管理人员不幸接连确诊。

2月10日，没有庄严的宣誓，没有动情的欢送，熊飞、杨洋、刘华通、冉桂华4名替补力量，手持武汉大学中南医院的通行证，分别从成都、乐山、赣州、长沙辗转逆行，风雨交加中抵达武汉，悄无声息地投入到这场抗疫洪流当中。

这是一群默默服务医护人员和患者的平凡人，他们没有"救死扶伤"的崇高使命，虽不直面病毒，却在极易被病毒入侵的场所如履薄冰地坚守。清洁消毒、垃圾清运、患者转运、病历标本运送，以及职工餐、营养餐的制作与配送，还有设备设施运行维护、棉织品发放和安全保卫……繁重且琐碎的这些事，直接影响着医疗行为的可持续和患者的生命安全。而从事这些工作的员工，多数没有医学背景、教育文化程度相对较低、年龄偏大、收入微薄，属于社会基层劳动者。经此一疫，期待更多人聚焦医疗后勤，聚焦医疗后勤服务群体。

一、多个创新助力抗疫后勤保障

刘锋、杨德联等人都来自于同一家企业——爱玛客服务产业（中国）有限公司（以下简称爱玛客），是全球知名的设施管理及餐饮服务企业，目前已为包括武汉大学中南医院在内的全国220家医疗机构提供后勤保障服务，其中77家是此次抗击新冠肺炎疫情的定点收治医院。

这期间，爱玛客曾收到一家省级医院的求助，原因是医院的服务企业员工流失很多，导致后勤系统瘫痪。因而，解决"人"的问题成为疫情下后勤服务稳定输出的关键。

1. 增强健康防护。疫情初期，防护物资紧张是普遍挑战，而爱玛客供应链团队想尽一切可能，甚至求助一直有良好沟通的中国驻纽约领事馆帮助运输从美国采购的口罩。值得注意的是，物资的采购标准是否符合防疫规范；防护装备是否根据服务场所不同而有相应的分发标准；医院是否为后勤人员在例如污染区和清洁区之间增设中间区域，以减少院感盲区。这些方面，都应事先做好相关准备。

2. 给予心理疏导。抗疫初期，爱玛客通过第三方专业公司开通24小时员工心理援助热线，为焦虑、有压力的一线员工提供心理辅导、医疗咨询。这是爱玛客在已经承受巨大财务压力情况下为员工的持续投入，但收效颇丰。

3. 让员工成为专家。疫情初期，爱玛客技术支持团队不断调整消毒剂种类及消毒程序规范，第一时间指导现场工程师调整空调模式，隔离回风，加大新风，并在中国医院协会后勤专业委员会的组织下迅速参与发布《新型冠状病毒感染性肺炎疫情下医院集中空调及通风系统运行管理建议》，建立空气管道清洗、污水系统管理等行动指南，利用远程视频的形式为一线员工提供专业培训。

4. 赋予新使命。爱玛客的企业使命是"送达美好体验，丰富和滋养人们的生活"。疫情之下，爱玛客让员工充分了解到医院及企业对他们的期待，更体会到当前工作的分量与价值。例如餐饮服务团队，始终确保着疫情下医院及隔离病区的用餐安全。"关键时刻，更需要有温度的饭菜"成了员工新的使命。

5. 新技术赋能。此次抗疫，爱玛客所投入的"无接触"清洁设备显著降低劳动力成本和化学药剂的使用；"蓝色清洁"技术利用电解水原理，在消毒

物资紧张的疫情初期发挥了重要作用；超细纤维技术让洁具本身能够有效地消毒烘干，降低了交叉感染风险。这些新技术的应用，缓解了人员短缺的现象，激发了员工战胜疫情的士气。

6. 相互尊重与认可。四川大学华西医院是爱玛客服务近20年的合作伙伴，疫情期间，医院在补贴和防护方面均把后勤员工纳入计划；湖南湘雅医院给爱玛客在隔热病区工作的员工每人发放补助，直接汇到员工工资卡里；四川省人民医院代爱玛客申报成都市总工会工人先锋队、防疫先进班组……越来越多的医院给予后勤人鼓励，叮嘱安全防护、共享防护物资、提供食住便利、问候关心表扬，给后勤人带来温暖和力量。2月10日，爱玛客发出《致书记、院长的一封信》，感谢医院关爱，向医护人员致敬，表达员工恪尽职守的决心，成为企业与医院在抗疫期间沟通、合作、相互鼓励的共同语言与行动！

二、医院后勤保障再接再厉

（一）建议将防护物资储备列入常态化管理

目前，国内很多医院的后勤管理选择外包，很容易出现防疫物资缺口。比如在防疫早期，最直接的冲击就是外包单位人员买不到隔离衣或口罩。医务人员自己尚且不够用，自然不会有多余的防护物资给外包人员。然而，外包人员多分布在医院的各个角落，如果没有对他们所用的口罩和隔离衣进行严格检查，就完全有可能成为疫情散布的"漏洞"。

因此，建议医院管理者将防护物资储备列入常态化管理。医院管理者不能单纯地从后勤的经济角度去思考，在对外包人员做好防疫教导的同时，也要协调准备外包人员需要的防疫物资。这样，当疫情来时，外包人员才能协作防疫工作的顺利进行，而不是成为防疫的漏洞和困扰。至于防护物资的储备是由医院和服务外包企业谁来承担，建议在合作洽谈中明确，以避免突发状况下的推诿现象发生，进而导致因防护物资滞后造成的不必要损失。

（二）建议医院管理者更加关注后勤的整体布局与实施效果

国际上将后勤管理称之为综合设施管理（Integrated Facilities Management，IFM），指的是楼宇、场所其功能发挥及可持续所必要的配套性工作或服务，是后勤发展的趋势。为此，建议医院管理者考虑下面这些问题：空间场所的规划是否有利于突发事件的协调与处理；是否有利于卫生防疫行为的养成；对服务企业的甄选是否上升到战略发展的考量因素；服务员工的组织文化是否与医院相协调等。

（三）建议打造"数字后勤"优化管理体系

医院后勤管理的信息化建设，不是单纯的计算机网络与硬件的堆积，也不仅仅是一套应用软件的运行，而是为后勤管理人员提供应用软件，使得后勤管理以信息技术产品为工具，以信息化建设为契机，为后勤管理实现优质、低耗、高效的管理目标服务。多年来，爱玛客团队采用大数据化的服务日程和更高效的清洁流程，大幅度缩短病房的周转时间。

因此，医院想要快速优化后勤管理体系，势必要走一条"数字后勤"的道路。我们建议：可通过完善的信息化建设系统，专业而清晰地理清医疗设备器具的台账，减少设备维护保养维修对门诊医疗的影响；在物力方面，可利用后勤信息系统对医疗

设备、卫生耗材合理分配，更好地进行资源调配，同时后勤管理人员也可以快速明确哪些卫生材料需要补给，不再需要每月进行手工盘点。这样便可以摒弃传统的复杂后勤管理方式，培养适用于防疫常态化下的高效后勤服务行为，从根本上推动后勤管理水平的提升。

（四）建议增强后勤服务人员的归属感，激发他们与医护人员并肩作战的使命感

疫情加大了医院的营运负担，给予后勤的关注一时无法面面俱到，而传递尊重与认可则是完善应对公共卫生事件挑战医院后勤保障系统的便捷手段。

为此，我们建议：当英雄归来，医院和企业要适当给予后勤人员表彰与鼓励，增强后勤服务人员的归属感，加深患者及医护人员对后勤职工的亲近感，持续激发他们与医护人员并肩作战的使命感。

经此一疫，全社会及越来越多的医院管理者认识到，医疗后勤是抗疫攻坚的基础力量。后勤人没有头衔，其辛勤、汗水往往很少有人看到，但他们存在真实的价值和奉献，守卫着医护人员和人民群众的健康，是英雄身后的英雄。

成为客户首选的智慧城市服务品牌

上海永升物业管理有限公司

永升生活服务集团于2018年12月在香港主板上市（股票代码：01995.HK，以下简称"旭辉永升服务"），连续多年获评中国物业管理服务百强企业。

旭辉永升服务经多年耕耘，项目类型涵盖住宅、商业、园区、办公楼、学校、医院、展馆、交通枢纽、城市服务、文旅十大业态，已成为多元化创新探索的物业服务企业。截至2020年6月30日，集团总签约面积已超过1.4亿平方米，服务全国84个城市逾340000住户。

作为一家智慧城市服务品牌企业，旭辉永升服务始终认为科技驱动物业革命，不断在科技创新、数字化建设方面深布局，抢滩智慧城市服务市场，即基于数据和算法，构建线上线下融合的开放生态平台，为用户带来高性价比的极致服务体验。

一、智慧物业建设之路

旭辉永升服务执行董事兼总裁周洪斌在接受采访时曾这样说道，"我们的智慧物业建设起步比较晚，与龙头企业相比还有一定的距离，现在我们正在重构智慧物业的体系。"

旭辉永升服务的智慧物业是建立在集团战略思考角度构建，运用管理的、业务的、产品的思维，将标准体系化，产品数字化，让每一个产品能独立完成每一件事情，从数据收集统计到管理逻辑的实现，然后是数据化思维重构物业服务。

旭辉永升服务的智慧物业建设分为四个阶段，第一阶段是管理赋能，全业务场景管控，由人工变智能，让员工工作更简单、便捷；第二阶段是打造整体智慧物业管理平台，实现软硬集成整体解决方案，智慧化场景应用，深化智慧社区构建；第三阶段是万物互联，通过设备把业主的居家和物业服务连接在一起；第四个阶段是数据化管理，对客户进行大数据分析，精准推荐客户定制化

服务，对于社区O2O提供数据支撑，并随着科技进步，一步步升级、深化。

二、技术研究及理论成果

科技力量是物业未来的生产力，智慧停车、无人机巡逻等智能化系统可以减少对人工的依赖，极大地提升工作效率。旭辉永升服务一直以来十分重视技术理论与实践的结合研究，并拥有一支自己的团队在进行技术研发，目前集团拥有50余名IT人才，其中硕士研究生占比约20%，每年投入研发的费用数千万元。

目前集团技术研究团队就IoT技术与物业场景的结合、AI在社区内的应用、移动互联网技术在员工、客户APP端的应用、5G与区块链技术在物业场景中的应用等方向的研究在不断深入，并取得了显著成果。

公司已申请多项科技著作权，包括霖久永升芯选商城系统、霖久慧检验系统、霖久经营资源管理系统、霖久永升活APP系统（Android）、霖久永升管家服务管理系统、霖久永升活APP系统（IOS）、霖久永升物业服务业务战图管理系统、永升客户关系管理系统等。研发团队仍在根据公司业务需求，不断深入研究，致力于将科技与业务、服务深度结合。

三、智慧服务科技品牌成立——霖久科技

随着旭辉永升服务智慧物业建设的成熟，2020年6月9日，我们的智慧服务科技品牌霖久科技正式揭幕。

霖久科技是旭辉永升服务旗下面向智慧物业管理的高科技品牌，面向智慧物业服务管理的高科技，基于移动互联网、物联网、人工智能、云计算、5G等新技术，建立开放生态技术平台，持续提升智慧城市服务效率，建立智慧社区，实现管理透明化、服务智能化、决策数据化、平台生态化、流程工具化，让客户更满意，让员工更愉悦，推动行业变革。

霖久科技的成立是旭辉永升服务智慧物业建设的重要里程碑，旭辉永升服务目前搭建的智能化系统，旨在与整个物业的产业链做协同，实现与合作伙伴之间的共赢。后期，我们将会构建永升生态圈，实现共享和共生。这意味着，旭辉永升服务在不断创新服务技术及产品，致力于解决行业痛点、提升管理品质、实现精准客户服务，真正落实"用心构筑美好生活"的企业使命，能够以专业的品牌去服务行业其他企业，致力于成为客户首选智慧城市服务品牌！

四、四大平台——智慧服务全生态系统

旭辉永升服务已完成智慧服务系统的构建，将前端、业务中台、物联中台、数据中台相关的十余个智慧系统纳入大平台生态。智慧物业平台提供开放式接入，跨品牌跨协议，互联互通第三方智能硬件、软件、服务系统等，打通"人–空间–服务"，为智慧社区服务赋能。

（一）企业赋能平台

企业赋能平台是一整套面向物业公司内部管理的平台，包括应收中台、人力资源管理、财务管理、市拓管理、管理驾驶舱等方向，涵盖了物业公司内部管理所需的全部模块，实现物业服务企业管理全过程线上化、数据化、智能化。

（二）多种经营平台

多种经营平台包含永升芯选商城、资源运营平台、永升租售平台、美居家装平台等方向，帮助物业公司实现收入增加。

（三）物联网中台

物联网中台通过一套开放系统，统一物联网的

南向接口，将不同厂家、不同品牌、不同种类的硬件设备按照统一标准进行接入，实现北向业务软件的高效接入。

（四）数据中台

数据中台基于 Hadoop 等分布式数据库技术，实现全场景、全业务数据的无缝接入，满足不同条线的分析需求。

如目前旭辉永升服务依靠永升活 APP、永小乐 APP、应收中台、应付中台、人力资源共享服务中心、战图、资源运营平台、数据湖技术架构、IoT 智能门禁、IoT 智能停车云等物业一体化信息系统，提供全场景业务支持、全周期业务管理。

1. 永小乐 APP

物业一线员工的智慧操作系统，快速响应客户需求，提升效率，让工作更愉悦。

2. 永升活 APP

实现智慧通行、在线收缴、一键报事、家装美居、房屋租售等用户场景，让业主享受有温度的贴身服务。

3. 芯选商城

基于大数据和算法为业主精准推送优质优价的商品，为业主带来极致体验。

4. 邻里社交

线上线下融合的社区活动场景，盘活社区资源，打造和谐社区。

5. 智能家居

物业服务与智能家居硬件深度集成，让业主享受更加便利与高效的社区服务。

五、智慧城市服务解决方案

旭辉永升服务围绕综合型智慧城市服务进行专业细分，坚持多元化发展战略，在物业服务的专业链条上寻求更大程度的专业化认可、挖掘多元价值存在，致力于城市生活改善。

（一）智慧城市大脑

基于物联网、云计算、大数据等新一代信息技

术,与城市交通治理、公共安全、应急管理、网格防控、医疗卫生、旅游、环境保护等数据平台实现互联,通过 AI 算法进行远程资源调度,提升城市综合服务效率,助力城市精细化管理目标。

(二)智慧安防

通过 AI 算法实现视频监控、异常警告、人脸识别等场景的城市综合智能化控制系统,并可以通过 AI 摄像头进行 24 小时智能巡查,提升安防管理效能。

(三)智慧道路通行

通过路面智能系统实现作业车辆管理及停车诱导,通过智能监测系统完成数据采集,提供道路异常告警,优化城市秩序管理。

(四)FM/RBA(远程设备设施管理)

基于 IoT 物联网平台技术,实现针对各类市政设备的远程监测,提供实时异常告警与诊断,大幅提高事故完成率。

(五)智慧资源运营

基于移动互联网、大数据技术,可实现城市公共资源优化运营全过程在线管理,提效增收。

(六)智慧疫情防控

利用实时全量的城市数据,即时修正网格化运行短板,从社区到网格实现人员轨迹全覆盖全追踪,满足突发疫情防控的需要。

六、科技抗疫考验交满意答卷

突如其来的新冠疫情,对物业管理行业是一次大考。在没有任何经验可借鉴的情况下,旭辉永升服务本着承担社会责任、维护业主的指导思想,保持关注,及时向一线员工反馈最新情况,不断优化服务。

本次抗疫中,旭辉永升服务的科技手段发挥了重要作用,如人脸识别门禁,减少了业主的接触交叉传染,机器人消毒能减轻员工压力;PMS 保证了园区的自动运转,内部信息统计和沟通流畅;财务共享中心,既保障了业主信息安全,又保证线上收费通畅;而微信小程序、业主 APP、微信群是我和业主透明沟通的桥梁。科技的应用,在提高效率的同时,减少了人员接触。为解决业主日常生活所需,员工开车到超市进行直播采购。在武汉,旭辉永升服务所有在管项目,疫情期间,无一例人员感染。

展望未来,旭辉永升服务将继续秉承"用心构筑美好生活"的核心使命,坚持"满意+惊喜"智慧服务,"四轮驱动"全国布局,科技创新多元发展,矢志成为客户首选的智慧城市服务品牌!

逆行＋坚守：疫情之下"医管家"的初心与担当

上海益中亘泰（集团）股份有限公司

上海益中亘泰（集团）股份有限公司（"医管家"）成立于2002年，是市场化运作、跨区域经营、集团化管理的大型专业医疗机构后勤服务供应商，专业从事医院环境管理、中央运送、机电维护、餐饮服务、秩序维护、电梯驾驶、绿化养护、导医、棉织品收发、辅医服务、停车场管理等后勤服务，是中国医院非临床服务的领跑者。

18年风雨兼程，18年奋发图强，时至今日"医管家"已拥有4家子公司、70余家分公司，为全国80余座城市、140多家大型综合性医院提供后勤服务，服务面积达2000万平方米，每天服务的病人和医护人员超过百万人次，客户满意度稳居行业前列，客户保有率98%以上。

"医管家"引进ISO9001、ISO14001、OHSAS18001、ISO22000等国际管理体系，形成完善的医院后勤服务标准和质量管控体系，坚守"专业化、智慧化、人性化"服务理念，坚持创新，追求卓越，获得"中国医院物业服务领先企业""上海市名牌""上海市奉贤区区长质量奖"等荣誉。

"医管家"积极推动医院后勤服务行业发展，先后主编和参编了《物业服务客户满意度测评》和《物业服务安全与应急处置》等13个国家、省市级标

准，公开出版行业第一本作业指导书，建立了行业第一个研发中心，与浙江大学医学院、上海交通大学医学院附属第九人民医院等机构深化合作和研究，发布行业发展报告。

"医管家"积极履行企业社会责任，疫情期间向武汉地区医院、全国30家新冠患者定点收治医院及荷兰上海侨胞捐赠1000余箱抗疫物资，同时向上海市奉贤区卫生系统捐款20万元。

特别值得一提的是"医管家"在今年抗疫期间选派业务骨干驰援武汉火神山医院和雷神山医院、组织全体员工协助广大医护工作者奋力抗疫，为我国抗疫工作取得阶段性胜利做出了积极贡献。

一、逆行武汉：先锋队第一时间驰援武汉火神山和雷神山医院

今年初，新冠肺炎疫情突然发生，很快就侵袭了整个湖北省，且不断迅速向其他地区蔓延。值此危难时刻，"医管家"作为全国医院后勤服务行业的领军企业，第一时间接到武汉市房管局和武汉市物业协会的邀请，希望我司派驻专业团队赴疫情最严峻的武汉地区协助筹建火神山医院、雷神山医院。

接到邀请后，我司立即成立疫情防控处置专案组并发布倡议书，短短1小时内，就有146名管理人员和专业技术骨干人员积极响应，主动请缨奔赴疫情重灾区。经过综合评估，公司选派了陈正勇等12名综合素质好、业务能力强的骨干管理人员组成"驰援武汉防疫后勤保障先锋队"，迅速启程奔赴武汉，为即将建成的火神山医院、雷神山医院承担后勤保障工作的规划、指导和培训任务。

"医管家"驰援武汉防疫后勤保障先锋队12名队员，积极响应党中央、国务院的号召，肩负着"医管家"数万名员工的嘱托，带着"首战用我，用我必胜"的豪迈，舍小家、顾大家，星夜启程，不畏生死，逆向而行，于2020年1月28日清晨抵达武汉，第一时间进入火神山医院开展工作。他们克服对病毒认知不足、防疫物资不足、可参阅资料不足，以及医院还在规划建设之中等各种困难，凭借"医管家"多年医院后勤服务行业经验，高标准、高起点规划两所新建大型传染病医院的后勤服务保障工作，热情耐心地进行指导，严格规范地开展督查。在武汉火神山医院连续奋战20天后，"医管家"驰援武汉防疫后勤保障先锋队又马不停蹄转战雷神山医院继续履行他们的职责。

2020年4月8日，武汉正式解除离汉离鄂通道管控，"医管家"驰援武汉防疫后勤保障先锋队圆满完成任务，正式踏上回家的征程。他们连续奋战70天，为两所传染病医院快速投入抢救危重感染者发挥了重要作用。他们是最美逆行者，是新时代的英雄，是平凡岗位中最美的奋斗者。

二、全员抗疫：2万余名员工义无反顾地投入抗疫阻击战

疫情期间，"医管家"服务的医院是各地新冠疫情抗疫的主战场，公司2万余名员工放弃年休假，不顾个人安危，与广大医护人员一起，义无反顾地投入到这场没有硝烟的战争中，为当地抗疫工作做出了重要贡献。

疫情最严峻的武汉是"医管家"投入抗疫工作的第一方阵。在疫情初期当地防护物资匮乏、病毒传播速度迅猛、被感染风险极高的"至暗"时刻，中部战区总医院、长航总医院、湖北中医院三个项目的管理人员组织带领1000余名员工，无畏无惧、

秉承"医管家"奋斗者精神，坚定地与广大医护人员战斗在抗疫最前线，与时间赛跑，不舍昼夜、不知疲倦地改造病区、消毒消杀、运送病人、处理医疗垃圾、维护秩序，为医护人员抢救病人创造条件、赢得时间。在国家危难之际，他们在最前线谱写了一曲物业人勇于担当、默默奉献的伟大乐章。

"医管家"投入新冠疫情抗疫工作的第二方阵，是全国范围正在服务的30家新冠病人定点收治医院。新冠肺炎疫情是继"非典"之后又一次传播速度快、感染范围广、防控难度大的重大突发公共卫生事件。随着时间的推移，人们慢慢看清了新冠病毒的"狰狞面孔"。一线员工在定点收治医院工作，接触新冠患者和被感染的几率大。受周围环境的影响，少数员工思想上产生了波动。如何坚守阵地、持续抗疫，让项目管理团队面临严峻考验。这30个项目的"医管家"管理人员以身作则，率先垂范，一方面自己站在最危险的岗位，干在最苦最吃劲的地方；另一方面加强员工心理疏导和专业培训，引导员工正确认识风险，科学做好个人防护，团结和带领全体员工按照当地政府和医院的要求，积极投身所在医院的抗疫工作。他们以物业人坚韧勤劳、务实肯干的品格为医院抗疫工作提供了可靠的服务，以严苛的专业标准和规范的操作流程为抗击疫情提供了强有力的保障。

"医管家"投入新冠疫情抗疫工作的第三方阵，是全国范围内正在服务的80多家开设发热门诊的医院。疫情期间，医院发热门诊是筛查新冠患者的第一道"关口"，人流量大，交叉感染的风险高。"医管家"项目管理团队在院方的指导下科学统筹、周密组织、合理排班，组织全体员工精心为医护人员快速检查、精准检测、不漏一人做好各项服务保障工作。

"医管家"2万余名员工积极投身医院抗疫工作，没有一名管理人员脱岗，没有一名员工当逃兵，他们为项目所在医院的抗疫工作做出了应有贡献，也受到了各方面的充分肯定和高度评价。截至2020年7月30日，"医管家"共收到医护人员和患者家属送来的锦旗100余面，感谢信500余封，客户满意度再次突破95%。

三、科学防控：确保全体员工在抗疫期间"零感染"

在整个抗疫过程中，"医管家"始终坚持科学防控，既全面落实各地政府和医院的防控要求，也加强全体员工个人防护知识、疫情下医院后勤服务技能等方面的培训，没有一名员工在工作期间被感染新冠病毒。

疫情发生之初，"医管家"就启动了应对公共卫生事件应急预案，成立了公司疫情防控处置专案组，统一领导公司疫情防控工作，动用国内、国际资源筹集防疫物资，组织线上疫情防控专业培训；先后发布了《关于员工的个人防护紧急通知》《关于防止聚集性感染的通知》等13份指导性文件和《2019-nCov病人转运》《2019-nCov员工个人防护》等7份操作指引，线上开设21门专业培训课程，重点培训疫情期间个人防护、医院防护、现场作业、心理疏导、情绪管理等内容，切实提高员工防护能力和防疫水平，了解防疫知识，提高疫情"防控力"。

为了减少人与人之间、人与医疗废弃物之间直接接触的机会，降低医护人员和我司员工被感染的风险，医管家 4.0 平台强大的线上功能发挥了重要作用。如，线上实现对医疗废弃物的全过程管控，采用非接触式的流转方式，实现医疗废弃物的安全收集搬运、暂存处的远程监控和过程的跟踪追溯；线上实现任务受领、工单分派、过程监管、结果评价，提高后勤保障效率；线上实时监控疫情动态，开通 24 小时疫情上报通道，为现场管理提供远程技术支持，为员工提供菜单式培训视频课程，提高一线员工科学抗疫、安全抗疫能力。同时，疫情期间，"医管家"在具有应用场景的医院引进消毒机器人、清洁机器人、运送机器人，降低了员工劳动强度，减少了员工在污染环境中的工作时间，降低了交叉感染的风险。

四、互动交流："医管家"及时与同行分享防控疫情经验

"医管家"作为中国物业协会名誉副会长单位、医院物业服务企业联盟首届轮值主席单位，在科学组织防控疫情工作的同时，积极总结防控疫情经验，参与行业协会相关防控疫情操作指引的编写，及时与同行分享防控疫情的经验。

新冠疫情发生以来，"医管家"先后与中国医院协会后勤专业委员会联合主编了《新型冠状病毒肺炎疫情下医院运送管理建议》，参与中国物业管理协会《医院物业管理区域新冠肺炎疫情防控工作操作指引》等五项新冠肺炎疫情防控团体标准的编制工作，对于促进整个医院后勤服务行业科学防控疫情起到了一定的推动作用。

"医管家"在总结驰援武汉和协同广大客户共同抗疫经验的基础上，联合武汉抗疫指挥部编撰了《来自抗疫一线的医院后勤实操指南》。这本指南于 9 月正式发布，在为广大医院后勤服务人员提供科学抗疫基本遵循的同时，也为疫情常态化下医院后勤工作提供参照文本。

一场突如其来的疫情，反映出了我国公共卫生系统的薄弱环节和不足之处。但同时，疫情更引发了人们的思考，并由此推动了大数据、云计算、物联网、人工智能等信息技术在医院后勤服务中的应用与创新。"医管家"将积极迎接新的变革，带着 18 年的行业积淀去着力打造医院智慧后勤服务，引领行业的发展，勇立时代潮头。

应急管理战疫情，卓越绩效贵实践

上海上实物业管理有限公司

2020年2月10日习近平主席在北京调研指导新冠肺炎疫情防控工作时强调，"社区是疫情联防联控的第一线，也是外防输入、内防扩散最有效的防线。"社区的防疫工作抓实、抓细、抓落地是整个防疫工作的重点。

物业服务作为社区管理的基础，所管辖的范围业态甚广。在这次疫情防控中，物业服务企业在各业态的管理思想是统一的，控制措施上存在异同，需要达到的目的是一致的。

一、扬帆起航，重在掌舵

企业领导高度重视管理与服务工作，始终贯彻企业现场管理"一心、二效、三节"的核心理念，为抗疫工作提供了坚实保障。通过以企业文化建设为驱动，战略管理为纽带，明确目标、配置资源、营造氛围，充分发挥领导影响力和作用，引领企业在抗疫同时持续提升项目的现场综合管理水平。

在疫情来临时，上实物业立即触动了企业管理的敏感性，公司领导在第一时间召开新型冠状病毒疫情防控工作专题会议进行战略部署。

随着疫情发展的不断变化，高层领导不断审时度势，采用"纵向到底、横向到边"的现场管控方法。"纵向"采取分阶段式管控，首先，在疫情发生初期（春节假期）采取片区化指导管理，以便及时了解和响应各项目的疫情信息，落实疫情防控的各项措施。其次，在疫情稳定复工复产期（2月10日）进入常态化管控，公司集中优势力量提高疫情管控的效率，采取分级防控模式，确保领导层战略在企业内得到有效的沟通、充分的理解以及切实的应用。

"横向"采取针对式管理，立足以顾客为关注焦点，取长补短各司其职，增强顾客满意。充分发挥党建引领优势，筑牢防控疫情"红色堤坝"，将"红色物业"发扬光大。发扬一名党员一面旗的精神，实施党员、干部先行，全员参与的理念，进一步提升员工对企业的归属感、责任感。在疫情中坚守初心，在防控中担当使命的信念，基层党组织充分发挥战斗堡垒作用，以党员的先锋

模范作为表率。在战"疫"过程中,需求在不断发生变更,公司应运而生成立了党员、团员,乃至翻译官等6支志愿者服务队以满足需要。

二、知者行之始,行者知之成

(一)以"知"为基

"知"广义上而言就是知识、理论,为此可作为资源的引申。企业应确定并提供所需的资源,以为"行"提供支撑。

疫情初始,公司、各工作组、各片区以及下属项目间建立24小时通畅有效的沟通平台,确保信息通畅,落实防控措施,夯实组织保障。物业服务企业是365天24小时提供服务的特性,各项目都是一手抓疫情防控一手抓安全生产。公司利用信息化手段,每日对所有在管项目疫情数据进行统计分析,实时了解管辖范围内员工及业户的相关信息。通过对在管项目的动态管理、大数据解析,为物资保障、人员保障以及经费保障的战略决策提供数据支撑,最终达到所有防控措施落实到位。

在这场没有硝烟的抗疫战争中,要打赢这场持久战争,最重要的就是战略物资的落实。为此,公司积极落实战略物资保障,夜以继日多渠道筹备物资,并按照特事特办、急事急办的原则,提供专项资金的支持和保障。为确保在岗员工(包括外包员工)的防疫物资不断供,公司攻克万难全体动员寻渠道,在战"疫"最为艰难期以自身之力保障一线员工的职业健康安全。

除了物资保障,人员保障也是这次战役中必须要攻克的制高点之一。公司通过人力资源整合及合理调配来保障各项目的正常运作,为各项目坚守防疫工作做最后一道防线。

此外,技术保障也是不可或缺的一项。为统一思想,统一标准,统一要求,提高防控效率,公司第一时间发布了相关通知、应急预案文件。并于2月12日在行业中率先发布《新型冠状病毒肺炎疫情防控操作指南(试行)》,因业态施教,将标准化操作运用到现场防疫管理过程中。在运行过程中汲取经验,摒弃"糟粕",予以实时更新。

(二)"行"之有效

"行"乃实践,运行之意。承"知"之基,展"行"成果。

防疫工作要一抓到底,关键在于形成闭环,根本在于力戒形式主义,注重防线的质量,公司以流程为导向,以顾客为中心,以提升服务效率为重点,根据公司战略及目标管理有机结合的原则,遵循PDCA(策划、实施、检查和改进)程序,通过服务过程策划、服务过程提供、服务改进与创新,形成服务过程的闭环管理机制。公司根据决策部署,突出重点、统筹兼顾,分类指导、分区施策,措施落地、有效防控。通过确定过程指标,制定系统的服务过程质量控制方案和预防机制,予以提高服务过程的服务质量。

公司以业户的需求为服务目标，通过 KANO 模型分析，对业户的接触点全面识别，有针对性地帮助业户解决问题。为缓解疫情期间业户菜篮子问题，联系合作方为业主提供了各种餐食保障并为业户送货上门，避免感染风险。同时在"尚实优享服务"公众号中推出春雨医生线上 24 小时在线义诊平台，通过微信直接在线咨询相关病症，及时就诊。

在作业流程上做到标准化管理，在细节上做到精细化管理，针对疫情中的危险源及环境因素等进行识别，按识别后的不可接受风险和重要环境因素采取相应的管控措施，通过论证确保措施落实，努力将疫情对于顾客的影响降至最低。对进入管辖范围的所有人员实施"必问、必测、必登记"的工作机制，同时对物资实行定置化管理。非居物业项目为解决复工后人流密集问题，采取了北欧排队模式，设置了排队一米线。为提高测温工作效率以及精准性，采取了人工测温与红外线成像测温并行的模式或者安装红外人体测温安检门，提高通行效率。

运用目视化管理手段对管辖范围内人员进行严格管控，在假日期间对出入管辖范围人员发放临时通行证。复工后采用电子信息化手段，提前进楼登记备案，实行自行填写、扫码入楼等措施，通过引入成熟的技术手段避免业户直接接触，规避风险。

全方位管控，对相关方的管控决不放松。在人员返城管控上全力出击（包括不限于业主方人员、物业人员以及相关方人员），实行绝不放过原则，严格根据政府要求执行。非居物业项目推进重点排查，与相关业户签订承诺书共同维护好在管项目的和谐环境。

多项"金点子"铺开运用，使病毒无处遁形。如在出入口处铺设消毒地毯和安装消毒喷雾装置，做到对人员的脚底和身体携带的病毒进行灭杀。在电梯内设置按键纸巾或对业户发放消毒笔，规避在电梯中发生交叉感染的风险。为进一步提升空气清洁质量，在新风机组内加装紫外线灭菌灯以提升保障。

三、受人之托，忠人之事，彰显企业担当

新冠疫情不是一场一个人或者一群人的战役，它是一场全中国的共同战役，我们万众一心，没有翻不过的山；心手相牵，没有跨不过的坎。

上实物业还将在疫情防控中的物业管理经验与社会共享。公司受邀参加了上海市质协组织的两次关于疫情防控管理经验分享，并受邀参与制定《质量管理体系响应突发公共事件的指南 第 2 部分：社区管理和服务》团体标准，同时获批上海市标准化第一批试点单位。

公司的努力也被各界所认可，其中包括有来自上海市委书记李强、时任市长应勇、副市长汤志平、吴清等各级领导的关怀视察。落实在项目的防疫举措成为标杆得到各方高度赞扬，主流媒体也不间断报道公司的疫情防控措施，弘扬正能量，鼓舞战"疫"士气，也提升了公司的品牌形象。最为暖心的是来自甲方、业户的关怀，以示与物业共同渡过难关的坚定信心，通过物资捐赠、提前缴纳物业费等形式表示在这次防疫战中对物业服务的高度认可。

四、栉风沐雨，砥砺前行

疫情未结束，战"疫"仍需进行，在过程中总结经验，总结出适合企业的公共事件应急响应模式。严控防控质量关，我们有信心、有决心、有能力打赢这场战役。

心向客户，初心坚守

上海景瑞物业管理有限公司

一个没有硝烟的战场，一场突如其来的入侵，物业人沿着时代的车轮，责无旁贷地站到了防疫阵地的最前沿，守护着客户的安全、守卫着社区最后一道疫控防线。抗击疫情，让我们团结一致，期待春暖花开。

一、迅速反应：确保人人防范

景瑞物业作为上海老牌物业管理公司、国家一级资质物业服务企业，对疫情的发展十分重视。2020年1月23日，公司下发《景瑞物业突发公共卫生事件应急预案》，之后陆续下发《新型冠状病毒消杀防控及时间处理应急预案》《景瑞项目新型冠状病毒防控操作要点》《景瑞办公项目中央空调预防新型冠状病毒防治操作要点》《景瑞物业防治新型肺炎标准动作》，针对住宅类、商写类等业态特点，加强对疫情风险的分析和判断，提升项目应对疫情的能力。

防疫初期，公司加急采购各类口罩，储备消毒物资，采购测温枪等必备用品，并要求物业管理部发现疑似病例，第一时间送医并上报。后来，这场全国范围的大作战彻底打响了，景瑞物业所有在职员工直面挑战、躬身入局，全身心投入到这场全民战疫中。

二、夯实基础：为园区编织一张防护网

面对严峻复杂的形势，景瑞物业人是奋战一线的逆行者，也是每个小家的守护者。物业总部紧急成立新型冠状病毒应急指挥部，以分公司为战斗单位，成立新型冠状病毒管控应急领导小组7个；以地区划分，成立新型冠状病毒管控应急协调小组23个；以项目为阵地，成立新型冠状病毒管控检测报告组109个，在全国34个城市对184个园区施行24小时360°全方位监控并强化园区管控力度，筑起社区防治新型肺炎坚实防线，按照"守土有责、守土担责、

守土尽责"的工作要求，全力隔绝病毒传播，让业主们安心宅家陪伴照顾家人。

三、压实责任：为园区提高"免疫力"

为积极应对新型冠状病毒，各物业团队在总部下发的专项预案指引下，开启六大防治服务场景，全方位消除疫情风险。

（一）零接触服务场景

在疫情防控期间，对居家隔离户实行零接触服务，通过"多跑腿"让隔离人员"零出门"。为了尽可能减少病毒传播可能，对居家隔离单独清运、统一归置，集中处理；采购生活必需品时，选择把给业主代购的物品放在家门口，通过敲门告知、微信的方式提醒业主；门口定时消毒服务时，选择专人重点定时消毒，并贴上温馨提示及告知；为了有效严格限制高暴露人群进入园区，对各类快递、外卖等设置取发点，并实名登记在册，专人管理及对快递进行集中消毒，安心交接。

（二）一个重点关注场景

1月24日起，公司要求各分园区逐渐实施封闭管理模式，严控外来车辆、人员的进出，贯彻"不带口罩不进小区"；重点关注疫区人员和车辆，防疫不防爱。

（三）两个测量体温场景

为控制疫情，24小时严防出入口，对所有开放出入口配置红外测温枪，100%对进出人员、车辆人员进行体温登记，同时加强巡逻岗对社区的防保力度，存在体温异常上报社区直接拨打公共卫生服务电话和110；同时对在管区域内员工进行每日测量体温，随时注意员工身体状况，与此同时，我们进一步加强员工对病毒的科学认知与预防举措，让所有员工提高防护意识。

（四）三个报告场景

以物业管理部、分公司为单位，每日向总部提交在管区域内各园区来自重点疫区人员登记、发热人员、有疑似确证人员健康信息，确保防疫工作可控性。

（五）四个触点·重点消毒场景

针对业主进出门岗登记笔、业主入户门把手、进出电梯按钮等四个频繁接触点重点进行消毒，并将消杀记录存档，留存工作痕迹，责任到人，将消杀落于细处，提供住户、员工安心的居住环境和生活环境；同时防疫升级举措不断优化，细致到每一个按钮，为电梯面板罩上防护膜、专用纸巾、牙签、一次性手套，总共覆盖 2400 余部电梯，双向保障防疫安全性，避免交叉感染。针对电梯、休闲设施、进出大厅单元楼道、车库、垃圾投放点，园区五个高频途经点的重要公共点位，进行全方位、零死角的消毒处理，频次为每天 2 次，最大限度避免业主与病菌的接触，同时暂停所有社区聚集活动；为了避免传染源头，园区专门设置了废弃口罩专用垃圾桶，并用含氯消毒液对垃圾桶废弃口罩进行无害化处理，杜绝二次污染。

（六）暖心服务场景

景瑞物业跨界整合资源，联动竭力解决各类生活难题，线上订购菜篮子计划，引入优质安全的蔬菜生鲜合作商，满足景瑞业主民生需求；在社区开设打印服务，方便家长和学生完成空中课堂作业；携手春雨医生增设"在线义诊"，为业主提供 7×24 小时的专家线上免费义诊服务；部分社区邀请专业理发师到社区为大家理发等；在多个社区，景瑞物业人为业主买好菜、团购买菜送上门，疫情的日子，不论清晨还是夜晚，只要有需要景瑞人的地方，都能看到他们的身影，洞见你们的需求。平凡的岗位，普通的工作，"只要是属于你最小的事，就是这一刻最重要的事"。

四、强化使命：让党旗在防控一线高高飘扬

疫情发生以来，景瑞物业党支部积极响应组织号召，全体党员踊跃"应召"，充分发挥基层党组织的战斗堡垒作用和共产党员的先锋模范作用，为坚决打赢疫情防控阻击战提供坚强的组织保障，全体党员带头到防疫的最前沿，协助门岗进行车辆登记监控、业主电话回访、重要信息上报和疫情知识宣传等工作，扎实推进疫情防控工作有序开展。

五、温暖传递：住户高度肯定工作，花式表达感谢

自春节前的疫情防控战斗打响以来，景瑞人连续奋战数个昼夜，守护着温馨家园，景瑞人秉持的"贴心服务，舒适生活"的工作理念，业主们看在眼里，记在心里，纷纷用各种方式支援，总计达口罩 23048 只，防护物资 2299 件，防护工具 24 把，日用品 153 样，食品 2176 件，消毒水 482 瓶，其他消毒物资 70 件，现金 6400 元，价值超十万元。

景瑞英郡花苑的一位业主给物业服务中心写了一封感谢信，业主在信中写道"从入住英郡花苑以来，我们深切地感受到了物业认真负责的态度和以业主为上的服务精神，正是物业如此专业的服务态度，才使我们遇到问题时'不紧张，不慌张，找物业'正是由于物业全体工作人员的辛勤工作和无私奉献，才使我们更加舒心地享受干净舒适的居住环境……"在信中，业主高度肯定了物业的疫情防控工作。纸短情长，我们的贴心服务让业主感到舒心，而业主的感谢也让我们感到暖心。

业主李女士说："我们小区的电梯里贴着按键专用纸巾，电梯里挂着表格，写着几点消过毒，一楼电梯门口还挂着一次性手套。前几天晚上10点了，我站在楼上看到社区安保人员还在坚守岗位。"李女士为表达心意在网上做了一面写有"战疫勇士、守护天使"的锦旗并通过快递送到物业服务中心。其实物业人都是普通人，是职业赋予的责任感和使命感，让物业人在疫情面前砥砺前行。

景瑞的其他项目也相继收到业主的感谢信和锦旗，其中：昆山御澜湾小区爱心捐赠活动，收到了昆山市第一人民医院的诚挚感谢信。业主送来的感谢信和锦旗，给了坚守在一线的物业人满满的安慰和能量。

六、并肩协作：建立建设最广泛的统一战线

防疫工作是一场全面的战斗，关乎千家万户，关乎每一个人，景瑞物业人积极奔走呼号，为争取各类防疫资源不断寻求援助之手，通过联合社区一起呼吁广大爱心人士成立志愿者队伍，积极投身到小区防疫工作建设中，和属地社区、街道工委、派出所等部门一起，建立起最广泛的抗疫统一战线，大力发动群众，击毙病毒于小区大门之外。

为了小区业主的身体健康和生命安全，景瑞物业紧跟权威信息，科学筹备，精准防控，为共同打赢疫情防控这场硬仗，上下一心，高度负责，密切配合，以坚决、科学、严格的防控措施，为夺取防疫控疫工作的全面胜利，贡献景瑞物业人应有的力量。

"风雨见初心，危难显担当"，每一个景瑞物业人都自觉承担起社会责任与担当，在岗位上积极贡献自己力量，我们相信，只要团结一心，并肩作战，必能筑牢战"疫"的坚固长城，汇聚战"疫"的最大合力，打赢这场艰苦卓绝的疫情攻坚战。

世茂 OCEAN X 深蓝服务系统
——构筑中国 0～2 公里社区美好生活新方式

世茂服务控股有限公司

世茂服务是世茂集团旗下综合物业管理及社区生活服务提供商。以"美好生活智造者"为品牌理念，世茂服务重点布局长三角、环渤海、海峡与中西部四大核心城市群 100 余城市，合约面积超 2 亿平方米，在管面积超 1.4 亿平方米，涵盖住宅、政府及公共设施、康养中心、医院、候机室贵宾厅等业态，为近 240 万业主和用户提供物业管理及社区生活服务。

2019 年 8 月，世茂服务品牌焕新，开启深蓝战略，正式从"物业管理者"向"用户生活服务商"转型升级。作为深蓝战略的重要组成部分"世茂 OCEAN X 深蓝服务系统"，通过深蓝品质服务，智慧互联和人文多元三大板块，全面构筑中国 0～2 公里社区美好生活新方式。自 2019 年发布以来，"世茂 OCEAN X 深蓝服务系统"已荣获"2019 中国特色物业服务领先企业——世茂 OCEAN X 深蓝服务系统""2020 中国特色物业服务领先企业——世茂深蓝服务社区"以及"2020 中国物业服务企业优质服务体系"等多项荣誉。

一、深蓝品质——"世茂式"的品质服务

随着"世茂 OCEAN X 深蓝服务系统"逐步在全国世茂深蓝社区落地，已经有越来越多的业主感受到世茂服务带来的贴心、安心、智慧、多元服务之美好。世茂服务目前有 76.6% 的项目位于新一线及二线城市，总建筑面积在 50 万平方米以上的项目占比达 55.9%。城市层级高、大型项目多，这对于任何一家物业服务公司来说都是不小的挑战，但世茂服务以强大的服务品质力实现了客户满意度持续提升。数据显示，2019 年世茂服务客户满意度高达 87%，高于物业百强平均值 14 个百分点。

世茂服务为住宅、政府及公共设施等多业态服务进行标准化规范的"世茂 M 智慧＋服务体系"；提供从客户首次到访营销中心直至交付入住成为业主的全周期服务关怀；建立了完善的 400 热线、第三方神秘访客、业务专家督导构成的"5M 服务品质保障机制"；作为用户需求的代言者、服务品质的监督者，世茂服务制定了 1001 项服务标准，首推"世茂服务 1001 管家"，从行为要求到工作流程，从知识结构到认证体系，都经过标准化、体系化的培训；世茂服务从"温度""深度"与"颗粒度"的服务入手，构建了完整的品质服务体系，让每一次服务都能够让业主感受到贴心与安心。

2020 年 7 月，世茂服务重磅推出全新升级的世茂"蓝色嘉年华"系列活动，随着"悦读美好线上朗读""幸福跑""海丝文化节""茂邻节"等活动的相继开启，为社区业主们构筑起集阅读、运动、邻里社交、文化为一体的全新社区生活体验。世茂服务基于每一座城市的文化精神脉络，结合每一个社区的文化内涵，呈现出的美好生活图景，为社区注入独特的精神气韵和文化内涵。

二、智慧互联——以科技提升服务能力

科技让生活更美好，智慧互联是"世茂 OCEAN X 深蓝服务系统"的重要部分，为了打造面向未来社区生活的智慧化服务，世茂服务成立提供多元场景智慧赋能的高科技公司"世茂物联"。通过携手行业领先的数字科技企业，打造横向社区场景的数字化和纵向社区服务生态的生态数据贯通，实现物业管理全流程、全场景的智慧化方案。

依托技术优势，世茂服务未来将打造线上线下一体化的全场景智慧社区。通过设备服务化触达用户、用服务智能化提高服务效率、完成大数据沉淀，用空间场景化打造自动感知的智慧空间，最终以精准的用户画像，满足千人千面的个性化服务需求。

在线下，世茂服务集成云计算、大数据等技术打造领先的智慧化社区，将社区服务、设备管理、业主生活有机地整合为一体。未来业主在社区的每一刻都可以享受到世茂智慧化服务带来的舒适便利。

在线上，世茂服务打造一站式线上服务平台。"茂家 APP"是面向业主和用户的全方位生活方

式移动智慧服务平台，为业主及用户提供线上物业服务、多元生活服务等一站式服务体验。"茂管家APP"是为世茂服务员工端开发的移动智慧运营管理平台，通过智慧化线上管理模式让管理运营更高效，更科学。

三、人文多元——开启缤纷社区生活

一直以来，世茂服务不断拓展服务边界，在多元业务领域，整合世茂集团及战略投资者优势资源，与专业领域头部企业合作，组建专业团队独立运营，孵化了一系列自主服务品牌，布局不动产增值、社区教育、社区新生活等业态，打造0～2公里世茂社区生活新生态。

在基于业主和用户的不动产服务需求上，与家装行业领先品牌红星美凯龙携手，打造从新房销售到交付入住的家装美居服务品牌"世茂美凯龙"，现已在福州、宁波、石狮、张家港、银川等城市的世茂社区落地。

以"聚合美好新生活"为愿景，以世茂智慧社区服务与管理平台为支撑，世茂服务全新发布社区新生活服务平台"SUNIT世集"。世集以"人文＋社群"为2大根基，提供"亲子、健康、生活"三大主题内容，并依托世茂线上平台"茂家APP"拓展多元缤纷的社区服务体验。其中创新打造的"中国至美社区图书馆——世集图书馆""X空间""世集社群"等，塑造出独特的世茂人文社区生活，引领城市高端社区生活方式。目前"SUNIT世集"全国首店已在上海世茂滨江花园社区焕然开启，将在全国世茂社区陆续落地，并根据不同社区定位与用户需求，匹配旗舰、标准与Mini三种形态，实现线下流量入口与线上服务运营的打通，通过数据分析精准用户需求，从而实现服务与产品的精准匹配

与迭代创新，以此构成世茂服务社区新生态的完整闭环，为行业输出创新的服务模式，为中国家庭的城市社区生活方式带来更多可能。

为满足社区全人群教育需求，世茂服务打造全龄化社区教育品牌"茂阅岛"。依托国内权威的教育资源和国际先进的教育理念，打造社区终身学习生态系统，为世茂业主家庭提供国际化的社区高端亲子教育体验。2020年8月"茂阅岛"全国首店已在上海世茂滨江花园于盛大亮相，同时南京店即将于9月底亮相开业。

面向广大的世茂业主与用户，依托"世茂OCEAN X 深蓝服务系统"，世茂服务全新打造"世茂深蓝社区"概念，以智慧蓝、安心蓝、健康蓝、人文蓝、成长蓝、缤纷蓝6大主题，将世茂服务全新的多元化高品质服务带到每一个世茂社区之中，打造中国数智化美好生活社区范本。

基于深刻的场景理解和对业主需求的精准洞察，未来，世茂服务将以社区为圆心，秉承"美好生活智造者"的品牌理念，以数字科技赋能，为社区业主与用户提供更加智慧、多元的服务；并不断升级迭代，成为美好生活城市服务提供商，让更多人体验"世茂式"品质服务。与此同时，世茂服务将通过自身智慧社区建设为未来城市发展服务，实现从家庭到社区、到城市的未来美好生活全景。

正荣服务社区治理行动

正荣服务集团有限公司

社区是城市治理的"最后一公里",社区治理事关居民群众切身利益、事关城乡基层和谐稳定,更是国家现代化进程的重要体现。构筑小家幸福、建设大家美好,推动社会治理重心向基层下移,社区治理的重要性自然不言而喻。今年的政府工作报告也专门指出,"加强和创新社会治理,完善社区服务功能,支持社会组织、人道救助、志愿服务、慈善事业等健康发展"。

全国政协委员、正荣集团董事局主席欧宗荣也在今年的两会提案中,聚焦社区治理,建言构建社区治理共同体。在提案中,欧委员从人才观、资源观、科技观、法制观四个角度,建言提升社区服务管理水平,着力构建以社区自身为主体、以智慧科技为支撑、各方力量共同参与的共治共享社区治理新格局,推进基层社区治理体系和治理能力现代化。

作为正荣集团旗下深耕社区服务、社区治理一线的业务板块,正荣服务集团有限公司(以下简称:正荣服务)在港股上市之后,除了持续致力于服务品质提升与经营业绩增长之外,坚持秉承"服务为你,陪伴由心"的理念,响应正荣集团号召,结合全国社区一线实际情况,不断推进落地具有正荣特色的社区治理行动。

一、不忘初心,持"质"以恒

服务品质,是物业管理之本,也是物业服务企业做好社区治理的基本盘。正荣服务自成立以来,始终在思考如何为客户提供更高品质的服务,让生活在正荣的社区成为一种幸福。良好的服务品质与社区氛围,能为社区治理工作的顺利推进与落地奠定扎实的群众基础与舆论环境。

正荣服务在2020年正式推出"进步行动",旨在专注品质本源,聚焦品质提升。"进步行动"围绕"三重品质提升、七大专项工作"展开,吹响"以品质,赢未来"的冲锋号!

（一）三重品质提升

1. 服务提质

正荣服务项目管理团队进一步梳理标准作业程序，同时进一步强化标准的执行落地，全面树立良好的服务形象。在公区设施和园区环境的保养维护方面，正荣服务进一步加大社区关键部位的管理力度，全力打造整齐悦目并富有创意的社区环境。

正荣服务社区一线团队始终秉承"服务为你，陪伴由心"的理念，坚持做好社区服务的"陪伴者"，在快速响应方面力求做到最好，为业主提供更快捷、更高效的服务。

在社区安全管控方面，正荣服务沿用了部分疫情防控的良好经验，进一步强化外来人员管理和全员安全防范意识的升级，杜绝社区安全隐患，让正荣业主住得更舒心、更安心。

2. 人员提质

服务品质的提升核心在于"人"，随着管理规模和管理团队的不断扩大，正荣服务始终坚持对社区服务人员专业能力和人员效能的提升，不断强化社区服务团队的全员服务意识提升，保持每位一线员工的工作热情。

正荣服务非常关注人才储备和人才发展体系的建立，社区服务团队的技能提升和持续发展也是企业可持续增长的关键因素之一，同时通过各类人才培养项目，促进社区服务团队条线负责人和一线员工的专业能力不断提升。

3. 运营提质

随着正荣服务成功登陆香港资本市场，作为一家上市企业，持续改善运营效率和管理水平成为公司治理的关键因素。正荣服务通过组织架构升级、管控体系升级和考核机制升级，不断优化社区服务运营品质，为企业的持续增长保驾护航。

（二）七大专项工作

在行业竞争日趋激烈的当下，正荣服务始终致力于建设差异化的企业品牌，在社区服务上也力争强化自身优势，通过七大专项工作的落地实施，形成具有正荣特色的服务能力，为今后服务规模扩张和企业的不断发展奠定基础。

1. 培养基层精英专项工作：通过行业对标、标准优化、集约管理、技术升级、智能改造等手段，培养适应行业发展趋势的优秀社区服务精英；

2. 车辆秩序管理专项工作：园区机动车与非机动车合理管控，创造良好的社区环境；

3. 客诉响应专项工作：强化落实30分钟响应、24小时处理等标准，提升客户信任感；

4. 门岗标准化打造专项工作：硬件配置标准化，服务标准化双提升；

5. 标杆项目打造专项工作："一区域、一标杆"，打造六大品质服务标杆项目；

6. 升级星级服务专项工作：形成管理、服务、培训、发展四位一体星级体系；

7. 营造幸福社区专项工作：提升客户的参与感、融入感、体验感、记忆感，营造"幸福家"的社区氛围。

二、党建引领，联动社区各方力量

社区治理共治共享，离不开党和政府的正确领导。正荣服务坚持以习近平新时代中国特色社会主义思想为引领，紧紧围绕"抓服务促运行、抓稳定促和谐"的发展思路，凝神聚力，攻坚克难，着力抓好落实党建工作责任制、党风廉政建设、意识形态等各项工作，深入社区一线，打造幸福社区。

（一）联动健全党建工作，打造红色物业

为响应党组织号召、更好服务广大业主，正荣服务南昌分公司于2018年7月10日正式成立了党支部，搭建党员活动阵地；党支部领导班子成员于2019年3月被正式任命；大湖之都、润城等项目线下党建文化宣传阵地也相继落地。

正荣服务基层党支部积极开展企业服务年、政策落实进万家活动，党员们积极主动参与走访工作，坚持每月深入业主家，主动倾听业主需求，逐一了解他们的所急所需，并针对业主在生活出行及物业等方面遇到的问题，明确责任人和解决时限，为业主提供了行之有效的服务。

疫情期间，正荣服务党员干部发挥带头作用，积极开展抗疫公益。2020年2月4日，大湖公益小组带着防疫物资来到南昌大湖社区，在南昌县团委、县物管办和房管局物业科相关同志、莲塘镇的支持和指导下，携手社区居委会、社区志愿者，为社区弱势群体、一线防疫重点群体、存在困境的小区临时志愿者团队、定岗村村民带来温暖与关爱，同时也收到了相关部门领导的认可，并颁发奖状、锦旗。

在社区党支部、社区居委会的帮助下，打造红色物业，增强党性修养，深化社区居委会、物业服务企业联动机制，把党建工作融入物业服务管理全过程，更好发挥正荣物业服务实体作用，让服务工作真正"红"到核心。

（二）多方协同，推广正荣特色垃圾分类示范区

随着经济社会发展和物质消费水平大幅提高，我国生活垃圾产生量迅速增长。早在2017年，发改委与住房城乡建设部联合出台了《生活垃圾分类制度实施方案》，时至今日，全国各地不少城市都在积极执行、支持这一有利于构建生态文明，助力全面建成小康社会的重要方针。正荣服务一贯支持国家既定政策方针，结合当地政府的实际要求，坚决在全国社区落实垃圾分类。

位于福建福州马尾区正荣财富中心作为生活垃圾分类先行试点，在各级有关部门的支持下，经过前期项目物业、社区、街道、城管、业主等多方多次沟通、协商，不断地尝试与调整，终于在2019年11月1日正式投入使用"卡通风"垃圾分类屋，在短短半年的时间里，引领正荣财富中心小区业主把生活垃圾分类已从"新时尚"变成"好习惯"。

正荣财富中心小区的"卡通风"垃圾分类屋正式投用。该垃圾分类屋不仅美观，且功能性不俗，分为垃圾分类驿站、垃圾分类宣教屋两个部分，因而一经投用引来当地政府、主流媒体及业主的高度关注。

其中，垃圾分类驿站是市民日常投放垃圾的场所，里面分类垃圾桶一字排开，墙上挂着宣传标语、灭蚊灯；而垃圾分类宣教屋则是一间儿童屋，电视、饮水机、桌椅、垃圾分类书籍、垃圾分类教学玩具等一应俱全，未来还要安装空调，进一步改善内部环境。

正荣财富中心垃圾分类屋从先行试点到特色亮点，是垃圾分类工作在福州逐步推进的见证。正荣服务将全力配合全国范围垃圾分类工作开展，和正荣业主一起养成垃圾分类的好习惯。

正荣服务将秉持正荣集团"正直构筑繁荣"的初心，始终传播幸福企业的正能量，持续关注社会民生，通过社会责任的纽带，将正荣的温暖和美好传递给社会各界，让幸福无处不在！

湖北区域物业服务企业疫情防控服务案例

上海保利物业酒店管理集团有限公司

2020年新年伊始，新冠肺炎疫情席卷中华大地，湖北武汉的疫情更是牵动着全中国乃至全世界人民的心。疫情期间，上海保利物业酒店管理集团有限公司（以下简称"保利物业"）湖北区域公司在管项目业态涉及住宅、酒店和写字楼，疫情防控任务空前重大。在胶着对垒的紧要关头，在疫情防控的决战之际，保利物业湖北区域公司全体员工勇担重任，走上抗"疫"前线，发挥保利物业人的社会使命感，用行动践行物业管理行业的责任与担当，全面升级管控力度，坚决做好防疫工作，守护全体员工和广大业户的生命健康安全，为发起武汉保卫战总攻奠定基石，为打赢全国疫情防控阻击战奉献保利力量。

一、日常防护，严格把控

2月14日，按照武汉市新冠肺炎疫情防控指挥部发布通知，湖北保利物业各在管住宅小区均只保留一个出入口，住宅小区一律实行封闭管理，小区居民出入一律严格管控。对每一位出入小区的业户进行无接触式体温监测，对每一辆出入小区的车辆进行后备厢排查。疫情期间共排查人员近200万人次、排查车辆近150万车次。

保利大酒店有人员混杂的酒店特性，为加强管理，防止疫情输入，设立大堂测温岗，大堂两侧设置独立的进口与出口，对进入酒店的宾客实行测温及"绿码通行"政策，入住宾客进入酒店前，对宾客随身携带的行李进行消毒，并为宾客提供喷洒消毒服务。对于访客的管理除遵循上述规定外，还须与酒店住客确认方可进入。

保利广场在2020年2月至3月疫情期间采取半封闭管理。物业安排专人值守，把好安全防线，对入楼办公人员逐一测温并要求全时段佩戴口罩；对所有卫生间、电梯、通道、步行楼梯、大堂等公共区域，每日四次定时消毒，减少病菌传播；于各楼座配备温度测量仪、口罩、免洗消毒液等防疫物资配备。

二、消杀不留白，神器显神力

住宅小区项目有着业户众多、人员密集、园区面积大等特点，消杀工作难度增加的同时也更加不能懈怠。为此，我司在住宅小区出入口处自制鞋底消毒神器，对园区内的游乐设施、架空层、快递柜等所有公共区域进行全覆盖消杀，对各楼栋大厅、信箱、门把手、门禁对讲机、电梯等广大业户高频接触的区域进行高频率高强度消杀，保证每日最低两次的消杀频次。为了在人力资源严重不足的情况下保证消杀效果、提升消杀效率，我司经过仔细研究、反复对比，采购了一批消杀神器——手推式打药机，为住宅项目消杀工作的开展提供了极大的便利。手推式打药机通过加压泵将药水通过喷枪喷洒出去，能形成水雾状的喷洒，射程可达10～14米，流量每分钟可达17～27升，容量高达300L。对比射程仅3～5米、最大容量仅20升的传统手摇打药器而言，手推式打药机有着得天独厚的优势。我司根据住宅小区园区面积计算共采购了9台手推式打药机，相当于135人次一天的消杀工作量。疫情期间，各住宅项目日均消杀面积达101万 m^2，总计消杀面积远超2亿 m^2。

同时，设置废弃口罩、废弃手套等污染物定点收集特殊垃圾桶，防止二次污染。对生活垃圾桶做到日产日清并派专人专管定期消毒，防止垃圾滋生细菌，危害广大业户健康。

三、深化服务细节，建立抗疫信心

湖北保利物业各物业服务中心每日按时依据实时动态制作日报，日报内容包含疫情动态、温馨提示、小区业户人员动态、物业人员动态、疫情防护动态、协助电话、疫情防控宣传、夜间值班动态、新增防疫措施等制作日报两千余份，让广大业户足不出户了解小区实时动态，同时也消除广大业户因居家防疫而产生的不安心理、增加广大业户战胜疫情的信心与决心。

保利广场为疫情期间长期停放而导致电瓶亏电无法启动的车辆准备了汽车应急启动电源设备。结合客户的日常需求，设立"贴心服务"点，提供如工具箱、充电器、便民服务箱等，安装了智能取餐柜。

保利大酒店在六一儿童节来临之际，为14周岁以下儿童赠送"防疫大礼包"，八一建军节购买防暑降温的物资前往舟桥旅部队慰问广大官兵。

四、提升客户服务品质，做好业户后勤保障

随着时间的推移，长时间的居家防疫让业户家中的储备物资陆续出现短缺，各住宅小区物业服务中心物业人员冒着感染风险为有需求的业户一一上门配送药品及消毒防疫物资共计966次，为出行不便的独居老人上门配送生活必需品共计2493次，为无法回家的业户上门照料宠物共计312次。为保障业户基本生活需求，解决"买菜难""买药难"问题，各物业服务中心纷纷联系各大商超、爱心企业，建立微信团购群，群中安排专人负责团购事宜，为广大业户提供物美价廉的放心菜团购活动。团购商品送达后，组织安排各楼栋分批次、分时段依次下楼领取，为出行不便的业户提供配送上门服务，避免因人群聚集引发的感染风险。疫情期间，湖北公司累计开展团购253次，完成27867单，服务12368户业户。同时提供疫情期间特色化服务，为

业户开辟购菜、外卖、快递临时存放点，并进行消毒处理，为天然气告急的业户提供代办天然气圈存业务等。

为了进一步解决广大保利业户餐桌上的难题，湖北保利物业联合保利置业湖北公司为保利业户免费送上60吨爱心蔬菜。为确保每一份爱心菜的品质安全、健康无污，湖北保利物业对接果蔬基地进行统一采购，从品类挑选到就地采摘，从安全运输到分装发放，严格把控每一个环节，保证所有蔬菜高质量交到每一位业主手中。考虑到在管7个住宅项目跨区分布，运输间隔时间较长，我司通过分区域、分时段、分批次进行配送，配送长达4天，确保今日菜今日送，每天送到业主手里的菜都是最新鲜的。

为了让上万份爱心蔬菜新鲜、快速地送达业主，同时避免大量人群聚集的风险。湖北保利物业周密部署、细致规划、分区分组，每个组负责相应的楼栋，发挥最快派送效率。在配送过程中，参与爱心配送的物业人达274人次，上门派送总计8392户，配送总时长达62.5小时。所有保利物业人身着防护服、佩戴口罩、消毒手套，手推运输车，挨家挨户为业主送上爱心蔬菜礼包，真正做到让业主足不出户就能吃到新鲜的放心菜。

五、援建方舱医院，接待援鄂医疗队

2月4日，保利大酒店积极响应疫情防控需求，在征得保利置业湖北地区疫情防控指挥小组同意无条件援建洪山体育馆方舱医院后，在酒店领导的组织带领下，半小时内集结在岗员工成立物资搬运小组，用时3小时完成价值20多万的114套床垫、床上用品拆卸装运并移交，全力支持方舱医院建立。

2月20日，保利大酒店接到武昌区新型冠状病毒感染肺炎疫情防控指挥部《关于征用保利大酒店的通知》，征用酒店为内蒙古援汉医疗队提供食宿。接到通知后，酒店领导高度重视，克服一切困难，立即统筹安排员工复工，并安排好住宿问题，为内蒙古援汉医疗队提供定制式服务。

内蒙古援汉医疗队入住后，酒店对防控工作进行了全面升级，工程部克服人员紧张、材料短缺的困难，改造了一间可以有效防止细菌沾染的消毒房，并在13和16楼增设洗衣消毒设备，为医疗队员提供便利的同时也保障安全。与此同时酒店还成立了线上管家服务团队，24小时提供贴心服务。

此次接待内蒙古援汉医疗队137人，共入住230间房，分布在17个楼层，接待时长37天。

六、推进复工复产，助力武汉复苏

广场作为复工复产的前沿阵地，客户于3月21日起陆续复工，为保障客户服务，物业公司一线人员及时返岗，全面落实疫情防控"五个到位"工作，做到科学精准防控。

人员管控是物业公司的首要任务，公司提前与业租户沟通，反复确认各单位复工时间，形成动态台账，并收集掌握复工返岗人员及车辆的详细信息，为复工防疫做好前哨工作；对于入楼人员采用自助扫码登记形式，进行全面记录及统计；使用热敏红外测温设备，实现自动、准确、迅速测温，对入楼的所有人员进行体温检测；停车场入口处安排有专人值守，使用测温仪对驾驶员及随行人员进行全员体温检测，把好人员管控关口。

在防聚集方面，采取分别设置出入口，实行人员进出分流；使用警示带划分排队"一米线"及

电梯轿厢内警戒划线，将"保持距离"具象化；遵循外卖、快递零接触原则，设置无接触取餐点、快递点；还搭建"隔离区"，用于体温异常者的临时隔离观察。

在办公环境营造方面，全面清洗广场新风系统过滤网，加大新风系统运作马力，严把环境和空气质量关口；对公区每天两次消毒，对卫生间、电梯、门把手等客户触点高频区每2小时消毒一次，电梯按键覆以"保鲜膜"外衣，降低接触感染风险；每日23时后使用紫外线消毒灯对电梯进行全面消毒；全面落实高频次、高强度清洁消毒工作。

在配套保障方面，公司要求合作方签署疫情防控承诺函，为上岗人员提供口罩、防护服等防护用品，强调自我防护措施落实，保障健康安全上岗；加强对员工餐厅环境卫生及人员健康情况的监督管理，助推楼宇客户复工复产。

上海市委书记点赞　海外瑞管家逆风防控
——科瑞战"疫"彰显物业使命担当

上海科瑞物业管理发展有限公司

突如其来的新冠肺炎疫情，强行为大多数经济活动按下暂停键。关键时刻，物业人挺身而出。

致力于"创造和谐，营造美好生活"的科瑞物业，第一时间成立疫情防控工作领导小组并出台总体防控方案，在管辖的260多个项目中全面实施。从大年二十九到春节之后很长一段时间，无数科瑞人放弃与家人团聚，奋战在疫情防控工作第一线，谱写了一曲可歌可泣的中国服务赞歌。

科瑞物业的疫情防控工作，得到了业户表扬，得到了政府肯定，得到了市场认可。上海市委书记李强为科瑞物业的疫情防控工作点赞，海外瑞管家逆风防控从上半场打到下半场再到加时赛，中国物协官方微信号罕见以头条位置单独报道科瑞物业疫情防控特色……

2020年7月，科瑞物业全新升级企业使命，"创造和谐，营造美好生活"既是对科瑞物业过去18年发展尤其是疫情防控工作的高度凝练升华，更是指引科瑞物业未来发展的航标灯塔。正如科瑞物业董事长张一民所说，科瑞战"疫"充分显示了一线作战的应急反应力和部署执行力，彰显了物业人的使命与担当，这是一次"创造和谐，营造美好生活"的生动实践。

一、第一时间出台总体防控方案

疫情发生后，科瑞物业第一时间成立疫情防控工作领导小组，由董事长张一民任组长，总经室成员黄雪婷、周波、章杰、龚玮达任副组长，公司各中心/部门、区域事业部、区域管理中心、分子公司、在沪项目物业管理处负责人为成员，明确工作职责，并出台总体防控方案。

科瑞总部建立了一个畅通的信息渠道，分设物资采购群、政策发布群和疫情每日通报群，及时传递、交流最新的信息。各项目物业管理中心每日下午3点将项目每日疫情管控资料上报至总部，包含当日消毒措施执行情况、物业人员身体状况、返工人员隔离状况、在管项目的疫情情况以及物资储备情况。

同时，疫情期间由于信息不对称导致谣言动摇人心的情况时有发生，总部各职能部门及时筛选官方信息在公司各微信群及微信公众号中及时发布，确保在管项目人员和业户第一时间了解权威的、科学的信息。

据统计，疫情期间，科瑞物业通过信息管控平台"瑞管家"，共计向全国10万多业户发出《致业户的一封信》，全国科瑞管家们通过瑞管家微信服务号推送防疫手册，累计今年新增注册业户数超过2万户。

此外，作为上海综合实力排名第一、有责任有担当的物业服务企业，科瑞物业及时召集资深物业人商讨防疫措施，最大限度地保证业户的安全。除了人员车辆进出管控、协助街道社区上门排查、定时定点消毒等常规举措，科瑞物业人还运用自己的智慧在防疫措施中加入"小妙招"。比如，在公共门把手、电梯按键等区域用保鲜膜包裹，或选备面巾纸，实时更换，以避免交叉感染等。

科瑞物业的疫情防控举措，很多都早于官方发布的行业操作细则。在大力推行疫情防控方案的同时，科瑞物业还将公司预案积极反馈给行业协会，推动这些经验在同行间快速复制、推广。

二、硬核防控获上海市委书记点赞

2月13日上午，上海市委常委、市纪委书记廖国勋视察了科瑞物业管辖的绿地世家项目，并对绿地世家物业管理处的严管严控提出表扬。

2月13日中午，上海轨道交通徐家汇站16号口的自动扶梯旁，戴着口罩的科瑞物业保洁员郑军正在对扶手作清洁消毒，突击检查、实地察看地铁疫情防控措施落实情况的中央政治局委员、上海市委书记李强，走到郑军身边亲切问候，并询问车站的日常保洁消毒如何进行。保洁员一边擦拭自动扶梯一边介绍："我们每天要进行四次消毒，扶梯扶手、不锈钢栏杆等各种设施都按要求，定时做好消毒工作。"李强书记听后关切地对郑军说："你们做得很好很辛苦！"

轨道交通1、9、11号线徐家汇枢纽站项目，是科瑞物业硬核防控的一个缩影。自疫情发生以来，科瑞物业克服了口罩等防疫物资短缺的困难，全力投入到在管项目的疫情防控工作中。

目前，科瑞物业承担了上海地铁一号线的30个站点、三号线的29个站点、9号线的11个站点，其中包括人民广场站、徐家汇站等枢纽站点的保洁卫生等管理工作，"为落实疫情防控要求，我们科瑞物业按照上海地铁的统一要求，规范作业、严格防控，努力为市民的正常出行创造良好的卫生环境。"科瑞物业第一区域物业管理中心经理王玳玳表示。

科瑞物业遍布全国的在管办公楼项目，秉承精准施策、科学防控的指导方针，采取多项防御措施，守卫复工人员的健康和安全。第二区域物业管理中心在管的绿地和创大厦、绿地科创大厦等项目，第四区域物业管理中心在管的耀江国际广场、绿地中环广场等项目，第六区域物业管理中心在管的绿地嘉尚国际等项目，河南区域事业部在管的绿地中心南塔等项目，苏皖区域事业部在管的南京紫峰大厦等项目，西北区域事业部在管的天安人寿、蓝海大厦等项目，奉贤分公司在管的绿地方舟等项目，江西分公司在管的绿地新都会等项目，采取设立24小时专人专岗、落实复工人员云健康信息登记、保证每天对公共区域进行定时消毒、建立复工沟通群、张贴疫情防控告示和健康提示等方式，压实责任到人，全力投入抗击疫情的工作中。

三、海外瑞管家从"上半时"打到"加时赛"

作为科瑞物业海外承接运行物业管理项目的第一例，韩国济州岛汉拿山小镇的瑞管家们，坚守在异国他乡防疫阻击战的主战场，用专业、贴心、高效的服务连续作战，打响了"上半场国内武汉、下半场韩国内陆、加时赛境外输入"的疫情防控战，努力守护业户的健康与安全。

疫情初始阶段，韩国济州道厅没有专门应对条例、法令，科瑞物业主动联络中国疾控防疫部门寻求专业指导，并结合《韩国出入境卫生检验法令（第72条）》率先制订了《汉拿山小镇防控阻治方案》，凸显"攻与防"组合战术并循此操作。

针对疑似接触性载体，进行全方位、高频次、无差别消毒抗染。消杀重域和药剂频次规则是：每日至少消毒1～2次，用有效氯浓度250～500毫克/升的含氯消毒液喷洒和擦拭。针对疑似流动性传播源，进行全覆盖、逐疫头、溯源性监测抗染。筛查隔离和申告报备规则是：涉鄂人群细分报备；驻留人群登陆起居寻踪；前台接待客人测温筛查和登记。

1月27日，科瑞物业汉拿山小镇项目发现疫区业主登岛度假，之后又有近一百户业主陆续登岛"避疫"，科瑞紧急启动"中国式防治管控方法"并形成岛上首部"企业治案"，获得了道厅巡察的认可，预案操守前卫。2月10日，韩国内陆大丘、庆尚道等多地疫情发生，夹杂着民众"防疫过度"的不同声音，科瑞果断启动"重疫区"客人拒绝留宿和业户、员工劝诫留岛或返岛隔离核检规定，截流阻遏严厉。3月初，随着韩国境外输入病毒夹搅入岛，尽管这里没有政府与社区"闭环"联防联控机制，但科瑞谨终慎始、细致入微地全方位应对境外人员的防控。

四、全新升级企业使命"创造和谐，营造美好生活"

那些奋战在防控一线的科瑞人，始终牵动着科瑞物业疫情防控工作领导小组所有人的心。2月14日上午，科瑞物业总经理黄雪婷、副总经理章杰走访了世纪同乐、绿地世家、绿地世纪花园、绿地和创大厦等公司在管的多个项目，检查指导各项目疫情防控工作，并慰问坚守在疫情防控一线的公司员工。

在走访过程中，黄总和章总着重了解了防控物资储备、人员与车辆出入管控、是否有确诊或疑似的业主、外来返沪业主自行隔离等相关情况。"疫情无情人有情，科瑞人克服种种困难坚守防控一线，连续奋战、甘于奉献，用责任和担当守卫业主生活和办公的场所，非常值得肯定。作为疫情防控的第一道防线，危险多、任务重、难度大，大家很辛苦，要合理安排好员工的休息，更好地坚守岗位，坚决打赢疫情防控这场硬仗。"黄雪婷表示。

"在这场防疫战中，物业服务企业成为政府各相关部门对社区防疫工作落实、检查、评价的对象，物业服务企业默默地接受这项'艰巨也光荣'的任务，并用实际行动践行物业人的初心、使命。"张一民认为，中国社会的主要矛盾是"人民日益增长的美好生活需要和不平衡不充分的发展之间的矛盾"，从社会最基础的单元——社区来看，让业主安居，满足业主日益增长的生活需求，应该就是新形势下物业管理行业应为之努力的方向。

"物业服务企业应该围绕解决业主居家生活遇到的问题矛盾、满足居家生活需求、最终以创造社区和谐环境为方向调整服务范畴，承担起社区服务组织者、监管者、协调者的责任。概括地说，即立足社区、创造和谐。这就是物业管理行业在新形势下的使命和担当！"张一民说，正是基于这样的观察与思考，将科瑞物业的企业使命全新升级为"创造和谐，营造美好生活"。

五、引发行业内外广泛关注与高度评价

科瑞物业的硬核防控，得到了行业内外的广泛关注与高度评价。

上海电视台新闻综合频道报道了市委书记李强为科瑞物业点赞的一幕。科瑞物业在管的绿地和创项目，被"上观新闻"作为甲级写字楼防疫管理如何考虑每个细节打造安全堡垒的先进典型予以报道。科瑞物业在南京紫峰大厦管理中采用的应急预案，被《现代快报》等媒体作为先进管理模式进行推介。《南昌晚报》则报道了科瑞物业员工坚守工作岗位的动人事迹。

2月14日，中国物协官方微信号以头条位置推送了《李强书记点赞科瑞物业"你们做得很好很辛苦"》的报道，这是中国物协历史上极其罕见地在头条推送中单独报道一家物业服务企业的内容。同一天，上海物协也在头条位置进行了推送。

而业户们的肯定与满意，更加温暖着科瑞人的心。不少业户主动跑到管理处缴纳新一年的物业费，物业费收缴率得以保障。在得知物业物资紧缺的消息后，各地业户纷纷为物业送来暖心"礼物"：达安圣芭芭业主为物业送来了1000个口罩和15桶消毒液；东莞绿地公馆的业主将自己家里储备的50只口罩拿出来捐给了物业；国际丽都热心业主慰问物业一线员工，送来了72箱牛奶；天安花园业主送来物业急需的口罩、手套、护目镜和测温枪等物资……

"他们同为子女，却于万家团聚之际选择告别年迈的父母，义无反顾地奔赴这没有硝烟的战场；他们身无盔甲，却冒着生命危险坚守岗位，以血肉之躯为业主筑造一道安心的防线；他们平凡渺小，却以自身的力量散发出微薄的光和热，用自身的温暖驱散料峭冬日的寒意。"开封郑开绿地城一期一位业户的感谢信，代表了所有业户的心声。

这是对科瑞物业的最高评价，更是对中国服务的由衷认可。

二十载美好深耕，稳健发展美好向上

上海盛高物业服务有限公司

源起 2001 年 1 月，上海盛高物业服务有限公司立足上海，深耕全国，服务绿地开发配套的物业公司——"盛高物业"应势而生。盛高物业是绿地香港控股有限公司（香港联交所股票编号：00337）全资子公司，国家一级资质物业服务企业、中国物业管理协会理事单位、中国物业管理综合实力全国百强企业、上海市物业管理行业协会理事单位、上海市物业管理行业 AAA 级诚信承诺企业。

盛高物业关注城市生活的变化，感知客户的潜在需求。针对"房地产＋"时代的"物业服务＋"产品体系，服务项目遍及全国重点一二线城市，专注于住宅、别墅、会所、学校、文旅、康养、商业、酒店、高端写字楼、城市综合体等多种业态。

行于坚守，成于创新。2007 年，盛高物业编纂制定了《新独院别墅物业服务企业标准》，并于当年正式出版发行，填补了上海市普通类型别墅类物业管理服务标准的空白，有力地推进了物业管理行业的标准化建设步伐。

盛高物业始终践行"筑力美好生活"的企业愿景，以及"匠心创造价值，暖心成就服务"的服务理念，坚持做精品物业的创造者，努力成为中国物业管理行业市场中的领先标杆企业。

近年来，盛高物业整体业绩规模保持较快增长速度，二十载的匠心专注，永远把"筑力美好生活"作为盛高物业的发展方向与奋斗目标，全心全力为人居服务。

一、案场初体验——遇见更多美好

承载着美好的初心，盛高物业从未停止对案场服务的走心升级，守护匠心，萃取匠品，对服务品质高度传承、深度挖掘定制化的服务内容，让遇见更加美好。

◆ 臻享系

英式奢华级服务，助力地产 TOP 项目，致力于打造"地面头等舱"式物业服务，以极致考究的匠心精工雕琢每一处细节，为客户提供全方位尊崇服务。

◆ 尊享系

星级豪华酒店式服务，以地产标杆案场服务给客户承载着美好的初心，盛高物业从未停止对案场服务带来"满意＋惊喜"的服务体验，定制尊享服务产品匹配地产中高端系列项目产品的案场物业服务。

◆ 优享系

以匠心探索有温度的服务，为快销盘、综合体、在建、政府配套、尾盘等项目提供匹配的案场物业服务，带给每一位客户温馨、舒适且有新意的服务体验。

匠心竞 G，夯实服务

不有百炼火，孰知寸金精，不经历层层磨炼，如何得来娴熟技艺？多年以来，盛高物业不断自我提升服务能力，通过多种方式持续深化、提升自身服务技能，为业主创造更有温度、更加贴心的优质物业服务，组织案场大比武活动，提高案场工作人员技能，促进员工彼此学习，充分展示自我，树立标兵榜样的力量，提高整体业务水平，持续打造品质案场服务为更多客户提供高品质生活享受。

专业优质的物业管理服务,敏锐洞察、发掘和满足客户需求,培育打造精英团队,让盛高物业在日趋激烈的竞争环境中悄然崛起,始终保持着强劲的优势。诚实守信、踏实肯干、勤奋进取,是对每一位盛高物业人最真切的勾勒描绘。

二、构建"幸福生态圈",乐享 G 荟家园

社区生活运营,关乎社区居民的幸福感和生活理想,是对传统房地产开发模式的升级,也是构建城市美好的重要部分。

秉承"家"文化理念,盛高物业始终对服务有着自己的期许:物业服务不止于社区管理功能,还应引导社区的生活方式和交际方式,把握业主的共同点和兴趣爱好,在社区建设中引入了广泛的文化活动场所设计。在 G 社区内,打造主题游园会、社区生活市集、文艺晚会、夏日文化节,欢乐电影节、爱眼小先锋、谁是厨神、金秋助学季等活动,为实现和睦、友爱的现代邻里关系,构建起丰富有趣的交流平台。

用心构筑美好生活,是每个盛高物业人的内核,以心换心,是中国传承千百年的生活真谛,在探索服务无止境的过程中,为客户提供超乎想象的优质服务,扎实做好服务才是根本,深度挖掘客户需求,一切以客户为中心。

此外,通过自营和嫁接专业运营资源的方式,连接社区和城市的内外资源,充分贴合业主家庭需

求，包括 G 商城、文旅文化产品与场景拓展、商家分享等，达成了业主专属权益的同时，为家庭提供多种社交场景，在日常生活、文旅度假、文化消费中实现家庭与家庭多维度的美好连接。

服务"，更是"造生活"。利用 AI 技术与物联网的结合，集成大数据与云计算机的技术应用，针对物业的不同场景，提供不同的解决方案，打造构建管辖建筑群的全生命周期系统的幸福生态圈。

三、物业＋互联网＋品质生态圈

盛高物业二十载砥砺发展中不断坚持对服务细节的反复打磨，坚守品质物业管理服务，不止是"造

四、打造消费升级模式下的城市新生活

梁丰食品集团位于闻名遐迩的张家港市，是一家涵盖奶牛养殖，乳制品深加工，糖果制造，印刷包装，商业地产等多领域的综合性企业集团，是农业产业化经营重点龙头企业，国家级学生饮用奶定点生产企业。针对城市人对田园生活的向往，盛高物业将联手梁丰食品集团打造"开心农场"，并将食品新零售终端全方位植入到社区生活场景中，为客户升级生活方式，希望通过共同努力，为客户带来健康便捷的绿色美食体验。

五、创立盛高物业管理学院：为自身赋能，持续超越客户美好生活期望

企业之强由于人，人才之成出于学。盛高物业管理学院是由总经理陆维平先生为员工精心打造的学习平台。伴随着公司的布局和发展，人才培育与储备的必要性日益凸显，建设一个既可以发展内部新生力量，又能够加强现有团队实力的平台，成为当下组织建设的第一要务。盛高物业管理学院的创立，以"建立健全人才培养机制"作为战略支点，形成"日常化业务学习＋专业体系化培训＋管理精英化培训模式"的系统化培养模式，旨在更多的员工赋能，打造持续培育人才的学习型组织和培养终身学习者的摇篮。

盛高物业管理学院的正式成立，昭示着公司打造盛高物业人才发展阵地，为自身赋能，推动产品力的持续创新和服务升级，持续超越客户美好生活期望和推动行业发展的决心。

在盛高物业的企业文化中，充满着激情与挑战，在赋予团队更广阔空间的同时，也提供充实可靠的助力。至今在培训资源上除了自身团队内部资深导师团队外，也和全国多所大学合作，组建起了专职高水平导师"天团"。

二十年峥嵘岁月，百舸争流、奋楫者先，盛高物业紧跟行业发展的战略和改革创新的步伐，将持续以匠心创造价值，以暖心成就服务，在建设幸福生态圈的宏伟蓝图上，饱蘸激情梦想，书写新的篇章，筑力美好生活，为探索有中国特色的物业管理之路，不断创新，再攀高峰！

物联网技术对于物业运营管理的支撑和未来趋势

上海浦江物业有限公司

一、前言

随着我国社会经济的发展，我国建筑能源领域问题的日益突出，环境资源的压力也在与日俱增。习近平总书记指出，"实行能源和水资源消耗、建设用地等总量和强度双控行动，就是一项硬措施。这就是说，既要控制总量，也要控制单位国内生产总值能源消耗、水资源消耗、建设用地的强度。这项工作做好了，既能节约能源和水土资源，从源头上减少污染物排放，也能倒逼经济发展方式转变，提高我国经济发展绿色水平。"上海市委李强书记也多次强调，"以环境论英雄、以能耗论英雄、以亩产论英雄。"

"十三五"前四年，上海各区能源综合利用效率逐年提高，上海市下达"十三五"单位增加值能耗累计下降目标为16%。市发改委将不断健全和完善节能减排工作领导小组的协调机制，加强与各成员单位及相关部门协同，争取将我市"十四五"节能减排工作做得更好。并重点推进各区智慧能源管理系统企业端工作。

根据沪府发（2012）49号文《关于加快推进本市国家机关办公建筑和大型公共建筑能耗监测系统建设实施意见的通知》等文件要求，各区于"十三五"期间完成了区级大型公共建筑能耗监测平台建设。随着建筑分项计量和能耗监测管理工作的不断推进，截至2020年底，全市推进楼宇能耗管控任务，各区都有几十栋大型公建楼宇能耗数据接入区级平台。各区级平台建成运行，并于"十四五"期间要求开展各区级平台功能升级，拓展平台应用功能，提高平台运行的可靠性、实用性，进一步提升平台价值，真正做到全市统一、全区管控的目的。

二、物联网技术在建筑智能化的应用

物联网技术（Internet of Things，IoT）起源于传媒领域，是信息科技产业的第三次革命。物联网是指通过信息传感设备，按约定的协议，将任何物体与网络相连接，物体通过信息传播媒介进行信息交换和通信，以实现智能化识别、定位、跟踪、监管等功能，形成物物相连、全面物联的场景。

未来建筑的发展趋势必然是智能建筑，主要特征为涵盖了传感器、自动化、网络以及嵌入式系统等综合性的技术。物联网对于智能建筑的影响可以说是无处不在，目前的智能建筑中包括多个子系统，其中一卡通、安防、设备监控已经构成了网络平台上的融合子系统。物联网技术应用于智能建筑将进一步在能源优化、智能监控、楼宇设备智能控制等领域实现价值。

的在运行中的最佳状态；例如：中央空调的冷却塔风机开关状态及数量、其相关阀门的开关量控制。

六是自动打印、显示以及检测各个设备在运行时的参数变化以及记录历史数据、分析。

2. 能耗监测管控

优化能源的利用率并减少不必要的能源消耗，尤其是对于超高层和高层建筑以及大型的智能建筑来说，将网络传感器植入设备中，能对其建筑内部的照明系统、空气环境、湿度和温度进行实时的控制和检测，同时将各个电气设备调节到最低的能耗状态，例如，在建筑内部采用二氧化碳浓度、温度及湿度等各种网络传感器控制新风系统、声光控制照明系统等等，减少不必要的电能消耗，进而打造低碳绿色的智能建筑。

3. 统一网关

物联网网关可以实现感知网络与通信网络，以及不同类型感知网络之间的协议转换．既可以实现广域互联．也可以实现局域互联。此外物联网网关还具备设备管理功能，运营单位通过物联网网关设备可以管理底层的各感知节点，了解各节点的相关信息，并实现远程控制。

（一）泛可视化应用分析与能耗监测管控

1. 泛可视化应用分析

基于 BA 系统的物联网智能建筑体系中重要的组成部分为泛可视化应用分析与能耗监测管控。主要功能包括：一是对设施设备以及系统的维护保养，通过 BA 终端来提前预知要针对哪些部位进行维护保养，以及保养周期、所需要的人工及材料。二是优化管理、自动计费以及能源管理；通过微信扫一扫功能可以知道设施设备的相关情况，例如：运行状态、上次保养时间、人员、生命周期。三是对于建筑系统内部的设备进行协调控制；自动控制并监视各个机电设备的停止以及启动。四是检测并及时处理各类型的突发事件；例如：通过手机 APP 传递到主要负责人，尤其确定响应速度。五是根据外界的环境因素以及负载的变化情况，去调节各设备

（二）楼宇科技

基于物联网技术打造楼宇科技企业品牌，走科技创新发展之路，实现物业的精细化、智能化管理，同时进一步优化物业服务体验。楼宇科技发展重点包括智能化服务设施、设施设备监测、保修派工工单、安全监控防范等。

通过设备监测把所有建筑里边所有的设备、设施进行重新编码，实现了所有设备设施有身份证、所有岗位有二维码。无论是设施设备的维护，还是维修，都可以通过互联网平台实现和监督。

通过物联网感知发现，自动上报报修，形成由物联网数据驱动的自动派单、自动报警联动管理闭环。智能化服务设施如自带记忆的"刷脸"门禁系统，通过双门互锁、防止尾随，严格把握业主及访客信息，确保通行安全，实现了无人值守、远程监

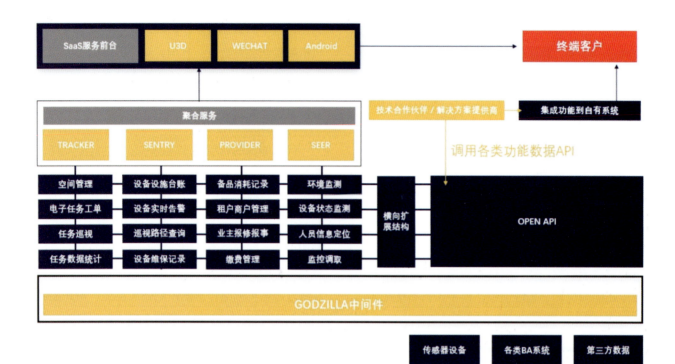

控，而这正是不断升级的科技化物业服务所带来的社区生活的便利与安全。

介谷科技专注于数字化楼宇管理建设、楼宇数据深度分析、优化建筑管理、控制安全风险。2020 年 4 月全新上线的 DBM 智能楼宇管理系统是基于物联网和互联网技术的 Saas 平台，实现以建筑空间为主体，将建筑内人员、设备、租户、环境等信息数据化、可视化。DBM 系统集成 Godzilla（哥斯拉）物联网平台，采集存储分析楼宇内的物联网数据信息，包含泵房压力、机房温湿度、集水井液位、消防系统电压电流强度、电梯电机状态、卫生间水浸、暖风数据、智能电表、人工抄表、蓝牙信标定位等，将数据之间产生关联，以空间、时间纬度进行存储和分析，以 3D 可视化形式还原数据与空间之间的关系，让数据解读形式更创新。形成的产品服务有：设施设备监测系统（Sentry）、任务工单管理系统（Tracker）、安全防范监控系统（Sentinel）、商住户运营系统（Provider）、空间物件管理系统、人员管理系统、租户管理系统。Tacker、Sentry 提供了数字可视化管理、智能报警与工单派发、设施设备智能监测，帮助物业提高了楼宇运维效率；Sentinel 包含的人脸识别门禁、智能视频监控、人员定位提升了物业安全管理，降低楼宇潜在安全风险；Provider 作为商住户用户的服务入口应用，为商户的在线报修、缴费、流程审批办理提供便捷服务。

三、经济价值与社会效益

中国楼宇科技市场处于起步阶段，目前多数楼宇科技只实现了简单的数据记录、读取等功能，但尚未实现物业管理智能化。未来随着物联网技术逐渐成熟，传统的物业将被彻底颠覆。

对于物业服务公司，楼宇科技的核心价值在于节约成本，通过流程自动化可以降低人工成本和优化物业管理。降低人工成本：传统物业人员层次繁杂，职能分配混乱，导致效率低下，且成本较高；楼宇科技可通过在平台上进行集中式人员监管，合理安排人力资源，从而提高效率，降低成本。优化物业管理：楼宇科技可将多方信息接入平台，物业服务公司可更加合理地安排工作计划，匹配供给和需求端，降低重复性工作。此外，楼宇科技还可以支撑能源管理优化、小区安防等。

针对用户，楼宇科技可以提供更加便捷的生活服务，提升问题解决效率。比如快速报修，将损坏的地方通过手机上传到平台，物业人员可以通过设备编号确定损坏设备的型号，并通过平台及时联系维修公司；便捷通行，远程帮助来访的亲友打开门禁；或是智慧停车，导航找车位、自动支付停车费等。

多管齐下抗新冠，众志成城护家园

上海锐翔上房物业管理有限公司

2020年新年伊始，一场突如其来的疫情自湖北武汉迅速蔓延至整个华夏大地，因新型冠状病毒感染引发肺炎的确诊者及疑似病例数以万计。面对疫情，习近平总书记迅速作出了重要指示，要求各地政府把人民的生命安全和身体健康放在第一位，把疫情防控作为头等大事和最重要工作。党中央一声号令，全国各地、各行各业第一时间团结协作、并肩奋战，全力以赴地开展了疫情防控的各项工作。

作为一家从业已28年的专业物业服务企业，上海锐翔上房物业管理有限公司（以下简称：锐翔上房）管理着近170个项目，公司员工及服务于项目的各类专业分包方员工合计近8000人，管理区域覆盖了上海、江苏、浙江、成都等地。区域跨度大、员工数量多，且管理的项目类型有住宅、商住、办公、商铺，人员结构复杂，防疫经验缺乏，形势异常严峻。如何尽快有效地筑起社区防疫的第一道防线，保护业主和员工的健康安全，成了公司决策层面临的一道难题。

疫情在不断蔓延，留给锐翔上房人的时间不多了。1月21日，公司应急管理委员会迅速启动，从组织保障、物资供应、人员调配、措施落实、资金准备等方面明确了疫情防控的工作要求，并紧急下发了《关于做好新型冠状病毒防控工作的紧急通知》，要求公司总部各职能部门及各分公司、区域及项目必须以防疫防控工作为第一要务，落实防控责任，落实防控资源，落实防控措施。

一、落实防控责任

为了确保防疫防控的有效落实及管控，锐翔上房的三级应急处置机构开始了高速运转。由公司总经理室成员、各职能部门总监、各分公司总经理组成的公司应急管理委员会承担防疫防控领导职责，明确防疫工作职责、分工及要求，并负责各分公司应急管理中心的防控支持工作。各分公司本部负责人、各项目专业条线负责人组成的分公司应急管理中心及项目应急工作小组分别承担区域性防疫防控工作领导及支持、防控措施及人员的落实工作。

公司决策层清醒地认识到了此次疫情可能导致的严重后果，明确指出，此次疫情防控是一场严峻的战役，项目就是一线战场，各兵种需要协同作战；各分公司就是各战区，需要协调、指挥、支援各个正面战场；而公司党支部就是总政治部，要从政治高度看待这场战役，做好党员、群众的政治思想工作；公司应急管理委员会就是总参谋部，要为防疫防控各类相关工作提供专业指导和政策支持；公司行政人事部就是总后勤部，要倾全公司之力，必须完成各类应急物资供给保障及人员调配的任务；公司产品设计与推广部就是总宣传部，要做好防控预案、流程的编制、指导及防疫防控事例的宣传工作；财务部要做好公司整体现金流量的控制工作，确保采购资金充足。与此同时，公司党支部也发出了"致公司全体党员的公开信"，要求全体党员、入党积极分子以身作则，服务一线，捐款捐物，做好表率。在危急时刻，公司党政协力，上下齐心，为防疫防控工作夯实了牢固的组织保障。

二、落实防控资源

疫情当前，却正值春节假期，公司的许多员工包括保安、保洁等服务供方的人员已陆续返乡探亲，一线服务人员十分紧缺。另一方面，除了消毒水这种"常规武器"外，医用口罩、医用手套、护目镜、防护服、酒精棉、测温仪、免洗消毒洗手液等物品都是住宅物业日常几乎不涉及的物资，整个公司为零库存。更雪上加霜的是正值春节假期，工厂早已停工、物流也已停运；再加上疫情蔓延，所需要的物资几乎全部受到管控。

此刻，公司行政人事部作为主管部门，第一时间启动了应急采购方案。首先通知各地分公司行政人事部，特殊时期，争分夺秒，不拘泥于公司集中采购流程，发挥各自地域优势，就近寻找货源。同时，联系公司所有的物资供应商，并发动员工通过各种渠道寻找口罩、测温计、消毒水、护目镜、防护服等货源。同时，为了保证防疫一线的人员，要求所有尚未还乡的员工取消休假，返回工作岗位，投入战斗，由公司按照国家相关规定给予补偿。并向保安、保洁等服务供方请求支援，补充缺额。

在这个困难时刻，上海、江苏、浙江、成都各地分公司纷纷紧急行动起来，八仙过海，各显神通。在解决各自物资初步需求的情况下，还不断为公司提供各种物资的采购渠道。

因各分公司项目较多、区域跨度较大，且很多快递公司尚未复工，2月上旬开始，防疫物资的运送碰到了困难。公司总经理室领导、各职能部门总监、分公司本部负责人及公司ESTC精英特训营的学员们主动分担了运送重任。他们开着自己的私家车，后座、后备厢内装满了满满当当的防疫物资，一次又一次地为各个区域、各个项目送去急需的抗疫"弹药"。

同样的，在公司各个项目，从项目经理到基层员工都表现出了非凡的凝聚力及战斗力。在公司、分公司调配、支援的"预备队"上完了，项目经理、主管及党员们顶上去，牢牢守住了一线防疫阵地。

直至目前疫情常态化管理阶段，锐翔上房没有一个项目因为人员短缺导致防疫阵地出现缺口；也没有一个项目因为物资供给中断而发生疫情防线被突破的情况。

三、落实防控措施

疫情期间,公司应急管理委员会不断根据最新的疫情动态、各地政府公布的应急响应级别及陆续出台的防疫工作指引,及时发布公司防疫防控工作要求。而各分公司、项目则将这些要求逐一落实在了实处。

1. 全员动员

各项目服务中心在第一时间响应公司工作要求,召开客服、保安、保洁、工程等各条线全体员工会议,在上情下达的同时,进行全员动员;并明确了各岗位的防控工作职责与要求,筹集准备防疫物资。同时,通过公告栏、业主微信群等渠道及时发布疫情防控信息及温馨提示。

2. 封闭管理

根据各地政府部门要求,各项目严格对小区实施封闭式管理。除小区主出入口外,关闭了其余的车行、人行出入口。对所有业主上门进行排摸、登记,发放通行证,凭证出入并测温、登记;对进入小区的外来人员、外来车辆全部进行核查、测温、登记,并禁止所有快递、外卖进入。有效地阻断了疫情向社区感染的通道。

3. 服务保障

按照各地政府突发公共卫生事件应急预案及公司应急管理委员会要求,各项目每日数次对小区大门、楼道、大堂、地下车库、电梯轿厢、召唤按钮、健身设施、垃圾桶、垃圾厢房等公共区域及人流密集区域进行全面消毒,并做好作业记录。确保无遗漏、无死角。

同时,组织维修人员针对气温低、业主居家人数多等特点,对小区供配电、给排水等系统进行隐患排查,确保不断电、不停水、不堵塞,保证业主日常生活不受影响。

4. 服务关怀

小区实施了封闭管理,快递、外卖无法入内,业主们的生活受到了一定程度的影响。针对这一情况,公司所有项目在属地街道、居委会、业委会的支持下,设立了快递临时集散点,由专人定时对快递外包装进行消毒,并逐一派送至业主家门口。

同时,在疫情中,锐翔上房有不少小区发现了疑似病例,还有更多的业主在居家隔离。为隔离楼道重点消毒、为隔离人员投送食品和物资,以及有着较高传染风险的隔离户生活垃圾收集工作也落到了物业员工的肩上。针对这种情况,公司每个小区都会指定专人,穿戴全套防护用具操作,事后严格进行全身消毒。在确保员工自身安全的前提下,为业主解决生活必需。

5. 自我防护

为确保员工的健康安全,做到无战斗减员,公司从疫情开始便根据疫情特点及职业健康安全管理要求,对员工的个人防护工作作了具体布置。返乡人员需自我隔离14天后方可返回工作岗位;当班人员每天需2次测温并登记、公示,使业主安心;当班人员配备口罩、手套、免洗洗手液,消杀及垃圾收集人员还需配备护目镜、防护服、胶鞋等防护用具。在公司这种不计成本,以员工安全为要务的指导思想下,公司创造了服务于锐翔上房的近8000名员工无一人被感染,零战损的骄人战绩。

6. 防疫宣传

疫情期间,公司不断编制疫情防控温馨提示、个人卫生注意事项等小贴士,通过业主微信群、公告栏等方式向业主宣传防疫防控措施的重要性及必要性,降低业主的感染风险。同时,公司产品设计与推广部每日在微信公众号上发送各分公司、项目在防控工作中涌现的先进事迹及创新措施,在公司各项目信息共享的同时,也让业主切身感受到了锐翔上房人的勇敢、坚定和付出。

多管齐下,众志成城。在全体锐翔上房人的共同努力下,在各地政府部门的支持下,在全体业主的配合下,锐翔上房的防疫防控工作取得了阶段性的胜利。上海市政府主要领导多次视察我司所辖小区,对我司在此次疫情防控中的表现给予了高度的肯定。解放日报、光明日报、劳动报、新民晚报、澎湃新闻、新闻晨报等主流媒体也纷纷对我司所辖项目的疫情防控工作情况进行了报道。而广大业主也被物业员工这种舍身忘我、不畏艰险的精神所感动,自发地捐赠了大量的防疫物资和慰问品,也让我们体会到了社区这个大家庭的温暖。而我们的付出,业主都看在眼里,记在心里。在今年6月份公司委托专业第三方机构进行的顾客满意度测评中,公司的顾客总体满意度指数获得了93.91的高分,较去年同期上升了9.63%。

抗击疫情的工作其实只是锐翔上房遵循并践行

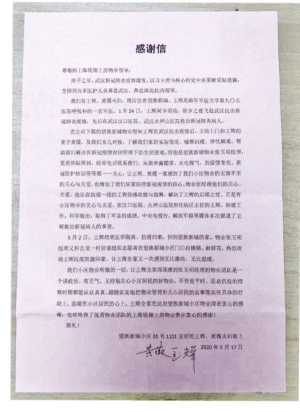

企业社会责任的一个缩影。作为上海管理规模最大的本土化住宅物业专业服务企业,锐翔上房始终秉承"用心做好每件事"的服务理念,锐翔上房人也秉承和恪守良好的职业情操,为业主、为社区提供质价相符的物业管理服务。

身为物业管理行业的一员,锐翔上房人虽然没有受过专业的医护培训,也没有专业的防护设施。但是,他们义无反顾地站在了社区防控的最前沿,甘做一片绿叶。没有豪言壮语,没有躲避退缩,他们守土有责,守土尽责!

新冠疫情中智慧平台在医院后勤物业服务中的高效运用

上海复医天健医疗服务产业股份有限公司

一、平台介绍

2020年初新冠疫情发生，医院后勤物业服务面临着巨大的挑战。作为医疗服务的重要环节，传统的医院后勤管理存在诸多弊端，如后勤外包监管不到位、信息化程度较弱，拖慢智慧医院建设发展步伐、传统管理效率低下、业务数据存在信息孤岛，缺少先进的科学算法，缺乏有效利用。2017年国家卫生计生委办公厅制定的《医院信息化建设应用技术指引（2017年版）（试行）》中"78.物资管理""79.固定资产管理"章节中均指出医院后勤管理的信息化建设标准及指导准则，为医院后勤信息发展提供了理论和政策支持。

"云医管"是复医天健公司自主研发，专门为医院后勤管理定制的实时、高效协同的智慧平台，公司享有数十项专利和软件著作权。借力"互联网＋"等科学技术，在传统医院后勤管理业务的基础上结合自身资源和平台优势，有效地将医院内分散、孤立的后勤信息汇总处理，形成闭环式的信息管理链。科学地从医院安全、效率和经济三大维度着手，涵盖了医院资产管理、设备台账、材料物资、巡检报修、勤卫保洁、物流运送、能源管理、餐饮管理等"大后勤"环节，实现了将"计划—过程—反馈"改进为"服务—管理—保障"的一体化后勤管理过程。从而提高医院运营效益，提升医院后勤服务水平，同时为医院决策者提供数据支撑。

二、平台应用

在此次疫情中，我司担负着数十家新冠定点收治医院和设有发热门诊和新冠疑似病人隔离医院的抗疫防疫工作。医院后勤服务人员与医护人员并肩作战，同样面临高传染风险和人手调配严重不足的情况。"云医管"一站式后勤智慧平台，以精细化管理为结果导向，助力疫情期间医院的保障工作。

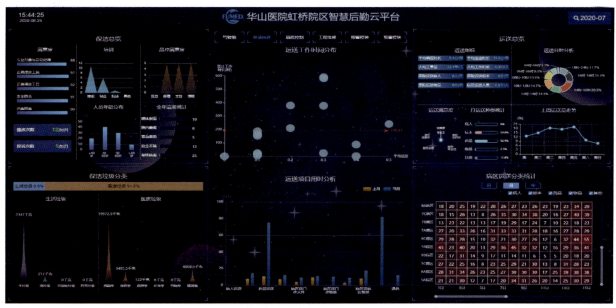

复旦大学附属华山医院虹桥院区项目云医管平台

通过保障维修、运送、订餐、保洁等智能化调度系统，简化医护人员任务流程的同时，也减少了后勤服务人员在多病区穿梭，高效地实现任务的配发和多工种的融合，减少了人员的接触，实现了后勤信息的高效共享互通。既提高了效率，又减少了员工感染病毒的风险，为建设和保障医院安全的治疗环境发挥了至关重要的作用。

（一）云医管项目平台

"云医管"是集满意度、质量控制、安全检查、餐饮接单、工程接报修、数据统计及其他后勤业务为一体的综合性的管理平台。围绕后勤管理的各个核心业务，构建多个模块，从各业务条线出发，设定主体框架，对后勤管理中无法量化、标准化的工作和管理进行跟踪及分析提炼，解决后勤管理的痛点、难点，提升后勤工作效率。从宏观趋势把握到微观细节追踪，以信息化手段，精准的数据采集结合先进的数据算法，提升业务处理能力，实现后勤服务可视化，真正做到对医院后勤的精细化管理，全面提升疫情期间后勤管理的综合保障能力。

当医务人员在为抗疫工作不懈努力的时候，医院消杀及院感防控均是疫情防控的关键。项目管理者将疫情防控任务工作纳入日常管理和工作的一部分，制定安全防疫规范及计划，各业务条线、各部门员工通过移动手机APP定期定时执行疫情防控任务，大数据平台实时反馈疫情防控执行状态。各业务条线的负责人严格落实疫情防控检查，从制度和信息化上跟进落实执行和追踪防疫工作。

管理者通过对云医管平台的各项业务的不同维度统计，对比运送工单、医废垃圾等各项数据，得出疫情期间的员工实际工单执行情况。在此基础上分析病人运送、标本运送等工单数据与门急诊和住院量之间的关系，通过业务联动做出决策及预警，建立疫情防控工作的框架和流程，有效地监测门诊人流量，及时调配各条线人员配置满足医疗临床需要，监测后勤疫情防控工作是否合乎标准。云医管为项目管理者提供数字化、全面化的业务服务框架，提示管理者关注分项业务，督促任务执行。通过今日任务提醒，追踪具体任务、工单，确保高质高效地完成疫情防控的各项任务，为管理者在防疫工作中做出正确决策提供依据。

（二）保洁模块

保洁管理在服务区域内保洁业务量化分析后，在重点位置布 RFID 电子标签，服务及管理人员通过智能手机、PDA 等设备，自动识别工作区域和服务内容，按时间、空间、频次的计划要求完成日常保洁工作。疫情期间，更是取代了传统手工签到等工作方式，通过无感扫描、信息记录、数据监测等方式，最大限度地减少感染风险。

（三）运送模块

疫情期间，院内运送中心从工作完成量、工作及时性、有效性和客户满意度等维度考核运送员工的工作情况。对运送工单的用时分析和区域运送量走势进行分析，进行任务流程梳理、人员合理调配，量化运送的工作。通过对病人运送、药品运送等业务的平均用时分析，持续监管，灵活机动的调派员工。实现运送人员调控的高度配合，保障药品、标本等物资的及时送达，助力和配合了医疗临床工作的高效、有序运行。

（四）维修模块

云医管平台的工程维修模块，从工程概览切入，将疫情期间工程维保任务进行分解，形成计划排程，平台实时显示维保计划和执行情况，真正做到计划有执行，执行有结果有反馈。直观的数据，监测员

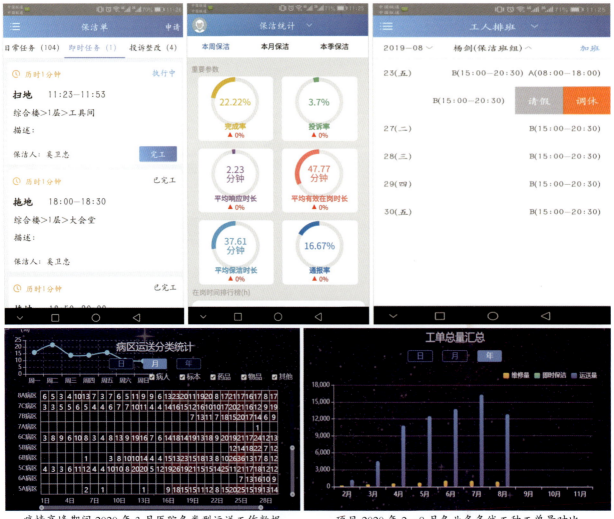

疫情高峰期间 2020 年 3 月医院各类型运送工作数据　　　　项目 2020 年 2—8 月各业务条线工种工单量对比

扫码接报修、平台分配派单、数据后台汇总

工主观服务的能动性，减少了人员面对面的沟通接触，极大减少了疫情的传播机会。平台以数据形式评估员工维修质量、效率、专业技能，跟进巡检异常情况，分析异常原因，排查隐患，确保设备安全运行。此外，管理者通过平台展示的疫情期间物资使用趋势，实现对仓库的动态管理，全面管理设施设备的全生命周期和耗材物资的使用情况，保障物资正常供应。

（五）餐饮模块

疫情期间，巨大的防控压力，医护突增的工作量，对于医院食堂集中就餐提出了更大的挑战。云医管餐饮模块运用移动互联网技术、O2O线上线下结合的运营模式，依托手机APP应用、微信公众号、医家卡、智能POS机等联合打造移动餐饮服务平台，通过线上预定、线下堂吃、送餐上门等服务，极大方便医护人员排队就餐、集中就餐的问题，提高就餐满意度。除此之外，医家卡还可实现院内便利店、超市、水果店线下线上消费一卡通服务。

（六）综合管理模块

在疫情面前，明晰简洁的智慧后勤体系实现了

餐饮系统流程

条线至部门的一系列分散的业务归整提炼，提升条线工作效率。从满意度、培训和质控入手，多维度进行测评，及时发现问题投诉并整改，提升医患满意度。我们坚守高要求、严标准的服务理念。对各业务条线的满意度进行分析及梳理，将品质细节落到实处。

云医管平台的驾驶舱模块从后勤管理的宏观维度，关注医院的整体后勤管理和运维状况。疫情期间，项目管理者与服务客户之间虽未能实现高频的面对面交流，但通过使用平台的满意度模块功能，对项目各业务条线进行满意度测评，了解甲方在疫情期间对项目的整体服务的满意度情况，实现有效信息传达，有助于项目监管自身服务质量，发现不足和并针对不足做出改进。

面对疫情，安全生产是底线，项目坚守安全生产的原则，严格制定安全生产的计划并落实执行，完成全院防疫工作的各项安全检查、安全培训和隐患排查，记录现场安全检查执行进度及防控完成情况，落实项目安全生产。疫情期间，现场管理的质量执行情况直观地展现在大数据平台上，疫情防控执行状态一目了然。平台质控问题分析模块，展示问题归属类型，助于管理者进行针对性的改善，疫情防控落实责任到人。

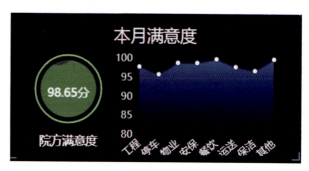

复旦大学附属华山医院虹桥院区项目疫情期间
2020 年 3 月满意度数据

2020 年新冠疫情给医院物业服务带来了巨大的挑战和压力，"云医管"智慧平台在医院后勤的运用很大程度上推进了防控工作的执行。复医天健构建医院智慧后勤管理体系，以一站式平台的运营理念，通过数据推进管理，抓取业务运行规律，进行流程再造，调配人力资源，优化人员安排，管控人员成本，牢抓工作质量，提升客户满意度，响应安全生产理念，实现了有效监管，有力地保障了所有服务的医院后勤项目在疫情期间稳固运营，交上了从 2020 年 1 月至今全国百余个项目万余名员工"0"感染的满意答卷。

永绿管理体系改革中的人才战略

上海永绿置业有限公司

现代企业之间的竞争普遍围绕着各种资源展开,包括早期的土地、原材料,中期的资金、市场,后期的品牌,到现在的人才和团队,因而人力资源的竞争作用显现得越来越重要。由于物业管理行业中经常存在员工专业素质不高、人员流动性大等特点,对不少物业公司来说,人才一直是制约其快速发展的瓶颈,谁能更早更快更好地解决人才问题,谁才有可能在今后愈加激烈的物业市场竞争中获得优势。面对这样的市场环境和人才现状,自2019年起,永绿开始管理体系改革,永绿人力资源部进行了组织架构重建和人员重组,功能从执行层面的人事工作转变到管理层面的人力资源工作,并将人才的"选用育留"提高到战略层面来管理和推进,实现"知识化年轻化"的人才战略。

一、永绿外部人才招聘

永绿按照人力资源部优化、社会招聘和校园招聘三步走来全方面提高招聘的力度。

首先，永绿进行人力资源专业能力的全面调整和提升，对西北、中原、江苏、上海、浙江和广东的六大区域的人力资源负责人进行能力和价值观的评估，调整了过半的人力资源负责人，并展开人力资源系列专业课程的培训，从流程上和用人标准上进行规范，在理念和方法上达到选人用人的统一。

其次，制定了更严格的社会招聘筛选机制和更高的人才录用条件。拓宽了招聘渠道，把关学历标准，提高用人的门槛，用高简历量，低通过率的模式来提高整体新人的专业水平。在最近一年里，总部公司人力资源面试通过率仅为6%，在1000多场面试中，共录用43人，新入职永绿的员工中，本科以上学历的人员比例达到95%，硕士以上学历人员比例达到45%，不仅整体上提高公司的专业能力和加强公司人才力量，同时也通过引入较大规模的外部人才，在组织内部产生"鲶鱼效应"，达到促进老员工的活力和创造力的效果。

最后，在校园招聘方面，制定了详细的校园招聘方案和管培生培养计划，前往北京、上海、安徽等地区15家高校进行校园招聘，共计收集近2000份应届生简历，发出17份offer，通过人才不断输血，为解决公司无后备军可用，建设战略性人力梯队打下基础。

二、永绿内部人才选拔

永绿通过全员绩效和管理人员定期述职，对员工在工作业绩、工作能力和价值观等方面进行考核，在员工内部选拔优秀的管理人才。

首先，推行全员绩效，经过绩效工作组开展了为期3个月的绩效调研，调研7个城市21个项目，进行了164场中高级管理人员的访谈后，最终制定各层级所有岗位的绩效方案、岗位说明书和部分关键岗位的胜任力模型，经过面向各分公司HR、总公司员工及上海区域管理人员进行针对性的绩效培训，全面落地和实施全员绩效管理，区分优秀和落后的员工，为公司治理中优秀的员工的升职加薪，落后员工的淘汰再培训提供客观依据。

再次，建立述职制度，包括业务骨干和职能条线述职，其中项目经理，分公司经理和区域总经理为主的业务骨干述职对公司管理工作尤为重要，述职对象直接面向公司董事长，既提高了中高层人员的责任意识，给各管理干部展现业绩，同台学习交流的机会，又为领导深入了解公司业务，分析干部综合能力提供了平台。

最后，逐步推广竞聘上岗的选拔方式，通过岗位竞聘方式给优秀的员工更多的展现机会，提高人员选拔的公正性和透明性，同时也为员工职业生涯发展创造条件。

三、永绿的人才培育

永绿重视培训体系的搭建和完善，通过支持管理干部再教育和加强培训力度双管齐下来提高公司员工的综合素质和专业水平。

首先，在管理干部再教育方面，由于过去进入物业管理行业的员工文化水平不够高，而部分优秀的老员工也慢慢从执行层脱颖而出，逐渐进入管理层，学识不足带给他们的限制越来越明显，为了整体提高这部分管理人员的综合素质和管理水平，公

司进行更多的鼓励宣传,并提供大量的资金支持。

其次,在加强培训力度方面,通过线下培训结合线上的方式,制定了较为完善的培训体系,特别是对入职培训流程和内容的标准化,岗位工作技能培训深入化和职业素养培训全面化来推进培训工作的开展。由于基层业务岗位的职业操作技能与公司业务运行、客户对公司的满意度有密切的相关性,永绿总公司培训工作组在区域、分公司和项目层面的培训计划的制定,培训全流程工作的记录和培训考核的评估等多方面进行参与和监督,保证业务层面培训效果的达成。

四、永绿的人才留用

物业管理行业是人员流动性较大的一个行业,如何留住优秀人才并有效使用,是当今很多物业公司面临的共同问题。除了保证薪资和福利待遇的吸引力之外,不断优化制度流程,提高企业文化认可度也是不可或缺的因素。

在优化制度流程方面,重新编写和统一工作表单、制度和流程,发布员工手册,梳理员工档案,保证工作过程中遇到的问题都能有规范可依、高效且顺畅地完成流程的推进。

在企业文化建设方面,很大程度上企业文化的存在是弥补公司规章制度体系上解决不了的问题,特别是管理上的问题,达到聚心聚力聚未来的目的。为此公司成立了专门的企业文化工作组,致力于在实践和学习中提炼并深化公司的使命、愿景和理念,落实公司文化感官与视觉的应用,积极推广企业文化主题活动,让公司文化更加具象化和深入人心。

未来永绿将把科学管理和人文关怀相结合,做好人才"选用育留",全面落实"知识化年轻化"的人才战略,为公司和组织的发展提供长期的动力和创造力,从而推动永绿内部变革和管理提升。

浅谈细节管理在德律风安全文化建设中的作用

上海德律风置业有限公司

2016年初，上海德律风置业有限公司（以下简称：德律风公司）领导提出种好"安全责任树"，创建安全生产标准化企业的安全管理理念。通过4年多来的积极探索和有效实践，德律风"126"安全工程系统架构初步形成，一个标准（企业安全生产标准化基本规范）、两大机制（安全风险管控、隐患排查治理）和六项举措已融入各级安全管理工作中。本文通过对六项举措的总结和思考，旨在激励全员全过程自觉参与企业安全文化建设，固化公司安全标准，提升全员安全素养，筑牢安全服务根基，促进企业健康发展。

众所周知，企业的安全生产贯穿于企业生产、经营的全过程。长期来，上海德律风置业有限公司始终把安全生产工作作为企业发展的永恒主题。

德律风公司是本市物业管理行业综合排名前列的国有企业，公司服务区域内包括中国通信运营商上海、内蒙古、贵州、青岛信息园区等通信枢纽和上海市公安局刑侦总队、国家计算机安全中心上海分中心、浦东机场能源中心、轨道交通1号线和5号线相关车站、"四大"纪念馆、虹口图书馆、天宝养老院等重要单位。公司承担着管辖范围内大量设施设备的安全运行管理、工程施工和维护保养等工作，包括电梯、锅炉、压力容器、起重机械、高低压配电设备、柴油发电机、中央空调系统、消防设施（含气体灭火系统）和技防设施等，可谓安全责任重、风险大。

信息园区高配室

能源中心燃气燃油蒸汽锅炉

项目部消防泵

从上述数据和设备种类可以看出，随着公司生产、经营规模的不断扩大，安全生产的风险也在同步增大。德律风公司安全管理的重点在于设备设施运

行安全和从业人员作业安全，如果对设施设备的安全特性认识不足，如果对从业人员的安全教育、管理不到位，就易发生安全生产事故，甚至造成人员伤亡。公司领导反复强调要抓好安全生产的细节管理和执行力问题。作为安全管理人员，我认为只有认真抓好以下六方面的细节管理，才能构建好企业的安全文化，从而确保企业安全生产处于可控和在控。

一、安全责任落实到每一个细节

安全生产责任制的落实注重横向到边、纵向到底，这就要求公司上下要种好"安全责任树"。各级领导落实好各自的主体责任，做到"党政同责、一岗双责、失职追责"，项目部、楼宇、班组全员参与，做到上下一盘棋。面对点多、面广、管理幅度大、安全风险多等特点，公司各级通过建立全覆盖的安全管理网络和层层签订安全责任书、承诺书等形式，明确了每个员工的安全职责；通过一级抓一级、一级对一级负责等行动，形成了安全重担大家挑、安全风险大家担、安全指标人人扛的局面，确保了企业安全生产管理目标和考核指标的顺利完成。公司能够连续数年获得"安康杯"（上海赛区）先进单位和安全生产先进单位的荣誉，离不开全体员工的共同努力，也得益于德律风良好的企业安全文化氛围。

今后我们会承接更多的大型综合楼宇项目，设备设施安全管理的难度将进一步增大，我认为只有公司每个员工都行动起来，承担起各自的责任，才能将安全风险降到最低。

二、严格管理落实到每一个行为

抓安全管理必须在"严"、"细"、"实"上下功夫，形成态度严谨、落实严格、奖罚严明的工作作风。德律风公司除了要求各级严格执行QEO标准、《企业安全生产标准化基本规范》和相关安全制度外，还在信息园区的浦东分公司和运营部分公司推行了《设备房操作票》制度：规定凡非公司员工进入物业管辖的高低配电室、柴油发电机房、中控室、空调机房等设备房进行安装、施工、维修、保养和检测的单位，必须填写《设备房操作票》，并由分公司相关人员对其进行严格、细致的监管，确保了设备和人身的安全。

德律风公司管辖的重点设备非常多，如果公司操作人员、维修人员或者维保单位人员操作不当，任何一样设备都可能引发安全事故，其后果将不堪设想。因此严格抓好每一位操作、维修人员的细节管理是非常重要的。

三、风险管控落实到每一个项目

无论我们管辖一个楼宇，还是承接一个项目或承担一项任务，我们必须要对其潜在的安全风险进行辨识、评估，并将评估结果作为采取措施的依据。近年来，为了全面贯彻习近平总书记提出的"坚守生命红线，加强安全风险管控，建立双重预防性工作机制，推动安全生产工作关口前移"的指示精神，公司于2018年6月，将作业现场安全风险点排查作为一项重点工作来抓，要求各分公司以全方位的视角，加强安全风险点的辨识和排查，因地制宜采

取有效措施，加强风险管控，落实隐患整改，杜绝安全事故。

（一）开展作业现场安全风险点排查

1. 要求各分公司对各自管理范围内的安全风险点进行有效辨识、排查，排查范围包括建构筑物及配套设施、各类设备、作业器具等；

2. 发现作业环境、作业区域、作业设备存在直接危及人身安全的重大风险点必须采取合理的防范措施和整改措施，逐项对作业实施人员进行书面告知和警示。

（二）建立安全风险点清单，加强风险管控

1. 分公司建立清单目录，采取相关措施。包括：一是禁止作业；二是张贴安全风险告知书；三是加强日常巡查并记录；四是作业前对作业人员进行安全交底，并告知作业安全注意事项，签字确认；五是设置安全标志线，禁止无关人员靠近；六是双人作业，一人操作，一人监护；七是操作人员采取安全防护措施（戴安全帽、穿防滑鞋、系安全带等）。

2. 对于新辨识的安全风险点，也要求各单位纳入清单目录中，采取相关管控措施，做好风险识别、安全告知、标识提醒、警戒设置等工作，确保作业安全。

在维修保养和工程施工过程中，我们采取切实有效的安全措施（断电作业、双岗操作、专人监护、绝缘工具、保险装置、工毕检查等）来确保作业的过程安全和结果安全。此外，对于可能引发火灾、触电等危害的特殊危险性生产作业，我们也会预先建立完善、可靠的安全防护系统，以避免设备和人身伤亡事故的发生。

四、排查整改落实到每一个隐患

安全管理中重要的内容之一就是开展安全检查（包括综合安全检查和专项隐患排查），这也是公司两大安全机制中的另一项重要内容。近年来，我们通过交叉排查、专业排查、定点排查等形式，不断提升发现隐患、治理隐患的能力，不断推进安全生产标准化建设，确保企业安全发展。

综合安全检查和安全隐患排查的关键是抓好落实、及时整改、确保闭环。德律风公司所辖的设备设施非常多，我们各级重点检查设备的安全运行状况和人员安全操作规范行为，我们始终认定这样的目标：对于每一个安全隐患，力争能做到不放过，并确保整改能够闭环。

（一）综合安全检查

1. 制定安全检查计划

我们根据《安全生产法》《消防法》《内保条例》等法律、法规和业主的相关要求，并结合企业的特点，在前一年的年底制定年度公司安全检查计划（初稿），在年初进行完善，并通过安职委会或办公会等形式进行审核通过。安全计划包括了安全生产、治安保卫和消防等内容，重点为节日检查、重大活动和重要工作期间检查、季节性检查（防冻保暖、防暑降温、防汛防台等）、专项检查（安全生产隐患排查、电气安全检查、消防安全检查、公车安全检查、职工代表巡查等）。

2. 重点检查及时安排

对于涉及重点检查和专项检查等，我们除了转发上级的要求外，还及时下达相关通知和检查安排：成立由安管部和相关分公司安全分管领导、安全员组成的若干检查组，明确负责人，一般采取交叉检

查形式。对参加人员、被查单位和检查重点进行明确，要求各单位做好自查工作，及时落实隐患整改。

3. 扎实开展安全检查

我们按照上级和业主的要求，结合公司管理特点，开展形式多样的安全检查活动，做到"四必查、四覆盖"，即："四大节日"必查（重点检查出入管理制度执行情况，以及中控室、消防安全、电气安全和节日值班安排等），覆盖所有贯标点；重大活动期间必查（如十九大、新中国成立70周年、进博会期间重点检查保障行为清单执行情况等），覆盖重点楼宇（业主公司重点目标单位和上级单位重点楼宇）；项目管理点现场必查（检查各类涉及安全的台账、资料和人员证照、劳防用品等），覆盖全部中控室（安防平台：视频轮巡检查）；公车必查（一年两次），覆盖所有停放点，取得较好的效果，确保了一方平安。

4. 严格落实问题整改

对于检查出的问题，检查组及时提出整改要求，由相关单位落实整改。对于一般问题，会进行现场指导，并要求及时落实整改；对于因管理不到位而重复发生或者比较严重的问题，会要求相关单位书面上报整改报告，在年度考核中按相关办法实施考核。

（二）安全隐患排查

1. 编制隐患排查方案，建立长效治理机制

2016年起，我们每年都会邀请安全生产专家，对相关拟被查现场开展安全生产事故隐患排查专项活动，我们对标《企业安全生产标准化基本规范》要素八（隐患排查和治理）的要求，制订了《隐患排查治理管理制度》，编制了《隐患排查工作方案》，建立隐患排查的长效治理机制：一是对事故隐患的含义、分类和隐患排查的概念进行了明确；二是对公司主管领导、分管领导、安全管理部、安全生产管理人员、各单位（部门）和员工的职责进行了明确；三是对管理的内容（排查范围，排查人员，隐患登记建档，排查形式、周期和等级，隐患排查方案，隐患排查报告，隐患治理方案，隐患整改及验收等）进行了明确，为深化安全生产标准化打下基础。

2. 开展项目经理质询，提升骨干综合素质

为配合开展隐患排查活动，公司每年对项目部经理和管理点负责人开展安全质询活动，质询的重点为安全生产标准化的相关内容和要求。

通过安全质询，强化了项目经理的安全主体责任意识，提升隐患排查水平，提升风险防范能力，提升安全管理水平。

3. 开展现场隐患排查，推进班组安标建设

为建立安全生产事故隐患排查治理长效机制，强化安全生产主体责任，加强事故隐患监督管理，防止和减少事故，保障企业及员工安全，公司根据《隐患排查工作方案》，于每年6—11月，开展了安全生产隐患排查治理活动。排查现场包括相关综合性大楼、通信运营商机务楼及其信息园区和其他重点单位等，排查重点包括电气设备、消防设施、特种作业、施工安全、有限空间、高处作业、餐饮作业、劳动保护、职业卫生等存在的安全隐患，每年基本检查8～12个管理点。

公司邀请相关专家至现场开展隐患排查工作。相关分公司分管领导、安全员、项目经理和安保督导参加学习、观摩，对排查出的隐患和问题，按照《隐患汇总登记台账》进行统计，由相关分公司确定时间，落实整改，上报公司安管部，由安管部落实督查。涉及业主的问题，通过有效形式报给业主，以规避公司的风险。

通过开展隐患排查，通过专家现场言传身教，参加人员受益匪浅，知晓了隐患排查的重点内容（查什么？），熟悉了排查的方法（如何查？），掌握了后续闭环的要点（检查好后怎么办？），也初步了解了相关电气安全的常识，提升了各级安全管理人员、设备维护人员、操作人员发现隐患的能力，提高了班组安全生产标准化水平，取得了明显的效果。

五、教育培训落实到每一个环节

要实现安全生产无事故，关键因素是人，而提高员工素质是核心。要提高员工素质就需要公司建立长效的工作目标和培训机制，开展形式多样且有实效的安全教育培训活动。如公司每年都开展各种技能培训、安全知识竞赛、司情安全教育考试、各类应急演练等，由此增强员工的安全意识，提高业务技能，夯实安全基础。

德律风公司已连续十二年开展了"能工巧匠"技术练兵活动，涉及项目经理、安全管理员、高配工、维修工、空调工、中控室值守人员等骨干，做到"干什么、学什么、比什么"，突出现场的实际动手能力，并与平时工作表现和解决实际问题能力一起作为薪酬考核的依据，激励了员工的工作积极性。

在近几年的"安全生产月"中，德律风公司组织相关单位，制作安全微课课件，我们集中了各分公司的技术骨干，编写符合安全规范操作的内容作为剧本，通过实地拍摄、录音以及后期剪辑，完成了安全微课的制作。近5年我们有超过10个课件，作为上海通服公司的必修或选修课件，挂在相关培训网上供员工学习，既克服了培训教材文字表述不易理解的弊端，又解决相关人员不易集中的问题，收到明显的效果。

六、安全理念落实到每一位员工

每个企业应该都有自己的安全文化和安全理念，德律风公司通过各种形式，将安全文化和安全理念灌输于每个员工的头脑中，使之成为行为安全的指南。我们通过微信公众号、德律风专刊、信息、通报、每月班组安全学习资料和宣传栏等途径，宣传企业安全文化和安全理念，登载安全知识和相关常识文章，强化宣传效果。我们还通过"安康杯"活动，开展全员安全教育、班组安全专项活动、安全合理化建议、"安全隐患随手拍"等，强化员工的企业归属感和安全责任感，逐步形成"人人讲安全、事事讲安全、时时讲安全"的氛围，使广大员工逐步实现从"要我安全"到"我要安全和我会安全"的思想跨越，并进一步提升到"我能安全"的境界。

细节落实到具体管理工作中，其实就是过程制度化的具体表现。而管理部分中涵盖的计划制定、组织实施和绩效考核即组成了完整的执行力部分，细节说到底是执行力的问题，执行力就是系统是否规范和合理，人员素质和理解能力是否合拍的结果。如果没有执行力，细节管理也就无从谈起。

上海公众物业服务企业党建创新的先行者

上海明华物业服务有限公司

上海明华物业服务有限公司（以下简称：明华物业）是1992年成立的国有转制民营企业。主营展览、演艺、体育等场馆、商办楼宇、高等院校、轨道交通和园林等业态，是上海"公众物业"管理服务的创始企业。企业总资产7亿多元。2019年营业额总收入11亿元。目前，企业在管89个项目，总面积1840万平方米，现有员工5000多人。

公司历经28年发展历程，深刻体会到：民营企业的生存发展，离不开党的路线方针政策的指引，离不开各级党和政府的关怀帮助，离不开企业党建工作的有力保障。28年来，公司党委认真学习贯彻中央和市委关于加强非公有制企业党建工作的有关精神，努力探索民营企业党建新路子，在创新党建工作全覆盖的基础上，坚持把服务型党组织与学习型、创新型党组织紧密结合，以"服务改革，服务发展，服务民生，服务群众，服务党员"为主线，助推企业转型升级，积极营造健康、快乐和谐的企业文化。通过坚持抓队伍，强素质，有力有效地促进了企业经济和社会效益的快速发展。2005年至今，连续6次被评为上海市文明单位，是上海市物业服务五星级企业，上海民营服务百强企

业。公司党委先后被原市社会工作党委评为上海首批"非公有制企业党建工作阵地建设示范窗口"、被市建设交通工作党委评为"上海市建设交通系统基层服务型党组织"建设先锋示范点，是上海首家荣获"全球卓越绩效行业领先奖"的物业服务企业，也是本市独家获"公众物业管理服务——服务品牌"的物业服务认证企业。

一、创新"两个覆盖"，坚持把党组织建在项目上

在企业多年改革发展的实践中，公司党委始终坚持"三变三不变"的原则，在创新中探索民营企业党建的新路。虽然企业体制变了，党组织的地位始终不变；企业经营模式变了，党的信念始终不变；企业身份变了，党员的责任始终不变。服务管理项目拓展到哪里，党组织就建到哪里。公司从在管项目到各专业班组，都建立了党的组织，使党的组织网络延伸项目第一线，覆盖到物业服务管理的最前沿。目前，公司共有15个党支部，133名党员。有健全的工会和团支部组织，并坚持按照各自的章程组织开展各种活动，使公司党政工团的组织建设做到了全覆盖。

公司经过近三十年发展，项目分布全市各区乃至兄弟省市，点多面广，平时开展活动不易集中。公司党委充分利用现代信息化技术，在公司局域网上开设"公共交换平台"，及时通报党、工团组织的重要精神、公司重要活动，传递相关信息。使广大党员和企业员工及时了解公司改革发展的情况。每个党员和员工都可以在这个平台上发表意见，交流学习体会和思想观念。同时，公司党委还在公司网站设立"领导信箱"，为员工对企业改革发展献计献策提供平台。在网页上设立"党的建设专栏"和"知心小屋"，让党员和入党积极分子以及员工有困惑可以从这里及时得到党组织的关怀和帮助。另外，公司党委还建立了党员学习活动室和党建宣传教育画廊，使企业党建工作氛围搞得浓浓的，党建工作的阵地建设得到了有力加强。

二、创新教育管理，坚持做实企业党建工作

公司党委深刻认识到：要使广大党员"不忘初心，牢记使命"，充分发挥模范作用，必须在日常学习、工作和生活中，坚持不懈地加强学习教育和管理，使党员的思想始终保持先进性，整个党员队伍的整体素质不断提高。为了确保党员学习教育的质量和效果，在开展"党员先进性教育""两学一做学习教育"、爱国主义教育活动、"学习革命先烈事迹参观"等活动中，在教育方法上，积极倡导"一点二结合四服务"的方法，即：始终以企业发展为着眼点，把学习教育与党组织的工作目标、企业发展目标和企业日常管理相结合，要求党员主动服务业主、服务群众、服务社会；在党员管理上，根据公司服务管理的项目数量多、区域分散等特点，积极探索"二维纵横分组"法。即：根据项目服务的特性将党员纵向分成专业党支部、按照项目的地域特点将党员横向分成各区域党支部，定期开展党内学习培训，安排党员活动，使党组织生活保持经常性、有序性和实效性；在党员活动的方式上，积极采取"四结合四为主"的方法，即：集中与分散相结合，以分散活动为主；工作时间与业余时间相结合，以业余时间为主；工作会议与主题活动相结合，以主题活动为主；政治学习与业务培训相结合，以提高综合素质为主，使党的活动既突出时代特征，又体现与时俱进的先进性，有效避免了"有组织无活动、有活动无效果"的现象。

三、创新政治引领，坚持发挥每个党员的先锋模范作用

公司党委积极参与企业的决策管理，发挥好"智

囊"的作用，努力为企业形成正确合理的决策提供保障。党委积极教育引导党员个体作用的发挥，要求党员以个体形象来塑造企业的整体形象，通过发挥党员群体的骨干带动作用，带领全体员工努力完成公司的既定目标。

1. 当好"引航员"。凡在明华物业的重大项目中的党员干部都能身先士卒，率先示范，表现出了很强的事业心和责任心，成功地演绎了党员和干部的双重角色。如在上海科技馆、虹桥枢纽等项目招投标中，公司的许多党员干部和管理人员，为编写一套套独特而富有创意的管理方案，率领"物业管理投标工作小组"，经过持续奋战，甚至不眠不休，终于战胜多家竞争对手，最终一个个项目夺标。正是这群热爱企业、忠诚企业的党员干部，他们团结奋斗，引领着一批人，在他们的影响下，积极向上的明华团队，攻克了一个又一个"堡垒"。

2. 当好"疏导员"。明华物业定位"公众物业"，管理内涵各不相同，多年来，公司先后参与了许多对上海乃至国家都非常重要的保障任务，比如：上海 F1 赛事，是新中国成立以来参与者最多的一项体育盛事，每次历时 3 天的比赛，观众超过 30 万，参赛人员和赛事工作人员超过 2 万。比如：举世瞩目的中国上海世博会开幕，中国馆是世博园区最热门的场馆之一，每天大约有 12 万～ 16 万人次来自全世界各地的游客前来参观。F1 赛事和世博会服务保障的难度之高、带来的压力之大是超乎想象。工作紧张到每人每天只能睡三四小时，每天在烈日下要走上十几公里，晒黑了脸，熬红了眼，磨破了鞋，还要承受各种应该和不应该的批评。体力、脑力和忍耐力都超越了常人所能忍受的极限，委屈、抱怨、灰心渐渐多了，因为焦虑大家都有些情绪，甚至有的想到了放弃。在关键时刻，党委一班人发挥"心灵疏导员"的作用，引领每个党员在各自岗位上成为一盏灯、一扇窗、一面旗。F1 赛事和中国馆没有出现过一起重大人员伤害事故，没有一起重大责任事故，设施设备零故障，服务保障得到社会各界的广泛好评。

3. 当好"参谋员"。公司党委成员和项目经理坚持实行"双向进入，交叉任职"的模式，企业做出任何重大决策，都事先召开党政联席会议，充分保证党委参与重大问题的决策，体现了党政集体领导的作用。如 1999 年，市政府出资建造的上海城市规划展示馆，想用"以馆养馆"的经营运作方式推向市场。当时有众多知名的物业服务企业参加了投标，但最终因不堪负担可能发生的经营亏损而"急流勇退"。尽管公司的测算也是亏损的，但公司感到，积极参与"打破政府投资，拨款养馆"的改革试点，无疑是一次有效的企业宣传，况且风险永远与机遇并存，我们敢于去搏，可借机拓展新的物业管理领域。没想到这个"吃螃蟹"的举动一举打响了公众物业管理品牌，并为企业赢得了良好的社会效益和经济效益。成功的经营不仅让我们走上了公众物业管理的特色之路，更为企业培养了一批经营管理的人才，公司的步子从此越迈越大，科技馆、磁浮、F1……不仅上海而且在外地也拿到不少公众物业项目。

4. 当好"督察员"。公司党委坚持两手抓，两手都过硬。公司党政班子坚持每年初和各项目管理班子订立"工作目标责任书"，与各党支部签订"党务工作目标责任书"。每年底，公司党政联合考核工作并每年对行政经营目标邀请第三方审计。公司实行"上下齐管、内外双管"，项目主管既要接受企业领导的考核，还要接受下属员工的评议；公司质量部每年至少开展两次企业内、外"顾客满意度调查"，顾客满意指数纳入考核指标。党委建立"自查自纠制"。下属党支部模拟 ISO9000 质量管理中的"PDCA"循环法，在项目实施过程中实行各条线自我监视，分层逐级检查，及时发现问题，采取纠正和预防措施改进"不符合项"，自觉筑起一道道防线。明华物业团队的正气、敬业，赢得了业主的好评，优质、超值的服务赢得了游客的赞誉。公司连续 10 多年被上海市质量协会授予"上海市用户满意企业"称号；同时还被评为"全国用户满意企业"。

四、创新企业文化，坚持构建团结向上的和谐关系

企业是微观的社会。构建和谐的企业内部关系是促进全社会和谐发展的基础。公司党委着力培育团队意识，创造了"做事有舞台、施展有空间、发展有机会"的良好环境。

1. 创建学习型组织。为使企业保持长久的学习力，公司党委以党建带动"学习型企业"的创建，党委牵头与上海明德学习型组织研究所结成学习伙伴，在全公司范围创建以"自我超越、共同愿景"为核心的学习型组织。各级党组织利用公司内部刊物、局域网、资料传阅、学习园地和各种各样的交流活动等进行宣传和教育。党委还每年举行一次"学习型组织创建十佳成果"评选活动，通过对取得成功的集体或个人公开表彰，激发党员和全体员工的学习热情，使学习逐渐变成员工的一种"自觉"的行为。作为工作兴趣和学习能力的培养，转变了党员、职工"上班就是来干活"的旧观念，引导员工在工作中通过学习研究，积累经验，努力让员工的"明华经历"，成为一段难忘的职业旅程。

2. 倡导快乐服务的理念。公司党委把宣传"快乐服务"的企业文化作为党建工作的重心，以服务顾客为目标，真正凝聚党员、凝聚员工，充分发挥企业文化的先导作用。服务行业本身是艰辛的，服务的过程体会人生百态，酸甜苦辣，个中滋味无法言表。党委通过 CIS 策划，提出了脍炙人口的《快乐宣言》："快乐是信任，也是尊重；快乐是被理解，更是被欣赏。在明华的大家庭里，你我心手相牵，从平凡的工作中，领悟着快乐的真谛……"引导员工通过深入探讨，最终形成了"把管理融于服务，让服务成为快乐"的企业理念，达到了将企业文化融入于党建工作的目的，跳出"就党建抓党建"的小循环。党委创办了企业报刊《快乐明华》。通过"党的建设""主题新闻""管理沙龙""快乐园地""物业广角"等专栏，宣传企业党建工作、经营成果，交流物业管理心得，倾诉员工心声，增进企业和业主之间，项目和项目之间、员工与员工之间的相互了解。组织"快乐活动"。党委领导工会和团总支开展了许多主题鲜明的特色活动，如每年的"8.28 司庆活动"，联谊酒会、员工书画艺术品展览、智力大比拼、征文竞赛、朗诵演讲比赛、辩论赛、文艺会演、中秋赏月、时装表演、野外拓展等，通过丰富多彩的文娱活动，让员工在活动中加深合作的默契，真切感受"明华是快乐的大家庭"，增强团队的凝聚力。

3. 开展互帮互助活动。随着明华公司党委连续多年坚持开展"一日捐"活动，各党支部也都建立了"职工互助会"，发起过无数次帮困、捐款活动。如一名员工家中失火，一夜之间面临露宿街头的困境。党委得知消息后，在第一时间送上了崭新的衣服、被褥等物资和数万元人民币。这位员工的父母亲激动得热泪盈眶，哽咽着说："我的孩子刚到明华，什么力都还没出，你们却对我们这么好，我们真不知道如何报答……"说着说着竟跪了下来。还有一位刚与明华签订劳务协议不久的保洁员突发脑瘤。

妻子下岗、孩子求学，面临如此打击，家境更加窘迫。党组织发动大家募捐，短短一周时间，累计954人次捐款17919元，送到家属的手中。曾受过帮助的员工，在其他员工有困难时往往最先伸出援手。互帮互助，让员工的心紧紧地贴在了一起，共同创造出温馨祥和的大家庭。

五、创新帮困机制，坚持勇于担当社会责任

多年来，明华物业公司党委将崇尚公益、弘扬公益作为企业文化的又一大核心内容，教育引导公司广大党员和员工主动担当社会责任，将热心志愿、扶贫帮困和奉献公益作为企业的重要使命，在践行社会公益中传递正能量。公司制定了《上海明华物业公司志愿者章程》，建立了一支由共产党员、共青团员和入党积极分子组成的300多人的志愿者队伍，并通过党建联建、志愿活动、贫困助学、义务劳务、慈善捐赠等各种形式，向困难员工、贫困地区奉献爱心。据不完全统计，公司2017年以来用于帮助困难职工的费用近170万元，向市科普教育

发展基金会捐赠100万元。

为了响应党中央和中共上海市委关于扶贫攻坚的号召，明华公司与云南省普洱市孟连县富岩镇英沟村签署"百企结百村"精准扶贫协议书，连续3年每年向该村提供15万元帮扶资金。在2020年抗

击新冠斗争中，公司所属"海牛"电商平台紧急购买防疫物资及时驰援武汉，为本市物业管理行业、物业服务企业援鄂防疫物资做出了积极贡献，更让上海和武汉两地的物业管理行业风雨同舟、紧密相连。公司全体党员以"缴纳特殊党费"的形式向灾区人民献爱心、送温暖。

明华物业公司的社会责任还体现在主动参与社会治理、绿色环保形象、诚信生产经营和员工合法权益的保障等各个方面，认真遵守国家的法律法规，严格执行国家财税政策，是上海市物业管理行业诚信承诺 AAA 级企业。2019 年，上海市质量协会组织开展的行业百强满意度测评中，明华物业公司的满意度指数为 91.74。

"内外"兼修
——遍地开花的"定制服务"

上海漕河泾开发区物业管理有限公司

在物业管理行业飞速发展的今天，能够率先提供个性化、差异化的定制服务成了物业服务企业在高端服务领域中决胜的关键。上海漕河泾开发区物业管理有限公司（以下简称：漕河泾物业），凭借多年来在产业园区物业服务领域的持续深耕和创新开拓，以推陈出新的服务产品和服务理念驰骋于激烈的市场竞争中。

一、走进漕河泾科技绿洲

漕河泾科技绿洲是漕河泾开发区与英国阿灵顿公司合作开发的生态园区项目，该项目中融入了阿灵顿园区的品牌和设计理念，当年一经推出就制造了不小轰动，其"低容积率""高绿化率"的花园式、开放式、绿色生态办公园区特色，多年来一直备受知名企业青睐。

目前已有中电投电力工程有限公司、国核工程有限公司、国核电站运行服务技术公司、中国民航信息网络股份有限公司、字节跳动、昕诺飞、之禾、费森尤斯、电气数科等一批央企总部项目、世界500强入驻。

如今的漕河泾科技绿洲园区，不仅拥有优美、舒适的园区环境，漕河泾物业作为园区物业服务运营方，在园区物业服务品质上更是精益求精、逐年创新，其为园区企业量身定制的内物业服务一站式解决方案，更是被越来越多的入驻企业客户所称道。

二、一心为您·物业服务量身定制

定制服务是漕河泾物业借鉴英国阿灵顿公司高端科技园区的管理和服务理念，结合自身特色，以包干制、酬金制相结合的模式为园区内外业户提供的新型专业化物业管理服务，也是漕河泾物业增值服务价值链条上的重要一环。

（一）楼宇驻场一站式服务模式

为了更好地为企业客户提供优质的定制服务，漕河泾物业开创了更为创新化、精致化的定制服务产品——"楼宇驻场一站式服务模式"，即以驻场主管为定制服务核心，结合客户需求配备相应驻场服务人员，并最终使业户获得更高效的沟通、更便捷的服务、更及时的响应反馈等一系列的升级服务体验，真正满足了业户个性化的服务需求。

楼宇驻场一站式服务模式的优势是什么呢？

驻场客服优势：为客户提供专人对口协调，提高沟通和服务的有效性和即时性。

驻场工程优势：免去了报修服务等待的环节，确保第一时间完成各项设备维保工作。

驻场保安优势：能够更迅速、更有效地开展秩序维护，尤其是突出楼宇消防安全管理工作（实现第一时间对消防设备报警的处理和应急响应）。

驻场保洁优势：定期对各楼宇制定清洁计划，及时配合客户各类活动、会务保洁支持工作。

客户可以根据实际情况灵活提出个性服务需求。

（二）特约服务与商务服务

针对园区企业客户的不同服务需求以及客户提出的各种突发事件处理，漕河泾物业推出了特约服务（因无规律的、偶发的客户需求而提供的服务，一般需与客户签订服务协议）和商务服务（根据较频繁的客户商务需求而提供的经常性的服务）等不同类型的增值服务内容，建立了快速响应机制和标准化的服务流程，一旦接收客户需求后，快速响应处理流程便会即时启动，业户的需求和问题也会在第一时间得到处理和解决。

客户可以根据实际情况瞬间提出短期服务需求。

秉承"为业户持续创造价值"的核心理念和"个性、谦和、细微"的服务准则，漕河泾物业"超前服务意识，精致服务特色"的定制服务项目得到了服务企业的广泛好评，并逐步形成了具有自身特色的服务体系和服务理念：

1. 以个性、温馨、精致为服务特色，树立品牌形象定位；

2. 以主动、热情、超前的服务意识，营造可以传承的服务氛围；

3. 以服务的持续优化，提供及时、便捷、周到和超出期望的服务。

漕河泾物业定制服务已成为其拓展园区服务增值领域、延伸物业服务产业链的重要组成部分，经过近年来持续探索，形成了成熟的定制服务模式和优质的服务口碑与品牌内涵。

近年来，园区越来越多的企业客户开始选择漕河泾物业的定制服务产品，不仅包含中电投、国核工程、飞利浦等科技绿洲园区的国内外大型企业，腾讯公司、淘米网络公司、延锋汽车饰件公司、水务规划设计研究院、国际问题研究院、商汤科技等知名企业和单位也已成为了漕河泾物业的定制服务合作伙伴和忠实客户。在未来，我们相信随着漕河泾物业定制服务的全面推广及服务品质不断提升，将会有越来越多的业户加入到定制服务的队伍中来。

三、优秀案例分享

（一）定制行政服务在腾讯

位于漕河泾开发区新业园的国内著名企业——腾讯科技（上海）有限公司，是漕河泾物业定制服务的典型代表，合作至今，腾讯公司对漕河泾物业提供的服务给予了充分的认可，并多次授予漕河泾物业"优秀合作伙伴"奖。

漕河泾物业为腾讯公司提供的定制服务包括"行政综合""客服服务""安全管理""外包兼管""工程维修"等五大方面，除了基础服务内容外，还包含各类主题活动策划、物资采购申请及发放、考勤托管、资产管理、办公用品购置、重大节日员工活动支持等全方位、多功能的个性化定制服务，满足腾讯公司从客服到行政后勤的全面支持，使客户可以更好地将精力投入到研发、销售、市场等业务中去，真正为其解决了后顾之忧。

（二）定制FM管理在商汤

商汤智能科技是人工智能全产业链领军企业，是全球估值最高的人工智能独角兽企业，其中国地区研发和总部办公楼入驻了位于漕河泾开发区中环高速路和漕河泾公园之间的新洲大楼，该项目是以一流的建筑为载体、AI领军企业总部业主为主体的叠加，对项目的物业管理服务提出了更高的要求。

为此，漕河泾物业聚焦业主的真实需求，提出了"科技"、"入微"和"未来"精神注入的管理理念，"全方位、精细化、智能式"的全生命周期式物业服务的方案来契合项目的定位和业主的需求，并于2019年4月，成功中标"商汤科技—新洲大楼—FM项目管理"项目。

"FM企业管家式服务"是漕河泾物业根据业主需求，在原有的定制服务基础上对服务进行升级，更具人性化、个性化、精细化和智能化。

"事于勤免，业于精诚"。漕河泾物业从不停止自己进步的步伐，不断突破自我，尽力为业主提供更贴心、更优质的服务。

复欣物业

历久弥新，守护经典

上海复欣物业管理发展有限公司

2018—2020年是上海全面推进城市精细化管理的关键三年，为提高上海城市管理和治理的能力和水平，物业管理作为城市管理的一个重要组成部分已从幕后走向了台前。上海因其风云变幻的百年历史，塑造了独具特色海纳百川的海派文化，现存于各街区的大量优秀历史建筑既是海派文化的见证者，同时也是其承载者，他们赋予了一份独属于上海的都市魅力。这些建筑拥有丰富的历史文化内涵，具有极大的艺术价值、历史价值、旅游价值和商业价值，他们风格迥异、用材独到，维护标准不一，其保护性物业管理和商业开发已提上了政府和社会的重要议事日程。

上海的珍贵历史保护建筑分为两个大类：文物保护建筑和优秀历史建筑。这两类建筑的区分点，在于文物保护建筑本身是文物，具有独一无二性，若是损毁，不得修复，是一个永久性损失。而优秀历史建筑是一段独特历史时期的承载体，其本身也具有很高的建筑艺术价值，但并非独一无二，若发生损毁，可以依照图纸、模仿当时的工艺修旧如旧。文保建筑和历保建筑有一部分重叠，他们都是上海这座国际化大都市的一张张闪亮名片。

上海复欣物业管理发展有限公司（以下简称：复欣物业）旗下管理着历史保护建筑的项目共9个，分别是上海"大世界"、大韩民国临时政府旧址、黄浦区人民检察院、渔阳里团中央机关旧址纪念馆、思南公馆、三山会馆、上海沪剧院（白公馆）、格致中学、向明中学（震旦楼）。其中包含了文物保护建筑与优秀历史建筑，这些珍贵建筑对物业维护管理提出了比寻常项目更高的标准和要求。如何通过物业管理，维护历史保护建筑物的各项使用功能，使得历史建筑保值和升值，是复欣物业一直在努力探索的方向。

为提高珍贵历史保护建筑物业管理水平，加强对建筑物的精细化管理，复欣物业求助于上海市历保委和区历保中心，在历保专家的帮助和指导下，公司组织各保护建筑项目的经理及管理人员参加历保建筑物业管理集中专项培训，并积极参与历史保护建筑相关的各类研讨会议，同业内业外的各位专家同行多方交流，探索制定服务标准，以"公司＋项目"联动的形式，建立了历史建筑"一户一档"保护方案。

保护方案由四部分组成：建筑基础信息表，保护部位档案，物业管理思路和管理原则，保护建筑管理规程。

"基础信息表"统计项目建筑类型、保护建筑编号、区位地址信息、保护类别、保护要素、价值综述、保护法律依据等信息；在"保护部位档案"中，对照建筑物原始档案文件和各次建筑修缮过程中的专家座谈会记录，明确界定项目建筑的重点保护部位、建议保护部位和其他值得保护部位，由工作人员拍摄现场照片并统计各部位的位置和数量信息；根据上述统计信息，方案提出具体的"建筑保护原则"，包括物业管理要点和施工管理方法；最后的"管理规程"是最详尽的技术文件，按照土建部分（建筑主体保护性管理）、设备设施运行与维护、秩序维护管理、外包项目合同管理与外来施工跟进管理、应急预案、环境管理、历史保护建筑管理人员培训机制、档案管理、日常报告与沟通机制、投诉检查反馈机制等10大部分制定服务标准，提出具体的管理方案。

保护方案专业化、制度化地确定高标准的珍贵历史保护建筑物业管理内容，对每一个历史保护建筑项目都有一套完整的针对性保护方案，精细化地提供日常物业服务。同时，每一个项目中都据此形成了一套完整的培训制度和计划，切实推进落实保护方案中提及的各类服务，保证复欣物业"说得到做得到"，并且确保了一个项目即使有比较大的人员调整，管理处所提供的历史保护建筑物业管理和服务质量不打一点折扣。

正因公司在历史保护建筑物业管理上的不懈追求和努力工作，复欣物业被评为"2019年度历史保护建筑物业管理先进单位"，下属的"渔阳里共青团中央旧址纪念馆""思南公馆"和"黄浦区人民检察院"3个项目被评为"2019年度历史保护建筑物业管理优秀示范项目"。这是对复欣物业长期以来从事历保物业工作的认同和鼓励，也是对将来历保工作保持高标准服务的鞭策。

近些年来，随着科技的高速发展，5G时代正加速来临，其给社会带来的变革是全方位的，各类传感器被引入中高端物业项目中，建筑物的保护手段和监测手段将越发多样化和精细化，这对历史保护建筑的保护和使用给予了更多的选择方向：复欣物业与各有关部门近来正积极推动运用更多的科技手段更好地了解和掌控建筑物，实时掌握建筑环境信息，调整各类设施设备运行；我们可以大大加强人员和设施的交互性，让建筑"开口说话"；更可以对建筑3D建模，创建网上模拟参观平台，开设浸入式模拟课程培训员工熟练掌握工作流程等。这些多年前的科幻畅想正一一走进现实生活中，将赋予历史保护建筑一个更美好更多彩的未来。

千里之行始于足下，复欣物业正一步一个脚印，坚持做好自己的本职工作，努力为上海的历史建筑保护贡献自己的一份力量。建筑的保护方案并不是一成不变的，在今后的日子里，复欣物业也将紧跟时代的变革，牢牢把握机会，紧守自身对高标准服务的坚持，不断更新完善历史建筑保护方案，提高历史保护建筑物业管理专业化水平，向世界展现上海独有的海派文化和典雅建筑，为魅力上海的建设发展添砖加瓦！

卓悦成就幸福社区

新城悦服务集团有限公司

新城悦服务作为一家跨足住宅服务、商业服务、办公服务的综合性物业管理服务集团，1996年创立于江苏常州，2018年11月6日正式于香港交易所主板挂牌上市，股份代号1755。新城悦服务坚持"一核两增"发展战略，以物业服务为核心，增值服务和增量拓展为支撑，在强化客户体验的同时提升经营价值和规模贡献。

目前，新城悦服务管理业态已涵盖住宅、公寓、别墅、商业、办公写字楼等多种物业类型。截至2020年6月，新城悦服务已经实现全国化布局，签约项目逾630个，总签约面积1.67亿平方米。2020年位列中国物业服务百强企业第11位。

一、战略聚焦蓄力增长——"一核两增"战略　外拓增值齐增长

随着客户对物业服务需求的不断升级，大数据、物联网等应用场景的快速革新，行业对参与的企业综合实力要求也越来越高。新城悦服务战略聚焦蓄力

增长,坚持落地"一核两增"战略,即以客户满意度为核心,以战略布局为基础的市场化外拓为增量,以及以服务客户的永续性业务为主的服务为增值。据2020年新城悦服务半年度财报数据显示,其年拓展面积已超2019年全年,达到1252万平方米。其中,直拓面积逾90%为新项目,坚决贯彻以新项目为主、优质二手项目为辅的拓展策略,综合体、企业总部均有斩获。2020年5月初新城悦服务与诚悦时代物业达成股权合作,收购其61.5%股权,不论是在规模还是非住宅业态管理比例上都有稳定增长。

新城悦服务已完成社区增值的体系搭建,社区增值服务收入约为1.9亿元,同比增长94.7%。智慧园区服务的收入约为2.1亿元,同比增长133%。社区增值服务在上半年有疫情影响的情况下依旧完成了出色业绩,新橙居服务的收入同比增长132.5%,其中我们自营的阳台解决方案在新交付项目中的渗透率已达到约43%。智慧园区服务的收入同比增长133.0%,在收入快速增长的同时,我们更关注市场化拓展能力的实践,上半年我们智慧园区服务的新签约合约金额约为2.6亿元,其中有大约18%来自于第三方,且第三方项目中不乏业内标杆,例如一线城市的标志性综合体、知名肿瘤医疗中心等。

二、全面升级服务体系——卓悦生活服务体系 数智驱动品质服务

如今物业管理行业竞争开始进入精细化时代,竞争核心归根结底是服务力的比拼。此次在物业服务企业百强榜中的排名跃升得益于新城悦服务对其服务体系的全面升级。2020年,新城悦服务在原有"橙管家服务体系"基础上,加之网格管理、团队协同、科技赋能三大升级举措,全新打造推出4.0版本服务体系——"卓悦生活服务体系",以大数据智能化系统为支撑打造"以管家为核心"的综合服务团队,快速响应,数智驱动,品质保障,让业主于幸福社区中尽享简单快乐生活。

新城悦服务深知服务力是规模增长、多元发展、多种经营等业务开展的基石,也是企业能够长足发展的根本。在卓悦生活服务体系应用中,社区将实现网格化服务,每个网格配置专属管家,将管家塑造成为客户幸福生活的代言人,主动发现和创造服务的价值,做幸福社区的缔造者;同时强化科技赋能,智慧助力,在服务落地过程中,布局物业服务中心小前端和职能支持大中台的敏捷服务模式,全新升级网格管理系统、BI系统、CRM系统、物业工单系统、收银系统等,极大提升对于客户的服务效率。

三、卓悦生活服务体系6大特色优势

（一）体验为先，态度问题0容忍

态度问题0容忍是服务升级的基础，加之明确的Y型职业发展路径及对等的权责，让管家深刻理解到好态度好服务带来的高收入和快发展。

（二）5大平台，协同优化更智能

基于核心流程，依托数字平台提高流程效率，同时赋予管家对支撑团队绩效点评的权利，结合工单下沉模式简化步骤促进高效决策、科学管理、协同服务。

（三）4种工具，报事报修更方便

客户报事实现多场景化应用，集成后台派单模式，客户可通过APP、小程序、二维码、4008热线多种渠道向物业提出诉求。

（四）3重赋能，服务专业更敏捷

打造线上线下一体化管家训练系统，对于管家实行认证上岗、专业指导、管家督导三重助力，为管家服务客户全面赋能。

（五）双向聚焦，网格服务更贴心

社区服务将服务单元从项目细化为楼栋网格，每个网格配置专属的管家，精细化服务强化服务品质，营造极致尊崇礼遇。

（六）1秒派单，诉求解决更高效

全面升级的派单系统，实现1秒派单至管家，管家15分钟内响应反馈，并根据诉求紧急程度及客户需求入户时间解决用户诉求。

已经成功举办4届的"玖悦橙主节"是新城悦服务打造的邻里文化节中最重要的线下社群活动。2020年9月11日，新城悦服务"玖悦橙主节"开幕式暨社区生活幸福小趋势发布会举办，宣布为期一个月的全国"橙主"狂欢正式拉开帷幕。

四、革新制度激活团队——合伙人激励机制 卓悦赛场比拼实力

客户对于物业服务品牌的认同来源于服务本身，服务的质量来源于企业组织，而企业组织的效能来源于人才。新城悦服务更聚焦在能够给客户提供服务内容和品牌口碑的人才身上。早在2018年，新城悦服务正式推出了"合伙人"激励机制，共创发展、共担风险、共享收益。不仅对合伙人团队的筛选标准非常严格，有效保证了项目的管理能力及对客服务品质，新城悦服务还将项目超额收益的50%作为奖金一次性发放给合伙人团队，更大程度发挥人才激励作用。在合伙人机制下，新城悦服务不断交出优异成绩单。2019年合伙人项目的平均满意度得分较2018年提升了10%、整体收缴率提升了2%、项目利润增加了162%。

新城悦服务在企业制度上的革新步履不停，2020年3月即发布了"卓悦赛场"制度，通过竞标获取新交付项目的方式积极开展内部竞争，旨在打造卓悦服务团队、提升效能、创造极致客户体验。新城悦服务坚信当员工将个人梦想与组织愿景联结在一起的时候，能够有更强大的自驱力做好服务。

五、响应号召投身公益——扶贫攻坚 践行企业社会责任

新城悦服务集团将始终秉持匠心精神，在不断提升服务质量、共建美好生活的同时，积极践行企业的社会责任，努力传递公益理念，将其社会责任融入企业的使命中，对教育、扶贫、生态等社会公益事业献出一份力量。4月27日，"情系果琼，悦暖人心"新城悦服务向西藏果琼捐赠爱心物资仪式在当地正式举行。2吨带着希望的披碱草种子入藏，捐赠给日喀则市江孜县热龙乡果琼村村民，为当地428名藏民秋收的粮食收获注入了一针强心剂。5月，新城悦服务举办"同心同行，感恩有你，向小区最美逆行者致敬"主题公益活动，为全国社区业主中的援鄂医护人员献上一封感谢信，用减免一年物业费的方式致敬每位抗疫逆行者，致敬他们临危受命、勇于担当、甘于奉献的崇高精神。

以"徒步＋公益"的模式，结合新城集团公益品牌"七色光计划"，在11月6日—11月8日新城悦服务首届"鸿途·悦行"重走长征路徒步活动中，秉承"每一步都算数"的精神，设置了公益配捐规则，根据队员们的挑战赛成绩，"七色光计划"以每一位完赛的挑战者的名义采购井冈红米用于消费扶贫，为当地村民的幸福生活助力，也让新城悦人走的每一步更有意义。

新城悦服务践行"感动心·感受悦"的企业使命，坚持高效响应客户诉求、数智驱动幸福生活、优质服务守护客户点滴愉悦；塑造快乐奋斗氛围、完善体系实现员工成功喜悦。

未来，新城悦服务以更好的服务回馈客户，以更好的发展回馈员工，以更好的成绩回馈社会，从而实现"卓悦成就幸福社区"的企业愿景。

立足公建优势，创造城市服务新价值

重庆新大正物业集团股份有限公司

近几年随着物业管理行业的发展，物业管理的服务边界从传统的住宅小区不断扩展到城市公共建筑、资产运营等领域，近两年更是快速向市政、环卫、交通等城市运营服务方向延展。当物业服务的触角不断触及至城市服务领域，新大正立足公建物业的先发优势，以强化"基础物业服务＋个性化服务＋智慧物业服务"特色，专注于城市公共建筑与设施设备的运营和管理，以独特的业务模式和关键的技术支持，集合高品质的多业态运营能力，让更多用户体验物业服务之美好，并为城市空间运营提供一体化综合解决方案，赋能城市服务新价值。

一、围绕公建特性，巩固行业竞争优势

历经 20 余年的发展，新大正的业务已拓展至全国 21 个省市 45 个城市，并于 2019 年 12 月 3 日在深交所上市，成为国内第二家物业上市公司。作为独立第三方物业服务企业，新大正长期深耕于党政军机关、场馆、地铁、高速、机场、园区和高校等物业领域，凭借着不同类型的物业管理经验和门类齐全的服务标准体系，在公共场馆、学校和航空等细分领域形成全行业领先优势。2020 年上半年，新大正在航空业态新项目开拓中表现优异，新进入南昌昌北国际机场、青岛胶东机场、南京禄口国际机场、上海虹桥国际机场，已布局北京大兴国际机场、广州白云国际机、杭州萧山国际机场等国内 14 座机场。

不同于传统住宅物业，新大正针对不同业态客户的需求特性，制定专业化及个性化服务：如学校物业，围绕"让学校专注教育"的服务理念，打造师生生活服务、教学辅助管理、学生公寓管理等服务模式；在航空物业，立足"四型机场——智慧、绿色、人文、平安"的建设核心，策划落地智能机械作业、空防安全、旅客宣导、手推车管理、飞行区及地面安全保障等运营方案；在办公物业，保障品质服务的同时，在垃圾分类和节能型机关建设中发挥积极作用，

全力打造"精细、绿色、智慧"现代机关后勤;在公共物业,结合建筑及客户特点,制定突发性事件处置、场馆的游客入场安检、节假日大型活动保障等特性化服务。针对不同业态和专业板块,新大正制订了标准化的服务流程及服务标准,同时通过组织变革加强事业部、专业公司的产品力提升、标准化研发、运营支持等各方面能力。

近几年,新大正积极应用移动互联网和大数据技术,加大信息化建设,推动管理数字化与创新业务孵化。同时,继续完善各大业态业务智慧系统的研发升级,进行服务特色化打造,将智慧化运用于线下服务场景,集成打造智慧安保系统、智慧清洁系统、智慧工程系统、智慧客服管理系统等智慧物业管理运作方式,不断拓展物业管理的边界和内涵。与此同时,新大正大规模运用机械化作业,以提升劳动效率。通过市场化拓展、多业态组合、多元化业务、智能化建设,构建数字化基础平台、数据中台和流程平台,不仅实现产品力和竞争力的有效提升,也赢得了业务的稳步增长。

二、发力城市运营,追求更高质量发展

面对城镇化快速推进,众多物业公司从物业服务升级到城市服务,为更复杂、更庞大的物业类型提供多种场景的服务。不论是以住宅为主还是非住宅为主的物业服务企业,都开始加速探索城市运营的新路径。

对于非住宅物业——公建物业服务企业来说,由于主要服务内容与城市运营需求具有一定的重叠性,业务延伸较住宅类物管公司更有优势。作为在创立之初就完全市场化发展的新大正,不仅仅为城市各类建筑提供基础物业服务,同时也会从城市社区治理、公共设施维护、老旧城区改造等方面入手,逐步将服务覆盖到整个城市公共空间,而在整体管理和服务上,则着力于从建管一体化服务、商业·产业·资本运营,迅速拓展到城市运营的综合智能管理上。

2020年6月,新大正与青岛融源影视文化旅游产业发展有限公司签署了战略合作协议,就青岛

新大正与青岛融源合资合作签约仪式现场

新大正航空物业人员驻守"疫"线

李沧区基础设施建设、智慧城市建设及运营管理进行深入合作。此次合作，新大正负责为李沧区提供智慧城市建设和运营保障服务，以此为启点，不断向城市市政、环卫、道路停车、老旧小区／街区改造等方面拓展，由点及线，由线到面，逐步向城市综合运营服务转型发展。同时，基于互联网和物联网的发展，着力打造线上智慧城市运营管理平台，以智能技术为驱动，围绕城市管理、运营、服务，提供平台式一体化解决方案，协助政府驱动城市更新、社区治理的创新和公共服务的配套完善。

可以预见的未来，物业管理将更快地融入城市综合运营管理体系，获得更大的发展空间。新大正在探索成熟的城市服务模式和运营手段，重新构建自身的能力，在城市服务的新机遇中，实现企业发展模式的转型升级。

三、落地社会责任，成为人与城市的温暖联接

随着后疫情时代的来临和新民法典的颁布，不仅凸显了物业管理行业不可替代的价值，明确了物业服务企业承担的社会责任，也将为优秀企业带来更多优势。

2020年，突如其来的新冠肺炎疫情，将物业管理行业推到了第一线。疫情期间，新大正近乎全员待命，守好服务阵地，规范消杀作业流程，保证员工防疫有方案，行动有标准；实现了零员工感染，零聚集性感染事件发生。此次疫情让业主、甲方、社会看到了新大正在疫情面前有条不紊的应对能力、对人力物力的资源协调能力、应急方案的实施保障能力、对项目的整体管控力度，凭借在疫情防控上的突出表现，新大正得到了客户和社会的肯定，也赢得了投资者和资本市场的认可。

新大正以"做一家好企业"的初心，坚持"社会、企业、员工和谐进步"的核心价值观，和"真诚专业，不负所托"的服务理念，融入城市生活运转的各个方面，并积极参与各项公益活动：成立爱心互助基金会，将其作为企业内部员工互助公益组织；联动社会资源，自主策划丰富的客户关怀活动；加入中国社区扶贫联盟，参与"消费扶贫""藏区牵手公益"等公益事业，努力为员工带来更多幸福，为客户创造更多价值，为社会做出更多贡献。

未来，新大正以根植对物的管理、关注对人的服务，基于智慧城市运营一体化服务，联接各方资源，打造智慧城市公共建筑与设施的管理和运营服务平台，通过智慧物业平台为载体，构建政府、公众、服务商"三位一体"智慧城市运营生态圈，助力城市管理，发挥物企优势，坚守服务的初心与匠心，让城市设施与人因我们的联接而更智慧，让生活在城市的人因我们而更幸福美好。

科技赋能，天骄爱生活智慧社区初探

重庆天骄爱生活服务股份有限公司

庚子年，注定不平凡！天骄爱生活物业人砥砺前行，经受住了史上最难"大考"，面对百年不遇的抗疫、抗洪，都交出了满意的答卷！

2020年初，"新型冠状病毒肺炎"来势汹汹，席卷全球。面对疫情，全体天骄物业人坚守岗位，毫不退缩，不分昼夜，通过科技手段赋能物业管理，真正做到统筹协调、科学防控、精准施策。天骄爱生活用极速响应的服务，实现了全国社区、园区零疑似、零确诊、零感染的"三零"好成绩。

2020年夏天，重庆遇上百年不遇的特大洪水，天骄物业人预警在先，处理有节，避免了人员伤亡和财产损失，受到了业主和管理部门的高度好评。

一、智慧化力量　筑起社区"防疫墙"

天骄爱生活物业在疫情期间的优秀表现，得益于近年来智慧平台的早布局，早建设。

智慧物业平台为抗疫提供了强有力的支撑。针对疫情防控，天骄爱生活充分运用一个平台——大数据平台，四个系统——天眼系统、智慧设施监控系统、智能巡更系统、人脸识别系统，多维实时监控，让应用场景可视化，运营数据精准化、人员管控线上化。通过智能分析社区运营数据，科学决策，做到线上线下立体布防无死角。

天骄爱生活集成指挥中心针对疫情报事，每日分项、分类汇总分析，实时快速响应、反馈业主诉求，7×24小时提供云端呼叫服务；疫情防控小程序基于后台运营管理大数据，实现园区防控线上化操作，缓解人工压力并有效提高安全性。

疫情期间，要业主安心宅家，必须解决出行不便等生活难题，同时还要保障便利、及时、保质保量。天骄爱生活智慧物业平台整合周边商家资源，全面开展社区生活商品配送服务，力求解决业主需求的最后一公里。生鲜水果、家居用品、美食外卖，线上下单，配送到家，让业主足不出户，也能实现"买菜自由"。还针对农副产品陷入滞销困境的情况，开设线上"消费助农专区"，去流通中间商，让农产品直通社区，实现业主和农户的共惠。

成熟的运营模式，多元的业态结构，科技化的管理手段，均在紧要关头显示出巨大的威力，为天骄爱生活应对重大突发事件的"变危为机"，为政府管控疫情，伸长了工作手臂，为城市管理提供了强大助力。

二、标准化智造　突破服务边界

服务力，永远是物业管理行业的主旋律。标准化，永远是服务的重要内涵。

天骄总裁汪香澄一直坚持："我们秉承的企业核心价值观就是：业主第一，深耕服务，专注细节，服务为本，严格品控"。

与时俱进的天骄人，不断运用科技手段，让服务力更加标准化、规范化、集约化。在业界，率先突破单一物业服务模式，通过融合共生的业务模式突破服务边界，迈向多业态服务。

整合资源。依托丰富的资源优势，天骄爱生活以一体化资源整合平台为基石，系统构建基础服务、商业运营、产业运营、城市服务、公建服务、智慧科技、增值服务等七大平台体系，形成了覆盖商、住、产、公等多种业态的全息服务生态圈，持续输出高品质服务。

标准体系。天骄爱生活结合商业、产业、住宅等各业态的深度服务能力，聚焦服务细节，通过高标准的服务体系、人员选拔、系统培训，强化优化品质服务。以专业的技能、源源不断的创意亮点增加服务的黏性，优化服务质量，拓宽服务涵养，通过定制化服务，为业主营造充满想象、令人神往的生活场景。

通过多年来物业服务所积攒的经验，天骄爱生活历时数月，完成编制商住产一体化《服务提供标准体系》，形成了覆盖"商住产"的完整服务体系，而结合上述各业态的深度服务能力，比如招商、运营、物理空间管理服务及搭建政府公共服务配套，天骄可以帮助第三方物业开发商迅速实现项目的有效深度服务。

这种强集约化模式，在重庆总部城得到了实践和检验——从园区公司创办到运营管理，天骄爱生活全面导入高标准专业服务，为园区提供涵盖企业创立、经营、后勤的全生命周期个性化服务，有效提高企业入驻积极性，全面提升企业经营能力，实现系统运营服务的进化。

同时，以产业招商引资为龙头，配套导入专业产业运营服务，将多方资源整合到统一平台，专业地、全方位地为区域产业发展提供整体的运营、基础服务等解决方案，实现产业园区的流量导入，全面整合区域产业资源，助力园区发展。

三、数智化革新　输出IP新模式

对于在市场上摸爬滚打、经历风雨20年的天骄的表现，天骄爱生活总裁汪香澄，要求道："守正出奇，开拓创新。"守正，传承品牌和信任；出奇：适应市场之变；开拓：勇敢的拓展能力；创新：和时代同频的进步。

如是，随着物业管理行业的发展和服务理念的升级，天骄爱生活率先向创新服务转型，突破单一的房地产项目服务逻辑，围绕城市服务升级，应用先进的物联网技术，自主研发EBA数智场景云服务平台，将智能化子系统有机集成，实现智慧化管理。

在楼宇高端商写空间——平台指挥中心大屏在模拟三维图形中实时展示各子系统的运行数据，通过平台系统全面采集大厦的日常能耗使用数据、运营数据、维护数据，形成业务运营数据深度共享、互联互通。实现以数据为驱动，做到设施设备运营数据的全面积累、智慧分析、应用，真正实现大数据运营和智慧化管理，高效决策，持续输出高品质服务。

在全国区域办公空间——依托平台，员工可通过智慧运营管控系统完成远程办公，并以天眼实时＋计划的检查方式，让工作痕迹实时展现，增强业主信任，助力高品质服务输出及业主满意。用系统连接各个环节，实现全业务、全流程、全人员的无缝覆盖与互联互通，并将所有的执行标准、专业知识通过信息化管道无纸化进行实时传递，并强制执行，打造新型物业服务企业核心生产力，全面提升天骄爱生活服务品质。

在日常客户服务空间——天骄执行"5-30-1-3"标准，5分钟派单，30分钟响应，1天关单，3天消单，集团的集成中心按时回访，确保服务量，快速响应客户、回访监督问题解决。通过线上检查＋线下整改，天骄爱生活向业主、客户提供全方位云服务，构建服务闭环。

空间承载，服务于人。天骄爱生活就是这样，充分聚焦物业管理痛点和使用场景，通过智慧物业平台集成一站式服务，打通多方共享链条，构建起互联场景，快速获取日常管理和业务运营数据指标，实时监控。

通过对运营管理数据的提炼分析，精细化运营管理，组件化场景配置，以此判断服务和管理过程中存在的问题，进而优化改进，强化服务深度，支撑天骄爱生活的深度业务经营。

四、人性化服务　让数字灵动生活

无论沧海桑田、斗转星移，传统与现代、迭代与更新，物业管理行业虽扎根物业这个空间，但归根结底，面对的对象是一个个鲜活的"人"。在这个流量为王的时代，人的价值被极致放大，人的参与互动日益凸显价值。

故此，天骄爱生活的品牌理念是："为您，到永久。"发展经年，始终坚持"为您服务""以人为本"。人才是天骄最珍贵的宝藏。

天骄爱生活深度挖掘与客户的多触点，融合商住产业态增值服务，整合社区/园区周边商圈，基于数据＋场景，实现数据可视化、场景化，提供更精准的增值服务，提升物业增值服务体验，赋能园区、社区的时间和空间，探索社区经济、服务经济、流量经济新模式，提供多维度、全方位的社区生活解决方案，实现价值转化。

在不断提高便民服务品质的基础上，借助于资源整合的优势，天骄爱生活将住宅社区、产业园区流量导入商业物业，把业主转化成商业客户，并通过实现商住产客户消费积分通兑的方式，提升客户口碑及黏性，进而将商业客户转化为业主，同时还可以将商业物业服务的商户资源转化为住宅社区的经营合作方。

目前，已在健康、家政、食品、餐饮、汽车、教育、金融、美居、旅游、医养等各个领域全方位提升了自身增值服务的空间，实现企业联盟，做大增值业务的体量规模，形成较大的竞争优势和良好的品牌效应。

"致力于成为全息生活服务运营商"是天骄爱生活的"企业愿景"。

天骄的探索就是：充分发挥资源优势，打通线上线下运营，通过关注客户需求变化，整合平台，聚合资源，不断衍变出新的服务模式，开发更多的经营业务，构建资源生态链，多方位满足业主需求，提供便捷、智慧的多种经营服务，使"全息服务"成为不断灵活迭代的进化体。

五、整体化运营　服务城市管理

全息服务运营的实践，势必会突破原有空间，从楼宇走向园区，从小区走向城市，从百万人走进千万人，将布局扩大至更为辽阔的空间。

天骄爱生活对全息服务进行深入构思，通过资源聚合实现服务闭环，探索资源的流动和价值释放，为各业态客户提供不断叠加的服务场景。

通过科技赋能物业管理，助力社区治理、产业运营、城市建设，以城市物理空间管理服务为基础，不断丰富延展，让城市服务更加智慧灵动，与城市居民实现互动，智能分析把握区域发展趋势、坚持城市可持续发展、整合升级产业资源，服务与运营并行，精细与专业共进，天骄爱生活的城市一体化运营服务模式正逐步成熟。

天骄爱生活运用全息生活服务运营能力，完善城市配套，提升城市居民生活品质，提高社会效益。借助资源整合优势，天骄爱生活以市场化的方式进行城市综合资源的优化配置、整合、开发和控制，促进城市产业结构优化、商业价值提升，实现城市经济效益，增强城市整体市场竞争力。

明者因时而变　智者随世而制

在新的历史方位上，天骄爱生活将不忘初心，继续以高品质服务为基础，以创新为驱动，以更高点的站位、更宽阔的视野，不断理清未来发展思路，整合全产业链资源，营造出智慧、温馨、和谐、高雅、人文的"天骄式幸福生活"。

YiDA 亿达服务

让红色基因注入社区经营

亿达物业服务集团有限公司

社区是社会治理的基本单元，也是社会治理的主战场。习近平总书记指出，要创新社会治理体制，把资源、服务、管理放到基层，把基层治理同基层党建结合起来。在此背景下，亿达服务集团提出加强建设红色物业，明确了"党建引领，走在前列，不断创新"的理念，把"做有感情的服务，让群众享受幸福生活"作为红色物业的初心和使命，与此同时，让红色基因注入社区增值服务，赋予社区经营新能量。

在积极响应国家助力乡村振兴等政策的背景下，在大连市委组织部的指导下，由多位大连市驻村第一书记和亿达服务集团党组织共同发起的"第一书记的店"应运而生，打造社区消费扶贫新模式。

一、发起到发展：从摊到店再到大市场

（一）两次大集：首发试水模式初具雏形

为全面打赢扶贫攻坚战、同时改善居民小区基层服务治理水平，作为试点

项目，2019年7月27日，大连"初心惠农·农产品进小区"首发签约仪式在大连亿达世纪城成功举办。活动坚持以初心惠农为宗旨，以党建为引领，以打造"红色物业"活动为载体，动员组织全市物业服务企业联姻农村合作社，对口帮扶。

活动当天，大连周边村镇近百种农特产品向亿达社区辖区内近5000户市民进行展销，数十位农民现场售出农产品万余斤，营业收入合计约12万元，其中当天未售出价值7万余元的农产品由亿达服务集团原价托底收购。

为了进一步扩大惠农惠民的服务范围，在大连市物业管理协会会长单位亿达服务集团的牵头下，2019年8月24日，"初心惠农·农产品进小区"精准扶贫惠农大集系列活动第二站在大连远洋钻石湾成功举办，近万人出席活动。活动延续首站的模式，通过推介"绿色农产品"、组织农特产品大集等环节，发动周边市民积极支持精准扶贫。

（二）从大集到实体店：既要主动也要持续

两次大集成功举办后，大连市委组织部召开了专题工作会，如何让"农产品进城"变为一种可持续、可复制的模式，成为摆在未来的问题，而历届大集的销售火爆，也让亿达服务看到了市民业主对优质农产品的迫切需求，在反复论证与实践中，第一书记们与亿达服务一同逐渐探索出一条让"初心惠农，振兴乡村"真正落地，并且可持续发展的全新模式，第一书记的店项目在此背景下应运而生：

2020年1月18日，"初心惠农·农产品进小区"精准扶贫惠农大集系列活动之年货大集暨"第一书记的店"试运营启动仪式在大连市甘井子区亿达第五郡成功举行。

作为"初心惠农·农产品进小区"精准扶贫惠农大集系列活动的第三站，本次年货大集无论从规模体量还是产品品类数量都超过前两次，首日现场销售额突破21万元，不少特色农产品供不应求，一度造成"抢购"局面。

而第一书记的店的优势在于：一是实体店落成，可以让农产品进城常态化，不受时空的限制；二是为驻村第一书记们提供了"城市根据地"，第一书记们可以在店里办公、交流、对接农产品。

（三）疫情期无接触配送服务 12天抢工开启2号店扩大服务范围

疫情伊始，为了减少业主出门采购食材的风险，自1月27日起，第一书记的店重点推出"民生保障套餐"送货上门服务——第一书记的店每日根据实际情况推出套餐，店员按比例配好各类蔬菜装箱，当日定，次日送达，业主可直接联系管家下单，次日将有专人配送。亿达服务物业人员承诺"放门口，转身走，零接触"，配送到货后，客服将以微信或电话通知，市民只需开门就可以安全享用新鲜食材。便民服务一经推出，引发业主热烈反响，纷纷点赞，不少业主直呼"解了燃眉之急"。

在这个非常时期，亿达服务直采农民最新鲜优质的菜每日配送到店，保证菜品的供应稳定，质量有保障，同时，承担企业的社会责任，由企业对菜价进行补贴，坚持保障民生，承诺绝不涨价。

同时，面对大连市内其他各区域的业主市民的迫切需求以及相应街道社区的邀请，3月7日，亿达服务在凌水街道第一社区的支持下，在企业旗下新零售品牌亿达优选悦丽海湾店的门店基础上，不闭店、不停业，仅用12天时间，就将店面升级改造为"第一书记的店·2号店"。

该区域有着约4000户居民，且大多以年轻家庭居多，同样有着巨大的民生需求，考虑疫情期间的安全问题，我们鼓励业主线上下单。作为社区返城人员蔬菜配送点，该店重点保障返城市民在居家隔离14天内的生鲜需求，为市民提供免费配送服务，并承诺"零接触、不涨价"。

2号店的落成，标志着第一书记的店具备可复制模式，究其根本在于：

1. 党建引领，以党建精神鼓舞，疫情期间涌现一大批无私奉献的感人事迹；

2. 市委组织部的指导，以第一书记十佳工作法为指导，得以高效开展工作；

3. 第一书记的积极参与，随着实体店的逐一落成，参与的书记也日益增多，力量也逐渐增大；

4. 成熟的团队，通过多次大集的成功举办与实体店的成功落成的锻炼，逐步磨合出一个成熟的队伍；

5. 物美价廉的农产品，品质好品种多样，深受市民欢迎；

6. 亿达服务党组织的全力支持，企业管理层的高度重视，资源的倾斜，保障第一书记的店的落成运营。

（四）从"店"到"大市场"，"助农"基础上再加"扶贫、帮困"

4月17日，疫情的影响还在持续，为继续扩大民生保障服务范围，"第一书记大市场"经过40天的抢工整装亮相，在保留新鲜蔬果当日直采、第一书记代言特色农产品等助农功能，还创新增加"农村自留地"专区，旨在让农户将自家自留地里消耗不完的蔬果，直通城市百姓餐桌，增加农民收入的同时，以更低的价格让百姓品尝到无公害食品。

在助农的基础上，第一书记大市场还增设扶贫、帮困版块，旨在帮助农村贫困农民、城镇社区困难居民通过双手自力更生。面向需要帮扶的农民，第一书记大市场提供免费场地、设备、仓库、住宿，并提供技术培训等服务，帮助支持待业农民创业或就业；面向社区困难居民，设立"新时代文明实践站·社区爱心小铺"并提供免费摊位，由物业与社区联动，让有一技之长的残疾人、低保户、孤寡老人等困难居民可以在这里有偿为社区居民提供如理发、园艺等服务，或售卖自制手工艺品等产品。所有帮扶产生的费用，由亿达服务集团进行企业补贴。

二、线下联动+线上平台打造

防疫环境下的新常态让亿达服务明白，社区经营、消费扶贫应与线上直播、电商平台更紧密地结合。

亿达服务加速吸收组建专业电商团队，通过打造扶贫直播间，深挖农产品故事，打通线上销售渠道，解决物流配送最后一公里的问题，让更多农产品通过网络走进更多市民家中。

三、红色力量助力抗疫　保障民生

7月25日，大连市甘井子区大连湾街道被划定为高风险地区，所有小区实行封闭管理。如何保障近20万居民的生活，成为摆在城市面前的一道必答题。

作为大连物协会长单位，亿达服务集团积极承担社会责任，第一书记的店临危受命，第一时间制

定保障方案，深入高风险区域，通过线上下单，线下配送至接收点的模式，为大连湾街道居民提供民生保障，为抗击疫情做出努力。

随着疫情在全球的蔓延，世卫组织曾表示"世界再也回不去了"。愈加艰难的时局，愈加需要红色力量的引领与指引，企业经营亦是如此。未来，亿达服务将持续加强红色建设，注重发挥企业党组织的政治核心作用，全面提升社区服务水平，发挥社区经营工作中的党建引领作用，让红色基因渗透到企业的每一处角落。

"疫"路向前,专注好服务
——20条防疫战线场景互联,共筑平安家园

江苏银河物业管理有限公司

江苏银河物业管理有限公司(以下简称苏宁银河物业),成立于2000年,是苏宁控股集团成员企业,苏宁置业旗下的物业服务专业化运营企业。公司始终以初心不变求质量,以模式创新求发展,经过20年的管理实践和品牌积累,在物业管理的专业化、精细化道路上砥砺前行,公司分别在质量管理、环境管理体系获 ISO 9001:2015、ISO 14001:2015 标准认证及职业健康安全管理体系 GB/T 45001—2020 标准认证。

专注好服务,坚守品质是立身之基,用户满意是终极目标。春节期间,突如其来的疫情打了我们一个措手不及,也重塑了业主与物业的新关系形态。

苏宁银河物业充分发挥产业协同、多业态、全场景服务能力,自2020年1月21日成立疫情防控指挥中心开展防疫工作开始,始终坚守在社区、商场、百货、办公楼、医院、交通枢纽、高校等全国20条业态防控战线上,通过政企联防联控、全场景宏观管控,以及物资协调保障、人员及环境安全管控、科技防控应用、民生需求保障等多重专项举措,承担起城市疫情防控和业主生活需求保障的双重责任。

特别是"宅家"模式引发的居民生活方式向线上的改变,苏宁银河物业开展线上下单、线下代采代送服务,打通社区服务最后的100米。项目代采代

买及快递上门等到家服务口均达200多单，降低了业主外界接触风险，业主足不出户，即可买到平价、新鲜的果蔬等生活物资，既保障了业主的菜篮子，又助力市场经济稳定。社区作为新冠肺炎疫情防控的主战场，千万名物业人严防死守、兢兢业业的工作受到了业主的肯定，但面对陆续进入复工带来的社区业主归来，每天大量的信息核查、防疫宣传、风险管控、服务维护等工作，给物业公司带来不小的挑战。针对以上难题，苏宁银河物业率先启用集团最新科研成果——苏宁E家社区管理平台，基于大数据、AI等核心技术，将社区社群管理、社区智能语音机器人、社区智能自动化办公系统等核心能力融于社区管理服务中，通过人员扫码验证、智能咨询＋智能群组管理、在线管家即时响应等一系列行之有效的智慧方案，减少了大量重复的人工作业，并结合人脸识别智能门禁、无人值守停车场、无人送货车、智慧监控平台等一系列智慧技术应用，实现了非接触式、便捷的、安全的服务提供，最大程度降低了接触式传染的风险，赢得了业主的芳心。

一、加大物业开放平台研发，启动知会社区建设

"互联网＋"技术的物业服务应用日趋广泛，在助推行业提档升级的同时，给业主带来了更便利的居家感受和更便捷的生活体验。因此，苏宁银河物业早早就启动了智慧社区建设专项工作，依托集团实力雄厚的IT研发团队与物联网、人工智能、大数据等技术红利，实现悦居会APP管理平台，到物业管理智慧三端管理系统的迭代更新，助力公司实现降本增效、服务提质，打造高效、便捷、安全、绿色的智慧社区。

随着平台价值日益凸显，2020年，苏宁银河物加大物业开放平台的研发，利用移动互联网平台及智能技术手段将多元生活场景、丰富的服务产品与用户联结起来，使物业管理行业的增值空间大大拓展，强化企业实现快速扩张的能力。

与此同时，在"物业服务＋企业服务＋生活服务"一体两翼的创新模式下，苏宁银河物业融合产业生态链资源，创新打造B＋＋、C＋＋两端双线的运营能力，一站式解决业户基础服务、便民服务、生活服务、资产服务、车场服务、智慧终端等方面的生活服务需求，让用户与业主切切实实地感受到智慧、便捷与增值，激活终端资源、降低业主生活成本。并围绕幸福社区价值链，不断探索党建引领＋社区共治＋物业场景＋社区文化＋服务配套五位一体运营管理模式，通过不断完善幸福社区文化场景，给予业主真正的便利、便捷、实惠与惊喜。

二、新定位，新使命，多措并举专注好服务

随着疫情防控的常态化，给物业服务企业带来挑战的同时，也带来了发展新启示。智慧物管、生态融合、民生保障、城市服务等成为行业发展关键词。

2020年，苏宁银河物业带着"中国物业产业

生态服务商"崭新定位，以产业资源和技术整合运营为驱动力，不断扩大市场份额，在内接外拓的基础上，通过20年来发展沉淀，形成综合商业、科技办公、产业园区、高端住宅、公共服务（高校、医院、景区、政府公共设施）五大业态二十个小类服务覆盖，服务范围拓展至全国200余个城市，逐步完成了企业战略部署的核心城市布局。

作为苏宁"专注好服务"品牌主张的笃行者，苏宁银河物业始终坚持以"极智赋能，创造客户价值"的企业使命，践行着为用户创造品质、惊喜、感动的服务承诺，积极构建以用户满意度为导向的品质管控体系，不断优化用户体验，持续增强物业保值增值的专业能力，与时俱进的丰富物业服务产品体系，在提升公司整体运营绩效的同时，逐步形成中国物业管理行业产业生态服务领先地位。

"专注好服务"，要秉持"利他之心"，让用户"占便宜"，为用户创造价值。是苏宁对服务的坚守，也是苏宁银河物业始终秉承和坚持的服务本心。从创立之初，苏宁银河物业便将对好服务的极致追求写入了品牌基因中，并围绕"好服务"不断进行探索与服务落地。最典型的标志，就是不断优化自身的管理和服务体系。公司以全动线管理、体系标准化、模块标准化、项目标准化、岗位标准化5层业务体系的建立为基础，通过标准的制定和执行，来固化和提升基础服务价值，让用户切实体验到服务的高品质。并先后推出创优、标杆项目建立、星级服务评比、体验官四大品质提升计划，通过打造样板工程、对环境、硬件设施、软性服务升级，以及用户触点优化完善，全方位提升物业服务品质，让苏宁银河物业服务口碑持续发酵。

而好的服务、好的口碑需要一套行之有效的保障体系。因此，苏宁银河物业建立了以品质为导向的保障体系，通过严格的机制监督，保障服务标准落地落实、提供的产品和服务质量优质、安全、高效，保障整个服务产品的落地、运维和推广。同时，不断完善服务质量监管体系，丰富服务监督手段，采取常态化检查、秘密调查及业主满意度调研等多种方式进行品质检测与评定，并通过星级业务、服

务之星、执行力考评等奖惩制度，督导各项标准、规范落地落实，有效实现了苏宁银河物业现场服务品质的标准化、稳定性与持续性。

同时围绕幸福社区文化，苏宁银河物业以"温度"＋"内涵"的服务为用户营造全时、全程、全龄、全空间的服务体验，令用户感受贴心服务、精彩生活的每一天。在坚持效益与发展的同时，聚焦终端，公司不断将服务下沉，创新打造了便民服务日、社区福利日、暖心服务日、物业开放日四个服务日，如针对便民服务日，联动集团资源与外部优质资源，定期在社区开展理发、磨刀、义诊等便民服务，让业主在家门口就能享受到生活的便捷，此外，在社区入口与物业服务中心配置了便民服务站（提供应急药箱、雨伞、应急维修工具等便民物品），以备业主不时之需；针对社区福利日，公司为业主准备了不同的惊喜，如新春大礼包，情人节鲜花，母亲节贺卡等，让业主月月有惊喜；以及冬送温暖夏送清凉的暖心服务日、走进物业了解物业的物业开放日，得到了业主的广泛好评。

为满足业主对于精神与文化层面日益提升的服务需求，苏宁银河物业以党建为引领，结合不同群体需求，从"尊老、爱幼、惜己、爱妻、睦邻"五大主题出发，每年围绕社区焕新节、社区生活节、社区服务节、社区嘉年华、社区年货节5大关键节点，策划多种多样的社区文化活动，来丰富业主的业余生活，增加业主的生活乐趣，拉近了家庭、邻里之间的距离。

三、践行"敬业专业、成就自我、诚信创新、创造价值"核心价值观，加速人才培育

苏宁银河物业通过苏宁大学·物业学院，重点围绕7大服务中心＋16个实训基地＋2个技术体系＋4个物业基础业务模型＋1个技能实验室建设，聚焦领导力、专业能力、业务能力等能力提升，整合各类学习课题，打造从初级人才到高级人才的培养体系。并与多家院校、机构及同行进行培训资源合作，通过资格认证、精英赛、绩效提升培训，高管面对面、微创新等，塑造了一批批技能精湛、素质优秀的服务工匠，为高品质服务源源不断地注入新动力。

专注好服务、专注用户满意。在品质坚守的基础上，苏宁银河物业将持续聚焦产业生态和场景运营，坚持以"物业服务"为本源，挖掘用户日益变化的服务诉求，围绕资产、经营及对人的服务诉求，从标准搭建、人才组织、机制保障、技术应用、服务创新五大维度出发，持续推进"服务力"提升，共筑生活美好。

深耕大江苏，打造区域品质服务标杆
——弘阳服务与南京江北新区共成长

弘阳服务集团有限公司

对于南京人而言，江北新区是国家级新区，对于江北人而言，弘阳服务是江北发展的同路人，是江北新区的忠诚服务者。

2020年，长三角的地图上，江北新区的光芒愈发的闪亮。这一年，江北新区这座国家级新区迎来五周岁的生日；这一年，弘阳服务集团有限公司登陆香港联合交易所的锣声在南京江北弘阳广场敲响。

20多年前，南京长江以北，一眼望去，还是一片片田野和滩涂。有一家以建材批发白手起家的民营企业，做了一件轰动南京全城的事，一下子就打破了这片土地的寂寥，江北也变得热闹起来。

这就是南京江北的红太阳装饰城开业。

弘阳选择在这里起步，一座红太阳装饰城拔地而起，由于红太阳装饰城的产品多，质量好，价格亲民，当时就成了南京市民的家装首选，很多南京人为了买家具和建材，特地从江南地区赶来，红太阳装饰城成为当地人气颇旺的装饰建筑材料批发零售基地，弘阳的品牌和口碑也从那时开始积淀。从这一天

城市的拓荒者

起，江北的区域活力开始被激发。

2003年，弘阳服务集团前身南京弘阳物业成立，首个服务的住宅项目"旭日华庭"，至今还是南京长江大桥桥头堡的标志性项目。2005年，江北第一座购物中心弘阳广场、南京最大的室内外主题乐园弘阳欢乐世界、桥北首座四星级豪华酒店南京弘阳酒店，全都能看到弘阳服务的身影，可以说弘阳服务跟随弘阳集团的脚步，为江北的发展贡献了全部。

经过17年的发展，弘阳服务在江北，完成了以弘阳广场为中心，辐射江北8公里的服务生态圈，服务业态包括住宅、商业、主题乐园、政府公建项目。弘阳服务如此专注于江北新区，不仅是为了秉持构建桥北城市形象的初心，更是为了百万江北人民的幸福生活。

江北，开始从那时起，便成为越来越多南京人安家的首选之地。

一、江北的服务者

近20年来，弘阳服务始终秉承"让生活更有温度"的初心，通过以诚待客和卓越服务，服务于每一位客户。

2019年以来，弘阳服务从多个方面夯实物业基础服务，为江北的弘阳业主提升居住质量。从全生命周期物业服务体系、以心焕新老社区升级改造行动，到弘人节社区文化活动等一系列温馨关怀服务，坚持不懈照料好每一位业主家人。

以南京桥北的天润城九、十街区为例，弘阳服务自2016年7月被业主选聘为物业管理方以来，小区居住体验、整体环境得到了显著改善，业主满意度持续提升。

小区还整体受益于弘阳服务提出的"双轮驱动"战略，将住宅物业服务与商业物业服务的优势资源真正打通，为业主提供了更为便捷、更为丰富的区域生活。

小区业主纷纷表示，弘阳服务进驻后，业主还能享受江北弘阳广场、家居、酒店、游乐场等独家优惠，购物打折、积分兑换、礼券赠送、免费体验更是"家常便饭"。

二、江北的守护者

2020年新春伊始，新冠疫情牵动着全国人民的心。为确保疫情有效防控，配合政府、街道、社区进行疫情的网格化管控，弘阳服务迅速上线封闭式管理、系统性消杀服务、组织防疫宣传、防疫物资保障四大标准化措施，对全体员工进行科学培训，启动动态体温监控，要求上岗期间佩戴口罩，勤洗手，勤消毒；对各项目出入人员进行体温检测，快递外卖等均由物业人员亲自为业主配送到家，实现"最后一公里"的安全保障；严控外来人员，记录并跟踪出入人员信息，实时掌握社区动态；对在管所有项目重点区域进行高频次消毒，卫生死角进行重点清洁及消杀；设置废弃口罩专用垃圾桶，并统一消毒处理；各项目线上线下联合进行疫情防控宣传。协助政府开展住户登记与居家医学观察，摸排小区空巢老人情况，并主动提供上门服务，提供生活用品便民采购，让业主的宅家生活温暖无处不在。

在疫情期间，弘阳服务也与江北居民建立了深厚的情谊，业主们将物业的努力看在眼里，记在心里，为物业捐献消杀用品，给管家送来暖心的鼓励，更有业主为弘阳服务写了一首歌《我的物业好兄弟》，作词作曲演唱均是弘阳业主。虽然疫情肆虐，但是物业与业主之间的心更近了。

三、江北的创新者

早在2016年，弘阳服务便开启了"互联网＋社区"的服务战略，利用互联网平台及弘生活APP，链接形成以社区为中心的微商圈，集成衣、食、住、行、娱、购、游在内的各领域商户服务资源。

在互联网＋的思维模式下，弘阳服务依托移动互联网平台，打造线上线下一体化服务流程；通过弘生活APP、弘商汇APP，为业主提供基于通知、报修、缴费、安保、邻里社交等基础服务，以及家政、装修、团购、电商、金融、社交等定制化智慧增值服务。

与此同时，依托弘阳集团在南京江北新区的规模优势以及江北国家新区的发展契机，弘阳服务将传统物业服务从社区内走向社区外，谋求区域效应，合作发展。区别于传统特色社区，弘阳服务主张城市存量升级，通过整合运营，形成"自给自足、良性循环"的生态圈体系，构建居民美好生活。

弘阳服务成长的17年是"筑梦"的17年，是与江北共同发展，相互促进的17年。从蹒跚起步到蓄势待发，从强化管理，到创新发展，17年的坚持，弘阳服务用心诠释了"以诚待客，卓越服务"的理念。未来，弘阳服务将不断提升核心竞争力，继续拓展品牌影响力，夯实新江北，深耕大江苏，打造区域品质服务标杆，与南京江北新区共成长。

诚实守信，多元经营，超越价值

江苏恒通不动产物业服务有限公司

江苏恒通不动产物业服务有限公司（以下简称：恒通物业）成立于2009年11月，具有国家物业管理一级资质，下辖8个区域分公司，是中国物业管理协会理事单位、中国物协杂志社协办单位、江苏省房地产业协会会员单位、扬州市房地产业协会理事单位、扬州市物业管理商会副会长单位。公司目前已有员工1500余人，服务、管理总面积近1000万平方米。服务项目包括住宅区、别墅区、大型MSD商业综合体、写字楼、SOHO、政府物业、台资企业、厂区等多种业态，拥有全类型、全方位的服务管理体系。

对业主而言，真正的安居是从优质的物业服务开始的，从精神层面来说，增值服务为传统服务赋予了人文关怀；从物质层面来说，物业的经营理念越开阔，思维越开放，就越能为企业的长久发展注入可持续发展的可能性。随着近年来物价指数的不断上涨，物业服务企业管理成本翻倍增加，尤其是今年新冠疫情，使更多微小型企业的发展更加入不敷出，部分物业服务企业为了维持经营，只能降低服务质量，而服务质量的下降，又会引起业主与物管企业之间更多的纠纷，从而形成一种恶性循环。面对物业公司除了收取物业

费之外，在不降低服务标准的前提下，必须思考如何采取其他措施来提高自身的利润空间。外部拓展市场和内部开展增值服务、多渠道创收，是公司有效解决物业收支困难、取得良好收益的努力方向。2020年是恒通物业创业发展的第11个年头，也是企业创新转型发展的关键之年。近几年，我们围绕既定发展目标，全力提升服务品质，积极调整优化运作模式，在开展多元化经营上挖潜力、下功夫，先后组建了商贸公司、保安公司、三产服务部、能源管理部；正在推进成立家政公司，努力为业主提供全方位增值服务，来提高和超越物业服务的价值。

公司成立伊始以"质量为先，服务至上"为企业经营理念，以实现"打造素质精良服务一流的知名物业"为目标，不断加强质量管理，强化服务意识。通过多年的市场探索和实践，接管和服务了40余个管理项目，且不局限于扬州市场，逐步将管理范围向扬州以外的城市以及省份进行辐射，逐步扩大公司的影响力。

一、公司组建了江苏恒通机电工程有限公司，开展特种设备（电梯、立体车库）安装维保业务和加强物业工程维护服务工作，并且实行现场蹲点制度，在接到业主反映问题后，能够及时赶到现场进行处理。

二、通过股份改造成立宝德科技节能工程有限公司，派利景观工程有限公司，开展多渠道创收业务。开展装修管家服务，即业主在装修过程中对房屋结构和质量的把关，降低管理服务成本和减少业主之间的矛盾，有了资源的保证，物业引进装修服务，有先天的客观条件，将会在市场中处于优势。

三、组建能源管理部，组织架构能源管理体系，建立健全能源管理制度，充分发挥地源热泵高效节能、绿色环保等优势，为业主提供户内地暖管、新风机过滤网清洗及维修等服务，其中华鼎星城项目，为扬州市级建筑面积最大的恒温恒氧节能环保高档社区，该项目被授予"三星级绿色建筑"荣誉称号，蓝湾国际项目被授予"三星级绿色建筑"荣誉称号、"健康建筑三星运行标识"荣誉称号，该运行标识也成为江苏省首个住宅类最高奖项。

四、组建产业服务中心，目前已成立8家社区邻里中心，持续重点以社区超市为载体，开展多元化服务，从线上到线下，嫁接手机移动端，解决了业主"最后100米"服务的难点，同时也是对B2F商业模式的新延伸。精选"冶春"、"中粮"等优质供应商合作，不定时不定期推出特价商品、团购会；综合运用微信公众号、小程序等平台，业主坐在家里就能轻松选购，大到一袋50斤重的大米，小到一颗螺丝钉，都是零门槛免费配送上门。同时引进有机蔬菜和有机食品，将绿色、无公害和有机食品作为需求服务推荐给业主，亦会带来可观的收益。

五、组建"蓝湾洗衣"洗衣房，目前已成立7家，定位是开在家门口的洗衣房，方便、快捷，且业务广泛，不仅清洗日常棉质衣服、裤子、鞋子之类，还清洗桑蚕丝、羊绒等高端材质，大件包括家里使用的窗帘、酒店床上用品及窗帘等，同样无门槛上门取衣，减去业主们的后顾之忧。同时也开展了家政服务，如房屋清扫、搬家、美化居室等。

六、设有"恒通食堂"，目前设立在东、西两个板块，每天早晨工作人员都会去市场精挑细选新鲜的食材，然后回来经过清洗、切菜、配菜，中午11点就可以对外开放，每天厨师都会准备10余种菜品供业主们选择，而且价格低廉，深得业主们的一致好评。

七、小区内设有"菜鸟驿站"快递中心，业主们的快递除了存放在快递柜，其他的就是寄存在快递中心，工作人员会细心认真地将快递单号输入系统，然后根据预留的手机号码向业主们发出取件码信息，业主们根据取件码就可以前来领取快递，遇到超过五天不来领取快递的业主，工作人员会发信息进行友情提醒，比如有的业主购买的是生鲜食品，却忘记了及时领取，结果腐烂变质，导致了浪费；如果经过提醒后业主仍未前来领取，便会将滞留的快递放置在另外一个区域"超过七天未领取包裹区"，其次是再次打电话提醒业主前来领取，以免错过了最佳的退换货时间，如果遇到有的业主临时出差，他们主动委托快递中心进行保管，物业也是免费保管，直到业主过来领取。

八、建立"物业＋教育"的服务新模式，我司拥有场地及设施的主导权，通过长期服务业主取得业主家庭的信任，通过自建团队或与教育机构合作引入教学资源，在社区内开展教育服务，开启"物业＋教育"的服务新模式。具体包括社区早幼教育，即面向社区内学前儿童，提供"家门口"的早教；社区学后托管，面向社区内12岁以下儿童，提供放学后的托管服务。

九、公司在发展的同时，始终坚持以人为本，对员工，恒通物业坚持"以人为本""量才录用"建设理念，以强调团队协作来实现企业的共同目标。管理骨干选拔坚持"能者上、平者让、庸者下"用人机制，整体创造一个赏罚分明、公平公正的竞争环境以及为员工提供一个实现个人价值的平台。特别是通过培训及外出参观学习，强化企业文化理念对员工的灌输，提高员工对公司的归属感和忠诚度。

对业主，恒通物业始终坚持"服务服务再服务""以服务求生存"的经营服务理念，抓住业主的服务需求、心理需求。在平时的服务工作中，还不间断开展社区文化活动，把对业主的关爱、对社区的呵护、对社会的责任，融入形式多样、丰富多彩的活动中去，构建和谐的生活氛围，提升业主的幸福感。

恒通物业通过多年的内修管理、外炼服务，在管理经验、服务品质、人力资源、品牌竞争等方面独具优势，在今后的发展道路上，恒通物业将继续保持前行的脚步，倾注全部精力，以文化为指引，用情怀让服务更具热度，助推整个物业管理行业有序、健康、蓬勃发展。

共建美丽家园，荣创文明城市

江苏金枫物业服务有限责任公司

自苏州市委市政府引领全市市民共同创建全国文明城市以来，物业管理行业以其独有的"更接近于市民的最后一公里"的家园属性，建立了独特的阵地，争创文明城市，对于物业管理行业来说，既是一项政治任务，又是一项全局性日常工作，必须把握好"四个原则"：

一是坚持以人为本。城市的文明、社会的文明要靠人的文明来实现，市民是城市的主体，物业，就是联动这个主体的桥梁，创建文明城市的目的，在于通过这个载体，促进人的全面发展，让群众享受到更多的物质文化成果，使争创过程成为群众追求文明进步、展示良好风貌的过程。

二是坚持三个文明协调发展。对于物业来说，文明家园是精神文化文明、邻里氛围文明、规章制度文明的综合体现，要坚持发展与稳定统筹兼顾、文化与制度协调发展、氛围与工作全面协调，把三个文明建设任务落实到具体工作中去。

三是坚持各级联动。对于物业来讲，创建文明城市的重中之重，是通过联动各级，比如街道社区、业委会网格、党支部各级、群众各个社群、团体，全面动员共同提高所服务项目、管理小区的文化文明水平。所以工作中一定要坚持统筹兼顾，各级联动，协调发展，整体推进，最终通过小区文明的建设实现全市文明、全面文明。

四是坚持全员参与、求真务实。要充分发挥物业各条线员工、物业服务中心各层级、社区群众各团体在创建工作中的主体作用，尤其是在物业管理的工作中，让群众参与，让业主受益，让业主高兴，让业主满意。同时还要在抓好集中创建的同时，加强制度建设和长效管理，防止短期行为和形式主义。

在以上指导方针下，金枫物业在争创工作中主要突出了"五个重点"。

一、"将帅同知"，管理层统一思想，达成共识，以实现文明建设跨越发展为重点，增强物业服务综合实力

创建文明城市从来不是单纯地争取荣誉，而是通过创建，带动所服务项目

小区品位的提升、人居环境的改善，提升企业的服务意识和企业竞争力。

为此，金枫物业在成立文明创建领导组后，为了统一思想达成共识，专门针对创建工作组织了"诸葛群"建言献策，组织了座谈会广纳良计，在一次次的会议和讨论中将创建工作做为涉及金枫物业服务企业生存的生命线来打造。

三、"上下同欲"，以整合资源形成合力为重点，各级联动，多方发力

金枫物业公司创建工作中，创新出"物业＋社区＋义工＋党员志愿者"小区服务工作法，与社区、街道、联动，组成社区网格帮帮团，解决居民业主实际困难，宣传创建工作思想，带头清理辖区门栋内的乱堆放和小广告，同时整治规范放置杂物等。以热情感染居民，带动业主自觉加入到义务劳动行列，清洁家园，为创建全国文明城市共同贡献自己的一份力量。通过金枫党支部与其他社会团体，如律师协会、教育机构、司法部门、社区工作人员、志愿人员共同组织各类公益活动，集中清理邻里纠纷，组建义务巡逻队集中整治小区环境。通过多方联动，提高了工作效率，营造了良好的创建全国文明城市氛围，推动社区"创文"工作更上新台阶。

二、"内外同德"，以思想道德建设为重点，加强宣传教育，营造良好的家园氛围，切实提高人的素质

为了深化业主对创建工作的主体意识，自觉投身到创建活动中来，金枫物业结合实际，以不断改善社区内居住环境和提高业主整体素质为标准，利用各种渠道如《金枫视点》等企业报刊，广泛宣传创建文明社区的重要意义，提高广大居民对创建文明社区重要性的认识。使广大业主充分认识到，创建精神文明与自己的工作生活息息相关，有利于改善自己的居住生活条件；从而促使业主自觉把建设文明社区与履行公民义务结合起来，为开展创建活动奠定了坚实的思想基础。提高创建文明城市工作水平，最终要靠人的思想道德素质的提高来支撑。

四、"左右同道",以提高管理能力和优化服务质量为重点,建立并优化制度,奖罚并举

金枫物业在创建工作中,一直着力于勤练内功,显于外形,从完善制度,落实目标责任制抓起。首先坚持工作例会制度。确定每周五召开创建工作例会,汇报创建进度,梳理存在的问题,安排下一步工作;第二是督查通报制度。加大督查力度,对存在问题的物业服务中心进行通报批评,责令整改,对完成较好的物业服务中心通报表扬;第三是协调处理制度。加强与相关单位的协调配合,共同促进创建工作开展。通过完善制度,落实责任,确保了创建工作真正落到实处。

五、"前后同态",以坚持可持续可发展为创文工作重点,长效管理,着眼全局

金枫物业在创建文明城市的工作中,形成了一套自有的长效管理体系,分别对管理小区实行常态检查,加强"点对点"指导,扎实推进小区文明创建。要求各物业服务中心强化小区创文主体责任,借助物业管理"三位一体"机制平台,融合街道、城管、社区等工作力量,深入开展"六乱"整治,提升了小区共治共管水平。截至目前,金枫物业今年常态检查累计巡查 240 批次,夜查 120 批次,涉及 30 余个项目小区,发现问题 1266 个,其中 1239 个已整改到位,整改率超 98%。通过长效全面创建,群众关注的一系列热点、难点问题得到有效解决,使小区的物业管理品质有了明显改观。

为深入推进文明城市长效管理工作,继续深化创文工作,金枫物业组织开展"工程""秩序""保洁""专业知识""接待礼仪"竞赛活动,即:比综合服务、争一流管理;比卫生保洁、争最佳环境;比秩序维护、争平安畅通;比设施维护、争管养到位;比公开透明、争规范服务;比小区创建、争示范优秀。坚决做到"控住面、保住块、守住线、盯住点",以确保在文明城市建设中"得高分、得满分",通过长效机制建设与管理,开创出"长效一子落,创文满盘活"的局面。

一直以来,金枫物业坚持创建为民、创建惠民、创建育民、创建靠民的理念,从文明细节抓起,从薄弱环节改起,解决好业主最关心、最直接的利益问题,力求让居民生活得更舒适、更文明、更幸福。

经过了一系列的努力和工作后,金枫物业的创建工作虽然积累了一定的经验,取得了一点成绩,为全市的创文工作贡献了一些力量,但也存在着一些缺点和弱项,比如在利用高科技手段提升服务方面,如:智能识别、大数据运营、区块链应用上,还有很长的路要走。

云享时代，共见未来
——绿城云享商写品牌升级焕新

绿城服务集团有限公司

过去的三十多年来，伴随着中国城市化进程飞速发展，房地产市场迎来持久繁荣的同时，物业管理行业成了一个规模达万亿级的大市场。但随着住宅物业逐渐走向稳健发展，以商务写字楼、政府机构、企业总部为代表的商企物业，成为大型物业服务企业竞相追逐的新蓝海。

一、云享缘起

2019年9月，绿城服务正式推出"绿城云享"商写品牌，包括i-Service服务体系及i承诺、i助力、i连接、i创造四大服务模块，以商写高端服务品质对标国际标准，优化服务场景，提升服务感知，保障资产保值增值，从而实现商业企业共生、共长、共赢。

早在2000年初，绿城服务就已涉足商写业务。一直以来，绿城服务在商写领域始终积极探索、不断创新，积累了丰富的实践经验。时至今日，绿城服务已成为中国物业管理行业服务商务办公楼规模最大的企业之一。在云享品牌发布已经快满一年了，绿城云享在商写品质服务上有了新的发展与突破，云享品牌升级焕新应运而生。

二、品牌焕新

2020年8月18日，在全国四大未来科技城之一，浙江省创新发展极核，杭州未来科技城（海创园），以"云享时代共见未来"为主题的绿城云享商写品牌升级发布会召开。协会代表、合作方代表、主流媒体等社会各界的嘉宾悉数出席。钱江晚报、杭州日报、杭州电视台、凤凰网、新浪网等多家媒体都进行了报道。线上，更有百万流量涌入乐居财经等直播平台关注此次活动。

2020年这场疫情对社会经济影响深远。中国物业管理协会会长沈建忠在此次品牌升级发布会上指出，"在疫情改变时代的环境之下，头部企业更加应当承担起行业先锋角色，积极发挥物业服务企业在社会治理中的充分作用，不断增加企业自身的价值，打造在社会服务体系中不可或缺的能力。"

绿城云享的诞生，正是顺应时代发展的果实。在当下，云享品牌亦在与时俱进。正如绿城服务集团董事会副主席杨掌法先生所说："我们为企业复苏竭尽全力，做国家经济最小单元的坚实守护者。同时我们也有责任、有义务提升服务本质，优化商企客群营商环境。"

落地一周年之际云享品牌焕新升级，这不仅是绿城新生代商业服务的核心价值及品质实力的展示，更是商业物业领域新物种、新范本诞生的见证。

绿城服务集团首席运营官金科丽在活动中详细解读了绿城云享的发展历程，并表示，未来绿城云享的升级之路，将从系统化、数智化、生态化几方面发力，继续将云享产品打造成绿城商写服务乃至行业的新典范。

（一）首创商写物业新物种：云享体验官

从8月上旬开始，绿城服务面向社会公开招聘体验官，引起了多方关注。最终，经过层层选拔，从众多报名者中挑选出了20名来自房地产业、服务业、金融业等社会各界的体验官以及众多企业客户和内部员工，组成了此次云享服务体验尊享行的"豪华阵容"。

80多名体验官分成4组，分赴云台国际商务中心、绿城西溪国际商务中心、浙江海外高层次人才创新园、宁波中心大厦4个项目，完成了本次的体验活动。

这种类似"酒店试睡员"的切身体验，让服务提供者和使用者，以及不同的利益相关方共同参与服务开发、设计的模式在业内尚属首例。对绿城服务来说，是"大胆创新传统"的不断践行。

为了让体验官们能够更真实客观地了解和评估云享服务，这4个蓝本项目都根据自身情况制定了特色体验路线，把客户置于中心，将服务中的关键节点完整呈现在体验动线中。

从物业服务、智慧服务、园区服务、资产服务等维度，体验官们为云享服务做评估，以"参观路线、项目讲解、接待服务、员工形象、落地呈现"等五个方面，为本次体验活动打分，从而让他们的真实感受和意见建议成为绿城云享不断优化的方向和目标，为云享产品从多维度赋能迭代。

在宁波中心，通过云享全景MOT，体验官们感受了沉浸式的场景商写服务。在杭州西溪国际商务中心，体验官们体验了云享总部大楼综合商务服务，了解智慧通行的优势。同时，在海外高层次人才创新园，对云享慧务接待服务和高端专业的会务礼宾服务，体验官们有了新的感受。在云台国际商务中心，体验官们体验了专属定制、贴合客户需求的云享商务服务。

体验官代表方菲鸿表示："作为消费者，能够有机会亲自体验这些服务环节，真实地参与这些服

务设计,这是一件新鲜事,也是一件有意义的事。"

在亲身体验过蓝本项目的真实场景,体会过云享服务的峰值体验之后,各位体验官们都表示大有收获,对商写服务有了全新的认知。项目参观完毕之后,大家还意犹未尽,希望能有更多的机会参与这种体验活动。

不过,这不是结束。未来,云享体验官将参与不定期的项目体验调研、云享产品设计研发会、商写服务满意度测评会等活动,并通过标准化的意见形成、汇总,深度介入云享商写产品的设计和优化。

(二)首发绿城商写发展综合体:超级 1 + N 组合

数字化时代,任何一个行业都有可能被颠覆:熟悉的风景会出现破壁状态。

新常态下,双层联动的国际化资产运营服务体系将是未来的主流。在商业模式的升级转型下,以资本与资产双轮驱动的形式,实现资产的保值增值。绿城云享正是朝着这个方向砥砺前行。

在绿城云享品牌发布升级活动上,同济大学设施管理研究院、支付宝与绿城云享宣布建立战略合作。这样的超级 1 + N 组合,对行业来说意义重大。一个满足高净值客户、商业地产的持有者、政企客户、楼宇业主及租户从生活到生长多维需求的服务生态圈完成完整迭代,首次实现多方位的跨界合作。

通过向下"生根"练内功、纵横"生枝"拓外延、向上"生长"铸品牌的组合拳,绿城服务正在孵化一个与市场有更强配适度的"商写发展综合体"。

(三)未来航母扬帆起航:品牌价值 36.8 亿元

值得注意的是,中物研协基于绿城云享发布一年来的各项数据,发布了绿城云享的品牌价值 36.8 亿。一个商写领域新的行业航母正在浮出水面,既为火热的物业管理行业再度注入新动能,也将成为物业服务企业布局大城市服务的典范。

截至目前,绿城云享已服务 346 个商写项目,遍布 34 个城市,拿下国际金融会展中心、中交汇通中心、钱江核心区市民中心、之江实验室等地标项目,业态涵盖商业写字楼、综合体、园区、数据中心等。服务客户包括阿里巴巴、华为、海康威视等时代名企,以及众多金融企业及大型跨国公司。

三、远瞻未来

面向未来,绿城云享将继续以人为本,智慧科技,跨界融合,创新裂变,不断打造"从美好生活服务到助力资产保值增值、从企业到员工配套优质资源的一站式服务、从科技办公到智慧无边界工作体验"的美好服务组合,致力于成为中国商业领域的综合服务商。

商写云时代,绿城云享将继续以"真诚善意精致完美"服务理念,不断创新、砥砺前行!让绿城云享为商写行业发展带来新动能,助力美好城市的繁荣与活力。

南都管家 2.0，传递幸福传递爱

南都物业服务集团股份有限公司

南都物业服务集团（以下简称：南都物业）成立于 1994 年，是中国首家登陆 A 股的物业服务企业。现为中国物业管理协会名誉副会长单位、杭州市物业管理协会常务副会长单位，荣膺中国物业服务百强企业、2020 中国产业园区物业管理优秀企业、2020 中国特色物业服务领先企业－保障房服务、2020 物业服务企业上市公司十强经营绩效领先企业等多项荣誉。

26 载砥砺，品质为先，服务第一，不断创新、突破。南都物业秉承"让生活更美好"的企业使命，依托多元化布局及资源整合能力，致力于实现从基础服务到智慧服务的跨越升级，提供一站式全生命周期的未来城市运营体系，让客户享受更加幸福、更加便利的生活。

一、升级服务模式：南都管家 2.0

在"客户第一"的目标引领下，南都物业在成立之初就把"追求品质服务"

融入自己血液之中。坚持物业服务为主业，在深入分析细分市场机遇与自身优势后，集中优质资源，聚焦物业服务的细分领域做精做强，在激烈的物业服务市场竞争中较早实现了成功突围。

2006年，南都物业正式独立市场化运作，开始实施物业服务市场细分战略，将物业服务分为"南都物业"和"南都管家"两大品牌，分别针对中高端和顶级项目。

其中，南都管家品牌撷取传统管家的优点，结合酒店金钥匙服务宗旨，融汇五星级酒店系统化的服务管理模式，在公共服务的基础上，实施一对多的个性化服务。为打造一流的南都管家服务团队，南都物业与国际管家最高学府——荷兰国际管家学院建立长期合作关系，输送多名优秀员工赴荷兰培训，并将培训内容纳入南都管家日常培训体系中。"中国十大豪宅"之一的杭州东方润园项目即为南都管家服务的代表项目。

随着对美好生活服务体系的深入构建与探索实践，南都物业不断升级服务模式，为业主构筑幸福家园。2019年，南都管家服务模式2.0认证启动仪式举行，标志着"南都管家"品牌迎来形象、服务双升级，拓展服务领域，赋能服务价值。

二、创新服务理念：传递幸福传递爱

城市更新与科技创新的新要求下，南都双集团品牌战略对外发布，从物业服务者转型"城市空间运营 智慧场景服务"，向城市综合服务全面升级。新战略引领下，南都物业全新升级集团价值主张。

以"传递幸福传递爱"为服务理念，"智慧管理 人文服务"为服务宗旨，升级后的南都管家2.0，以业主需求为中心，全面链接南都物业智慧社区生态圈和全生命周期服务特色，在业主之间传递服务的更多功能与价值，链接更加多元、智慧的服务场景，为更多业主提供智慧、和谐、人文的家园生活。

南都管家2.0的管家画像是"始于客户需求，终于客户满意"。"始于客户需求"，是走近业主身边，变流程化、标准化服务为更有人文情感的主动互交，深入业主生活，提升服务能力，延展服务内容，在主动服务中捕捉业主的真实需求。"终于客户满意"，是指管家以客户满意为最终服务目的，一切服务举动围绕客户满意度，创新服务方式与内涵，在基础服务之外，为业主提供有温度、个性化增值服务，让业主体验到服务高价值的一面。

南都管家2.0的服务实现路径是，一方面通过专属管家的网格化服务模式，从业主收房开始至搬离小区，多渠道、全时段响应业主需求，协助业主对居家突发事件进行处理，为业主提供暖心服务。另一方面，依托南都物业邻里服务中心，配合响应度更高、更快捷的线上悦嘉家服务平台，为业主提供涵盖衣、食、住、购、娱等全生命周期的多元场景服务，如各类到家服务、社区新零售、4点半课堂、美好家庭活动等，让每一位业主在社区体验到悦己的服务场景。

赋能管家发展动能，南都物业出具了标准化、科学化的培训体系：18门培训赋能课程集训＋17项核心带教作业指导＋鉴定考核。期间，集团高层管理团队也将亲自传道授课，传承南都文化。与此同时，从管家自我价值认知、富有竞争力的晋升通道、管家荣誉机制打造等方面，为成功通过培训认证的南都管家，提供职业发展支撑。

三、全新服务内涵：五大角色定位

南都管家一直以来都以业主需求为第一位，24小时接收、跟进、协调并高效解决业主诉求，提供业主日常中所需要的各类暖心服务。

全新升级的南都管家2.0，基于"优质服务提供者、客户信息管理者、友好社区建设者、服务产品分享者、业务支持评价者"五大角色定位，优化六大服务内容，关注业主所有高频需求与生活重要事件，聚焦对业主需求的响应，为业主提供暖心高效服务，实现服务价值的最大化。

其中，六大服务内容主要包括：

（一）早送晚迎

每一次的早送晚迎，南都管家都以最严谨，一丝不苟的态度去对待。每天精神饱满为业主送去清晨问候，傍晚微笑迎接业主归家，于细节处体现专业，于小事中用心守候。

（二）高效响应业主诉求处理

配合"30分钟响应机制"，通过南都物业智慧园区建设成果的牵引，"悦嘉家"APP线上服务平台的支撑，快速响应业主需求，及时高效提供服务，保证服务过程的信息透明。

（三）网格品质巡查

通过责任明确的网格化园区巡查模式，南都管家每日仔细巡查园区每个角落，从随手拾起地面上的垃圾、摆放公共场所凌乱的桌椅，到处理潜在安全隐患、巡查业主装修中的房屋等，让园区管理真正实现全方位、无盲点。

（四）社区文化活动

配合南都"美好合社区"建设，围绕业主需求，通过家园公约、梦想成长营、邻居节等各类精彩纷呈的品牌主题活动，让广大业主真切感受社区生活的幸福与美好，创造有温度的社区文化氛围。

（五）业主访谈

管家每日入户拜访业主，与业主亲切交谈，以细微却不失温暖的倾听，了解业主的真实需求，关注业主情感诉求，精细服务颗粒度，让业主感受到品质稳定，贴心关怀的服务体验。

（六）增值服务

不断贴近业主的真实感受，通过打造各项增值服务，为业主提供人文关怀。

30多年来，物业管理行业在一代代怀揣梦想的物业人的辛勤拼搏下，向阳发展。南都物业亦在行业引领下，以多年的服务积累和灵敏洞察，探究美好生活需求课题，加码幸福，升级美好，迭代服务。

以南都管家2.0为新起航，集团将始终秉承"客户第一、诚信、专业、协作、创新、敬业、激情"的核心价值观，以坚守和呵护，助力每一座城市因服务而更美好的愿景。

让品牌加速资产增值

浙江开元物业管理股份有限公司

浙江开元物业管理股份有限公司（以下简称"开元物业"）自 2001 年脱胎于开元旅业集团时，便具备了良好的品牌基因，发展近二十年，随着企业从物业管理延展至服务、经营，在助推企业转型升级的过程中，与其说开元物业在"品牌塑造"的道路上孜孜以求，不如将其归结为长期专注于"开元酒店式服务"品质后的水到渠成。

一、品牌印象

从最初"开元酒店式服务专家"的品牌记忆，到 2017 年"祺服务"品牌的发布，再到之后的几年中，承载着高端住宅物业类型的"棠棣"，会展公建物业类型的"州忆"，园区小镇物业类型的"雅望"，商写综合体物业类型的"锦上"，医院颐养园物业类型的"开元医养家"等五大细分品牌的先后布局，开元物业在城市和生活空间的服务内容随着品牌的细分得到了极大的延展与丰富。

至此，开元物业与公众的沟通，不再仅仅停留在企业本身。说到开元物业，我们可以马上联想到带着开元烙印的"祺服务"，同时，我们也可以从五个以不同物业类型细分的品牌中，窥见开元物业在对各种物业类型服务的过程中的悉心总结与用心沉淀、执着探索和深入研究。每一个品牌的诞生，都向公众宣示，开元物业在这一物业类型服务的承接能力。从而，"找管家，选开元"不

仅仅是一句广告语，更表现出一家品牌企业的从容与自信，展现出一个个服务品牌的成熟与丰满。

而伴随"中国（酒店式）特色物业服务领先企业""中国物业服务百强满意度领先企业""中国物业服务市场化运营领先品牌企业""G20杭州峰会服务保障突出贡献奖""物业服务企业潜力独角兽""中国蓝筹物业30强""中国医院物业管理领先企业"等荣誉的加持，开元物业"品质促品牌，品牌带品质"的良性发展道路显得更加稳健而踏实。

将近"弱冠之年"的开元物业，从钟灵毓秀八千年文化孕育的萧然之城起步，从两朝古都"天堂"杭州出发，勇立潮头，拥江发展，步伐踏遍浙江各个地市，辐射长三角，布局上海、江苏、河南、山东各省（直辖市），东至东海之滨的申城，南到南海航运枢纽的广东，西至高原交汇的甘肃，北到东北亚地理中心的吉林……管理和签约项目逾500个，项目面积逾6000万平方米，涵盖住宅、酒店、会展、商业、医院、景区、小镇、公园、学校、银行、剧院、园区、综合体、高速服务区、桥梁、道路、河道、公厕、城市序管、城市绿化、部队、车站、销售中心等众多领域，提供就业岗位10000余个。

量化式的企业发展成果背后，蕴藏着开元物业构建已久的企业价值体系。"营造中国品质，创造快乐生活"的企业使命，以及"日进一点，长存百年"的稳定式发展格局，昭示了开元物业围绕客户为核心所部署的"长远之计"；而当公司将其经营职能、管理职能和服务职能不断平衡融合，将跨界融合、抱团合作、口碑经营等意识付诸实践，开元物业的品牌塑造之路有了更牢靠的底盘。

在"国家品牌战略"推行的大环境中，越来越多的公司和组织开始认识到，最有价值的资产之一是与各种产品和服务相联系的品牌，一众品牌纷纷崛起，激荡着强烈的市场生命力。百花齐放之下，开元物业打造中高端路线，将产品规格定位在80分上下，并将其标准不断迭代，以满足人们日益增长的对美好生活的向往为动力稳步前行。"与城市祺精彩，与客户共美好"的价值构想，在赋予企业品牌"融洽""和谐""健康""柔和"等色彩的同时，也将"持续追求价值领先的城市运营和生活服务商"设定为企业更为久远的品牌愿景。

二、合众连横，多资源融合

如果企业在内部各领域间建立起有密度的交互链条，无疑对于其整体的沟通协调与资源整合大有裨益，同时也意味着，企业在品牌塑造的道路上具备集中发力的基础。与之契合的是，开元物业具备"多密度"的服务优势，即能够围绕重点项目，对企业各类内外资源进行高效、优先地整合。

2016 年 9 月，G20 杭州峰会期间，开元物业将这种"多密度"服务运用到极致。本着"服务质量滴水不漏，安全保卫万无一失"的决心和自信，整场资源整合以"适用"为原则，面向全国范围发出岗位邀请，甚至请来远在开元拉萨饭店的员工，最终高效组建了一支 1500 人的团队，并在事后做到了各岗位的高效回归，项目整体在员工招聘、宿舍筹备、语言培训、风俗习惯普及等方面实现了集中发力。而这，正是"祺忆"品牌的特质体现，党建引领，以高规格、高标准、严要求，以开元酒店式服务之专业品质、严谨态度，助力城市会展公建，以"红心"创造城市公共服务之经典。

"高效"与"贯通"的背后，开元物业为保有企业可持续竞争优势而多措并举，"开元酒店式服务""定制化服务""有温度的文化传递"及智能化、信息化管理等，将企业内部生态构建视为路线图的起点。

"祺服务"品牌蕴含的"开元酒店式服务"为竞争力核心。这种源自对 500 余家开元酒店和 20 余个不同物业类型、400 余个物业项目悉心总结的物业服务模式，主张专业化与人性化并举，带给业主细致入微的关怀，自此，开元"礼宾师""高宴师""大堂副理"等高规格服务融入业主的生活、办公和消费。近年来，随着公司"把开元酒店式服务延伸到各业态"战略的施行，将更深层次助推企业的可持续发展。

与公司定位相匹配，开元物业往往在服务品牌的设计环节，便以客户需求为导向，将方案流程、人员构架及硬件设备进行配套设计，为用户提供"定制化服务"。目前，开元物业已上线各类智能管理系统和信息化系统及平台，实现了大数据汇聚、管理和初步应用，为智慧物业管理的探索打下了基础。比如在智能物联管理系统投入使用的有天网（天眼、鹰眼、猫眼）系统、远程消防管理系统、能耗监测警示系统、电梯分流管理系统、路灯自动控制照明系统等各种应用。在智慧数字管理系统方面，有领导 APP、管控战图、资金管理系统、祺服务报修、投诉平台、祺生活服务平台、智慧物业管理系统、营收稽核系统等。开元物业依靠数据赋能，通过物联网和信息化打通公司管理的各个流程，实现物业的全产业链智能服务。

基于对服务产品精细化、科技化、温暖化、艺术化、多元化的追求，"有温度的企业文化"在开元物业的点滴中显露无遗。开元物业倾力打造老中少全龄段客户关爱体系，通过"紫荆行动、麒麟沙龙、元宝计划"的构建，旨在营造"爷爷奶奶笑口常开、青年才俊健康优秀、弟弟妹妹聪慧明礼"的美好生活场景，实现服务广度与客户深度的良性互动。与此同时，开元物业尊崇以人为本的管理哲学，倾情打造360°祺心员工关爱体系。公司尊重人性，尊重人才，视员工为企业的宝贵财富，坚持倡导"快乐工作、快乐生活"理念，引导广大员工始终保持乐观向上、积极进取的姿态，与企业目标同向，与企业发展共进。构筑企业与员工"共生、共荣、共存、共享"生命共同体。

自2016年以来，开元物业业主满意度测评分值均保持在90%的分值以上，获得了业主的高满意度和忠诚度。基于用户口碑的"开元品牌"在用户群体中影响力渐成，与之对应的信赖式消费也在因品牌的建立得以良性循环。

三、张弛有度，从容布局

对品质与速度之间平衡点的抓取，促成了开元物业比较灵动自如的格局。从横向看，开元物业不仅在全国范围实现了对住宅、写字楼及医院等传统业态领域体量的优质拓展，同时也在对新时代下的城市公共服务不断挖掘，先后与城投、国资等国企业合作，深入城市公共服务领域。从纵向看，开元物业的着力点渗透到了物业销售、交付和使用的整个流程，例如咨询师、销讲师、工程师、维修师等岗位，以其专业性打通和进入产业链条，服务于各关键环节。

多点发力，张弛有度。从开元物业确立起"营造中国品质"的企业使命时，"品牌意识"便已根植于企业的发展历程中。透过开元物业在"内功"和"外力"上的进阶策略可知，"品牌即无形资产"的理论并非空中楼阁。"品牌"所承载的大众对其产品和服务的认可，既是对开元物业品质的佐证，也将循环作用于企业通向百尺竿头。

2020年5月，开元物业融入融创系。出身世家，更有新生，品牌强强联手、强者恒强的市场格局与广阔未来已经展现。开元物业"持续追求价值领先的城市运营和生活服务商"的品牌愿景将继续深化，开元物业必将走向更高、更远、更强。

做好能效管理的"加减乘除" 打造绿色节能校园

浙江浙大求是物业管理有限公司

绿色生态服务理念,是求是物业在浙江大学海宁国际校区打造和谐、美丽的国际化校园环境过程中的一大特色亮点。所谓绿色生态服务理念,是指以校园的基础设施建设为依托,在后勤服务中通过采用国家规定的节能环保技术、标准和产品,提升校园绿化美化水平,促进校园内自然环境和建筑景观小品的协调,成为师生员工宜学、宜居、宜业、宜游的共同家园。

求是物业以推进绿色低碳、环保节能和提高资源效益为核心,大力推进绿色校园维护与建设。一方面进行绿色校园运营,发挥专业技术人员的创造性,对空调系统、照明系统、信息机房等高能耗设施设备,实施节能改造。在日常维护中加强照明系统的有效管理,尽可能降低灯管安装数量,切实做到人走灯灭,减少走廊等各项公共场所的用电控制情况,加强对办公室与教室的照明管理,同时对空调进行科学合理的控制;推进新能源和可再生能源利用,充分运用屋顶光伏发电站等一批绿色工程,助推绿色校园发展。

另一方面加强节能宣传,在海宁国际校区宣传上采用节能提示牌,张贴在每个办公室开关面板处提示人走关灯、关空调;严格执行学校空调节能运行要求,夏季气温超过28℃开启并且设置温度不低于26℃,冬季气温低于5℃开启并且温度设置不高于18℃,以降低能耗;在校区使用的纸杯外围印上节能

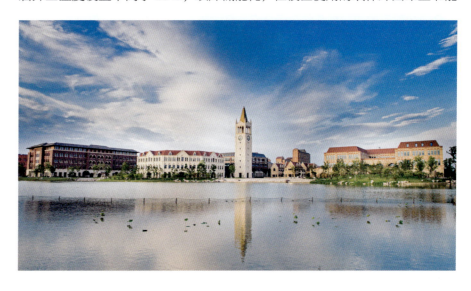

宣传图案，加强节能宣传。同时制作绿色校园网站，制定制度并宣传公示综合能耗平台的运行，通过宣传栏和电子公开平台公布水电费与各项管理的开支收费情况。对于公共场所的用电情况以及下班是否关闭电源等进行全方位的监督和检查，贯彻落实节水节电措施，并且列入绩效考评之中，增强后勤保障人员的资源节约意识，培养运行人员节能意识和节能知识，有效遏制能源浪费现象，确保节能降耗活动有效进行，绿色后勤可持续发展。同时进行垃圾分类，环境清洁使用环保试剂以及可再生能源、为节能减排而进行源数据统计与分析。

还结合海宁国际校区实际，因地制宜，搞好校园的绿化美化工作。将集水、渗水、滞水、净水和用水的雨水利用模式与景观效果自然结合，实现以雨水的天然循环为基础，营造净水、蓄水、再利用的"雨水花园"。既达到提升学校品位的目的，也可以美化育人环境，使人心旷神怡。在校园绿化品种上，对乔、灌、滕、果等不同品种的绿植分别进行养护，校园绿化同庭院种植经济相结合，既能达到绿化、净化的目的，又能取得经济效益。环境部致力打造一个整洁、优雅、温馨、舒适的校园环境。

求是物业在海宁国际校区的能效管理过程中始终遵循绿色节能理念，着力打造技术上可行、经济上合理、有利于环境、师生和社会接受的技术措施和管理策略。经过四年多的实践摸索，逐渐建立了一套能效管理的"加减乘除"组合拳，科学统筹效率和效益一体化发展，系统性构筑绿色校园。

一、做好"加法"，给节能监管的细节打上"补丁"

一般来说，校园节能监管平台能够实时检测计量和统计分析各处能耗数据，为开展绿色校园节能管理提供数据支撑和管理依据。在此基础上，求是物业海宁分公司工程部通过大数据管理定期对能耗及其他运行成本进行统计核算，将成本控制在合理范围；抄录和收缴各部门、各学院水电费，确保年度水电费回收到账率90%以上。为了增强师生的节能意识，工程部还提供核算数据，将楼宇月度水电使用额和碳排放在楼宇显示屏上进行公示。在各开关处温馨贴上节能绿色标志，呼吁师生一起节能减排。工程部人员与楼宇管家配合，双管齐下，确保节能与舒适如车之两轮、鸟之双翼，为全面打造绿色校园提供组织和技术保障。

二、做好"减法"，修剪高能耗的"枝丫"

大型机组设备的运行往往是高能耗的"始作俑者"，比如海宁国际校区的图书馆、教学楼、食堂等建筑多采用中央空调系统或者VRF系统，在周末或节假日只有部分空间开放时，存在较大的浪费，求是物业海宁分公司工程部通过与教务部门、楼宇管家的联动，结合末端温度及开放时段和空间合理规划主机开机台数。由于VRF主机即使不在运行状态，在通电情况下仍然会产生较高的待机能耗，所以如果处于过渡季节，工程部的技术人员会安排切断VRF主机电源，从而节省待机能耗。相比于传统空调系统，海宁国际校区所使用的地源热泵系统可以依靠消耗较少的电力驱动热泵机组完成制冷或者制热循环，将运行效率提高了40%左右。在供暖方面，针对燃气锅炉效率偏低的现象，工程部维护运用烟气冷凝热回收技术，使得温度较高的锅炉排烟与温度较低的供暖系统回水进行热交换，实现锅炉排烟余热的回收，从而节省锅炉燃料消耗。在照明系统方面，一方面对技术人员进行培训，对不同季节和所属空间的特殊性设置不同的灯光亮度，另一方面通过智能照明控制系统，根据经纬度和日升日落自动调节室内外亮度。通常情况下，在日落时，海宁校区所有照明自动开启；21点时，教学南北区、学术大讲堂、教工俱乐部的部分景观照明关闭；21点30分时，所有景观照明关闭，道路主路灯关闭三分之一；22点时，道路主路灯关闭三分之二。

三、做好"乘法"，利用自然力为节能插上"隐形的翅膀"

太阳能作为清洁能源，在节能效益方面非常突出。海宁国际校区从位于校区东北侧的校医院开始至教学南区，有一条长约1500米的风雨连廊。部分风雨连廊的顶面设置了太阳能光伏膜，可供日间发电经并网后用于校区照明。求是物业海宁分公司工程部人员负责做好太阳能光伏发电系统的支架防腐油漆、日常巡检及卫生保洁，检查是否正常发电，如果发现故障及时向专业维保单位汇报。在中水使用方面，工程部做好雨水井道维护，利用管网将雨水汇集至中心湖后经湖东综合体地下室的雨水收集机房，净化处理后分两套系统分别输送至教学北区卫生间冲厕以及室外绿化浇灌，这一部分水源的利用率可以达到15%，实现了雨水资源的可再生，符合"海绵校园"的建设理念。

四、做好"除法"，让无效能损的"分子"趋于无穷小

求是物业海宁分公司工程部安排专员按规范要求对锅炉、空调机组、水泵阀门和楼层空调机组设施设备进行日常巡检，设施设备运行期间24小时值班，定时巡查记录。以供热管网为例，一方面，工程部需要保证管道状态良好，比如可以调整系统水力平衡，消除热网水平失调，减少管网热损失；另一方面，可以减少无效热损，针对很强间歇性的分时段供暖的公共建筑，通过查看室内温度采集器、分时分温控制器等装置，应时调整供暖周期。在供水方面，针对学生宿舍楼层较高的情况，工程部通过运行叠压供水技术节省水泵扬程，节省电耗，防止溢水损失。

求是物业一直积极倡导绿色低碳的校园生活方式，全力推进绿色、智慧和面向未来的大学校园建设与运维。在浙江大学海宁国际校区的物业管理中，求是物业秉持绿色、生态、国际化的服务理念，积极参与创建绿色校园。积极对标美国LEED绿色建筑认证，并成功于2019年8月获得LEED V4.1 O＋M ARC认证体系最高等级的铂金级认证，成为全球首个通过LEEDV4.1 O＋M ARC铂金级认证的教育建筑案例，同时取得了ECO-CAMPUS金级认证，成为中国首个获得ECO-CAMPUS认证的大学校园，这是对求是物业在可持续校园建设后勤管理方面的充分肯定。

城市好服务，幸福正升级

浙江绿升物业服务有限公司

浙江绿升物业服务有限公司（以下简称"绿升服务"）成立于1999年，是绿城服务集团（2869.HK）全资品牌公司，以高性价比，优服务流著称，拥有精致、特色、轻奢的品牌质地。二十年来，公司始终秉承绿城"真诚、善意、精致、完美"的核心价值观，坚守服务品质，丰富服务内容，不断提升客户幸福指数，在业界享有良好口碑。

绿升服务具有国家一级物业服务资质，服务类型多样，涵盖住宅、写字楼、产业园、教育院校、交通运输、高端汽车4S店、部队等物业类型。截至2020年6月，公司服务足迹已覆盖全国15个省市自治区，72座城市，150余个项目，服务业主10万余户，服务面积与储备面积均超2000万方。

文旅是绿升继住宅及其他服务业态之外，兼具服务本质与企业基因的特色业态之一。改革开放以来，随着中国经济与国民收入的增长，旅游不再只是特定阶层和少数人的享受，逐步成为国民大众日常生活常态。文化和旅游部正式挂牌后，31个省（市）纷纷宣布文化和旅游厅（委）正式挂牌或宣布新的领导班子。旅游也逐渐从事业属性向产业属性，再到文化属性转变。旅游为文化

的传播提供了载体，为文化的产业化提供了手段和渠道。文化为旅游赋予了更加丰富的内容，为旅游的产品化升级赋予了内涵。

这种情况下，旅游不仅局限于游，更注重背后的文化气质。在时代赋予旅游多层意义背景下，绿升服务审时度势，从项目本身出发，设置因地制宜的文旅类物业服务模式。

我们尊重文化，所以严谨，描绘古今，勾勒文明，让景区更生动、更细腻。所服务的文旅业态中，较有代表性的属上海奇迹花园和衢州水亭门。这两个项目一古一今，完美诠释了多元时空共同时代诉求下，绿升服务是如何以现代物业管理理念，打造别具一格的文旅服务样板。

一、现代物管之道——上海奇迹花园

上海奇迹花园属于浦江郊野公园一个观景区，融合了西方建筑、景观等，充满现代人文气息。2019年9月6日，浦江郊野公园正式挂牌国家AAAA级旅游景区，这也是上海第一个成为国家4A级旅游景区的郊野公园。

作为浦江郊野公园的核心景点，奇迹花园吸引着入园的大批游客，曾创下日均5万的游客量记录。庞大的客流量，委以公司从安全保障到后勤服务等多方重任。

公司选调安保精英，增派巡逻人员、成立秩序维护组、客户接待以及环境维护小组，以"五步一岗，十步一哨"的高标准，为游客提供安全舒畅的游园环境。

园区消监控室，有32块大屏，253处监控，也是奇迹花园的管理中枢核心，它是保障园区安全运行最紧要的阵地。通过实时监测，掌握园区动态，形成应急处理机制，又可第一时间串联客服、安保、后勤等，对游客需求、园区保障提供闭环服务。

不同于奇迹花园，衢州水亭门更具古典特色，还肩负传播传统文化的使命。

二、托古承今多元服务——衢州水亭门

衢州水亭门项目为4A级开放式景区，政府公建类景区项目，水亭门是衢州市地标性建筑，对于衢州市政府及城投集团具有极其重要的战略意义。

绿升服务于2019年8月1日进场，目前总服务面积为20万平方米（其中包括古城墙遗址公园8万平方米，水亭门历史文化街区12万平方米），服务街区商户69户，水亭门街区内保留原有的"三街七巷"格局，并存有全国重点文物保护单位2处，省、市重点文物保护单位12处，市级历史建筑36处。

（一）编织严密巡视网，以"安"服人

景区西侧临近衢江，每年汛期，外围亲水平台水位上涨严重（3米以上）；水亭门景区房屋均为纯木质结构，古建筑老旧，基础设施不够完善，一

旦发生消防安全事故，后果不堪设想；作为放式街区，众多特色店铺集聚，散客往来，如遇重大节庆活动，游客量可高达 17 万余人；为确保行人安全，景区运行正常，保安团队以防洪防汛、消防安全和防爆防恐为工作重点。

1. 防洪防汛

为保证游客安全，增设铁马栅栏，并增设安保岗位加强外围巡查，实时关注水位情况，同时对游客进行安全劝导工作。

2. 消防安全

防患于未然，将险情扼杀在摇篮里，我们十分注重消防安全管理。项目上每个月至少进行 1 次消防演练，每个月进行 2 次消防点检，逐一筛查排除消防隐患，为水亭门"穿上"安全铠甲。

3. 防爆防恐

安全重于泰山，容不得半分懈怠。强化安全意识，记录商户信息，规律检查排查。此外，划分秩序维护和安全巡逻岗，定人定岗，无论重大活动迎来拥挤人流还是旅游淡季景区空旷安静，随处可见保安巡逻值岗的身影；并严格执行打卡巡逻制，将巡检结果可控、可感，密密筑牢防护网。

地毯式巡逻，打卡式检查，再由 24 小时轮番值岗加持，让景区更安全，让游客更放心。

（二）保障垃圾不落地，以"貌"动人

水亭街作为"垃圾不落地"试点区，"下岗"了原投放在街区的 45 个垃圾桶。当地政府借助水亭门历史文化街区古城核心景区的城市窗口示范引领作用，通过试点，引导市民养成垃圾带回家、分类处理的习惯。

开放式景区，客流量大，做到"垃圾不落地"，没有什么秘诀，贯彻到底的工作法则就四个字"全面、精细"。

比如古城道路构造复杂，石板路夹缝就用小铲刀特殊清理；商铺众多，垃圾倾倒时间不统一，则上门多次清理；再比如遗址公园面积开阔，每天多次频繁检查。

严格要求、对标高质，项目上形成了以保洁岗为主，其他岗为辅，全员上阵抓卫生的举措。保洁岗 17 小时 2 班制，采用网格化管理轮流上阵。保洁下班后由夜班保安负责。夜间保安每隔一小时将现场的卫生情况及街区异常上传到内部管理群。同时每班次配保洁保安主管（班长）进行监管，项目负责人不定时进行抽检。如此一来，基本保证卫生检查全天覆盖，及时清理各类垃圾。

倾力打造文明示范景区，团队人人参与维护水亭门整洁之貌，让游客游得舒心。

（三）人性化贴心服务，以"融"悦人

作为衢州地标性建筑，水亭门融古今文明，生动地向每一位来客诉说千年故事，展示别致的城市风情。我们的服务团队则将"真诚、善意、精致、完美"的服务理念融进每一天的服务中，依托一草一木、一栏一瓦、一人一事，将这里描摹地更加鲜活。

水亭门因其厚重的历史文化底蕴，吸引中央到地方各级领导，著名专家，社会名人络绎到访。通过活动、会务接待、旅游讲解，客服为来宾生动介绍水亭门悠久历史，传播优秀的传统文化。

历史久远，建筑物瓦片偶然脱落，工程师第一时间将现场围挡，生怕伤到经过游客。对于细微损坏，他们撸起袖子，抄起工具细致地维修起来，并协助专业人士修复古建筑原貌。

地面砖块经不起车轮碾压，机动车和非机动车都被保安员谢绝在外，他们免费帮助60多户商铺运送桌椅、食材、物料等，双手抬，肩膀扛，肉盾运输，一天运送高达百八十次，只为保护脚下的每块砖石。

遇到重大活动或商铺搬迁，保洁员则随叫随到，快速清扫，恢复整洁，维护古城形象……

业精于勤，行成于诚，我们始终践行服务宗旨，以多元、定制、专业的服务之姿，配合当地政府，让千年古城焕发新生。

让物业管理成为良好社区治理的助推器
——浅谈安徽长城物业参与社区治理经验

安徽省长城物业管理有限公司

物业服务企业作为小区专业服务的提供者，是社区治理的重要参与者和协助者。优质的物业管理服务，不仅能够补齐社区治理的短板，而且能够助力社区治理的完善，是良好社区治理的助推器。安徽长城物业通过加强党建引领、引导业主参与社区治理、提高自身管理服务专业能力和精细化管理水平、改善社区综合服务设施等举措，助力完善社区治理工作。

一、共谋——建立红色物业，破解社区治理难题

安徽长城物业党委积极探索党建引领物业服务举措，把党的服务延伸到千家万户，为居民创造舒适卫生的居住环境。

在合肥市森林海小区打造"红色物业"新模式。夯实党的领导这一核心，激活社区居委会、物业服务企业、业主委员会三个服务内核，实施法治、自治、德治、共治四轴驱动，推动街道党组织、街道办事处、社区居委会、物业服务

企业、业主委员一体联动。安徽长城物业党委以小区为单位，推动党群议事会议制度的建立，坚持"每月定期召开，特殊情况调整召开"原则，共同商讨解决小区管理中的薄弱环节和突出问题，为社区治理提出优化建议的同时，充分调动居民参与社区过程管理的热情和广度，有序、高效解决小区环境改造、公共设施改善等重大事项。

在合肥市通和易居时代小区，通过构建社居委、业委会、物业公司"三位一体"和良性互动的住宅小区综合治理格局，在社居委、物业服务中心设立"居民议事厅"，倾听百姓之声，共谋群众之事，让社区治理工作做到"有人说、有人听、有人管、有人查"。

通过建立"红色物业"，推动安徽长城物业更有效参与社区治理工作的同时，街道党委及相关职能部门通过对社区党群议事会、业委会、物业公司加强工作指导和监管，特别是对物业公司实行动态考核管理制度，将服务居民、管理小区、居民满意度等情况作为年终行业评先评优重要内容，以行业内倒逼机制，实行促使安徽长城物业推行自我改进、自我提升的运营管理模式。

二、共建——有管理也有关怀，构建新的社区治理架构

安徽长城物业党委深入学习贯彻党的十九大精神、习近平总书记系列重要讲话精神和治国新理念、新思路、新战略，紧紧围绕民生工作，大力做好文明创建工作，为创建大美合肥提供精神动力、智力支持和实践探索。

安徽长城物业湖东景园物业中心会同业委会、居委会及政府相关部门，积极构建以公共安全、共同参与、公共管理、公共服务为核心的现代文明小区框架，实现"文明共建，资源共享"，让居民满意、得实惠。一方面，会同业委会组建专兼职社会治安联防队伍，密切与业委会、社居委以及小区派出所之间的联系，强化物业中心防治力量，确保辖区无重大治安案件和刑事案件的发生；一方面，进一步强化服务意识，加强与居民密切相关水、电、煤气、网络、房屋设备设施维保单位的联系与合作，为居民提供及时有效的应急服务；另一方面，积极协调街道、社居委，投资近20万元，在小区进行公益实物宣传，增设花坛等，推动美丽社区建设；此外，在小区设施设备5年保质期将至的情况下，物业服务中心对工程质量设施设备进行全面排查，将小区工程质量设施设备上存在的问题列出清单，形成书面材料，上报小区开发建设单位皖投置业公司、省公安厅和业主委员会，督促皖投尽快解决工程质量问题，并由业委会牵头召开皖投和工程承接方协调会，研究解决措施，安徽长城物业保持持续跟进直到全部工程质量问题得以解决。

安徽长城物业还积极推动物业服务企业从传统对"物"的管理和维护，转变为对"人"的服务和关怀，深入推进"三帮扶"工作。长城物业党员干部在金寨县油坊乡东莲村走访慰问贫困户时，获悉贫困户熊远发的孙女熊前红中专毕业，没有找到工作。主动与熊前红对接，帮助她顺利就业。每年春节前开展走访慰问困难业主、困难员工活动，连续四年年累计帮扶困难业主、群众数百人。

市场机制和社会公益结合的物业管理，将弥补过去行政管理、业主自治（业委会）下社区治理的空档和不足，构建政府引导下，"市场+自治"为主的新时代社区治理架构。这也是响应十九大提出的"社会治理重心向基层下移，发挥社会组织作用"

的改革导向，补上我国社会治理在社区治理上的"一课"。安徽长城物业通过不断拓展对"人"的服务内容，为中国美好社区建设注入新的力量。

三、共治——紧密协作，更好融入社区治理工作格局

安徽长城物业推动物业服务从小区内向社区和城市延伸，积极参与公共环境更新、建筑维护、设施改造等更新服务，面向所在社区和区域提供更广泛的城市更新和运营服务，成为城市发展治理的重要力量。

中国共产党第十九次全国代表大会于2017年10月18日胜利召开。在此期间，安徽长城物业安徽省行政中心1号楼物业服务中心严格贯彻落实省委、省政府办公厅综治委安保工作部署。根据十九大安保工作要求和社会治安大环境，从强化内部监督、管理和外部防范等方面下功夫，严格落实各项工作制度，领导重视，党员干部带头，全员动员，群策群力、联防联动，全力保障大会期间1号楼的安全稳定。启动应急机制，党员干部及主要领导实行24小时值班，管理层取消休息、休假，责任到人、分片负责，值班经理每日零汇报等措施，并牵头协调1、2、3号楼物业公司联合联动，共同保障特殊时期特殊任务的胜利完成，受到省政府办公厅综治委的表彰，被评为十九大维稳安保工作先进单位。

物业参与"共治"，也是当前社区治理最需要的。尤其是，以物业公司为主的社区组织，以市场化驱动灵活性、专业性、应变性，来提供精细的、人性化的服务，在此次新冠疫情防疫过程物业公司在社区治理中体现出来的重要价值尤为明显。

此次疫情应对中，安徽长城物业承担了大量的政府和社区委派的工作，比如通知张贴、人员排查、车辆记录、体温测量、规劝佩戴口罩、疑似病例隔离服务、暂时封闭出入口、实行封闭式管理等工作。还有很多工作，如防护物资备足，封闭期业主生活物资无接触式配送等。这些工作，安徽长城物业自发组织，有条不紊地推进，弥补了社区治理的欠缺。

安徽长城物业积极探索协商共治机制建设，将物业服务纳入到社区网格管理体系，共同建立问题协调处理机制，发挥协商议事和矛盾纠纷化解作用，努力推动社区信息平台与物业信息平台数据联动共享，统筹推动智慧社区建设，提升社区治理效能。

四、共识——社区治理需要缔造社区命运共同体

安徽长城物业通过共谋、共建、共治积极参与社区治理，让业主切实"共享"到社区治理成果。但"共谋、共建、共治"工作达成的前提是"共识"——社区治理需要社区命运共同体的共同缔造。

安徽长城物业在事关社区居民切身利益的问题上，力争做到不违背民意，不损害民利，发自内心得参与协商，赢得共同协作参与社区治理共识。在社区治理中，安徽长城物业通过主动作为，充分激发和积极引导社区居民、业委会、外来流动人口等与社区治理密切相关的主体，参与社区公共事务的协商和沟通，通过多层次、全方位的协商，社区治理的各类主体在交流互动中消除误会隔阂，达成共识。近年来，安徽长城物业在参与社区治理的各个重要事务上广泛协商，先后就公共住房、地下空间

综合整治、智慧社区综合整治、重大社区维稳处置、重大社区疫情防控等事务上，积极协商讨论，给出最有效处置方案。

此外，安徽长城物业还通过定期召开"业主恳谈会"，听取居民意见诉求，畅通居民需求、诉求意见渠道，实现协商过程前置，引导各类社区治理主体以理性态度参与协商，形成社区治理最有效共识。

打通扶贫最后一公里，创源物业扶贫新模式

安徽创源物业管理有限公司

安徽创源物业管理有限公司（以下简称安徽创源物业）于2005年创立，经过多年经营，发展为集团化企业，主要对全国医院、学校、办公楼、工业园、住宅、场馆等提供物业服务，项目达两百个，获得了社会和行业的一致好评，也创造了良好的社会效益。致富思源，扶危济困。安徽创源物业在用匠心铸就服务品质，打造物业品牌的同时，也牢记企业情怀用爱心回馈社会大爱，积极响应国家打好脱贫攻坚战的号召，利用企业优势，打通脱贫攻坚战最后一公里。安徽创源物业自成立再到成为中国社区扶贫联盟理事单位以来，作为一家非公企业，充分发挥基层党组织在精准扶贫中的核心领导作用，依托各种优惠政策，引导助力贫困户在国家扶贫政策支持下自力更生、发愤图强，努力改变自身命运。

2019年1月，国务院办公厅发布《国务院办公厅关于深入开展消费扶贫助力打赢脱贫攻坚战的指导意见》。指导意见要求相关部门动员社会各界扩大贫困地区产品和服务消费，除了对国有企事业单位提出要求，也对民营企业提出希冀。鼓励民营企业等社会力量参与到消费扶贫中来，将消费扶贫纳入"万

企帮万村"精准扶贫行动,采取"以购代捐""以买代帮"等方式采购贫困地区产品和服务,帮助贫困人口增收脱贫。

一、互联网+,线上社区店铺,助农消费脱贫

2019年4月13日,中国物业管理协会、中国扶贫志愿服务促进会、易居中国联合策划发起的"社区的力量"消费扶贫攻坚战专项行动正式拉开帷幕。安徽创源物业管理有限公司积极响应"带一斤回家,消费扶贫从社区开始"的号召,迅速加入消费扶贫的队伍之中。2019年8月,安徽创源共建立了三个社区线上店铺,结合移动多媒体"带一斤回家"大力宣传,先后在滨湖桂园、欣园等项目开展"社区的力量"扶贫专项活动。社区居民通过线下的试吃活动,试吃哈密瓜、夏橙、带壳烘烤花生等特色农产品,再通过乐农社微信小程序线上认购贫困地区天然绿色特色农产品,最后将订购的农产品直接发往社区居民的家里。

社区居民表示,这是从贫困地区认购的当地特色纯天然绿色农产品,通过微信小程序直接寄到家里,没有中间环节。

安徽创源物业充分发挥企业信任和美誉度,赢得社区居民信任,推动参与消费扶贫社区居民的需求与贫困地区特色产品供给信息精准对接,打通"消费扶贫"最后一公里。截止到2020年6月,历经近一年时间,在创源人不懈的努力下,创源物业积极动员公司内部及97个服务项目消费扶贫,为贫困地区解决滞销农产品,累计帮扶销售约68.6万元,总重11.9万斤。

创源物业在此次"社区的力量"消费扶贫攻坚战专项行动中也收获了鲜花和荣誉。2019年10月15日,第五届中国物业管理创新发展论坛中,安徽创源物业荣获"社区的力量"消费扶贫行动奖。2019年12月11日,安徽创源物业荣获"社区的力量"消费扶贫企业贡献奖。

二、认购青稞,牵手藏区儿童,消费扶贫助成长

2020年,中国物业管理协会、中国社区扶贫网精准聚焦"三区三州"的西藏地区,发起"藏区青苗牵手计划"专项行动,号召物业服务企业认领一亩青稞田,帮扶一名藏区儿童,创源物业积极参与了此次专项行动。5月12日上午,安徽创源物业管理有限公司组织召开了藏区青苗牵手计划(合肥站)启动仪式。5月18日,由中国物业管理协会、中国社会扶贫网主办,中国社区扶贫联盟、易居乐农承办的"藏区青苗牵手计划启动暨首批认购集中签约仪式"线上直播会议在北京顺利召开。近1个小时的直播活动,在线观看人数达到6万多,安徽创源物业管理有限公司作为首批10家认购单位之一,在线上直播上共认购42亩青稞田,定向资助计划定日县曲当中心小学四年级一班全班学生,通过消费扶贫,牵手孩童成长,助力藏区打赢脱贫攻坚战。

2020年6月,创源物业公益代表主动前往青稞生产基地"西藏德琴阳光庄园有限公司",详细了解青稞扶贫产品的生产、加工、销售以及青稞产业消费扶贫模式,重点了解他们利用公益企业认购资金为每名贫困学生提供学习、生活等方面资助的

详细情况。安徽创源物业同众多爱心企业一道与日喀则市扶贫办主任郑同超及西藏德琴阳光庄园有限公司董事长张学斌、总经理刘学婷进行了会面对接。就"三区三州"西藏地区的贫困问题和主要经济作物青稞的销售重要性进行了畅谈，对"藏区青苗牵手计划"践行的重要性表示了认可。提倡响应国家倡导、行业号召，推动"牵手计划"消费扶贫专项行动的社区落地，培养城市居民对扶贫产品青稞的认知，借助城市社区的渠道资源，打通"最后一公里"，实现西藏贫困地区的优质青稞产品从产地直供到城市社区业主餐桌。

根据约定，项目受托单位将利用公司认购资金为每名学生提供学习、生活等方面的资助，形成一对一的帮扶机制。而公司所认购的青稞田，则由项目受托单位负责青稞的种植、管理和收割，待青稞成熟并加工完成后，向公司提供与认购资金同等价值的青稞挂面、青稞米等八大类产品，实现互惠互利。

了安徽省物业管理协会赴六安市裕安区独山镇太安村开展扶贫济困活动，通过现场认购或电话订购太安村扶贫产品近万元。

2020年5月，创源物业还向安徽省物业管理协会递交了《"百社进百村"助力脱贫攻坚行动参战书》，与全省12个"挂牌督战村"之一的安庆市太湖县牛镇同义村确立结对帮扶关系，参与认购同义村农产品，践行企业社会责任。同时利用公司物业项目和社区资源优势，宣传农产品，为村民打开销路，拓展农产品销售新途径，发动广大业主认购。

自2020年5月到6月，创源物业展开了对荷叶地街道大顺镇袁湖村的帮扶计划，为贫困户房屋捐助修缮资金、袁湖村办公场所捐助办公设备，向未脱贫户中的在校生捐赠助学金。

在百社进百村脱贫攻坚战行动之中，2019年5月13日，创源物业被安徽物业管理协会表彰为"2019年度全省物业行业扶贫先进单位"。

三、"百社进百村"，以买代帮，助力乡村消费脱贫

2019年安徽创源物业管理有限公司主动参与

四、捐资助学，劳务吸纳，助力脱贫攻坚

2017年初识阳光爱心社，创源物业就积极加入捐资助学活动，连续三年参加肥西阳光爱心社"助

力贫困家庭,点燃希望之光"爱心助学活动,延续社会责任,坚守创源初心,共资助贫困学童56人次,其中包含一些残疾家庭、重病家庭和缺(失)亲家庭学童。创源物业为贫困学子完成学业梦想添砖加瓦,在创源物业的援助下,很多孩子考进理想学府。其中考上合肥工业大学一人、淮南师范大学一人、安徽涉外经济学院3人等等。自公司成立以来,创源连续数年为莘莘学子设立高考奖励金,凡是在创源物业就职职工的子女,在高考之中金榜题名都将享受创源物业颁发的奖学金,助力高考学子圆梦。

创源物业项目分布在省内外多个地市、县区,七千多人的公司,公司为推动地方经济,提供就业岗位,采取劳务吸纳的新型扶贫方式。截至2019年底,创源物业累计为建档立卡贫困户和城镇困难户劳动力提供保洁、保安、绿化养护等岗位五百多个,吸纳建档立卡贫困户和城镇困难户劳动力243人就业,为缓解社会就业压力方面做出了实打实的贡献。

扶贫是一项公益,更是一份责任。在扶贫的道路上,创源物业以党支部为基础,通过建立企业联合党支部、派驻扶贫代表、延伸产业链等方式,构建起"党建+企业发展+脱贫攻坚"模式,探索出一条农户脱贫与企业发展"双赢"的扶贫路子。创源物业作为中国社区扶贫联盟理事单位,今后也计划继续坚持以党的领导为基础,在多个社区继续开展此类扶贫活动,我们将以爱之名深度关怀贫困人群,让爱撒满创源社区的每个角落,为创源物业大爱之商的企业文化理念画上浓浓的一笔,更是与习主席提出的"打好脱贫攻坚战"同频共振,为精准扶贫和帮扶脱贫贡献一份力量。

打造校园服务品牌　激发企业的发展活力

安徽新亚物业管理发展有限公司

安徽新亚物业管理发展有限公司（以下简称新亚物业）是一家致力于现代化物业管理等服务的综合性服务企业；是一家以公众物业为发展方向，具有办公楼宇、高校、机场、高铁站、工业园区、医院、住宅等物业类型的管理与服务经验，并形成了以物业管理为主业服务，以建筑清洗、建筑防水、食堂管理、高校客房管理、专家公寓管理等为辅业的多元化融合发展的经营与服务模式，持有国家一级物业管理服务资质和清洗保洁一级资质等。截止至2020年7月底，其物业管理与服务项目已达到208个，物业管理服务面积约4000万平方米，并在芜湖、宣城、宿州、安庆、郑州等全国各地成立了20个分公司、1个子公司、1个商贸公司。

新亚物业是"物业服务企业综合实力500强（排位70名）""全国校园物业服务百强企业（排位14名）""安徽省物业行业综合实力30强企业（排位第二名）""安徽省校园物业十强企业（排名第一）""中国清洁服务行业百强企业（排位9名）""安徽省物业行业标兵企业""第11届全国和谐商业企业""2019中国最具幸福感企业"。

一、经营与服务特色

新亚物业人立足校园、深耕校园，敏于思而笃于行，不断地传承服务精髓，致力于校园物业管理标准化、服务精细化、运行规范化的实践与探索，让服务创造出价值，并凭借其在全省校园物业管理与服务中所取得的突出成绩，而成为安徽省校园物业的"领跑者"。

（一）以校园物业为服务特色，赢得发展先机

在企业发展之初，安徽新亚物业便把经营目光聚焦在校园物业的创新管理与服务的实践上，在做好各项目部日常的常规性、基础物业管理与服务的同时，要注重管理的信息化、流程的标准化、服务的专业化、效果的品牌化，践行服

务育人、环境育人、管理育人的服务理念，并先后在其管理多个校园物业项目上建立了"一站式服务中心"；在学生公寓增添了擦鞋机、文化茶吧、书吧、棋牌室、投币式饮料机、洗衣机等增值服务，便利与满足了师生们的需求；先后制订了《校园物业管理与服务标准》《校园物业员工服务手册》《校园物业服务质量检查标准》等，成为全省校园物业的标准化建设的带头人；尤其是近年来，新亚物业助力智慧校园建设，提供心服务、馨享受、新体验，引领校园物业服务的新格局，并因此为企业发展赢得了各种发展先机会。到目前为止，新亚物业的校园物业管理面积达到了 700 多万平方米，校园物业管理的项目达到 34 个，企业已连续多次被授予为"全国校园物业服务百强企业"称号。

（二）以校园物业为辐射源，让发展创造精彩

新亚物业在校园物业取得了"硕果累累"的发展成绩之际，集合自身在校园物业管理上的优势，勇于"创新、突破、亮剑"，以校园物业为"辐射源"，加快市场拓展步伐，积极探索其他业态物业管理的新模式与发展的新思路，使得该企业在新业态、新技术、新服务、新发展等方面取得了诸多的突破，并实现了企业跨越式的发展。

（三）以校园重大接待服务为动力，让服务创造美好

作为科教名城的安徽省合肥市，近年来随着经济建设持续与快速发展，高校的各种考察交流活动也日益增多，这无疑考验着那些担负着校园物业服务的物业服务企业服务水准与接待服务能力。习近平总书记在安徽考察期间，曾来到新亚物业管理的"中国科学技术大学先进技术研究院"项目、观看安徽省高新技术企业科技成果展。在此期间，9 名新亚人参与到接待服务之中，在各自岗位上精心地做着本职服务，展示出物业人的劳动本色，并现场聆听了总书记的教诲。此外，他们还和相关部门为原国务院副总理刘延东、原国家副主席李源朝等各级领导莅临该项目做出接待服务或服务支撑，并多次受到了学院、省市相关部门的表扬。他们在各种重大接待服务中近距离感受到领导们的鼓舞与温暖的同时，也让大家感到一名物业人荣耀与幸福和力争把服务做得更好的心愿。

二、勤练服务、春华秋实

为了打造出一支有服务能力、有战斗力的校园物业服务团队，新亚物业采取"走出去、引进来"

等方式，加强一线服务团队和管理团队培训工作，出台一系列的奖励政策，鼓励员工岗位成才，并举办各种形式新颖、参与面广、接地气的"技能比武"活动、服务演讲比赛、文化礼仪讲座、物业管理实操比赛、主题征文比赛等，在企业内部形成了"比学赶帮超"的热潮，提升了员工的主动服务、优质服务的热情。此外，公司一大批员工在行业举办的技能竞赛、文体活动比赛等活动中佳绩不断，在 2019 年中，新亚物业共有 11 名员工被安徽省或合肥市工会授予"金牌职工"、27 名员工在行业举办的各种比赛中获奖，企业获得的各种荣誉证书突破了一百个等，让服务充满着温馨，助推了新亚物业校园物业的又好又快发展。

三、服务为先、厚积薄发

"发展为大、诚信为魂、服务为先"。在未来的发展征途上，新亚物业人在大力弘扬"专业、专注"工匠精神的同时，多措并举、鼓励员工争做优质服务、标准化管理的践行者，并不断进取、追求卓越，在实现从"传统校园物业管理"向"现代校园物业管理"转型升级中，以其崭新的业绩，为企业的快速发展注入新的力量与活力，让企业的明天绽放出更加绚丽的光彩。

美而特集团：让医院后勤高效又"聪明"

合肥美而特物业服务有限公司

这两年，随着中国第一家智慧医院在中国科学技术大学附属第一医院（安徽省立医院）横空出世，人工智能、传感技术、物联网等高新科技在医疗领域的不断融入，智慧医院建设越来越受关注。医院后勤服务供应商美而特集团通过建立一站式智慧后勤综合管理运维平台，提升医院后勤信息化管理水平及效率，建设智慧、高效的医院运营保障体系，为智慧医院发展创造更大价值。不止是物管"传统＋智能"打造全菜单"一站式"服务。

合肥美而特物业服务有限公司创建于2013年，是一家拥有国际先进服务理念的专业化医院物业服务企业，依托全方位一体化后勤服务模式，借鉴先进物业公司管理模式的基础上，融汇国内先进的物业管理经验和技术，经过多年来的探索、发展、完善，创立了一整套的经营模式、管理模式、组织模式、合作模式；建立了一整套"三化、四定、五制、六个一"科学高效的运营机制；培养了一支训练有素、管理经验丰富和服务意识优良的管理团队和员工队伍，为业主提供全方位专业、优质、高效的后勤物业服务。

在推进创新转型升级方面，美而特物业积极导入信息化、服务智慧化、管理智慧化，持续加强医院后勤规范化、标准化、信息化、社会专业化等方面的建设，为医疗机构以及医患群体提供高品质的医疗后勤支持，努力提升医院后勤的精准化管理水平。

一、不止是物管
"传统＋智能"打造全菜单"一站式"服务

医院的后勤服务能做什么？很多人会直观想到保洁、保安、设备维保。

这是物业管理服务"传统三保"，而现代化集成一体化医院后勤服务远不止这些。

"所有非临床技术和医院管理以外的后勤保障服务，我们都可以承接。这样可以让院领导和医务人员更加专注于医教研、服务患者。"美而特集团总经理常征介绍说，他们为医院提供"一站式"全

机电工程服务

秩序维护服务

医疗辅助服务

环境美化服务

方位服务，共有5大类25项69个工种，包括物业管理服务、医疗辅助服务、餐饮管理服务、会务接待服务、商业便民以及其他特约服务，这些项目医院可以根据自身实际选择。

便民服务方面，美而特集团运用互联网和物联网技术自主研发并拥有"软件著作权"的共享轮椅、共享陪护床、共享充电宝、共享洗车机等系列共享产品，并成为支付宝的合作伙伴，所有共享产品信用担保、免押金。这些产品推出之后，受到行业领

导的高度重视、医院领导的高度肯定以及医患人员的广泛欢迎。

在基础又核心的物业管理服务方面，美而特集团也多有创新。比如率先推行服务标准化建设，成为安徽首家列入服务标准化示范项目的物业服务企业；率先将航空小姐服务礼仪规范运用在医院电梯导乘服务中；率先将保安服务引入病区管理，实行定人定时的探视管理和定时定点的巡查清场制度。不止是服务"技术＋产品"成就智慧后勤供应商。

一站式未易云智能化管理系统

二、不止是服务
"技术＋产品"成就智慧后勤供应商

2017年8月，中国科大附一院（安徽省立医院）作为"全国首家智慧医院"挂牌。医院后勤作为医疗系统必不可少的组成部分，也走向智能化建设。

如今在中国科大附一院（安徽省立医院）南区，美而特集团提供的智慧医院后勤保障系统已十分成熟。其在医院后勤管理中引入智慧后勤未易云平台应用服务，结合医院的特色需求，形成一套完善的一站式后勤智能化综合管理系统，包括资产管理、设备系统、数据平台、服务系统等。

洗手间智能环境监测控制系统平台

"有些后勤服务商倾向于选择向第三方购买技术系统，但我们软硬件都是自主研发。"常征介绍说，美而特集团成立了专门的科技公司——安徽未易智能科技有限公司，专业从事医院后勤系统软硬件开发。这一方面是考虑到自己研发的系统后期维护稳定、成本可控；更重要的是，相比第三方技术公司，他们在一线服务客户，对客户的需求更为了解，技术升级也最为高效。

目前，这套系统可面向医院后勤管理部门提供可定制化的产品。目前系统由15个子系统组成，包括报事报修、运送陪检、医废处理、仓库资产、设备能耗等，能够满足医院对人、财、物、事多方面的管理需求，通过可视化工作系统，帮助智慧后勤管理制定服务标准化，提升工作效率，提高服务品质。

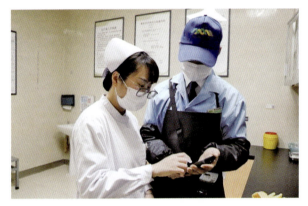

医疗废物手机追溯系统上线使用

特别值得一提是美而特集团采用互联网、物联网、智能终端技术推出的医废处理系统，对分类的医疗废物进行唯一二维码标识，实现医疗废物从分类收集、交接、到转运、暂存、出库等过程的信息化管理，就像一只"电子眼"对医疗废物实时定位与监控，实现全业务流程责任可追溯和全程闭环管理。以后，该系统将在更多项目医院规划落地。不止是现在"智慧＋标准"未来瞄准行业升级发展。

三、不止是现在
"智慧＋标准"未来瞄准行业升级发展

"医院后勤服务行业属于劳动密集型行业，传统企业科技含量相对较低，面临着产业升级的变革。"常征认为，智慧后勤将是一条必然的路径。

她表示，2019年3月，国家卫生健康委员会就智慧医院范围作出明确定义，圈定智慧医院的三大范围：面向医务人员的"智慧医疗"、面向患者的"智慧服务"、面向医院管理的"智慧管理"。作为医院管理的重要部分，智慧后勤也将成为智慧医院的标配。这为智慧医院后勤服务商带来巨大机会。

另一方面，伴随着医院后勤社会化改革，越来越多的专业物业后勤服务企业将进入医院后勤管理领域。目前，美而特集团受省物业管理协会委托，正在酝酿制定安徽省的医疗物业管理服务标准，希望助推医院物业服务标准化。这不仅是医院提升医疗质量水平的需要，也将推动医院物业管理服务从传统管理到现代管理的转型升级。

面向未来，5G时代即将来临，万物互联、低延时的特点必将给现代化智慧医院建设带来新的增长。顺应时代发展趋势，美而特集团希冀为行业带来更多产品和解决方案。

党建引领，诚信务实赢未来

美而特物业自2018年6月成立党支部以来，坚持以党建促自律、以党建强化自律引领经营，并于2019年初加入了合肥市房地产管理局号召发起的"红色物业"建设活动中。美而特物业将"树立旗帜、向标杆看齐"作为企业党建引领的重要方向，2020年6月党支部被中共合肥市物业行业委员会授予"2019年度先进党组织"荣誉称号。

爱心奉献，助力一线抗疫

在做好各业态疫情防控工作的同时，美而特物业还组织员工参加爱心奉献活动。为缓解血库告急的问题，数百位员工主动撸起袖子参加无偿献血；累计向武汉捐赠40多万元抗疫物资；为筹措紧缺的防疫物资，美而特物业党支部专门成立了采购小组吗，严把防疫物资质量关口，确保送上"前线"物资保质保量。

美而特物业始终践行"呵护生命，保卫健康，用行动传递爱"的使命，让物业服务更美好！

永安物业：云海荡朝日，春色任天涯

福建永安物业管理有限公司

"没有生而英勇，只有选择无畏"。当疫情突如其来时，肆虐中华大地，感染病例不断攀升，防控措施也不断升级，从中央到地方，从医院到军方，从国企到私企，从社区到物业，全部都投入疫情防控战、消杀战之中。家庭是城市和社会的细胞，在这场防疫战中，中国物业管理协会副会长，永安物业董事长林常青带领永安物业全体员工很好地发挥了链接住户的纽带作用，将全国各地的项目拧成一股绳，投入到防止疫情进入小区、守护业主的战斗中，他坚信：只要同舟共济、众志成城，疾病肆虐过的冰冷土地上，马上将会迎来破土而出的春天！

一、积极部署防控，将联防联控落到实处

"生命重于泰山，疫情就是命令，防控就是责任"。面对疫情防控，物业服务企业积极主动担当使命，物业人员任劳任怨履行职责。1月22日，永安物业贯彻落实党中央、国务院的决策部署和省委要求，永安物业董事长林常青第一时间主持召开了永安物业疫情防范工作会议，会上立即协调部署成立了5个疫情防控小组，即应急物资采购调度协调小组、现场防疫指导协调小组、人员信息排查小组、应急安防协调小组和信息综合宣传小组，小组成员明确分工，各司其职，做到有条不紊的群防群控！

随即，永安物业各小组联手项目经理针对住宅、高校、办公、医院等不同的项目分别制定了相应的防控措施，并在所辖物业小区的大门岗设立外来车辆人员登记、在各单元门前及电梯轿厢内张贴疫情防控通知，安排保安人员24小时值班封闭式管理，对人行路及机动车实行严格管控，使用红外体温计对所有进入园区的人员进行测体温，对园区公共区域、单元门口、楼道、电梯内部每天进行喷洒消毒，计算一线员工所需防疫物资并购买分发，开展疫情防控知识宣传等。

永安物业全国在管服务126个项目，1200余名员工进行全天24小时不

停运转，截至2020年5月8日累计对人员检测登记19000余人次，车辆76500余车次，对园区消杀面积达5800万平方米。

二、防疫物资告急，集结党支部力量筹集物资

在新型冠肺炎疫情发生之时，永安物业还积极发挥企业党支部的先锋模范带头作用，身为应急物资采购调度协调小组组长的永安物业党支部书记王岩玲冲锋在前，得知防疫物资随着疫情的发展越发匮乏，每天当别人还在睡梦中时，她已经早早起床关心着疫情的进展，线上安排党支部党员各项工作后，就前往各项目了解工作情况，并指导各项目防疫工作，得知项目防御用品供不应求时，立马前往市区各个商店购买，把能购买的防御用品及时分发到项目上，暂时确保了防疫物资的供应。随着疫情越来越严重，各项目物资严重缺乏，王岩玲同志想尽各种办法，联系各种渠道、各类资源进行联系，每日早出晚归，回到家除了匆匆吃口饭，她就躲进自己卧室里，通过电话、微信继续联系订购。终于"功夫不负有心人"，采购的口罩、消毒水、消毒液、额温枪等防御物资有多少就及时分发到各项目上班值守员工手里，确保了防御物资的供应，也为他们带来关怀和温暖。

同样作为第十三届福建省人大代表的林常青为物资匮乏这一棘手的难题夜不能寐，疫情期间向省人大常委会提交了人大代表建议件——《建议各级政府为坚守在各省各小区的物业公司提供防控疫情急需的物资》，阐述了物业作为防疫第一线，社区作为和谐社会最后一公里，抗疫情零距离生力军，我们在致敬的同时更应该确保他们的基本人身安全，提供急需的物资。据悉，该提议在物业人员微信朋友圈以及各物业公司服务中心的业主群广为转发并受到全国众多物业管理行业强烈反响。看到社会各界的物业人都遇到了相同的难处，也考虑到保全一线员工生命安危迫在眉睫，他又立即向福州市鼓楼区新型冠状病毒肺炎防控指挥部、福州市工商联以及福建微信信访分别反映了防疫物资匮乏的紧急情况。

此外，永安物业董事长林常青个人还向福州市光彩事业促进会捐资10万元，用于物业管理行业购买口罩、体温枪以及消毒水。

三、战"疫"宣传不停歇，深入反思出真知

林常青深知作为中国物业管理协会副会长，应该要有大格局、大胸怀、大视野，要站位全局议大事，要善于跳出自己的企业、代表所在行业反映问题，多献良策。2月发布了《林常青：疫情突袭，五问物业应急能力够不够》以及《林常青郝霆：加强物业服务企业应急管理与防控能力建设之论述》，反映了疫情突袭物业管理行业暴露出的种种问题，高度概括了应对突发紧急事件要做到关键的几点：

① 需要有清晰明确的操作规范。标准越清晰明确、员工执行效果越好。② 需要明确的物业服务企业的职责认定。③ 需要有完备的防控疫情的应急预案，疫情期科学的周密的工作安排。④ 强化应对风险防范的能力及相应措施。⑤ 防御与抵抗经营风险的能力。希望经过这次抗"疫"大考，物业管理行业除了收获广大业主的赞美以及全社会认同外，更能收获一次心灵与思想的洗礼、素质与技能的提升，在"危"局中探寻新的发展"机"遇。

3月，同样作为福州唐世网络信息技术有限公司（中物教育）总经理的林常青接到武汉市物业管理协会张毅会长的来电，希望林董能够借助中国物业管理协会指导下的"中物教育"平台，选择若干行业专家及知名企业管理者，结合疫情期间一线操作岗位的工作要点，快速研发相应课程。3月25日至4月3日为助力疫情最为严重的武汉市物业管理协会，"中物教育"平台重磅推出了物业服务企业复工复产公益课堂，分别请到了岳娜、鲁捷、王寿轩、商小元4位重磅老师，直播共五期，共计2万8千多人次收看了课程，最高一期收看量达8000余人次。

4月17日，为了快捷指导、帮助支持民营企业家协会复工复产，在福州市民企协会常务副会长兼秘书长林常青的组织策划下，由福州市工商联作为指导单位，福州市民营企业家协会联合福州市电子商会，面向企业家、会员企业开设在线直播讲座，邀请福州市市场监督管理局、福州市税务局、福州市工信局等有关领导以及律师就针对疫情有关惠企政策和相关法律法规作出全面解读并进行在线答疑。

4月，深圳市物业管理行业协会曹阳会长也发来邀请，4月20日至24日福州唐世网络信息技术有限公司（中物教育）快马加鞭地携手深圳市物业管理行业协会推出了为期5天的《物业管理风险防控》系列公益培训，赵中华、项凌云、岳娜、李良以及王井春5名行业实战专家在直播课堂上，分别给大家带来了物业工作中不同的风险管控工作和经验的交流，点击率突破5万人次。

此外，在永安物业董事长林常青的引导下，"福建永安物业管理有限公司"公众号平台从1月23日起不断更新，在疫情最严重的4个月的时间，先后发布了"防范新型肺炎疫情丨永安人在行动"系列、"抗疫到底丨《新闻110》实地走访永安物业在管社区"、"荆州分公司丨真诚服务暖人心，业主称赞送锦旗"等几十期抗"疫"报道。永安物业还作为"众志成城·共同抗疫"书画摄影文学作品征集公益活动协办单位，携手中国关心下一代工作委员会健康体育发展中心向各界征集公益活动以摄影、书画、文学等形式记录抗疫过程中的正能量歌颂全民抗疫留给我们的点滴感动。

四、智慧机器人为战"疫"而战，加快推进复工复产

为努力落实好在管项目严防严控措施，防止境外疫情输入，全力支持复工复产，永安物业董事长林常青想到应不断提高工作效率，加强对机械化装备以及数字化、智能化平台的使用力度，于是他走访了汉特云智能科技有限公司，调研了他们生产的自动驾驶清扫机器人。3月16日，永安物业携手汉特云智能科技有限公司的"新人"——自动驾驶清扫机器人前往永安物业在管项目——福建警察学院项目服务中心报到上岗。这位"新人"的性格温柔，吃苦耐劳，独立自主，绅士有礼，最喜欢做的事情就是扫地、洒水、搜集垃圾，智能避障礼让行人、自主掉头转弯、独立完成垃圾收集工作这些统统不在话下，让最辛苦的人轻松是它毕生为之奋斗的目标。

因为疫情，学子们都还未回归，校园里空无一人，但我们的"新人"清扫机器人已经开始了它的工作。小道两旁排排站的笔直而充满生机的树，在春雨的洗礼后越发的精神了，落在湿润未干的小道上的枯叶粉尘就这样被清扫机器人轻轻地带走，只

留下干净整洁的校园小道等待学子们回归。利用科技赋能,尽可能减少易感染岗位人员配置,为疫情防控筑起一道无形的防线。

作为中国物业管理协会副会长、永安物业董事的林常青,面对突如其来的疫情,以身作则,塑造了新时代企业家的优良形象。他表示虽然即将通过这次大考,但依然不能有丝毫松懈,要继续冲锋在前,临危不乱,要持续贯彻中央关于疫情防控的各项决策部署,落实落细各项防控措施,坚决抓好外防输入、内防扩散这两大环节,营造万众一心阻击疫情的舆论氛围。相信高高飘扬的五星红旗势必会引领炎黄子孙,再一次刷新向中国梦挺进的丰碑!

疫情防控第一线,联发物业在行动

厦门联发(集团)物业服务有限公司

2020年,新型冠状病毒肺炎让一座座城市进入战"疫"状态,从2019年12月首例新冠病毒感染确诊至今,全国累计确诊案例增至8万多人,不断变化的数据,态势严峻的疫情,牵动着每个人的心。面对这场没有硝烟的战"疫",身处防控一线的联发物业人,以敢为人先的信念,全方位联防联控,阻击疫情。

一、统筹全局,积极部署

疫情发生后,联发物业高度重视,快速响应,第一时间启动紧急预案工作,成立"新型冠状病毒防疫领导小组",召开疫情防范工作专项会议。联发全国20城迅速响应,开展一系列疫情防控工作,覆盖住宅、写字楼、文创园、工业园等多种业态。各区域及时部署防控工作,将疫情防控责任细化、落实,严阵以待。

在各地防护物资紧缺的情况下，集团给予紧急支援，采购了大批量的防护物品发往各地项目；物业公司总部也全力采购一次性医用口罩、N95口罩、消毒液、酒精、一次性手套等防护物资，以最短时间配送至各地支援项目一线。

同时，物业服务公司总部及各城市公司经营班子深入基层一线指导防疫工作，党工团联动支持援助，给予员工关怀，鼓舞员工士气。

二、岗前防控，安全守护

为了打好这场持久战，物业服务公司超2000名员工坚守防疫一线，全天24小时服务不停歇。在上岗前，物业公司对员工进行了疫情知识普及以及防控措施的培训，保证员工掌握个人防护知识、卫生健康习惯及疫情防控应急处置办法；并且在物业内部落实个人健康防护工作，在岗员工做好体温检测与口罩防护，勤洗手、勤通风，互相示范、督促，以高要求、高标准维护社区安全健康。

三、疫情防控，出入管理

物业人员100%安全上岗后，每天积极投身疫情防控第一线。疫情防控宣传上，通过企业公众号、社区微信群、社区出入口、小区公告栏以及楼栋出入口等多平台多渠道，及时发布权威疫情信息及防控措施，提高业主防护意识，引导业主正确认知、科学防控；小区管理方面，在所有开放出入口，进行24小时全面监控，加强园区业主进出管控，严禁外来车辆进入，且轮值轮岗、昼夜不休地对出入人员进行严格登记、体温检测。

在有居家隔离人员的小区内做好隔离人员防控措施，物业人员对居家观察的业主进行了重点关注，以无微不至的关怀陪伴业主共同度过这一时期，提供包括代购生活物资、定时定点上门收取垃圾、快递包裹送货上门等服务，将细致的守护落到最实处。

四、公共区域，全面消杀

病毒来势汹汹，严防每一个环节才能将损失降到最低，各项目从全面监控到定点增频消杀，严守"安全区"。在进出管理上，自制消毒通道，在大门设置消毒棚、鞋底消毒地垫与车轮消毒区……构筑疫情防护墙，将风险降到最低。

此外，项目每天对全社区进行高强度的清洁消杀，在单元大堂、电梯轿厢、休闲设施等重要公共点位，全方位消毒作业；垃圾桶、卫生间、卫生死角等重点区域，增频消毒。各小区设置专门废弃口罩垃圾桶或废弃口罩回收处理点，并不间断对其进行消毒，杜绝交叉污染。

五、定制服务，暖心万家

物业服务公司针对每个地区的疫情状况，在各项目上提供人性化服务，缓解业主生活的不便，解决大家燃眉之急，让安定与温暖相伴同行：守护独居老人，上门慰问送物资；点对点采购物资物品配送上门；物业服务热线24小时保持畅通，及时响应；提供特殊家庭送餐、送货服务；给业主发放防范医疗物资……

六、线上智慧，升级服务

除线下发力，物业公司也在线上升级智慧社区服务，让业主们享受贴心的高效服务，减少人口流动，降低传播风险。无接触开门的门岗防控、各类疫情或社区公告的实时更新、排忧解难的线上楼栋管家、及时反馈的线上报事报修、足不出户的线上缴费功能，一系列信息化举措助力防疫工作。

疫情期间，联发集团还携手"春雨医生""防疫机器人"等平台，在"联发物业"微信公众号开启防疫线上平台。该平台集合了疫情实时地图、防疫科普知识、同行查询等功能，其中"春雨医生"开启线上免费义诊通道，专业医生实时响应，24小时极速服务，关心每一位业主的身心健康。此外，物业公司第一时间投入热成像仪人体测温设备，在部分小区、写字楼使用，得到了客户的好评；写字楼和园区物业通过线上统计协助客户进行企业复工人员登记排查。

大难面前，必有大爱，物业公司在疫情防控第一线，暖心服务业主，全力防控疫情。这些工作和措施得到了广大业主的理解与支持，许多业主更是以实际行动给予我们支持，如重疫区的武汉业主自发为物业人员捐款、莆田的业主参与防疫宣传工作、厦门的业主向物业人员送来口罩……心中有爱，繁花与共，联发物业将继续和广大业主并肩携手，同舟共济，打赢疫情防控攻坚战。

同心战"疫",新力物业全力以赴

新力物业集团有限公司

2020年初,新型冠状病毒肺炎(以下简称"新冠肺炎")疫情,来势汹汹、始料不及,给全国人民的生命安全和生活保障带来巨大危机。如何立体布防守住"城市治理最小单元"社区安全防线、消灭"防疫死角",如何保障居民日常生活秩序及物资供应,如何助力疫情"解封"后的复工复产等各项现实问题,成为这场"战疫"的关键。

一、高效布防,智慧"战疫"

面对肆虐的疫情,新力物业作为社区的"管理者"和"守护者"第一时间响应国家号召,高效布防,坚守社区第一战场,助力各地政府部门、各地区、街道、社区抓好防疫第一线的全方位工作。

（一）第一时间成立疫情防控小组

1月20日，国家卫生健康委发布1号公告，正式打响新冠肺炎"战疫"。

1月21日，在新力控股集团副总裁、新力物业集团董事长兼总裁闭涛先生的带领下，新力物业第一时间成立新型冠状病毒疫情防控工作小组，按照党和国家的指示精神和要求，多次召开各城市视频防疫工作会议，采取"线上+线下"相结合方式迅速出台多项针对性预防措施，科学布防，最大程度保障业主平安。

（二）科学布防，"人防+物防+技防"构建社区多重防疫体系

疫情发生后，新力物业全面升级"1个健康社区模式、6大体验体系、61项服务细节"服务标准，全方位构建安全、温暖、智慧、高效的社区防疫体系：

1. 全面消杀，不留死角。在日常消杀标准上提升消杀强度和频次，高触点部位进行重点清洁和消杀。

2. 体温实时监控，严格管控。非接触式红外体温计实时监测体温；24小时门岗值守、24小时交叉武装巡逻、24小时智能电子眼监控，严控社区安全红线。

3. 宣传联动，做好亲民服务。通过业主微信群、微信公众号、园区公告栏、朋友圈宣传、400热线等多种方式，加强宣传力度，帮助一线员工和业主形成自我防控的意识，有效破除信息隔阂和疫情谣言，建立业主信心。

4. 科技赋能，落实便民服务。新力物业智慧生活管家，一键响应，让业主足不出户办理物管业务；"刷脸"进出智能门禁、"停简单"互联网智慧停车系统、"云商城"物资集采等科技打造高效便捷生活方式，有效减少人员接触风险；

5. 装备齐全，应对突发情况。配备足量常规防疫物品，并组织安排专业应急救援队伍，随时应对各种紧急突发情况。

从常态化疫情应对到安全突发事件预案，新力物业用切身行动落实社区安全的每一个细节。

（三）"双五星"智能楼宇管控服务，让复工复产吃下"定心丸"

新力物业在第一时间制定了《商务服务管理中心疫情响应机制》，成立商务服务管理中心防疫防控小组，定时召开疫情防控线上会议，为保障"解封"后复工复产做好了充分的准备。

1. 新力物业集团全资专业子公司新力洁诺达到了"公共环境消毒杀菌企业"甲级资质认证标准，疫情期间推出企业环境清洁和消毒杀菌专业服务，有效解决政府单位、产业园、商写等各领域各单位疫情特殊时期消杀需求，成为复工复产"定心丸"。

2. 新力物业集团作为江西省物业管理标杆企业，拥有由中国房地产业协会商业和旅游地产专业委员会评定的江西首家"双五星"商务写字楼服务水准，疫情期间全面升级一站式巡航金钥匙管家服务和E控中心，实行进出口登记流程电子化、人脸识别系统、公共区域安全实时监控等大数据分析和可视化系统管理服务，有效确保了大厦人员、财产安全，助力疫情防控、复工复产。

（四）关爱员工安全，内外兼顾

疫情防控，新力物业还特别注重一线团队的后勤保障：确保防疫物资供应，一线员工每日发放一次性口罩、3M口罩以及岗前测温，每四小时提醒更换一次口罩；确保日常生活用品及食品供给，每日当班主管协调员工就餐；对一线员工休息休假进行调控，每日上班按照编制的70%人员进行上班，保持充足体能；对基层员工进行培训、谈心安抚，时刻了解员工的思想和身体健康。

二、温暖服务，"力"克时艰

（一）极致服务，成就武汉0疫情小区

在疫情重灾区武汉，新力物业服务着2个社区。疫情期间，新力物业24小时专属管家、温馨全程服务，主动上门消杀、帮助老人采买药品、为隔离的业主提供专属服务等，用温暖行动、极致服务，360°护业主安全。

期间，产生了诸多感人故事。有为了糖尿病患者在寒风中找遍6个街区、询问5家药店购买注射胰岛素的秩序员尚志峰；有为了采购生活物资徒步6公里办理车辆通行证并找遍周边3家商场及3家超市的综合主管高源；还有组建团购、送快递上门、上门收垃圾消毒、免费打印学习资料、联系社区3次拖回免费爱心菜等。

新力物业团队的坚守，让武汉·新力琥珀园、武汉·新力帝泊湾均保持0确诊、0疑似的记录！新力物业团队36名员工也无一人出现病痛！

（二）"新"零售，暖心服务

突如其来的疫情，各项防疫和生活物资、紧缺，业主不方便出门采购，新力物业管家每日主动收集业主的需求并汇总，帮助业主统一采购配送，减少接触风险；同时，新力物业还提供了在线选购生鲜配送上门服务，有力保障业主的正常生活需求和安全。

（三）同"新"共筑温情社区"防疫线"

在这场没有硝烟的新冠肺炎防疫战中，新力物业获得了广大业主们和单位的认可、配合、支持和帮助。

在南昌近水花园小区，共有133名业主参与筹集防疫慰问金；凡尔赛宫业委会组织了业主志愿者团队，配合物业秩序员，守卫门岗测量体温、宣传社区防疫措施；在英伦城邦，退伍军人协会为值班人员提供了爱心便餐；吉安润达美墅项目的甲方不仅送来了口罩、新鲜果蔬、快食食品等防疫和生活物资，还为工作人员解决了交通管制后的住宿问题；经开区管委会、湖边镇政府和社区居委会为赣州帝泊湾先后送去口罩、一次性手套和消毒液等大量防疫物资……

三、勇担责任，荣誉见证

在全国全面抗击疫情、物资短缺的非常时刻，新力物业集团勇于承担社会责任，积极寻求购买防疫物资的渠道，把采购防疫物资作为重中之重。

（一）主动出击，为爱护航

新力物业集团为南昌市应急管理局捐赠医用外科口罩4000个，为南昌市桃花派出所捐赠医用外科口罩1000个，为昌南派出所、东新派出所、小蓝派出所捐赠医用外科口罩共计900个，为红谷滩公安分局沙井派出所捐赠医用外科口罩1010个，协助江西省应急管理厅购买医用外科口罩10000个，协助南昌市政工程开发集团有限公司购买医用外科口罩10000个……

1月28日，联合兄弟单位新力控股、新力公益基金会、新力有家便利店向武汉首批捐赠500万元物资及配套支持，并为驰援武汉的江西医疗队配送餐食。

2月22日起，新力物业成立了一支200人的志愿者队伍，前后共开展5次爱心鲜蔬配送，为1084户英雄家属送去了新力物业的关爱与陪伴。

3月起，新力物业集团联合南昌市室内环境保护监测行业协会，开展"大爱护航消毒灭菌防疫"公益活动，走进南昌市各个校园，为南昌市内100所中小学、幼儿园进行预防性消毒杀菌。

（二）多项表彰，政府肯定

6月3日，南昌市物业管理协会举办了南昌市物业服务行业在新型冠状病毒疫情防控工作中表现突出的先进集体、优秀管理项目和先进个人的表彰大会。大会上，新力物业集团荣获"疫情防控先进集体"，新力愉景湾项目获得"优秀管理项目"，新力帝泊湾项目经理杨安妹荣获"先进个人"。

在赣州，新力物业积极配合政府防疫管理工作，为业主提供物资采买入户、代办生活业务等暖心服务，获得政府部门表彰！

疫情无情，人间有情！在这场疫情防控阻击战中，新力物业人始终坚守在自己的岗位上，秉承品质立足、厚德兴业的远大情怀，众志成城、齐心协力，联合广大业主及各界力量和资源，为守护美好家园，将战"疫"进行到底！

标准领航　铸就卓越
——山东明德物业管理集团标准化建设实践

山东明德物业管理集团有限公司

品质是企业的生命线，明德集团自成立以来一直坚持"品质至上"的服务理念，用标准引领品质发展，用服务缔造优质企业。

一、不断完善，标准体系再升级

一流企业做标准。山东明德物业管理集团始终致力于标准化建设。

【企业标准 V1.0 版】2014 年 5 月，明德集团发布企业标准白皮书，成为山东省内首家面向社会公开发布企业标准的物业服务集团，为建立完善的企业标准体系打下坚实基础。

【企业标准 V2.0 版】2015—2017 年，集团先后申报了省级服务标准化试点和国家级服务标准化试点单位，在试点创建的过程中，集团按照《服务业组织标准化工作指南》GB/T 24421 构建了以服务通用基础标准体系

为基础，以服务保障标准体系为支撑，以服务提供标准体系为核心的 2.0 版物业服务标准体系。

【企业标准 V3.0 版】2019 年，为提高标准落地有效性，探索研究可视化标准体系制定。针对一线员工年龄偏大、文化层次偏低的特点，先后下发了 5 项标准化图解手册及 4 篇培训视频，编制了 20 余项图示版标准化工作手册，把不可见的信息、不易理解的信息等呈现出来，让员工及顾客能够感知和理解。标准中除常用的照片、图片形式外，不易展现的环节还创新性的引入了漫画的形式，使作业标准更加形象直观。图文并茂的操作指引，降低了员工出错的概率，打造出高效率、低成本的作业现场。

2015 年开始，集团先后申报了山东省服务标准化试点和国家级服务业标准化试点，均以 97 分的高分顺利通过验收，得到了政府相关部门的认可。

二、积极参与，行业标准做贡献

明德集团不断发挥行业的引领作用，将企业标准向地方标准、行业团体标准和国家标准升级转化。

【参与国家标准】2018 年物业管理行业首次成功立项了三项国家标准，公司参与了其中《物业管理术语》和《物业服务顾客满意度测评》两项国家标准的编写工作，目前已进入意见征集阶段。

【主导团体标准】明德集团承担的中国物业管理协会团体标准 TCPMI 006《高校物业管理区域新型冠状病毒肺炎疫情防控工作操作指引》已于 2020 年 2 月发布实施。集团承担的中国物业管理协会团体标准《高等学校物业服务规范》已通过专家审核及报批进入发布阶段。2020 年，集团承担的济南市物业管理行业协会《物业服务项目档案管理规范》等 28 项团体标准已发布实施。

【主导地方标准】集团主导起草的山东省地方标准《物业服务规范　第 4 部分：高校物业》和参与起草的《物业服务规范　第 1 部分：通则》和《物业服务规范　第 11 部分：公共场馆物业》三项地方标准已于 2019 年 9 月发布。

三、标准支撑，服务品质再提升

决战在市场，决胜在现场！品质是企业的生命线，集团自成立以来一直坚持"品质至上"的服务理念，董事长一直要求我们要坚持以"守住底线，挑战极限""超值服务，精益求精"的思维与理念持续做好现场管理工作，更好地提升服务品质，打造明德优质品牌。

2019 年 9—11 月，由董事长和总裁亲自挂帅，兵分两路，率领运营中心开启了品质大巡查。2 个巡查组，历时 3 个月，近 100 天的时间，披星戴月，没有周末，巡查了 17 个城市公司，286 个服务中心，跨过了 24 个省、自治区、直辖市，走过了 83 个城市，巡查里程 3.3 万公里，每天平均 2 万步，巡查问题 8 千余处，项目巡查顶天立地，全面覆盖。本次巡查是集团有史以来规模最大、覆盖最广、历时最久的一次！为总结经验、查找不足、展示亮点，集团对 18 个城市公司召开了三期巡查总结会议，各城市公司按照会议要求落实整改，对标学习，直面问题，攻坚克难。

2020年5月，集团品质大巡查再次开启！总结2019年品质大巡查中存在的问题，集团将对品质不佳的项目及新接管的项目进行重点检查，坚守品质，事无巨细。

四、标准先行，抗疫我们在行动

新冠病毒发生以后，明德集团第一时间响应号召。在春节假期期间，由中国物协牵头、明德集团承担编写的《高校物业管理区域新型冠状病毒肺炎疫情防控工作操作指引（试行）》于2月5日在中国物业管理协会正式发布。在集团内部，由运营管理中心牵头编写的《明德集团新型冠状病毒疫情防控物业服务工作指引（试行）》《明德集团新型冠状病毒疫情防控环卫服务工作指引（试行）》继后陆续公开发布，山东省住建局官网推荐全省物业管理行业学习应用。为了保障防疫期间开学工作，集团运营管理中心联合高校管理优秀的城市公司、服务中心共同编写了《学校物业新冠肺炎疫情防控工作指南》并于3月4日下发到各个学校项目。4月份，在防疫期间发布的标准化文件基础上进行了整合和内容更新完善，形成了《标准化手册：重大呼吸道疫情防控》，为明德集团防疫期间各业态工作提供全面指导。

明德集团全员投入防疫工作中，多次对发布的指引文件进行宣贯指导。同时推出"暖服务"对抗"冷疫情"系列工作，各服务中心积极响应，开展暖心服务活动为业主提供便利。在此期间，积极调度防疫期间物资缺口，呼吁业主捐款捐物，保障员工安全和现场工作开展。

新冠病毒发生以来，明德集团共发布指引、指南类文件4本，共计近20万字。开展防疫相关培训、会议3次，为济宁市物业管理服务协会进行公益培训1次，组织集团服务中心经理防疫知识测试3次。明德集团本着为业主服务、对员工负责的严谨工作态度，做防疫现场工作开展坚实的后盾。

五、持续宣贯，标准落地常态化

明德集团始终坚持"标准引领质量"，将"流程标准化"作为集团四化管理理念之一。通过实施标准化，不断提升现场服务品质，推动集团高质量发展。为进一步推进集团标准落地，使员工懂标准、学标准、用标准，不断提升标准意识，最大限度发挥标准对现场管理规范化、专业化提升的价值，促进集团服务品质持续提升，同时为行业"能力建设年"和"品牌提升年"积极做出贡献，集团开展了"标准小课堂"系列培训活动。

"标准小课堂"围绕如何快速提升服务中心现场管理和服务为核心，将枯燥的标准内容进行了细致的分解，设计了一系列内容丰富、易于理解和实施、可操作性强的课程，涵盖基础规范、秩序维护、环境保洁、绿化养护、工程管理、会议服务等业务条线；同时针对集团的优势业态高校、医院和环卫，也设计了一系列专业度高的课程。"标准小课堂"每周1期，每期30分钟，多频次短时长的课程设计，目的是保证现场管理和服务人员在不耽误员工本职工作的基础上，更好地学习和理解标准。

从2020年6月到目前，"标准小课堂"已经进行了9期基础规范的培训和2期业态专项培训（高校业态开学、医院业态清洁消毒），受到了服务中心的肯定和认可，为标准的实施落地提供有力支撑。

筑牢社区防疫生命线　使命彰显品牌价值

山东省诚信行物业管理有限公司

诚信行物业管理集团成立于 2000 年 9 月，注册资金 1 亿，管理面积 1.3 亿平方米，管理地域辐射山东、江西、南京、深圳、上海等全国重要的城市，遍及全球 20 多个国家和地区，全球拥有近百间分子公司。诚信行物业在疫情发生之初到现在，始终绷紧安全与疫情防治的弦，在行业和各级政府的指导和帮助下，严把防疫关，攻坚克难，以自己应有的企业担当为广大业主筑牢社区防疫的第一条防线，在使命中彰显品牌价值。

一、强化党建引领，推动先锋表率

为坚决贯彻落实党中央及习近平总书记在疫情防控工作中的决策部署，自疫情开始以来，集团党支部先后发布了《关于充分发挥集团广大党员在新型冠状病毒感染肺炎疫情防控中先锋模范作用的倡议书》和《关于组建诚信行各战区"抗击疫情党员先锋队"及招募成员的通知》并积极行动，践行"一

个支部就是一座堡垒、一名党员就是一面旗帜",确保党旗始终飘扬在疫情防控第一线。山东、华南、华东、华中四大战区迅速响应分别成立多支党员先锋队,充分发挥党员在抗击疫情一线中的先锋模范作用,身先士卒,用实际行动彰显"疫情就是命令,防控就是责任"的政治自觉,走在战"疫"的最前线,以最高标准、最严措施、最实作风投入到集团各项目疫情防控工作中。党员先锋队员们带头贯彻执行党中央及各级政府有关疫情防控决策部署;带头冲在抗击疫情战线一线、冲在最紧急的时刻;带头响应命令保持24小时通讯畅通,随时听从安排,保证行动迅速高效,严格执行防疫工作纪律;带头响应群防群治政策,广泛发动客户中党员同志和群众齐心协力共抗疫情。他们坚守在一线,检测体温、引导登记、消毒防疫、防控宣传,处处有他们的身影,他们勇于把党员身份"亮"出来,使党员作用"强"起来,将党员形象"树"起来,用行动书写初心,把使命落在岗位上,让党旗在一线高高飘扬,为打赢疫情防控阻击战贡献自己的力量。

渠道了解到了疫情的发展程度后,高度重视此次疫情的防控工作,第一时间按照各级政府的要求成立以董事长王宏杰为组长,全国各战区副总裁为副组长的新型冠状病毒感染肺炎疫情专项防控工作调度小组,就有关防控工作进行安排部署。全国所有业态全部项目全体员工统一按照部署开展疫情的防控工作。1月22日,集团正式下发《关于集团开展春节期间应对新型冠状病毒疫情的倡议书》,集团总裁办、总工办、各部门、各事业部/分公司,各管理处利用春节园区清理装扮的契机,张贴业主的疫情温馨提示,并在业主群、朋友圈积极转发,及时公布科学的居家防疫重点,提醒业主减少出行,避免感染,抓住春节长假的开启之前,为业主普及了新冠病毒感染的严重性,防患于未然。

二、集团成立疫情防治领导组,面向集团全部项目发出疫情防治倡议书,进行自上而下的防疫工作

三、防疫关键在员工,源头是培训,关怀是动力,服务是纽带

疫情发生在春节前夕,集团在通过社会公开

新冠疫情的发生正值春节,本就是物业工作最

忙的时间，强大的防疫工作强度为基层员工增加了巨大的工作压力；物业工作面向社区，是整个社会防疫的第一道防线，如何以良好的服务保障业主的生命健康安全，同时发动业主积极地参与到社区共治的氛围中，是社区联动防疫的重要一环；物业人员是社区防疫的"逆行者"，口罩、护目镜、消毒用品等防疫物资都属于自筹范围，员工的安全也是防疫的重要一环；诚信行在管的项目覆盖多种业态，多业主住宅、写字楼、西客站公交枢纽、天下第一泉风景区，江西八一南昌起义纪念馆等流动人口较多的业态项目也为本次的防疫工作带来了巨大的工作量……解决所有上述困难，关键在员工，源头是培训，关怀是动力，服务是纽带。

董事长王宏杰先生亲自挂帅担任培训官，面向高管层面进行防疫工作的培训，逐级践行，直至各项培训工作落实到基层的每一个岗位每一位员工。各战区副总裁按照董事长要求，针对全国各地疫情防治的要求和特点，制定《疫情防控应急预案》，各事业部设立应急小组，各项目下设本单位的应急小组，项目经理担任组长，利用晨会、夕会及专题会议时间对员工进行冠状病毒疫情讲解及预防培训，强化每一位员工的防疫意识，明确每一个岗位的防疫职责和工作流程，以简单明了的方式让员工接受并可操作；各项目员工每天上岗前进行健康体温检测，建立员工健康档案，每日填报《疫情防控情况统计表》，实时监控员工的身体健康；董事长发动海外事业部的同事及国内有医疗器械资源的关系，积极购入口罩并多批次发放到集团3万余名小诚员工手中，从教给员工如何洗手，到规范日常消杀的专业性、安全性等，每一步都将公司对于前线物业员工的关怀传到位。优秀的文化打造优秀的员工，优秀的员工传递温暖的服务，诚信行全部员工春节假期24小时无休，全程在岗保障园区安全，全国项目的员工暂无疫情感染可疑人员，为全国各地的社区疫情防护做着努力。

四、全面架设疫情防控体系，强化监督各单位疫情防治执行

（一）集团全面启动疫情防治预案

针对此次新冠病毒疫情，集团按照全国战略架构，以战区为单位全面编制并落实《疫情防控应急预案》，预案含应急小组架构、组成人员情况、工作职责，应急防范及处置流程，宣传预防措施，可能发生的紧急情况及相应的处理措施等都做了明确的规定。

（二）每天形成项目《当日疫情防控工作情况汇总表》，公式项目防疫情况并上报济南市物业管理协会

配合济南市物业管理行业协会对各物业服务企业要求提报防疫日报的要求，各项目每日量化防疫投入的人力、物料，开展主要的防控工作，每日消杀的具体措施，消杀面积及新方法新思路，对涌现出的先进事迹进行按日提报，挖掘身边的优秀员工，以图片的形式展现每日疫情防疫工作的开展。

（三）防疫工作标准化落地，标准化防疫流程和规范可复制可落地

疫情发生后，诚信行物业《物业服务防控防疫作业规范》Q/CXH TG 303.1.10—2020、《疫情期间空调通风系统应急管理规程》Q/CXH TG 302.2.2.17—2020、《电梯按键防疫防护作业规程》Q/CXH TG 304.5 06—2020等多项企业工作标准迅速制定并颁布，尤其是《电梯按键防疫防护作业规程》Q/CXH TG 304.5 06—2020，该标准全文包括8个部分，规定了服务术语和定义、物料准备、操作要求、更换和收集、消毒等。标准化的制定与落地对项目的防控，公共区域消毒，医疗器械采购、发放和管理等进行了标准化的规范作业，方便各项目严格落实标准的规范流程。

五、瞄准传染重点，疫情防治不断创新，新办法、新技巧全面推广

创新是品牌发展的不竭动力，即使在新冠疫情肆虐的特殊时期，创新管理仍然是品牌的前进动力。为了有效减少病毒传播路径，在全球所有项目，诚信行物业对业主和客户触摸频繁的电梯内外触摸板和按键，覆膜保护。由于事态紧急，专用覆膜由于各地还没复工无法买到，物业公司先采购保鲜膜分发到各个项目。保鲜膜有隔绝作用且使用方便能贴付在物体表面，用保鲜膜将电梯内外的触摸板和按键全部保护起来，并每天两次消毒，每天早晚各更换一次，给业主提供一个安全的公共环境。不仅如此，电梯轿厢内也会定时喷洒消毒液。此外，写字楼上的中央空调、新风系统也将关闭，出风口也会按时进行防疫消毒，多种措施确保电梯使用的安全性。针对这些有效的措施，集团特别颁布《电梯按键防疫防护作业》，以标准化操作在集团范围内进行统一要求，也引起了社会各界媒体的广泛报道与关注。

六、以疫情需要为前提，不惜一切投入物资成本，爱心服务社会，彰显品牌价值

截至目前，公司先后从国内、韩国、日本、马来西亚等不同地区采购口罩超过 20 多万个，全部发放到员工及社区业主手中。与此同时，公司还储备配发了大批量的检测防护物资：红外体温计、防护服、酒精、84 消毒液、84 粉、84 片、免洗消毒液、喷雾器、喷壶等，发动所有员工分散购置，发动一切可以发动的资源为业主和员工服务，公司疫情物资投入数百万。与此同时，集团在全国范围内发起倡议，为赴武汉援助的医护人员家庭 24 小时开放集团服务热线提供家庭服务，1 月 30 日通过中国驻俄罗斯大使馆和俄罗斯中华总商会采购 30000 个医用口罩捐赠给了武汉市江汉区医院，1 月 31 日向武汉市物业管理协会捐赠了 30 万的防疫物资，购买济南南山直销农产品，解决疫情期间的扶农工作，联合中欧校友向山东省省立医院援鄂医疗队捐赠医疗用品，致敬"逆行者"。

七、搭设疫情宣传舆情系统，展现行业精神，彰显物业人精神

针对本次疫情，诚信行物业管理集团利用集团自媒体系统，微信公众号、网站、微博等每天发布企业及行业动态，微信公众号特别设置"战疫行"板块进行主题宣传，同步更新疫情情况，将最新鲜的疫情新闻向业主和员工展示，同时，利用抖音、新时报、齐鲁壹点等新媒体平台点赞身边的优秀物业人，分享全新的防疫新得和技巧，关注行业资讯，为推动行业的宣传工作，搭建业主和物业的信息沟通做出了巨大的贡献，弘扬了防疫正能量，普及了防疫新知识，展现了物业服务企业的品牌价值。

集团为了鼓励并树立优秀的一线小诚物业榜样，开展了 2 期防疫优秀事迹评选，在这期间，我们了解了很多员工优秀的岗位故事，比如舜泰广场的管家祝秋虹，因其全家人都在武汉，济南的家中还有患病的儿子，她一面克服极大的担心和焦虑，一面一天不落地奋斗在服务一线的岗位上，她的事迹也获得了市物协的防疫英雄表彰，作为全国物业管理行业防疫先进工作者接受了中国物业管理协会"物业英雄"的专题采访；有远赴江西的济南物业

人——李晓生，长年在异乡，很少回济南，今年的春节年夜晚简单的是胃药就着泡面；高铁站，每天迎着朝夕，送着日落为各县区接站工作人员熬制爱心姜汤的巾帼小诚人高秀芬；还有利用繁忙的工作之余为宣传物业人的工作而被家人称为"假妈妈"的田洪洁、徐赛玉，他们用自己的手机记录下一个个平凡而温暖的工作瞬间，没有他们，或许没有人想起还有这样一群社区逆行者为业主的安全忘我地奉献着；金邸山庄的老马——马金领师傅，是集团年龄最大的男管家，从春节到现在，他没有一天休息，每天工作 16 个小时，有时候甚至睡在地下室，他是小区的主心骨，更是业主的守护者……小诚人的故事在各大媒体上引起了强烈的关注，展现了一线防疫物业人的无私奉献的行业正能量。

后疫情时代，防疫工作依然严峻，诚信行物业管理集团将继续积极响应各级政府的要求，以优质的服务、贴心的关怀严把防疫关，共克时艰筑牢社区第一条防线，为社区疫情的防治工作交上一份来自物业人的满意答卷，让品牌在经历这场劫难后绽放更加璀璨的价值。

健全培养体系，不断夯实"技术润华"基础

山东润华物业管理有限公司

随着国家物业管理行业的不断完善，市场竞争层级和水平也不断加剧，为了保障润华物业的健康可持续发展，润华物业从培养、激励、管理入手，加强专业技术人才队伍建设，大力开发技术人才资源成为公司的一项重点工作，不断夯实专业技能人才基础，朝着"把技术润华打造成服务润华的子品牌"的目标而不断努力。

一、转变思想，提高认识，营造适合人才发展的管理环境

建设专业技术人才队伍，首要的是转变思想，提高对专业技术人才地位和作用的认识，树立人才管理的新思路、新观念。

（一）树立"德、才、勤、绩"为先的人才观

润华物业始终坚持"德、才、勤、绩"的干部选拔方针，即：用人要以德为先，具备高尚的人格、高度的敬业精神、高昂的精气神是润华物业选拔干部和人才的首要条件；才是基础，高效的执行力、高强的抗压力、高度的责任担当是选拔干部和人才的基本条件；勤是推动力，善于学习、不断提升、敬业务实、积极进取；绩是结果，在平凡中做到极致，业绩显著，贡献突出。通过德、才、勤、绩、考察人才，把德才兼备、业绩突出的人选拔到项目各类管理岗位，使其成为技术管理的重要力量。

（二）加强企业文化建设，打造"四有"润华人

形成以人为本的良好氛围，充分体现以人为本、推行关爱文化，重点把各类人才的福利待遇、激励政策落实到位。通过榜样人物等奖项的评选，让不同层级、不同岗位的员工得到了认可，引领广大员工在工作中争做担当人，争做有理想、有道德、有激情、有能力的"四有"润华人。

二、构建培养体系，激发专业技术人才活力，推动人才梯队建设

（一）搭建技术等级管理体系，打通技术人才职业发展通道

润华物业建立科学、规范的高技能人才评价和选拔体系，促进公司技术人才的成长和价值实现。润华物业以保洁、秩序维护、维修运行、客服四大工种为主，通过对技术人才能力进行评估，将专业通道划分为初级、中级、高级、技师、首席技师五级。

经过几年的培养，润华物业技术骨干人员已从最初的33人增至目前的200余人，每两年为一个聘任周期。技术分级的提出不仅提高了评估员工的能力水平，也进一步稳固了员工队伍。

（二）搭建技能比武平台，促进技术人才成长

近年来，润华物业积极组织开展安保技能比武大赛三届。以赛代练，形成"比、学、赶、帮、超"的良好氛围。各经营单元也根据自身发展情况，组织开展了保洁、客服、绿化、维修、安保等专业技能赛事。为叫响润华物业服务品牌，公司还积极参与到行业协会组织的技能比武大赛，在竞技比赛的过程中不断学习提升专业技能水平。期间大量的优秀技术人才脱颖而出，为公司提供了强大的人才支撑，也让技术人才看到了自身的价值，明确了岗位成才的方向。

技能比武大赛有效地提升了员工的专业技术水平和干事创业的热情，是促进技术人才成长的有效手段。经过各工种技能比武大赛的开展，在公司内形成了重视技能，尊重人才的良好氛围。尤其是很多年轻员工在竞赛中快速成长，有的已经成为专业领域的骨干。

（三）创新培训模式，提升技术人才素养

为实现教学培训一体化，公司打造了保洁培训室、客服培训室以及维修培训室，为技术人员专业技术能力提升提供了深度学习的硬件条件。

在公司的引导下，各经营单元创新培训模式，围绕实际工作，针对员工培训的内容及形式各创个新，开展了形式多样，内容丰富的培训活动，纷纷结合自身项目特点，对保洁、客服、维修等岗位工作的培训模式进行大胆创新，客服培训基地的揭牌、保洁培训室的打造、6S管理培训模式的引进、培训室展示墙的设立，不仅使培训形式更加生动，而且进一步提升了培训效果。

"流水不腐户枢不蠹"，只有让人力资本流动起来，才能保持活力和动态优势的人岗匹配率，从而为客户持续创造更大价值。

三、统筹规划，科学培养，拓宽实践渠道，推动专业技术人才专业化升级

（一）搭建学历提升平台，推进人才队伍建设

为给公司在职员工提供继续深造的平台，鼓励员工在业余时间自主学习，促进员工不断更新观念，提高综合能力素质，实现公司和个人的双重发展，润华物业在2018年、2019年连续两年开展了润华物业学历提升班，涉及课程包含工商管理、劳动和社会保障、金融、行政管理、市场营销、会计学等多个热门专业。

润华物业依托高校开展继续教育，保障了人才培养的高水平和高质量，采取多种方式进一步加大员工培养力度，为公司发展提供坚强人才保障。

（二）借力信息化，上线微课堂，调动员工学习主动性

随着润华物业智慧服务大平台的不断升级，提升培训的可追溯性、灵活性，润华物业智慧服务大平台开发了微课堂模块，各经营单元可根据业态、岗位不同由信息化系统进行精准的课程推送，课程时长一般在30秒至1分钟，员工可以充分利用碎片化时间根据自身需求和薄弱点用手机随时进行学习，弥补了传统培训的弊端，大大提高了工作效率。

微视频学习课程，进一步提升员工的综合素养和专业技能，加强了一线员工的自主学习意识。

（三）借助行业和政府平台，提升专业技术能力和品牌影响力

根据润华物业的统筹规划，越来越多的技术人

才得到了外出学习、参加比赛、开阔视野的机会。2018年，马学彬、丁敬涛参加了山东省"金蓝领"技能鉴定中心组织的维修电工技能培训并顺利通过结业考试，在培训中，他们接触到新的理论和实践机会，技术水平得到了进一步提升。印象济南项目工程经理解承钱凭借精湛的技术水平，获得了2017年济南市青年岗位操作能手荣誉称号。

润华物业充分借助行业和政府平台，组织员工参加各类职业技能大赛，在第四届济南物业行业职业技能大赛上，润华物业派出22名优秀员工参加到物业管理员、电工、水暖工、客户服务员、秩序维护员5个工种的比赛中。客服技术竞赛项目中，7名参赛队员在舞台上进行了形象展示及情景模拟比赛环节。微笑的表情，规范的动作，自信标准的回答赢得了评委的认可。经过激烈的角逐，客服队伍获得客户服务组第二名的好成绩，荣获"示范团队"荣誉奖牌。

初心在方寸，咫尺在匠心。公司只有加强专业技术人才培养，才能为可持续健康发展奠定人才基础，才能在发展的道路上稳健而强劲。润华物业人用专注、专业、精细、踏实、坚韧的气质展现了匠人的风骨，在奋斗的路上一次次超越自我，练就过硬的专业技能，更好地为业主服务。

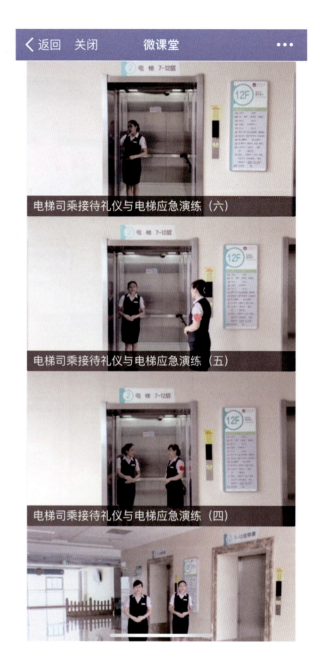

匠心品质，创新科技，做领先的泛物业产业运营商

鑫苑科技服务集团有限公司

鑫苑科技服务集团有限公司（以下简称"鑫苑服务"）成立于1998年，具有国家一级物业管理企业资质，系中国物业管理协会副会长单位。以华中、环渤海、长三角、珠三角、西南区域为核心，深耕区域浓度，辐射全国化发展，在北京、上海、天津、成都、三亚、郑州、苏州、济南、西安、河南地市等成立逾45家分公司，管理范围覆盖中国45个城市。

22年来，鑫苑服务始终坚守初心，将"创享智慧城市家园"的企业使命和"六心"服务理念贯穿各项产品与服务。2019年10月11日，鑫苑服务率先在港交所上市，成为中部区域第一家上市的物业公司。

2020年鑫苑服务对信息化、数字化发展进行了重新规划，围绕"门户平台、硬件平台、数据平台"三大平台，"鑫人才、鑫服务、鑫资产、鑫战略、鑫财务、鑫业务"六大领域的信息化发展规划现已全面启动，智慧化建设持续升级。

在数字化规划方面，围绕客户全画像、员工全视角、财务全方位、业务全过程、战略全闭环、资产全周期系统，形成硬件平台、门户平台、数据平台三

大平台及鑫人才、鑫服务、鑫资产、鑫战略、鑫财务、鑫业务六大模块整体建设布局。

在智慧社区建设方面，智慧社区 1.0、2.0、3.0 建设体系全面落地并不断深化，提升业主居住体验，为物业数字化管理提供基础支撑。以慷宝云为依托，持续进行线上用户裂变，截至 2020 年上半年，注册用户超过 150 万。

独具特色的"鑫服务"模式。

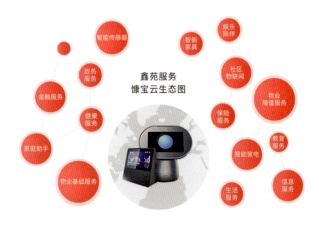

服务体系不断蝶变升级，从最初的"鑫服务"1.0，"六心服务"体系对业主做好服务的简单理念，到丰富的体系支撑，并将其延伸为"鑫服务"2.0 四全服务模式、四享服务系列、五大社区文化活动等类专业能力的打造，再到"鑫服务"3.0 的聚焦客户体验、激活员工潜能双轮驱动，将服务理念结合业主感知进行体系化、场景化、特色化，把我们对客户的服务融入生活每一个细节，持续为客户提供专业优质的物业服务，让业主感受服务体验的极致和美好。

一、多元化物业生态构建　助力行业高质量发展

优化品质，赋能美好，增强业主满意体验。鑫苑服务 20 多年来，深耕细作、砥砺前行，探索出

服务1.0：

六心服务理念

服务2.0：

以客户为导向的资源整合和管理能力

服务3.0：

将服务理念与服务场景有效结合

此外，在发展过程中鑫苑服务形成了多业态管理能力，服务范围涵盖四大业务方向社区服务——城市公共服务、政府公共服务、商办产业园区服务，逐步实现业态全覆盖，涵盖住宅、商办、公建、学校、医院、城市服务、轨道交通等，满足不同业态业主的需求。

和谐、幸福、智慧、活力的氛围打造，是鑫苑服务的特色之一。为打造丰富多彩的社区生活，鑫苑服务组织多姿多样的社区活动，譬如"美好生活，幸福We来"绘画大赛、"最美鑫苑"摄影比赛、《我和我的祖国》五一节快闪、"在一起更美好"社区邻里节、"唱响新时代"红歌大赛、业主广场舞大赛、业主运动会等主题文化活动，和谐邻里、活跃社区，推动社区文化建设。

（一）精炼内功、结构升级，助力行业能力提升

鑫苑服务围绕社区消费升级，以物管、资管和产业延伸为核心，打造以社区为辐射的存量市场服务和运营模式，形成物业、资营、商业、科技、金融、产业延伸六大业务板块，致力于成为领先的泛物业产业运营商，构建泛物业产业生态圈。"生态圈"涵盖鑫苑服务成熟优质产业与孵化产业，体现企业的生产力和未来张力，是整个发展模式的核心所在。

鑫苑服务持续完善公司治理制度，服务标准和管理体系全面升级；通过初始化导入、标准化复制、短板提升等，确保项目管理水平；完善差异化管控、大客服体系等，开启试点运用，助力公司稳健运营。同时，结合泛物业产业布局规划，从运营提升、业务结构调整、服务体系升级等全面赋能辅业版块。青柠公寓完成战略调整、品牌升级，聚合房产、英格贝尔教育、小鑫优选商城火热运营，"线上＋线下"优势互补，全方位覆盖社区"一公里生活服务圈"。

（二）智慧升级，科技赋能，强化企业发展动力

鑫苑服务始终坚持创新发展的理念，创新建设包含物业业务支持系统（BS）、管理支持系统（MS）、战略支持系统（SS）、社区服务系统（CS）为核心，将传统物业服务与资本、技术高度融合，将区块链、AI、物联网等在物业服务和社区服务过程中深度应用，形成独具特色的智慧物业发展模式。

2019年，规划了定义社区数字化场景、发展

社区数字化场景和引领社区数字化场景三步走的发展战略，围绕化运营可视化、服务数字化、场景在线化构建科技赋能 MSP 模型，围绕智能安防、智慧出行、智慧物业、生活服务、智能家居、设施设备等六大维度搭建智慧体验场景，以科技赋能形成载体和支撑。重点打造涵盖物业服务、智慧社区、智慧居家、线上商城、垂直电商资源以及周边服务为一体的慷宝云社区服务平台，并以此为基础构建了"线下"＋"线上"双轮驱动的发展新模式。同时实现业务支持、管理支撑、战略支撑以及社区服务智慧物业四大平台全面落地，分别从现场作业、管理运营、战略决策以及社区服务效率提升等维度进行信息化的深度应用。

进一步升级社区服务场景。

同时，慷宝云管家平台加大了与垂直房屋平台的合作力度，完成与 58、拼多多、京东等电商的合作，以基于区块链技术的慷慷分为纽带，激活线上商业场景。

（三）科学防治，精准施策，高效执行护业主周全

为了保障业主的生命安全和财产安全，鑫苑服务制定并不断完善了各种类型突发事件的应急预案：包括自然灾害、台风、地震、突发公共卫生事件等，并在日常工作中进行培训和演练，明确各层级的责任人以及各模块人员在危机处理过程中的具体职责。在抗击疫情的过程中，鑫苑服务通过专业的服务能力、领先的科技能力、迅速的风险应对能力，一方面在所服务的小区构筑了抗击疫情的坚实防线，同时在行业支援、社会服务等方面积极践行社会责任，向抗疫物资紧缺地区捐助防疫物资，慷宝云在行业内率先推出二维码进出登记功能并在行业内免费开放接口，将二维码进出扫描等功能向行业开放，成为疫情期间业主生活服务最贴心的供应者。

2020 年，鑫苑服务在社区新商业方面持续打造 OMO 社区商业新场景，围绕"线下产品模式＋线上业务模式"两大业务发展线，"最后一公里"的价值得到了充分的体现。开通线上免费问诊、心理服务等功能，将业主与物业服务场景有效连接，

二、牢记使命　践行社会责任

22年来，鑫苑服务在变革中求发展，在发展中守初心，始终秉承"以爱为本，服务社会"的经营理念，结合行业实际，以履行社会责任为己任，积极将奉献社会的理念贯穿到企业发展过程中。

鑫苑服务每年围绕爱心助农、关爱环卫工、关爱贫困留守儿童、助残助老等主题，组织公益活动。同时，深入贯彻落实党中央、国务院关于打赢脱贫攻坚战的总体部署，积极推动扶贫项目开展。作为中国物业管理协会副会长单位，鑫苑服务带头加入扶贫联盟，提报"社区的力量"专项行动参战书，参与行业精准扶贫事业，在全国各个项目开展贫困地区特色农产品产销对接活动，用行动支持"社区的力量"，全力打赢消费扶贫攻坚战。

2020年，是物业管理行业"能力建设年"，鑫苑服务积极响应行业号召"抓重点，补短板，强弱项"，提升企业经营管理能力、创新服务模式、增强用户体验、社区公益及人才队伍建设等方面能力建设，以企业发展促行业进步，推动行业高质量发展。

建业物业四大服务生态体系，持续构建企业竞争优势

河南建业物业管理有限公司

河南建业物业管理有限公司（以下简称"建业物业"）成立于1994年。公司秉承"追求卓越坚忍图成"的企业精神，坚持"物业管理尽善尽美"的质量方针，专业提供全方位的物业基础服务、社区增值服务、案场服务、咨询服务等，服务百万业主。

2020年5月15日，建业物业上属的建业新生活在香港联合交易所主板成功挂牌上市。有别于传统物业服务企业，建业物业以"新型生活方式服务商"为自身定位，根据业主在人生不同阶段的个性化需求提供全生命周期服务，不断迭代、升级服务体系，构建起由基础服务、37.5℃幸福服务、"建业＋"增值服务、物业云智慧服务组成的四大服务生态体系，依托"建业＋"幸福生态系统，为业主提供地域、时间、功能无盲点的服务。

一、服务生态体系之一：基础服务

建业物业围绕安保、保洁、绿化、维修四个方面展开铁鹰行动、畅行100、鹰眼行动、啄木鸟行动、绿茵行动、蓝盾行动等各项工作，持续提升基

础服务水平，提供精细化服务。

在礼兵、安保服务方面，建业物业着重开展铁鹰行动、畅行100、鹰眼行动。铁鹰行动体现在人防、物防、技防三防联动，结合"九重智能安防"强化安全管控，通过"门岗焕新"打造业主视角下的礼兵形象，围绕"微笑服务、跑步服务、主动服务"三项服务，提升礼兵标准化服务，巩固园区安全；畅行100是按照法律要求，实施科学管理手段，通过智慧化科技手段，结合先进的车辆通行系统、完善的服务流程、畅通的沟通渠道、高效的管理措施四个方面，提升小区机动车与非机动车的管理水平，实现车辆停放规范，达到"畅行100%"；鹰眼行动则通过智慧鹰眼系统对小区关键岗位、关键部位进行远程监控，采用实时预览、录像查询等方式，保证现场服务品质常态化，达到公司品质目标，实现科技赋能。

在保洁、绿化方面，建业物业重点开展啄木鸟行动和绿茵行动。啄木鸟行动是通过标准化作业工具、规范化服务流程，结合高密度的大扫除活动、暖心的便民活动、高频次的虫害消杀、生活垃圾日产日清、岗位提质增效五个方面提升现场服务品质，美化园区环境；绿茵行动以"绿化九盯"理论为基础，建业物业"四大发明"创新（大叶女贞控籽、马尼拉草坪"点状繁殖"、水系生态改造、花钵管理创新等技术）为引领，强化专项活动有效落地，从园区大门口、主景观带等重点区域强化绿化可视化效果管理，同时加强绿化创新工作落地，实行园区零

裸露管理，落地绿化自动喷淋，树立绿化标杆等方面提升业主视角下园区绿化环境。

在维修方面，建业物业持续开展蓝盾行动、琢玉行动。其中蓝盾行动围绕公共设施设备时刻保持正常运转、工作人员熟练操作、相关人员持证上岗、应急预案定期演练与及时响应、设施设备信息化应用五个方面，确保小区安全管理，实现零风险；琢玉行动是建业特色的一项专项行动，主要针对交房3年以上的老旧社区，对影响公司品牌形象、园区安全、客户居住体验等问题进行升级优化，提升客户居住体验，实现高分值客户满意度。

二、服务生态体系之二：37.5℃幸福服务

建业物业依托管家助理、贴心管家、铂金管家三级管家体系，建业物业围绕提升客户幸福体验、提供便捷生活方式、快速响应业主需求，建立起具有建业特色的服务体系——37.5℃幸福服务，旨在不断提升客户满意度，让管家成为业主最信赖的家人。

建业物业铂金管家是为更好地匹配项目定位、彰显配套服务品质而打造的"特种部队"，代表了建业物业服务的最高水准。他们以英式管家的绅士风度、东方管家的体贴入微为业主提供主动热情、周到细致、低调缜密、迎合个性的尊尚服务，让业主享受建业物业精细化、定制化惊喜服务，提高客户满意度。

在建业物业，管家承载着"一体两翼"。其中，"一个使命"是指让管家成为业主最信赖的家人，"两

大服务"是指全面落地37.5℃幸福服务、"建业＋"增值服务。为了全面推动以客户为中心的全新服务模式，让管家成为业主最信赖的家人，满足客户日益多元化的需求，快速解决客户诉求，提升客户满意度，实现服务品质和管理效益的提升，建业物业将管家打造为"特命全权大使"，负责37.5℃幸福服务、"建业＋"增值服务的全面落地。

与此同时，建业物业不断深化中国式新型邻里关系，致力于营造"邻里美美，和而不同"的邻里氛围，倡导"明礼、传习、亲睦、向善"的社区文化理念。通过打造"时光里"和"幸福盟"两大核心内容，搭建起社区文化建设体系——"建业幸福时光里"，实现"月月有主题，节节有活动"，打造"尊贵、和谐、健康、成长、开放"的建业特色的新型生活方式。建业物业协会、艺术团名为"幸福盟"，涵盖舞蹈、旅游、书法、礼仪、棋牌、艺术、体育、养生、亲子九大类，是聚合建业物业业主兴趣、理想、责任的社群组织。

通过对"建业幸福时光里"的深入落地，建业物业不断强化建业式社区文化建设的丰富性、独特性，通过社群组织形成爱好同盟、拉近邻里关系，让更多业主感受到中国式新型邻里关系的和谐、美好。

三、服务生态体系之三："建业＋"增值服务

建业物业深刻洞察业主日益增长的对美好生活的追求，适时成立河南至诚园区生活服务有限公司，围绕业主生活、健康、娱乐、教育、金融等多元化需求，开展创新型社区增值服务，形成五大服务："建业＋"幸福服务、社区新零售、社区传媒及空间运营、居家服务、不动产服务。

其中，"建业＋"幸福服务主要依托建业旅游、建业农业、建业教育、大食堂进社区、一家公社、嵩岳基金等资源，为业主提供建业专属定制服务；居家服务是为了满足业主日常家庭生活、综合商务办公等需求，推出的装修服务、拎包入住、封装阳台、老房翻新、家政服务、开荒保洁等一系列服务；社区新零售依托"建业＋"平台，通过线上＋线下方式，开展社区团购业务、社区直饮水、社群运营等服务，为业主提供优质、丰富的产品；社区传媒及空间运营是针对社会广泛客群，结合社区资源、社区资源提供通信及多媒体设备业务、广告合作等综合业务；

不动产服务围绕二手房买卖、房屋租赁、房屋托管、过户代办、房屋银行、新房分销、旅居置业等方面，为业主提供创新专业化不动产服务。

依托"建业+"幸福生态系统及至诚园区生活公司，建业物业深度挖掘业主多元化生活需求，未来将以更多品类、更高品质、更多优惠的产品来满足和服务于业主，让业主体会到建业物业资源平台的便捷性、可靠性，探索出物业园区增值服务及多种经营的更多可能性。

四、服务生态体系之四：建业物业云智慧服务

建业物业以客户为中心，借助互联网与大数据技术，线上、线下融合，搭建由"平台（建业物业云平台）+端（"建业+"APP、"建业家"APP、蓝盾云）+数字指挥中心+呼叫指挥中心"组成的智慧服务体系，实现统一服务入口、统一指挥调度、统一管理标准，在物业实际工作中提升服务响应速度、提高服务标准、降低投诉，进而提升物业客户满意度。

建业物业云平台将社交网络、移动互联网和云计算等新兴技术与物业管理结合，推动物业客服服务系统（CRM）、品质核查系统（QM）、设施设备系统（FM）、远程监控系统（RBA）、收费系统等统一平台管理，实现流程与数据的统一归集与分析，打造工具智慧化、服务标准化、运营数据化的创新型企业智慧服务平台，促进信息、数据的及时获取，由此推动协作与决策。

建业物业呼叫指挥中心集成四人客户服务系统，打造专业化客服团队，从客户需求出发，为客户的每一个24小时随时待命。利用大数据平台技术，声呐全省、辐射全国，统一资源调度、统一数据管理，充分发挥信息增值中心作用。秉持建业物业"以客户为中心"的初心，呼叫指挥中心结合小区指挥调度中心员工端、设备端资源，调度项目各条线力量，高效响应服务需求，切实保障客户利益，打造建业物业品牌服务特色。

建业智慧物业数字指挥中心完成物业基础服务七大模块（客服、报事、品质、消防、电梯、远程楼宇自控、计费）、八大系统的搭建与实时监控，对关键运营指标进行实时抓取，整合、共享智慧物业信息，建立起一个集中展现、运维、管理、协调、指挥、调度的综合环境，实现物业管理与服务过程中的大数据支撑与科学决策，最终达成数字化转型与科技赋能。

管理有痕迹，服务有温度。建业物业始终以客户为中心，通过四大服务生态体系夯实服务品质、提升业主美好生活体验。通过基础服务、37.5℃幸福服务、"建业+"增值服务和智慧服务的大生态升级与发展，为业主提供更加丰富多元、契合需求的服务，从而获得更大的战略发展空间。

在数字化技术支持下，建业物业的业务触角未来将触达更为广泛的客户群体，通过先进技术分析客户画像，实现圈层的精准划分、服务的精细匹配，更好地串联起社会资源和内部资源，将产品和服务全面贯穿业主全生命周期。通过技术创新、体系创新、服务创新，建业物业将持续提升企业商业价值，构建自身在行业的竞争优势。

让标准可复制，让人才可持续

河南楷林物业管理有限公司

习近平总书记在改革开放 40 周年庆典上，发表的重要讲话中再次强调"创新是第一动力，人才是第一资源"的发展理念。

人力资源是决定企业可持续发展的核心要素。物业管理行业人力资源因其不易被模仿性的特征，建立以可持续发展为导向的人力资源体系将成为物业服务企业在市场中获得竞争优势的保障。

楷林物业十多年来，在专注精研服务标准的同时，以高标准打造了一套线上线下结合、理论与实践结合的高端写字楼物业人才培养体系。

一、组织变革——为人才培养打造组织软环境

要留住人才，就要"用好"人才，打造人才成长的组织机制软环境至关重要。企业要建立起开放的、动态的、与国际接轨的管理模式，及时学习和转化国际先进的管理知识和经验。

物业是服务性企业，响应和满足客户需求尤为重要。基于这一点的深刻认知，我们进行了组织变革，进行自主管理、青色管理。

首先是"去中心化"，即没有中间管理层，并且职能部门也极少；其次是"去职能化"：进化型组织省去了通常的管控机制，让听得见客户需求的员工，做出决策决定，第一时间最初反馈；而这必须建立在互信的基础上；从而打造组织的活性和韧性。

通过重塑组织，进行组织变革，提升企业治理能力，实行自主管理，优化内生动力，发挥全员能动性，自发地把品质服务做好。

二、人才建设——内培外引打造人才生态圈

与组织变革相配套，在人才建设上，楷林物业开创了"科举制度、以考代培"等。抛弃了之前总部要求项目必须参加培训，现在实行"以考代培"，对项目人员进行考试，考不过不给晋升，甚至要淘汰，项目主动提培训需求，培训效果大大提升。

同时，在高端人才和核心人才引进方面，楷林物业不惜成本，如"领袖100"计划，不占预算，不占编制，还有配合项目自主管理的各项激励机制，如项目在完成经营指标基础上超额的部分，可由项目自行支配。

楷林物业一直重视人才的培养、引进和留用。这几年楷林物业引进了大批高素质、高学历、高水平的，年龄在35岁以下的跨行业及跨国人才，对标国际，打造人才生态圈。

以内部培养为主导，兼以外部引进的人才管理制度，培养一专多能、一人多岗的人才，构建知识管理体系。同时建立与市场匹配的薪酬福利机制，关键核心人才的薪酬水平保持在行业的较高水平，考虑全国性人才引入的配套福利机制，提高对企业员工综合素质和工作业绩的考核制度，设有内部竞聘制度，让那些工作能力突出而且通过考核测评的员工获得转岗和晋升的机会。

三、成立楷林学院——构建完善的人才培养体系

2017年12月27日，楷林学院正式成立。楷林学院以人才培养为战略核心，形成五大体系（运营体系、制度体系、课程体系、师资体系、晋升体系）、三大中心（评测中心、职业发展规划中心、认证中心）、三大平台（移动学习平台、学习管理平台、知识管理平台）的学院组织结构，从而建设企业文化、推进员工职业化和专业化发展、促进内部管理和企业进步。

同时，楷林物业携手云学堂，线上线下培训结合，集中授课学习与碎片化学习相结合，构建人才培养的生态圈，搭建企业人才交流平台，做好人才的储备和培养。

四、线下实训基地——内化标准实现标准和文化的传承、复制

随着楷林物业的全国化拓展，人才和服务品质提升的需求成了企业发展的重中之重。为内化标准实现标准和文化的传承、复制，实现专业能力再提升。楷林物业从 2018 年开始，投入 2000 万，打造了 3500 平方米的物业实景培训基地，涵盖了客服、秩序、工程、保洁，四大专业口实景培训基地，是目前国内规模最大、专业度最高、业务模块最全的物业管理专业实训基地。

楷林学院现有认证培训讲师近百名，储备讲师 200 人，建立了完善的讲师管理制度，按照初级、中级、高级培训讲师的梯队进行逐级培养晋升。工程实训综合区，包含了弱电、强电、暖通、给排水、消防、工法及二装展示等实训室。

每位新入职的员工都要经过严格的三阶培训，理论和实操考核，考试通过后，拿到楷林上岗证才能上岗。

同时，我们也在进行校企联合，培养更多专业化人才。经过系统培训后，所有员工持楷林上岗证后上岗，确保服务更加专业，对楷林标准践行更加严格，保障新接项目服务品质，也为行业培养更多专业化人才。

五、内外结合

（一）全面提升人才培养体系

1. 全员持楷林上岗证上岗

楷林物业目前以郑州和长沙为原点，管理项目辐射全国，全面进入高速扩张发展阶段。为保证客户满意度和服务标准始终优越如一，楷林学院于 2020 年上半年针对全国所有在管项目基层业务口员工进行了"楷标准"的岗位技能认证。技能认证共历时三个月，覆盖全国多个城市所有项目 2000 余名员工，最终以 99% 的认证通过率完成岗位技能认证，确保了"楷标准"的贯彻和传承。

2. 员工星级评定

针对楷林物业所有在管项目四大基础岗位所有员工（主管及以下）进行星级评定，通过专业的考核和选拔，选出一批优秀的模范标杆员工给予星级认可，得到星级认可的员工可以得到相应的薪资提升及参加楷林学院精英班培训，可在技能和晋升管理两方面得到提升。

3. 外部智库资源引进

为助力楷林物业自主管理的落地实施，楷林学院于 2020 上半年大力引进外部资源，其中包含混沌大学、大象商学院、凯智等多家知名外部智库。楷林学院与凯智合作开设的商战经营模拟课和楷林学院与混沌大学合作策划的 MINI 创新训练营赋能项目总经理课题、与大象商学院合作开展的内训师团队赋能课题均已全部落地完成。并且通过引进混沌大学的思维模型，结合楷林的管理实践，内化为楷林的管理理论体系，并推广应用。

4. 校企合作，推动产学研一体化发展

为确保楷林学院基层人才的完备，楷林学院于 2020 年上半年携手黄河科技大学、百年职校等多所院校开展战略合作，达成基础人才输送备忘录，并为百年职校提供专业课程培训和实习机会。

5. 楷林学院精英教育体系

为避免人才的流失以及为项目培养输出中层管理人员，楷林学院特设立工程体系实训班、客服体系实验班、环境体系实操班三大体系班级，每班 10 至 20 人不等，针对各项目技能认证、星级评定、

技能大比武等活动中优秀的人才进行小班授课培养，助力优秀人才技能提升和团队管理，为楷林优秀的基层员工打造一个可视、可学、可用的职业生涯晋升平台。2020上半年，楷林学院特色实训班级已完成两期培训，为各项目输送大量精英人才和一专多能的技术型人才。

（二）再投入打造学习型团队，实现个人和企业双赢

同时，楷林物业对标国际，每年会投入商务考察费用，对标国内一线城市（北京、上海、广州、深圳等）和中国香港，以及国外（新加坡、日本）等优秀的物业服务企业，不断提升企业的创新力。

为打造学习型团队，帮助人才快速成长。楷林物业定期组织人员进行案例分析及研讨，并请专业人士进行演讲；建立系统的公司授权管理机制及监管机制；充分受权，不断给予更多有挑战性的工作，在工作中实现自我价值。

六、加强对企业文化建设——打造适宜人才生存发展生态圈

企业文化不是一种附庸风雅的装饰物，是由一系列系统的理念组成。楷林物业一直以来，传承"真诚、专业"的文化基因，秉承"诚信、责任"核心价值观，同时实施"重德、唯才、包容、成长"的人才理念。在企业文化的熏陶下，楷林物业打造出了具有楷林特色的服务团队和服务标准。

楷林物业在每年的春节、"三八"妇女节、中秋节等均会给员工发放慰问品；每季度均有员工生日会，员工家属生病时，公司会发放慰问金等，这些均已形成了制度，专门在公司的文件中做了规定。"物业公司犹如一个生物链条，领导不只考虑链条上的一个点，而是考虑着整体链条的顺畅和健康。"

打造鼓励创新的企业文化软环境，持续提升创新能力。通过服务创新，来满足客户潜在需求；效率创新来提升运营能力，服务效率，降本增效；管理创新，激发组织活力，为人才留用营造最佳软环境，提升企业软实力；产品、业务和经营模式创新，不断保持楷林物业核心竞争力。

七、结束语

物业管理行业变革的浪潮已经来临，行业的竞争格局必将重塑，物业管理历史性地站到了"风口"位置。人力资源要素变化浪潮、移动互联广泛应用浪潮等，必将催生物业管理的新常态。因此，企业只有采取相应的科学有效策略，打造企业人才生态圈，解决人才问题，才能通过稳定的人才队伍建设，确保企业乃至整个物业管理行业可持续健康发展。

对于楷林物业来说，不断打造高素质、高水平的专业化物业管理人才团队，不断创新服务新路径，引入管理新手段，深入写字楼企业发展服务甚至参与大运营，融合产业优势，为入驻企业创造更多价值，为所在的城市乃至国家经济的发展贡献更多的力量，是最终的愿景和企业发展的终极目标。

康桥邻礼汇，品质心生活

康桥悦生活服务集团有限公司

康桥悦生活服务集团有限公司简称康桥悦生活，成立于 2002 年，是国家一级物业管理资质企业、中国物业管理综合实力百强企业、中国物业管理协会理事单位、河南省物业管理协会常务理事单位、郑州市物业协会副会长单位。

康桥悦生活坚持全国化战略步伐，立足河南、布局中原、京津冀、环渤海、长三角、中部、西部、大湾区等七大区域。服务业态涵盖住宅、写字楼、商业、院校、医院、产业园等多种物业类型。旗下拥有康桥嘉和、康桥祝福、君阳物业、蓝盛物业、苏荷物业、悦锦物业等多家控股公司，设置了惠州、肇庆、廊坊、鄂州、无锡、西安等 20 余家分公司。

自成立以来，康桥悦生活以居者需求为核心，始终秉承"源于星级、持续满意"品质观，"是家，更是家人"的服务态度，与每一位业主的生活共鸣，持续为业主提供专业优质的物业服务。

一、有趣的邻里　有温度的相逢

康桥悦生活致力于筑造美好生活全场景，从前介服务到案场服务再到人居体验，盛载生活的无限可能，细致入微，守护每一位业主的日常。康桥悦生活遵循"是家 更是家人"的服务理念，不断探索邻里关系新模式。打造"康桥邻礼汇"，定制"四季"社区活动，构建康桥邻礼汇社群文化体系。"共修上善之德，共建书香人家，共育龙族传人。让康桥成为精神文化新村落，让康桥人家成为现在都市中行走在道德文化高地上集体自尊的新族群"是康桥邻礼汇成立的初衷及目标。同时依托公益季、童心季、运动季、暖心季主题活动，让业主在日常生活之外，收获精神世界的愉悦和幸福。

康桥邻礼汇有明确的目标，可依托的活动，更有清晰的方向。"邻"即打造"同檐如邻里，交融似乡亲"的互敬互爱、共兴共荣的邻里关系。"礼"即勾勒"以邻为伴、与邻为善、彼此守望、相互温暖"的美好画卷。"汇"即汇

集有创造力的少年派，有活力的年轻一族，有文化修养、退而不休的老年群体，呈现的是群英荟萃、蓬勃向上的社区朝气。

二、四季主题活动　承载生活无限可能

万物复苏的春季，迎来了"康桥邻礼汇"的公益季。康桥悦生活，通过举办植树节、马拉松、爱心义诊、免费维修等公益活动，与康桥业主一起践行公益，打造热爱公益的邻里圈。率先在中原地区成立的自组织爱心联盟——康桥义工，旨在号召员工、业主、粉丝一起以义工的名义行动起来，以"人人可公益，民众齐参与"的模式，向社会发起爱心行动，践行企业社会责任。截至目前，康桥义工团队的人数已达到3万多人，累计参与了1500余场公益活动，曾多次服务郑开国际马拉松赛事、捐赠图书室、关爱环卫工等公益行动，以严谨负责的态度，让近5万人获得帮助。

夏季被定义为童心季，康桥邻礼汇围绕不同年龄段小业主，针对其特性，开展多样化互动活动，如儿童才艺展、康桥快乐营、儿童跳蚤市场等，拓展小业主兴趣爱好，丰富小业主的生活体验。其中以康桥快乐营影响力最大，以"快乐一起生长"为理念，结合多元化的文娱、教学活动和寓教于乐的内容，为小业主创造充实、快乐、有意义的假期生活。成功举办了十一届康桥快乐营，累计让上万名小业主们参与体验，提升了康桥小业主的综合素质和优秀品质，塑造出孩子健康健全的人格，收获了别样成长。

金秋时节，以"欢乐运动、健康生活"为出发点，康桥邻礼汇第三季主题活动"运动季"来临。康桥注重健康悦动、养生休闲，在项目建立之初就建造了健身跑道、健身空间、乒乓球场、篮球场等丰富运动休闲设施，实现都市人对运动和对自然的渴望。在运动季则通过举办跑步日、篮球赛、乒乓球赛、手游比赛、社区广场舞大赛等丰富多彩的活动，让康桥全年龄层的运动爱好者有了更多的交流机会，因相同的爱好聚集，建立了"康桥悦跑团""康桥篮球社"等多个社群，通过邻里之间的交流和互动，倡导一种积极健康的生活方式，营造阳光、丰盛、健康、和谐的社区氛围，共同构建缤纷多彩的美好生活。

寒冷冬季，康桥邻礼汇以"暖心季"为活动主题，注重传递暖暖的温情。社区焕新、暖手茶派送、邻里春晚、邻里民俗节、长桌家宴、冬至送饺子等活动，以温情陪伴，传递冬日里的万千美好。春节，在"康桥一家亲，邻里年颂庙会情"活动中，老式爆米花、

冰糖葫芦、烤红薯、剪窗花、写春联、套圈、年货街、磨刀、磨剪子……小朋友在这里发现新奇的习俗，老人在这里重拾传统的韵味。冬至，康桥人会将热腾腾的饺子送至业主家中，浓浓的亲情，家的温暖，小小的饺子包住了希望，包住了邻里情，包住了美好的未来。

三、康桥礼学堂　文化兴家园

康桥邻礼汇除了四季主题活动外，还兴办了礼学堂。富裕的意义，并不是物质的丰盛，而应该是文化的丰盛。因此康桥邻礼汇注重对文化的探知，对人的精神生活与需求的追求。"康桥礼学堂"以"文化兴家园，共建精神文化的华美之城"为目标，为社区居民打造物质、精神双丰盛的生活空间，同时，让人文与知性根植于城市，传承并弘扬优秀传统文化，推动社会主义文化的繁荣兴盛。

四、邻礼社群　悦享生活的多姿

截至目前，康桥邻礼汇打造了"康桥悦跑团""邻里时光社""康桥篮球社""康桥义工"等社群，为兴趣爱好相同的业主打造共聚、共享、交流的平台。未来，康桥邻礼汇还将开设"童趣社"开设兴趣课堂，不间断融入各类孩子兴趣爱好，让童趣肆意绽放；"萌宠社"主要针对萌宠家族打造，可在社群内进行宠物爱好交流，相约遛宠；"红叶社"构建红叶书法、红叶象棋、红叶养生、红叶茶艺社等，传播养生好习惯，构建悠闲有趣的社区氛围；"悦动社"设立悦动足球、悦动骑行等社群，一起相约运动，互相督促，使社区元气满满，充满活力；"悦趣社"组建悦花艺、悦摄影、悦影视等文艺社群，让艺术气息洒满社区、城市。不断探究业主们的生活志趣与爱好，建立兴趣微信等社群，业主可在微信群里分享有趣的内容与活动，相约去参加社区活动或讨论聚聊。

康桥悦生活持续思考与尊重城市人文精神，以社区为单位，以生活为场景，以"邻礼汇"为社区精神体系，搭建四季一堂。不断积累业主口碑，用充满温情的生活方式，拉近每一位康桥家人之间的距离，让人文与知性根植于城市，打造温馨幸福的文化社区，让每一位居者拥有诗意的生活日常，将日子过成梦寐以求的模样，并逐渐形成一种城市文化符号。

对话薛荣：一个受习近平总书记表扬的物业抗疫英雄

河南圆方物业管理有限公司

薛荣，党的十九大代表，圆方集团党委书记、总裁，中国物业管理协会监事会监事长。先后获得"全国百名优秀党务工作者""改革开放 40 年百名杰出民营企业家"荣誉称号和"庆祝中华人民共和国 70 周年纪念章"等。

她是女儿，也是母亲；她是党员，也是书记；她是总裁，也是物业人。为抗击疫情，她率领党员突击队，冒着生命危险，冲锋陷阵，她就是习近平总书记表扬的平凡英雄。

——采访手记

"太幸福了"

"太惊喜！太感动！太幸福了！"圆方集团党委书记薛荣泪流满面，用了三个"太"字都觉得无法表达自己此刻的心情。儿子李圆方问母亲："妈，这不会是在做梦吧？"幸福来得太突然了。

2020 年 4 月 30 日晚七时，央视《新闻联播》播出了习近平总书记给圆方集团全体职工回信的新闻，河南郑州圆方集团大会议室顿时沸腾起来，人们高兴得手舞足蹈，掌声经久不息。

"真没想到习近平总书记那么忙，能够给我们回信。'五一'国际劳动节是个特殊的日子，这封信是习近平总书记给所有物业人和千千万万战斗在一线的劳动者回复的。我要特别感谢中国物业管理协会沈建忠会长、王鹏副会长精心策划，易居中国组织拍摄，央视《经济半小时》播出的《物业英雄》，相信习近平总书记也看了这个短片，短片告诉全国人民：物业人也是抗击疫情的英雄。"

"看到习近平总书记的回信，尤其是看到习近平总书记给我们说'大家辛苦了'的时候，我们所有的累和委屈都算不得什么，我的泪水一下子涌了出来。"薛荣说话的声音仍然颤抖着，听得出她是竭力想让自己平静下来接受采访。

4月30日，是薛荣终生难忘的一天，也是她流下眼泪最多的一天，她流下的是感动的泪水、幸福的泪水、奋斗的泪水。

薛荣确实是幸福的，她集多重身份于一身：她是女儿，至今母亲年近九旬；她是母亲，儿子和她共战疫情；她是书记，带领党员冲锋陷阵；她是总裁，6万多名员工，责任在肩；她更是普普通通的物业人，却在普通的岗位上做出了不普通的事。她以对党忠诚的赤子之心和踏实敢为的执行能力，在抗击疫情这场没有硝烟的惨烈战争中，她和儿子冒着生命危险，舍小家为大家，一马当先，率先垂范，在中国物业管理发展史上谱写出光荣与梦想的灿烂篇章。在"五一"国际劳动节到来之际，习近平总书记给郑州圆方集团全体员工的回信中嘱托："伟大出自平凡，英雄来自人民。在平凡岗位续写不平凡的故事。"

如何把薛荣不平凡的故事告诉大家，我4月30日就连线她的助理。她实在是太忙了，直到5月2日的晚上11点钟，我们才有时间连线。她的第一句话就说："赵总编，我昨天一晚上都激动得没有睡觉，现在也不觉得困。"她兴奋地叙述着，不知不觉把我带入她抗击疫情的故事中，采访直到5月3日零点16分。当天，我倍受感动，一夜无眠。

"说说心里话"

薛荣说："我写信，主要想向习近平总书记说说心里话，犹如党的儿女向党中央总书记敞开心扉报告。我终于好好地从湖北回来了，我好想在习近平总书记面前大声哭，大声说：我好累……是因为我不知道自己能不能健康地回来，更害怕辜负大家对我和圆方集团长期以来的关心和期望。作为一家民营企业的党委书记，我带领着党员突击队在湖北十堰近一个月，不辱使命，零感染，平安归来，现在正在接受医学隔离。"

薛荣讲到这里的时候，心情犹如刚打了一场艰苦卓绝的战"疫"，声音变得低沉而缓慢。她长长地吐出一口气说："郑州圆方集团6万多名员工，其中有16000名职工服务着全国126家医院。在疫情期间，大家不计报酬，不讲条件，不辱使命，坚守在高风险岗位。早在2003年，我作为圆方集团的创始人，依靠成立的党组织和18名党员，带领着2000多名职工参与抗击'非典'。那时我以一个普通的保洁员身份在隔离区病房工作近一个月，深知本次新冠肺炎疫情的严重性，关系到千千万万人的健康，更关系到圆方集团生死存亡和6万多个家庭的幸福安康。于是，2月12日，我亲自带领党

员突击队到湖北省十堰市人民医院,在发热门诊和隔离病房担任保洁工作,当时同事们阻拦我进隔离区,但我觉得作为共产党员,我知道自己肩头的责任,国家有难,我应该带头豁出去。"薛荣的话掷地有声,铿锵有力,肺腑之言,党性弥坚。我从心底深深地敬佩着这位党的优秀女儿。

薛荣讲述了如何把自己唯一的儿子送进病房隔离区工作;如何用10天时间驱车5000多公里,步履不停地走访了30多家医院看望2000多名员工,如何带领党员突击队冲锋陷阵以及之后她自己又如何在湖北十堰坚守近一个月……

薛荣说:"我从湖北回来隔离的日子里,一宿一宿地睡不着,那一幕一幕画面浮现在眼前,萦绕于心间。我总觉得自己作为一名共产党员,应该对习近平总书记说说心里话,说说我们这些保洁员、保安、秩序维护员等物业人在抗击疫情中奋力冲锋陷阵,个个好样的;说说我这个十九大党代表,带领党员突击队,就像我胸前佩戴的牌子上写着'危急豁出来',发挥了共产党员的战斗堡垒作用;说说千千万万的民营企业家、千千万万的物业老总和千千万万的项目经理,坚守在防控一线,舍小家为大家的动人故事。这就是我打算给习近平总书记写信的原因。"

在3月上旬,薛荣把写信的心愿和家人、同事一商量,大家都很支持她,鼓励她。她这样描述了当时写信的情景:"那几天,我很激动,聚精会神思考着,不知不觉,抗击疫情的画面,一幕幕呈现在眼前,令我浮想联翩。我一边写,手一边抖,想想给习近平总书记写信,我惊喜交加,惊奇的是我们健康归来,六万多名员工零感染;喜悦的是作为党员,我不辱使命。我用了四五天的时间,后来字斟句酌,修改了一二十遍。完成之后,我找来信纸准备誊写,可自己毕竟年龄大了,手抖得厉害,试了多次都无法完成。后来就让我们圆方的电工师傅阴彦岭帮助誊写工整。然后装进信封,在网上搜了一下收件地址就安排人寄了出去。"尽管薛荣不知道习近平总书记能否收到这封信,可在她内心却完成了一桩天大的心愿。

发信的时间是3月16日,那一天,满载薛荣心里话的五页1800多字的书信飞向了北京。

"危急豁出来"

薛荣做梦也没有想到会收到总书记的回信,虽然,她先后八次受到习近平总书记接见。

至今她还清楚地记得,2018年11月1日在北京召开的全国民营企业座谈会上,薛荣作为河南省唯一的民营企业代表出席了会议。会上,习近平总书记再三强调,毫不动摇鼓励、支持和引导非公企业的发展,强调了非公企业在发展国民经济中的重要性。与会代表掌声雷动,薛荣高兴的把手掌都拍疼了。会议结束前,代表们站起身来,期待习近平总书记的接见。那天薛荣穿了件款式新颖而得体的红色上衣,那一刻她是那么激动和难忘。当看到薛书记佩戴着"我是共产党员"的胸牌上醒目地写着一行"平时看出来,困难站出来,危急豁出来"时,习近平总书记称赞:"党员身份亮得好、党员口号写得好!"她趁此机会给习近平总书记简要汇报了坚持讲党课的事迹,习近平总书记听后又称赞道:"党课讲得好!"

多次受到习近平总书记的接见后,薛荣倍感党的温暖和伟大。她这样告诉记者:"我是党的女儿,党是我的亲娘,在疫情肆虐的日子,在党和国家最需要我们的时候，我是共产党员，我上。"薛荣的个性，借用圆方人的话说："我们的薛书记是个敢爱、敢恨、敢担当的人，她最鲜明的性格是'不做好这件事，誓不罢休'。"

今年大年初一下午，薛荣给郑大一附院院长写了封进入隔离病区工作的"请战书"，并在电话里讲了三点理由：自己曾有17年前"非典"时期的工作经历；作为圆方集团党委书记，应该起到表率作用；请院长放心，我们一定完成院方交给的任务。当天晚上，薛荣瞒着近九旬高龄的母亲，在家里与物业公司总经理李娴莉和圆方集团总经理李圆方一起召开了小型会议。会议的主题是，她已经向郑大一附院写了"请战书"，当晚，就遭到大家的一致反对。不一会儿，院长打来电话说："感谢薛书记，因年龄原因，医院没有批准。"这时薛书记的儿子、圆方集团总经理李圆方接过电话说："院长，请您放心，我也是共产党员，我去。"当晚的会议，形成了在圆方集团快速组织成立"党员突击队"的决议。

这天下午，薛荣默默地给儿子收拾着必需用品，心中一阵欢喜，一阵忧愁。欢喜的是当年儿子本想在澳大利亚读书、工作，她苦口婆心地劝儿子学成归来，报效祖国；担忧的是，儿子虽然年轻体壮，岂敢说病毒不侵？大年初二上午，她带领高管们到医院交"请战书"，并把儿子亲手送进医院的隔离病区值守。远远看着儿子消失的背影，作为母亲的她百感交集，一转身，没忍住，眼泪夺眶而出："我就这么一个儿子，说实话，我也舍不得。"不一会儿，薛荣擦干了泪，耳边响起了儿子的声音："作为儿子、作为党员、作为总经理，带领员工冲锋陷阵是我的使命。"从李圆方进医院隔离病区值守，这一坚守就是12天，他还每天坚持撰写《抗疫日记》。

事实上，薛荣在送每一批共产党员突击队进隔离病区工作的时候，一种揪心和母爱就油然而生，特别是在冒着生命危险的紧要关头，理性与感性、大家与小家、责任与亲情，就不自觉地交织在一起，谁能没有家国情怀，儿女情长呢？这让人想起鲁迅先生《答客诮》"无情未必真豪杰，怜子如何不丈夫"的诗句来，这正是薛荣希望儿子和突击队的成员们，在国难当头时能像她一样"豁出去"。

"大家受苦了，要挺住"

李圆方进了医院隔离病区工作，薛荣可就更忙了。从正月初二下午，便开始了抗击疫情的万里长征。薛荣和圆方物业公司总经理李娴莉一行从郑州开车到信阳、周口、驻马店、漯河和许昌等地的圆方物业项目所在地的多家医院递交"请战书"和慰问员工。在周口时，饭馆和宾馆统统关门，一天开车几百公里，找不到宾馆休息就在车上睡觉。肚子饿了，到高速服务区，接点热水泡桶方便面充饥。从许昌市人民医院回来直接到郑州市第六人民医院。紧接着，到新乡、安阳、鹤壁、濮阳，再到山东菏泽，又到开封。之后，从开封改坐火车到西安、去宝鸡……行程5000多公里，共走访了36家定点医院，每天十五六个小时超负荷工作，慰问和指导了2000多名员工，给他们送物资、慰问金、慰问品。过度劳累的薛荣，跑肿了脚，"我是党员我上"的微信群里，李娴莉总经理发出的照片，让圆方人心疼不已。薛书记仍不作声忍痛坚持着，她的心里一直盘桓着："自己难点算不了什么，而他们才是真正的难。"于是，她每到一地，等她和同事们握手时，看到一双双无数次被消毒液洗得红肿而粗糙的手，她的内心难以言状，禁不住和同事们紧紧拥抱在一起，连声说："大家受苦了，要挺住。"

薛荣告诉记者："疫情严重时期，圆方集团4000多人次战斗在新冠肺炎隔离病区、发热门诊等高风险岗位。虽说明文规定不让握手，不让拥抱，可这些党员突击队的小伙伴们，在岗位上以命相搏，抗击疫情，我还有什么不能为大家豁出去的呢？"

薛荣在开展抗击疫情的万里长征时，大年初二，在圆方集团"战胜疫情，我是党员我上"的微信群里，一封又一封按满红手印的"请战书"像雪花般陆续递交上来，一个月时间收到近2000份"请战书"，2月1日，圆方集团党委号召成立了"党员突击队"，很快就有500人接龙。紧接着，2月4日，第一支党员突击队范海民和高建钢跟随郑大一附院的医护人员驰援武汉，第二支、第三支……不到两个月时间，先后派出了11支党员突击队。

透过短视频，记者目睹了这样一幅出征的画面：在薛荣走完抗疫的万里长征后，那是一个阳光灿烂的日子，突击队员们排排站着，年纪看上去三四十岁左右，个个正值青春年华，脸上却庄严肃穆，身穿绣有"圆方集团"字样的红色上衣，阳光下，犹如一团团跳动的火焰，他们仿佛在燃烧自己，照亮别人。是的，北京301医院突然新开辟了1000多平方米的发热门诊，需要新增20个人去战斗。

2月8日下午一点钟，一支奔赴北京301医院发热门诊、隔离病房工作的突击队，在圆方集团大厦一楼的广场举行了简约的出征仪式。说它简约，是因为没有鲜花彩旗，没有锣鼓喧天，没有欢送的人群，更没有送行的亲人祝福。尽管有的家人把妻子的手机藏起来，有的孩子非要和母亲同行，还有的儿女跪在母亲面前哭着说："我这几年的压岁钱都给您，这是您的工资，您不要去了。"但这位母亲抚摸着孩子的头说："傻孩子，这不是钱的事，这关口到哪里找人？做人不能失信。"突击队员们一个也没有少，若问他们怕不怕？短片《物业英雄》中圆方物业的总经理李娴莉说："我的女儿刚两岁。谁说不怕？我们必须上，害怕也就被我们弃之而去。"这里没有豪言壮语，只有默默前行。薛荣书记带领突击队向党庄严宣誓，她拖着疲惫的身躯，依然奋不顾身，大家高高地举起右臂……那铮铮誓言，一句句透彻心扉，响彻云霄，激荡着"黄沙百战穿金甲，不破楼兰终不还"的英雄气概。

"哪里有危险，哪里就有薛英的身影"

2月12日，当湖北十堰市人民医院隔离病区急需保洁员时，当圆方物业医疗事业部副总经理张乐带领300多人在奋力抗疫时，薛荣决定亲率第三支党员突击队前往驰援。当时尽管全集团上下的防疫物资万分紧张，她还是带去1500斤84消毒液和1500斤医用酒精，她知道，湖北十堰市人民医院更需要抗疫物资。薛荣原本计划把物资交给院方，慰问一下员工，安置好突击队，就带着总裁办司机司贤义、品牌部焦正毅返程。次日，她看到湖北省卫健委通报，湖北新增新冠肺炎14840例，十堰市张湾区也宣布从13日起实施战时管制。薛荣和大家开会商量决定，向集团党委申请留在当地战疫情。

因为战时管制，一些能上岗的员工也上不来了，2月14日，十堰市人民医院ICU病房出现新冠确诊病例，两名直接接触的保洁员和8名间接接触的保洁员被隔离了，空缺10个岗位。薛荣指挥突击队员迅速顶上，自己也主动参与轮岗，尽管大家一致反对她轮岗。

有一天，她轮岗到留观隔离室，将15个房间堆积如山的污物一一清理完毕。在病房分别给医生和隔离人员写了一段温馨的话：她对医生说，世界因你们的负重前行而变得更加美好！她对患者说，我们河南烩面来支持湖北热干面了，待到山花烂漫时，欢迎来河南做客！

"这是何等的温馨、幽默与感动，敬爱的薛书记，你剑胆琴心又披肝沥胆；你铁骨铮铮又率先垂范;你一片丹心又对党忠诚;你铸就了不凡,无愧于物业英雄!"我的内心泛起了阵阵涟漪,再一次被深深地打动了:这是我们千千万万物业人的光荣与伟大,正如习近平总书记指出:"在平凡的岗位上续写不平凡的故事。"

链接

"党是亲娘,我用一生报党恩"

在撰写完薛荣抗疫故事后,我又重温习近平总书记信中嘱咐:"在平凡岗位上续写不平凡的故事,用自己的辛勤劳动为疫情防控和经济社会发展贡献更多力量。"为什么薛荣那么热爱党,忠于党,听党的话,跟党走?我忆起在中物协组织的"十九大代表薛荣讲党课"时,她充满激情地背诵着这样的诗句:"我是党的女儿,党是我的亲娘。没有亲娘,就没有女儿对党痴迷的爱和崇高的信仰。没有亲娘,就没有今天的圆方,我要用一生报答娘的恩情,我要永远为娘放声歌唱。"每每耳边回响,让人心潮澎湃,热血沸腾。于是,挖掘她身上闪光的党性和人性的主题,一直在我脑海盘旋。在5月6日清晨7点,记者再一次连线薛荣,才有了这篇对话。

问:薛书记,您听党的话,永远跟党走。您说:"党是亲娘,我要用一生报党恩"如何理解?

答:2003年"非典"发生了,人们非常害怕,我们当时2000名员工,服务了82家医院。员工可以吃苦受累,甚至受委屈,但是又有谁不怕死呢?如果员工都走了,失去甲方信任,公司命运可想而知。在最危急的时候,党组织站了出来,是共产党员写了"请战书",主动冲锋陷阵。党组织是引领企业向前发展的核心力量。可以说,党组织就是企业的一枚定海神针。"非典"结束后,我们开总结大会,我们总结出一条宝贵经验:是党组织挽救我和企业的命运。那时,我就暗暗对自己说:"党是亲娘,我要用一生报答党的恩情。"

2005年,圆方集团走出河南,开拓北京市场的时候,郑州市委组织部的领导到车站为我们送行,庄严地将党旗交给我,并深情地说:"走出河南,一定为河南人民争光,为党旗添彩。"从此,我始终告诫自己,听党的话,跟党走,扛着党旗打天下。

在大的场合演讲时,我朗诵的诗中这样写道:"我是党的女儿,党是我的亲娘!二十六年前,我作为一名下岗女工,党指明了创业方向,才有了今天圆方集团跨入中国物业百强。正因为十八年前圆方成立了党组织,才有了今天圆方非公党建,党旗飘扬。"

问:薛书记,您公司是如何成立党组织的,为什么要成立党支部?

答:我是9次创业,屡创屡败,包鱼塘、养宠物、开饭店、供水泥、经营电器、卖保健品等都没成功。当时由于经营亏损和婆婆看病借钱,我已经债台高筑。绝处逢生,我联想到红军的两万五千里长征胜利,是坚持了才有希望,对呀,我放弃了,就只有死路一条。我的性格就是那种说干就干,敢闯敢试的人。

于是,从1994年我带了16个小姐妹,拿着300元开始了第10次创业。我们做家政、做保洁,真的很难,活儿脏、累不说,干完活欠钱是常有的事。我们就像受气的小媳妇,员工们的工资也不高,客户投诉,人才流失严重,怎么办?

我出生在军人家庭,从小就有保家卫国的情怀。有一天,母亲给我说,你爸爸50年代当营长、60年代当团长,无论进藏、修路、剿匪,部队一遇大事就先开党委会,你就不能成立个党组织?留住党员不就留住人才了吗?

母亲的话如醍醐灌顶,我就让办公室的人去张贴招聘党支部书记的广告,因为那时候我还不是党员。结果,支部书记没招来,街道党工委书记找上门来狠狠批评了我:"党支部书记是你招聘的吗?"他听我说明了原委后,主动帮着成立党组织。

2002年4月,圆方收到成立党支部委员会的红头文件，从此，有了组织，有了家，有了靠山。

问：党员起到了哪些先锋带头作用？党组织在此次抗疫中是如何开展工作的？

答：2003年，我在党旗下举起了拳头，宣誓志愿加入中国共产党，后来党支部逐步变成了下辖6个支部的党总支。圆方党组织提出了"公司发展到哪里，哪里就有党员，哪里就有党旗闪耀"的响亮口号。山东、洛阳、宁夏、北京等地的分公司，纷纷成立了党支部。

2002年7月，省委办公楼对外公开招标。那一天，我带了两名党员，带着党牌去投标。我激动地告诉评委："如果我们能中标，我把公司最优秀的党员派过来。"没想到，三天以后中标了。每每提及此事，我逢人便讲："党组织也是生产力。"

2003年"非典"来袭，正因为有了党组织，才有了何宝香的"火线入党"，才有了大批党员争相带头奔赴抗击"非典"一线。

2008年汶川地震时，我身为党委书记，亲率党员和"心连心"艺术团，冒着余震，翻越20多座大山，行程2600公里，为灾区慰问演出，救助贫困家庭。

2013年雅安大地震，我再次率领党员和骨干人员，为灾民捐款、送物资，我就是想把党的温暖送给震后灾民。今年突发的新冠肺炎疫情，党员突击队队员又一次冒着生命危险，冲锋陷阵，为抗击疫情再立新功。这主要得益于集团党委的"五先"工作法。从集团党委敢为人先、闻令而动；到党委书记率先垂范，争做抗击疫情"领头雁"；全体党员舍生忘死，冲锋在前，争当模范；员工争先坚守一线，齐心合力打赢这场阻击战；复工复产，统筹推进疫情防控和企业发展。无数个基层员工，在新春佳节，放弃与家人团聚的机会，奔赴祖国最需要的地方，为抗击疫情奉献力量，是什么给了他们如此的力量？党建引领，不畏艰难的创业精神；创新发展，精益求精的专业精神；坚守责任，拼搏进取的敬业精神；无私奉献，帮扶助残的爱心精神；坚定理想，牢记使命的初心精神。这就是党建引领、激励向上的圆方精神。

问：您作为网红书记坚持不懈讲党课，风雨无阻，从讲课内容到讲课形式，都在不断创新，您是怎样开展工作的？

答：我从2013年尝试公众号，"薛书记有约工作室成立""薛书记今日播报"在微信上推出，还在抖音、花椒等直播平台上，每天播发60秒的语音。我已经坚持做了2502期（截至2020年5月6日记者采访），一期也没有中断过。我庄重承诺：生命不息，语音不止。有次，我生病了，三天高烧不退，我的小孙女趴在我身边，拉着我的耳朵说："奶奶，你发烧也要兑现承诺呢！"嫌自己的声音不够激情，软绵绵的，我就一遍又一遍地掐自己的大腿，直到圆满完成了当天的播报。第二天，起床后我发现自己的大腿都被掐紫了。

那一年，薛书记讲党史录播节目开播了。为了讲好党史，我的办公室、床头、车上和手提包里，到处都有党史党建类书籍。一有时间我就研读和背诵，把这些党史书籍变成物业人愿意听和听得懂的故事，硬生生把自己变成了党史专家。短短半年时间便录制了18期，在优酷网和腾讯网等网站播放后，受到同行的好评。

做直播，做短视频，讲党史，我成了网红书记。读的书多了，我的内心更觉得党的伟大。党今天所取得的成就，也是在惊涛骇浪中坚持不断搏击才取得的。党亦如此，作为党的忠诚儿女，我就更应该天天自觉宣讲党的历史。漫漫人生路，亦在进取中。于是，我不仅坚持，还注重内容和形式的创新，很多90后、00后都是我的粉丝。

2017年1月起，我的直播间粉丝超过14万，点赞量超过800万。这一年，我当选为十九大代表。我要做党的"红色布道者"和十九大精神的践行者。

问：有人说，您的事业做得好，您是女汉子的性格，您的性格特征是什么？能否举例概括一下？

答：我是双重性格特征的人，既敢爱敢恨，又柔情似水。我给别人的印象是一个女汉子，确实有我要强的一面，比如，为了追求爱情。1978年我考上重庆大学，科科成绩在全系都是前几名，也是一名班干部，追求我的男同学也不乏其人，但我偏偏偶遇上清华大学来的实习生，除了一米八的大个子之外，其他情况我一概不知，我就莫名其妙地喜欢上了他，或许这就是缘定终身吧？毕业后他分配到河南郑州，要我过去，我父母坚决反对。1983年春节的前三天，我就偷偷地跑到他们家了，后来结了婚，父母才慢慢接受了这个现实。我的性格就是认准的事儿八头牛都拉不回来。

还有一个喝酒要钱的故事。2001年，公司接了一个一万元的开荒项目，我带十几名员工，加班加点干了一个多星期，客户不给钱，我就请客户吃饭。客户说："你不是想要钱吗？这10杯酒，一杯1000元，正好一万。"我想，为了姐妹们，我一口气喝了，没想到喝完酒精中毒了，被送进了医院，几经周折，终于把钱要回来了。

实际上我的性格中有柔软的一面。比如，当一批批突击队队员们走进隔离区工作的时候，我就会对他们反复叮嘱，时常为他们揪心。2004年4月，时任登封市公安局局长的任长霞走了，我收养了她生前收养的孤儿刘春雨。2003年员工何金花先天性心脏病突发，我从家里拿出钱来送给她，帮她解决手术费。我们公司安排了100多个聋哑孩子，既帮助他们解决了就业，也尽了一份社会责任。我对老人很孝顺，那时候为了给婆婆看病，我欠了许多钱，我想，钱没了可以挣，但一家人在一起才幸福。回到家，我一有时间就做家务，收拾家里，我喜欢生活在干净的环境里。我喜欢红色，喜欢旗袍，尤其喜欢红色的旗袍，金丝盘扣，水墨花雕，传播着女性的美丽与智慧，给人一种激情与活力，健康与乐观的向上力量。我的性格比较乐观，遇到难事愁事，想想未来很美好，咬咬牙也就过去了。我很佩服任正非，要说难都没他难，他的企业还做得那么好，他说了一句话：美国政府想干什么，我不知道，但华为向哪个方向发展，我清楚。这就是一个企业家的眼光和胸怀。从另一方面告诉我们，在什么岗位专心干好本职工作最重要，干一行、爱一行、成就一行。这次去湖北十堰，穿着厚厚的隔离衣，工作久了感到喘不上气来，好像大脑缺氧，回来后，我一方面张罗"战新冠体验馆"正式开业，告诉大家科学防疫。另一方面，就开始调整自己的下班时间。我呢，过去把上班当锻炼身体，现在，下班我就走人，或者去走路，或是和我爱人去健身房。我告诉你一个好消息，我们现在启动了一个"社区健康"大项目，投资少、效果好，10多种器械，每种锻炼3分钟，一圈下来全身大汗。现在周末常陪家人，陪着老母亲、爱人、小孙女们去玩、去野餐、去赏花。人生陪伴就是爱，珍惜生命和爱你的人才是最重要的。你说，这是不是我小女子内心温柔的一面？

问：您作为中物协监事会监事长，习近平总书记的回信发表后，中国物协发出《关于学习贯彻习近平总书记重要回信精神，进一步推动物业管理行业高质量发展的通知》，您对中国物协文件和贯彻习近平总书记重要回信精神，有何建议和意见？

答：我加入了不少协会，中国物业管理协会是我所认识的协会中，办得最规范，号召力最大，会员最多，工作做得最好的协会，我作为监事长很荣幸。在协会领导下，《中国物业管理》杂志也办得很好，我每期都看，尤其是"卷首语"，可以说是企业发展的方向标。这些年，纸媒不好办，但我们的杂志仍处于行业不可替代的位置，不容易。

我认为，习近平总书记的回信，是回复给千千万万物业人的，我只是其中一个代表。中物协政治站位高，以党建统领，贯彻落实习近平总书记回信精神，结合做好物业服务的具体工作：要求会员单位按照中央部署做好常态化疫情防控工作，积极推进企业复工复产；增强行业自信，大力弘扬爱岗敬业精神。实际上，习近平总书记说的"伟大出自平凡，英雄来自人民"是给了我们物业人很高的评价，希望我们在平凡的岗位上，脚踏实地，埋头苦干，默默无闻，甘于奉献。中物协在《通知》中最后强调：广泛宣传引导，充分发挥模范带头作用。也是鼓励圆方集团全体员工，戒骄戒躁，再接再厉，再攀高峰，同时，深入挖掘全国物业管理从业者在疫情防控工作中涌现出的突出典型，以先进为榜样，切实干好本职工作，服务于经济社会，这就是我们共同的奋斗目标。

后记

在采访和写作《对话薛荣：一个受习近平总书记表扬的物业抗疫英雄》《抗疫英雄母子的真情告白》《党是亲娘，我用一生报党恩》这三篇文章的日子里，我的心情难以平静，激动的泪水湿润着眼帘。薛荣，她是我们物业人的优秀代表。我为她的事迹所鼓舞，我被她的精神所感动，我对她的信仰崇敬万分，她是一个对党忠诚的优秀女儿，她是我们千千万万物业人学习的典范，她犹如蜡烛，燃烧自己，照亮别人；她犹如镜子，以正衣冠，学有榜样。她在自己的岗位上，脚踏实地，默默奉献，桃李不言，下自成蹊。是什么成就了她今天的事业和人生？就是她心中闪闪发光，光芒万丈，对党忠诚的信仰。

听党的话，跟党走。在无助的时候，有了力量；在迷茫的时候，给了方向；在挫败的时候，让人坚强。党的阳光照耀着人们，开创无限美好的人生。

（作者简介：赵富林，法学学士、管理学硕士，资深房地产、物业媒体人。中国物业管理协会副秘书长，担任《中国物业管理》杂志和《城市开发》杂志总编辑。著有中国经济出版社出版《中国房地产市场》一书。）

04 要闻

习近平给郑州圆方集团职工回信勉励广大劳动群众 向全国各族劳动群众致以节日的问候

新华社北京4月30日电 在"五一"国际劳动节来临之际，中共中央总书记、国家主席、中央军委主席习近平4月30日给郑州圆方集团全体职工回信，向他们并向全国各族劳动群众致以节日的问候。

习近平在回信中表示，新冠肺炎疫情发生后，你们在集团党委带领下，一直坚守保洁、物业等岗位，不少同志主动请战驰援武汉等地的医院，以实际行动为抗击疫情作出了贡献。大家辛苦了！

习近平指出，伟大出自平凡，英雄来自人民。面对这次突如其来的疫情，从一线医务人员到各个方面参与防控的人员，从环卫工人、快递小哥到生产防疫物资的工人，千千万万劳动群众在各自岗位上埋头苦干、默默奉献，汇聚起了战胜疫情的强大力量。希望广大劳动群众坚定信心、保持干劲，弘扬劳动精神，克服艰难险阻，在平凡岗位上续写不平凡的故事，用自己的辛勤劳动为疫情防控和经济社会发展贡献更多力量。

圆方集团是河南省郑州市一家综合服务型民营企业，现有员工6万余人，其中党员500多名。近日，党的十九大代表、圆方集团党委书记薛荣给习近平总书记写信，代表全体职工汇报了坚守本职岗位、积极参与抗疫的情况，表达了共担责任、共克时艰的决心。

省委常委会召开会议 学习贯彻习近平总书记 给郑州圆方集团全体职工的重要回信精神

4月30日，省委常委会召开会议，认真学习贯彻习近平总书记给郑州圆方集团全体职工的重要回信精神，对全省学习贯彻工作进行安排部署。省委书记王国生主持会议，省长尹弘出席会议。

会议指出，在"五一"国际劳动节来临之际，习近平总书记给郑州圆方集团全体职工的重要回信是对广大劳动者的关心关怀，是对河南干部群众的巨大鼓舞。要传达好习近平总书记重要回信精神，把总书记的关心关爱传达到全省每一个劳动者，把总书记的殷殷嘱托落实到每一个劳动岗位。要学习好习近平总书记重要回信精神，更加深入地认识伟大出自平凡、英雄来自人民，大力弘扬劳动精神，形成全省上下爱岗敬业、勤奋工作、勇于创造的生动局面。要贯彻好习近平总书记重要回信精神，引导广大人民群众树立辛勤劳动、诚实劳动、创造性劳动的理念，让劳动最光荣、劳动最崇高、劳动最伟大、劳动最美丽在中原大地蔚然成风。

会议强调，要把学习贯彻习近平总书记重要回信精神与深入贯彻落实总书记视察河南重要讲话精神结合起来，把总书记的关心关怀转化为坚定信心、鼓足干劲，用辛勤劳动推动高质量发展的强大正能量。要大力弘扬劳动精神，紧紧抓住中部地区崛起、黄河流域生态保护和高质量发展重大战略机遇，推动全省上下尊重劳动、热爱劳动、投身劳动，在各条战线用勤劳双手谱写更加出彩的篇章。要大力弘扬奉献精神，干一行、爱一行、钻一行，在平凡岗位上续写不平凡的故事，在劳动中体现价值、展现风采、感受快乐。要大力弘扬奋斗精神，持续保持疫情阻击斗争中锤炼的好作风，克服艰难险阻，努力夺取疫情防控和经济社会发展双胜利。

当日，省委第一时间向圆方集团干部职工转达习近平总书记重要回信精神，王国生同志与圆方集团干部职工座谈交流，大家倍感振奋，纷纷表示，一定要以总书记重要回信为强大动力，以党的建设高质量推动企业发展高质量，为党和人民作出新的更大的贡献。

（来源：《河南日报》 记者：李铮）

扫码观看视频报道

敢为人先，勇挑重担
——伟大出自平凡　英雄来自人民

武汉丽岛物业管理有限公司

武汉丽岛物业管理有限公司（简称丽岛物业），成立于2000年，注册资本1.1亿元，是中电光谷（00798.HK）的控股子公司。迄今为止，丽岛物业业务涵盖住宅、园区、商业、办公楼、银行、学校、轨道交通、营销中心等业态，业务拓展立足于武汉，并向全国布局，已入驻上海、长沙、合肥、成都、重庆、温州、青岛、西安、沈阳等城市。丽岛物业积极整合资源，深耕物业服务"全产业链"，拥有蓝域智能、全派餐饮、丽岛房地产代理、丽岛人力资源、丽享生活等产业链公司，可提供顾问咨询、前期介入、智慧运营、资产管理服务，为物业同行提供专业配套服务，为广大业主提供全方位、一站式的物业管理服务。目前已构建智慧社区、智慧园区生态体系，并运用互联网、大数据、人工智能、物联网等新一代信息技术，形成了i丽岛APP、OVU园区通、EMS集中运营平台三位一体的管理系统，为家庭住户及园区企业提供不动产、基础设施、金融、大数据、生活配套服务，始终坚持"把心级服务做到您心里"的服务理念，致力于成为全类型、全产业链的智慧化物业运营平台。

2020年1月，一场突如其来的新冠肺炎疫情打破了庚子年春节的平静，武汉全城按下了暂停键，开启了全民抗疫。丽岛物业积极响应党中央关于疫情

防控重要指示精神,全面贯彻落实各区疫情防控工作,主动承担起物业服务企业的社区防控责任。

一、党建引领,全员"抗疫"

在此次突如其来的新型冠状病毒引发的肺炎疫情中,党组织的身影无处不在,为更好应对疫情,丽岛物业党总支、各支部充分发挥"红色物业"在战"疫"中的前哨作用,丽岛物业总部迅速成立"新冠肺炎疫情应急防控领导小组",各区域成立"新冠肺炎疫情应急防控工作小组",有序开展疫情防控工作。党总支整合组建近20支"红色物业"党员志愿服务队,100余名党员干部、退役军人火速前往各社区支援,以"24小时责任制"在超过20个防疫点进行疫情防控,55名党员同志在武汉、新洲、洪湖等地为防疫贡献力量,充分发挥了党员的先锋模范作用。丽岛物业党总支68名党员自愿捐款2.7万元,640余名员工自愿捐款约6万元。

二、勇挑重担,助力"方舱"

武汉新冠肺炎疫情是一场全民防疫战,与每个人息息相关,在疫情防控的紧要关头,丽岛物业为湖北交通职业技术学院、石牌岭高级职业中学、武汉软件工程学院、中国光谷科技会展中心4所方舱医院提供防疫支援,涌现许多抗疫"逆行者"。2月5日,丽岛物业周建强、诗文、段双能三位员工赶赴武汉石牌岭高级职业中学支援洪山方舱医院,参与后勤保卫工作;2月7日,武汉软件工程职业学院、湖北交通职业技术学院(马沧湖校区)、湖北大学知行学院、长江工程职业技术学院项目学生公寓均被征用作为医疗隔离点,调配近百名志愿者协助校方完成现场清理、物资搬运、房间保洁等工

作；2月19日，丽岛物业4名员工参加洪山方舱现场防疫工作。

与此同时，高科医疗器械园物业服务中心援助园区进行东湖高新区整体的防疫物资转存、发货工作，协助园区企业为东湖高新区所有卫生服务中心、街道办、园区办供应消毒剂，消毒剂产量4万升，覆盖137家企事业单位；2月25日，丽岛物业武装部负责人周四龙同志带领5名秩序员前往省妇幼光谷院区，配合湖北省妇幼保健院光谷院区援汉医疗队物资搬运工作；3月2日，丽岛物业作为运费捐赠方接收广东湛江爱心蔬菜3万余斤，为3000户业主提供免费蔬菜。

三、坚守初心，用爱传递温暖

丽岛物业在管72个项目2000余名员工奋战在防疫一线，累计进行社区、园区生活垃圾清运3700余次，消杀4000余次，每天管控进出人员进行体温检测达5万次，协助安排疑似和确诊业主300余例，配合38个居委会及街道社区进行防疫知识普及近2500余次。社区封闭期间，为保障业主正常生活不受影响，为所服务小区业主提供米、油、蔬菜等生活必需品的团购供应，服务5万多户业主，累计供应蔬菜50余吨，肉类和鸡蛋10余吨，米面粮油数千袋，药品和各项生活物资数千份，解决了业主生活物资难题。对于不便出门的孤寡老人，物业服务中心送货上门，用"无接触"服务为小区3000多户孤寡老人和困难户免费送爱心蔬菜3万余斤。在社区、物业的共同努力下，丽岛物业在管所有住宅项目均为"无疫情小区"。丽岛物业高科医疗器械园20余名青年立足本职岗位、发挥专业特长，主动请缨加入"东湖高新区疫情防控应急志愿服务队"。他们在疫情防控、物资转运、复工复产等志愿服务中逆行而上、敢于担当，展现了丽岛物业人的初心与坚守。

四、信息化管控，创新"抗疫"技能

疫情期间，丽岛物业通过信息化工具，助力疫情防控。组织全员在园区通APP进行体温报告；每日一次进行线上EMS打卡，有效避免人群聚集；EMS线上工单报事14000余条，安全高效解决业主问题；设计"体温检测"小程序，关心员工、客户的健康状况；开发"人员进出扫码"微信小程序，提供"无接触"的自助登记通道，避免门岗人员登记过程中产生交叉感染；通过"项目疫情监控"小工具，全面掌握防疫物资的需求、储备等情况，做好统一调度。同时，通过i丽岛App向业主发布疫情日报，进行防疫宣传；鼓励业主分享宅家生活，传递乐观情绪；EMS上线防疫专题课程24个、专业知识培训22个、通用类课程6个，64个项目或部门参加线上学习，共计5626人次，达到居家学习培训目标。

五、内防扩散、外防输入，打好疫情防控攻坚战

针对内防反弹工作必须做好"五个强化"，其一，强化人员管理，员工每日健康监测、上下班途中管理、返岗人员信息登记、在疫情期间，新招募员工需进行核酸检测；其二，强化就餐管理，有食堂的集中供餐、独立分餐，并尽量分批错时用餐；没有食堂的项目集中订餐、独立分餐，餐具、饮具等使用前后应当洗净、消毒，保持清洁，确保卫生；其三，强化卫生防护，加强工作场所的全面通风，尽量开窗增加通风换气次数，所有垃圾分类处置，严格按照卫生部门要求规范处置，做好公共场所卫生防护，办公室、食堂、宿舍等重要场所及其设备、门把手、电梯、卫生间、地面等公共部位均要定期消毒到位。其四，强化应急预案，建立疫情防控联动机制，一旦发现体温异常者必须立即就地隔离并报告上级相关部门，按要求第一时间落实定点医院就诊排查，

对所有密切接触者按规定实施隔离，落实各项管控措施。其五，强化监督管理，加强对内部复工和防疫相关制度执行情况的自查，加强对园区企业复工指导和复工后的监管，积极配合上级相关部门对园区企业复工的抽检。对防疫工作不到位的园区企业要及时上报，造成后果的要严肃追责。

六、科学精准防控，助力企业有序复工复产

为做好复工复产防控工作，丽岛物业提前行动部署，扎实落实上级要求，完善责任体系，科学精准防控，强化监督检查，指导各项目以强有力的措施，全面做好疫情防控，尽可能地将企业客户复工后的疫情风险降至最低。武汉创意天地产业园是武汉市复工防疫标杆园区，园区设置防疫"四重门"，第一重门：员工在家登陆园区 APP 填报体温，形成健康码；第二重：进入园区前扫码录入信息，测温；第三重门：进入办公楼，通过红外热成像测温门；第四重门：企业自己设置测温台。除此之外，在所有楼门口设有外卖、快递中转站，以及废弃口罩、手套收集箱。园区内工作人员对电梯按键、门把手、门控按钮、洗手间等重点区域，每天至少消毒四遍，以确保复工安全。

新冠肺炎疫情的发生是一场没有硝烟的战争，对于物业管理行业而言，如何为业主筑起一道安全防线，守护业主的健康与安全，是一种考验亦是一次机遇，丽岛物业会将疫情中得到的认可、信任转化成更强大的动力，始终如一为广大业主守卫生命健康安全线、提供五"心"级服务。丽岛物业人是所有敢为人先武汉人的缩影，在这个英雄的城市，我们不甘平凡！

三个"三"模式筑牢安全管理基础
——长江三峡实业有限公司安全管控案例

长江三峡实业有限公司

一、背景与目标

长江三峡实业有限公司（以下简称公司）是中国长江三峡集团有限公司（以下简称集团公司）下属专业化公司。主要为集团公司总部及区域办公、工程建设、电力生产、枢纽运行和生态环保等提供综合服务及辅助生产。经过多年的运行和管理，公司取得了较好的经营业绩，积累了一定的实力，探索出一些宝贵的经验，为公司进一步发展奠定了坚实的基础。

作为物业管理这样的劳动密集型企业，公司在安全管理上始终保持清醒的头脑，认为"人"是决定安全生产的关键因素，但随着物业服务重复性工作的延长，公司还是发现了一些倾向性、苗头性的问题。一是部分员工出现松懈麻痹思想，工作马虎、凑合，对安全管理处于应付心态；二是班组基层管理工作退化，出现安全基础台账不健全、安全知识培训不到位的情况；三是个别班组和员工对物业管理特别是电力生产区域危险源辨识不充分、隐患排查整改落实存在不到位的现象。

对此，公司不断增强紧迫感、危机感和责任感，在2019年开展了作业现场"三查"、工作过程"三问"、日常管理"三化"的三个"三"活动，进一步夯实了安全管理基础，为生产经营工作落实提供了有力保障。

二、内容与形式

（一）作业现场"三查"

查人员状态。建立特殊岗位专项健康档案，及时关注员工健康状况，有效制止员工带病上岗；各级管理人员采用班前班后会、座谈会等形式，关注和了解员工的思想状况，倾听员工心声，对存在思想包袱的员工及时进行帮助和开导；严格按照规定的频次深入现场开展作业过程检查，对违章操作、违反劳动纪律、工作状态欠佳等情况进行纠正。

查作业环境。组织员工开展岗位危险源、风险控制措施辨识活动，全年辨识出重大安全风险8项，一般安全风险142项，对安全风险实行分级、动态管理，结合现场实际制订防范措施300余项；积极关注天气变化，通过信息网络平台及时将雷电、暴风、雨雪、冰冻等极端天气信息传递给全体员工，提前做好室外作业人员的工作安排和防护措施。

查措施落实。充分运用综合检查、专业检查、季节性检查以及第三方检查等形式，检查预防措施、保护措施、管理措施、技术措施的落实情况，重点对公司涉及的电力生产作业、密闭空间作业、高空作业、特种设备作业加强监管，确保作业票齐备、通风良好、防护措施齐全、现场监护到位，将构建和完善风险管控及隐患排查治理双重预防机制贯穿于每一项工作中。

（二）工作过程"三问"

问工作职责。编制完善了《质量安全环保岗位工作职责》，明确了各级管理人员和一线作业人员的岗位职责和相关要求，通过集中培训使员工熟练掌握自己所从事岗位的工作任务及职责要求，同时还采用班前会的方式进行抽查，全年对员工提问2796人次，促使员工之间既各司其职又相互协调配合，做到了责任清晰、任务明确。

问工作标准。针对电力生产行业物业服务的特殊要求，公司编制了由172项管理标准、17项作业标准、32项技术标准、27项服务标准、5项工作标准组成的企业标准，通过员工业余自学、你问我答、班组会演示等方式，掀起学标准、懂标准、用标准的热潮，采用工作现场提问、安规考试等方式对全体员工的学习效果进行验证，合格率达100%。

问应急措施。按照风险分级管控的要求，公司将风险管控职责层层压实，制定了切实可行的应对措施，让每一名员工识环境、知风险、明措施。同时还根据下属单位的生产经营实际，对30余项现场处置方案进行修订完善。采用工作现场提问、桌面演练、应急实操等方式对全体员工应急措施掌握情况进行验证，提升了员工应急防范知识和应急处置能力，筑牢了安全管理的最后一道屏障。

（三）日常管理"三化"

培训管理实效化。公司改变了"一人念、众人听"的传统培训方式，从课堂走向作业现场、从理论走向实践、从讲授走向演示、从集中受训走向分解自学，确保培训内容切合实际，培训效果落到实处，全年通过案例培训、技能比武、班组长讲堂等方式开展各类培训2229项次，参训人员104585人次，有力保障了培训效果，提升了员工安全意识，促进员工掌握了应知应会的安全知识。

隐患排查可视化。牢固树立"隐患就是事故"的理念，不断健全和完善隐患排查治理体系，充分运用企业微信平台，分层级建立微信群，对排查治理过程进行展示，让隐患和违章现象无处遁形，定期进行情况通报，做到举一反三、防患于未然，实现了隐患排查、整改、闭合全过程可视化管理。全年组织开展各类检查400余次,隐患排查2000余次,发现并完成219项一般安全隐患的整改工作。

设备设施规范化。电力生产物业的特殊性在于业主委托管理的设备设施较多,设备设施的维护管理和运行维修,直接影响了物业服务质量。对此,公司按照专业设备专业管理的原则,对受托管理的电气设备以及电梯等特种设备,选择资质完备、技术水平过硬的专业队伍,按照合同约定及技术标准做好过程监管及验收工作。同时,公司从标准运行、定置管理、可视化、智能化等方面分别树"标杆",组织下属单位以设备管理本质安全为目标,对标对表,全面实现规范化管理。

三、收获与成效

(一)安全生产意识进一步增强

通过作业现场"三查",从思想和行为上对员工进行引导,规范员工行为,提升员工的安全意识与技能水平,从源头上减少了人的不安全行为;运用动态管理的方法,及时对不良环境进行整改完善,从而保障了员工职业健康安全;通过强化措施落实,杜绝了工作中搞形式、走过场的现象发生,将各类隐患消除在萌芽状态,为全面做好安全工作奠定了坚实基础。

(二)安全生产职责进一步明晰

通过作业过程"三问",使得工作责任更清晰、任务更明确,有效提高了员工责任感,杜绝了推诿扯皮的情况发生;员工对工作标准掌握更熟练、更准确,形成了相互监督、相互提醒、自我约束的良好氛围;通过对员工应急防范知识的掌握和应急处置能力的提升,锻炼了一支关键时刻拉得出、用得上、打得赢的应急队伍,为公司生产经营稳定发展提供坚强后盾。

(三)安全管理基础进一步夯实

培训方式的改变,促进了安全理论知识和生产经营实践的有机融合,有力提升了各级人员的安全意识和操作的规范性;隐患排查整改可视化工作的落实,将各类隐患消除在萌芽状态,持续降低了公司的安全风险,2019年排查发现的安全隐患比2018年下降约10%,全年未发生任何安全事故事件;设备设施规范管理工作的不断完善,夯实了公司物业服务工作基础,为安全管理、服务质量提升提供了可靠保障。

实践证明,三个"三"模式是安全管控的有效方式,在公司内部完善了一批制度措施,解决了一批实际问题,树立了一批示范典型,促使员工在安全生产工作中找准了自己的定位,弄清了风险是什么、风险在哪里,明白了自己该干什么、怎么去干。安全工作永远在路上,公司将始终牢记习近平总书记关于安全生产的重要指示批示精神,持续强化风险防范意识、完善制度保障体系、提升安全管理水平,为三峡、葛洲坝、溪洛渡、向家坝等大国重器的稳定运行提供坚强保障和有力支撑。

匠心永恒　铸造精品服务

湖北中楚物业股份有限公司

湖北中楚物业股份有限公司成立于 2008 年 9 月，是国家一级物业服务企业，连续多年获评全国物业服务百强企业、全国高校物业服务百强企业，2019 年全国物业行业"社区的力量"扶贫攻坚贡献力位列湖北物业服务企业第 1 名，湖北省物业行业"红色物业"先进单位、武汉市"和谐企业"，武汉市工会民主管理五星级单位，武汉第七届世界军人运动会保障突出贡献单位、2020 年武汉市"工人先锋号"、2020 年度武汉市物业服务行业"抗疫先进企业""抗疫先进个人"。公司总经理成学荣荣获 2019 年武汉市创业十佳、湖北贡献力民营企业家。2017 年在北京新三板挂牌上市，股票号为：871971，是湖北境内注册的唯一上市的物业服务企业。

深耕物业服务领域十二载，中楚物业始终坚持"以人为本、至诚服务、创造价值、谋求发展"的品牌理念，围绕"让生活更美好"的企业使命，满足业主多元化物业服务需求，积极把握市场态势，发挥品牌优势，在产品和服务层面持续创新，制定出"全心服务、营造温馨、过程精品、行业标杆"的质量方针，在夯实发展的基础上，秉行"高效、负责、亲和"的品牌原则，按照塑造品牌的高标准、严要求，为业主提供一站式全周期的社区配套服务，让业主享受更加轻松、便捷的生活，创造美好生活环境。

一、品牌特色

（一）深研客户需求创建价值生态圈

中楚物业深入感知客户需求，通过物理层面的现场体验与精神层次的情感链接，以专业定制的管家服务为纽带，根据高校物业、公众物业及环卫特性，打造出"精楚校园""楚帮洁""楚留香"三大物业服务品牌，110多项专属服务，构建全价值生态圈。

（二）科技赋能服务让生活更有温度

深入探索智慧物业转型发展，全方位、多角度考虑客户实际需求，搭建出"中楚云"智慧物业生态系统，涵盖OA办公、收费、物管、社区运营、IEM智慧设备管控系统等功能，以及WEB综合运管端、物业APP端、业主微信端等多个模块，并根据不同业态，推出智慧校园、智慧环卫和智慧社区三大解决方案，支持单一业主、多业主、混合业态等项目运营管理，为物业服务与社区运营开启智慧大门，零距离实时对接客户，让客户足不出户便可享受高度人性化、便捷化的服务体验。

（三）推进标准建设提升服务续航力

以"关注客户感受，注重服务细节"为主线，坚持专注打造精品物业，大力实施标准化建设，以软、硬件设施改造为主抓手，以客户满意度为突破口，建立健全6大维度为基点的《36项服务触点》、完善《Ⅵ视觉识别系统》，全面升级物业服务体系，提升服务续航力。

（四）党建引领共管共建

积极打造红色物业，提升服务品质，组织参与社区治理、共管共建活动，推出"党员先锋示范岗""红色物业志愿服务队""项目经理接待日"及"小区旧貌换新颜"等多项特色服务，使自身在党建引领与政企共建推动下，成为社区多元治理不可或缺的重要组成。

（五）注重人才培养打造文化自信

公司确立了人才引领发展的战略地位，员工满意度与业主满意度并举，启动"菁英计划"，为企业的可持续发展做好人才梯队建设，为员工打造成长共赢的平台，实现所有员工"文化＋专业＋综合素质"全方位提升，并邀请专家进行员工培训，不断提升物业人员的专业素养和服务水平。

二、品牌发展历程

2017年中楚物业开启企业品牌建设工程，三年以来紧紧围绕"美好生活、和谐社会"的理念，倾听业主对于美好生活的需求，整合社会资源，建设人、物共联的现代化服务体系，打造多元品牌阶梯，建立差异化品牌价值，先后开展了标准化建设、智慧物业平台搭建等行动，并根据学校物业、公众物业和环卫特性，推出"精楚校园""楚帮洁""楚留香"三大品牌，实现品牌建设多元化、全面化。

（一）"精楚校园"

中楚物业在校园物业管理领域经验丰富，在管项目包括武汉大学、华中科技大学、华中师范大学、武汉理工大学等数十所武汉高校，为了更好地服务学校师生，将物业管理完美融入校园背景，充分发挥服务育人的作用，针对学校物业特性，中楚物业打造出"精楚校园"品牌，牢牢把控教育、温情两条主线，在校园内组织开展消防安全演习、垃圾分类讲座、宿舍文明建设等活动；在每个宿舍楼下，设置"妈妈驿站"，帮学生缝补衣服、提供纸巾、雨伞、医药箱等便捷服务，节假日为师生送上暖心祝福，端午节组织包粽子，元宵节送汤圆等活动。在此次疫情期间，"妈妈驿站"发挥了极大的作用，为滞留在校的外国留学生送上防疫物资与蔬菜，为放假回家的学生提供云寄送、晒被子、浇花服务等。

（二）"楚帮洁"

中楚物业承接了武汉市天河机场、湖北省图书馆、武汉市动物园、中山公园、解放公园及中山舰等多个公众物业，针对公众物业管理区域大，人流密集等特性，着力打造"楚帮洁"品牌，通过服务贴心、安全放心、环境舒心、维修省心、生活随心的"五心服务"，不断满足客户的个性化追求，强化服务引导作用，组建"志愿者服务团队"，设立暖心服务驿站，每日安排人员值班，解决客户诉求。在2019年第七届世界军人运动会期间，中楚物业"志愿者服务团队"为十多个军运场馆提供高标准物业服务，大赛组委会发来表彰信，高度赞扬我司的服务质量。2020年年初，面对来势汹汹的新冠疫情，"志愿者服务团队"不畏风险，挺身而出，主动投身方舱医院、酒店隔离点援建和后勤保障工作。中楚物业洪山体育馆方舱保障突击队获评2020年武汉市"工人先锋号"、公司被评为2020年度武汉市物业服务行业"抗疫先进企业""抗疫先进个人"。

（三）"楚留香"

聚焦城市环境服务，推进建设美丽中国。中楚物业取得了生活垃圾经营性清扫、收集、运输、处理服务一级资质，积极投身环卫领域，承接了武汉市黄陂区、东西湖区等多个环卫项目，致力于构建生态、自然、公益品牌，积极开展垃圾分类宣传试点工作，倡导低碳生活，节能减耗理念，主动承担社会责任，创建了"党建＋共建·扶贫·助残"帮

扶体系，打造"线、面、点"三位一体帮扶格局，以教育培训拓线帮扶、以公益活动扩面帮扶、以结对牵手连点帮扶。主动与武汉理工大学、武汉江汉大学等多个高校开展校企联合，精准对接大学毕业生，为广大学生和困难户提供优质工作岗位和服务技能培训，积极安排下岗人员再就业，吸纳残疾人员。2019年参与"社区的力量"消费扶贫攻坚专项行动，为社区团购绿色食品，荣获中国物业管理协会"消费扶贫榜样社区"称号，扶贫攻坚贡献力排名位列湖北省物业服务企业第1名，2020年参与藏区青苗计划，提倡"一个社区一亩青稞田、一个家庭一名藏区娃"的可持续消费扶贫模式，认购青稞田，定点帮扶藏区贫困儿童，为帮扶儿童提供生活必需品和营养餐。

中楚物业以优质的服务赢得了客户、合作伙伴、业内的尊重和赞誉，立足"中国精品物业专家"的品牌定位，将以更高品质、更高标准为时代标尺，以人民对美好生活的向往为时代要求，持续满足和超越客户不断增长的需求，在保证服务品质的前提下，坚持多元领域发展，为大型综合体、智能化写字楼、城市地标、军工产业园、政府物业、高校物业等多业态提供专业精细化的物业服务。

打造国际交流平台，强化社区人文建设

阳光壹佰物业发展有限公司

一、阳光 100 物业人文社区打造理念

（一）企业经营理念

随着经济的快速发展以及物质水平的迅速提高，人们对生活品质有了更高的期望。经济形势的变化以及价值取向的多样化，出现了一些社会性的问题，要解决这些问题，就离不开社区文化建设。

阳光 100 物业始终秉承"客户至上、用心去做"的服务理念，致力于为业主创造文明、和谐、温馨、优雅的社区环境和社群文化，着力打造人文社区的艺术氛围，让各项目的人文社区工作做出亮点、美出特色、相互借鉴树立品牌形象。引导业主及商家在社区及社群建设中发挥主人翁精神积极参与，延续美好生活共同创建的优良美德。传递人与人之间、邻里之间、业主与物管工作人员之间的温暖与关爱。

（二）人文社区建设的意义

1. 社区文化建设是构造和谐社会的基础

文化是民族的灵魂，是维系民族团结、维护社会稳定、推动社会和谐发

展的精神纽带。社区是社会的细胞，和谐的社区是社区居民无限依附的精神家园。社区精神是社区居民所高度认同的共同价值。社区文化所倡导的价值观念、人生态度、生活方式能有效地影响、规范社区居民的行为选择，培养社区居民积极健康的生活方式。

2. 社区文化建设是构造和谐社会的途径

和谐社会的核心是人与人的和谐。社区文化以喜闻乐见的文化活动，丰富了社区的群众生活，提升了人们的精神境界，提高了社区的文明程度，营造了和谐共处的人文环境。

3. 社区文化建设是城市化建设的重要内容

国家提出全面实现小康社会。全面小康社会是一个经济更发展、民主更健全、科学更进步、文化更繁荣、社会更和谐、人民生活更殷实的社会。社会越发达，城市化程度越高，城市文化越会成为社会文化的主流，城市社区文化在整个社会文化中也就越具主导地位。因此，和谐社会建设是一项系统工程，它深入到社会的各个方面，从物质基础的经济建设到非物质的伦理道德、精神文化、社会文明和政治文明建设。

二、阳光100携手丹麦文化中心，创建国际交流平台

（一）关于丹麦文化中心

丹麦文化中心是丹麦王国驻华的官方文化艺术交流组织，是中丹文化交流的纽带与桥梁，旨在促进不同文化间的理解与交流，推动世界文化进步及文化全球化和多样性。并且对众多旨在促进中国和丹麦建立长期合作关系的文化艺术机构、设计机构、艺术家等进行支持。丹麦文化中心总部位于哥本哈根，在全球设有分支机构，位于北京798的丹麦文化中心是在中国的唯一官方机构。自2004年在中国北京设立至今日，总共组织文化艺术交流活动近700场。

（二）关于丹麦儿童音乐节

丹麦国际儿童音乐节是世界最大的儿童青少年音乐节，由丹麦国家儿童音乐中心、丹麦国家儿童戏剧中心、丹麦文化中心主办。音乐节注重音乐与人的合一，力求释放天性，将音乐植入DNA。2020年，为纪念中丹建交70周年及安徒生诞辰215周年，丹麦儿童音乐节将首次在中国举办。将组织10支丹麦儿童乐队在中国巡演，并将30余首儿童音乐MTV、10余部儿童音乐剧在线下进行联合展播，为孩子们送去最热烈的音乐体验。

（三）阳光100与丹麦文化中心

阳光100与丹麦文化中心有16年的合作历史。双方自合作以来，打造了一系列具有品牌特色的社区文化活动。在柳州窑埠街区，打造了中国首家跑酷运动公园；在宜兴举办了丹麦国际文化周；今年3月8日疫情期间，阳光100与丹麦文化中心合作，通过远程直播将武汉万名宅家儿童与丹麦艺术家互动直连，以艺抗疫，用音乐疏解宅家近两月武汉儿童的焦虑心情，获得了较高的国际影响力。2020正逢中丹建交70周年，为了纪念这份美好的友谊，阳光100携手丹麦文化中心，将在这个浓情八月为阳光100物业各个社区的孩子们送去最热烈的音乐盛典。

三、阳光100物业各地项目联动，首届国际儿童音乐节震撼启幕

（一）主会场——长沙阳光100凤凰街

2020年这个夏天，丹麦的小美人鱼带着她们的艺术宝库远道而来。作为首届国际儿童节的主会场，长沙阳光100凤凰街将联合长沙303戏剧中心的小戏骨们，在八月的每个周末，为大家献上数场精彩绝伦的惊艳舞台，吹响阳光100国际儿童音乐节的号角。

（二）分会场——柳州窑埠·仲夏音乐汇

8月8日，阳光100首届国际儿童音乐节柳州基地授牌以及阳光100柳州国际儿童艺术村启动仪式在窑埠古镇举行。柳州阳光100物业以艺术村品牌IP成立为契机，结合地方特色与斑马音乐展开深度合作，同步启动为期一个月的"窑埠仲夏音乐汇"。

柳州阳光100国际儿童艺术村的成立，为更多热爱音乐的孩子和音乐人，提供了一个展现自我、相互交流学习的大平台，它将极大力度推动柳州线上、线下音乐的未来发展。

（三）分会场——清远阳光100国际儿童艺术村

8月8日上午，在清远阳光100社区内，国际儿童艺术村正在举行揭幕仪式。新颖的活动形式点燃了孩子们的好奇心，坐在台下聆听主持人讲解的他们跃跃欲试，纷纷举手示意。

活动期间正值暑假，为加强孩子们的安全意识，清远阳光100物业工作人员因地制宜，在现场耐心为孩子们讲解家庭用电安全及暑假安全知识。

（四）分会场——沈阳阳光100凤凰街·星空之夜·释放开启

8月8日傍晚，筹备许久的沈阳阳光100凤凰街分会场也揭开了神秘的面纱。小演员们陆续到场，一个个在签名板上签上自己的名字。物业人员也架好了设备，为屏幕另一端的业主们全程直播这场令人欣喜雀跃的视听盛宴。

四、业主自发参与社区治理，打造多形态人文社区

（一）柳州窑埠魔法市集

柳州阳光100物业结合仲夏音乐汇所带来的人

流量,每周末在古镇B区月湾草坪开展市集活动。"招募摊主"的公告一经发出,吸引了众多业主朋友前来报名参与。草坪音乐舞台+童话魔法市集的新奇搭配,更是迅速抓住了在场观众的好奇心。

(二)专业戏剧团队免费公益课

8月18日,由重庆、长沙303戏剧中心创始人导演袁野团队亲身授课,将带领阳光100社区的孩子们免费体验一次艺术成长。

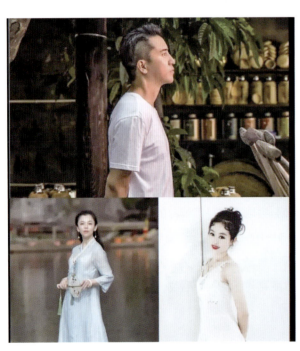

(四)《安徒生的梦》小戏骨们登台汇报演出

8月8日、8月16日、8月31日,由重庆、长沙303戏剧中心创始人导演袁野亲自带队,国内顶级导师团队授课,《我女儿18我28》原班人马共同打造一场属于孩子们的精彩大戏。

(三)玩转夏日——水枪总动员

8月29日,长沙阳光100物业将在炎炎夏日联合美吉姆、长沙阳光100凤凰街举办一场水枪总动员。

与音乐共舞,与艺术狂欢,释放天真,书写童趣,阳光100首届国际儿童音乐节的顺利开展,促进了中西音乐文化的交流融合,丰富了社区儿童的暑假生活,获得了业主朋友们的高度好评。未来,阳光100物业将努力超越业主需求,以独居匠心的运营模式,打造人文社区、智慧社区!

建筑修缮助力城市新升级

湖南建工七星物业管理有限公司

湖南建工七星物业管理有限公司（以下简称：七星物业）成立于 2007 年 3 月，省属国有企业背景（湖南建工集团所属公司），独立法人单位，拥有国家物业管理一级企业资质，建筑工程总承包三级资质。在湖南、海南、新疆、北京、雄安新区、粤港澳大湾区等 23 个城市拥有分支机构。现为中国物业综合实力百强企业、中国诚信示范单位、省文明单位，连续 4 年获得纳税 A 级企业，连续 8 年获得省守合同重信用企业。目前，公司注册资本 3500 万元，服务项目近百个，服务总面积约 600 万平方米，年生产能力达 10 亿以上。

自设立以来，七星物业坚持以物业服务和房屋修缮为主业，以专业公司为支撑，上下游产业联动，通过产业链的延伸开发以园林绿化、会场服务、资产运营管理、商业街区策划招商和运营管理等多种增值经营，为建筑物提供全生命周期全价值链专业服务。

在全球经济放缓、新兴建筑市场日益萎缩的行业大背景下，以旧建筑为主要对象的建筑修缮业将成为"朝阳产业"。经过充分市场调研，在建工集团、物发集团的"双集团"支持下，建工七星物业于 2017 年成立修缮公司，发扬"一流、超越、精作、奉献"的企业精神，遵循"以人为本、守法经营、业主至上、服务第一"的服务宗旨，坚持专注业主需求，专业从事房屋修缮，致力于打造后建筑时代建筑修缮领域高价值平台，铸就专业服务品质。通过高品质的技术

道路，满足客户需求，以创造实实在在的价值为前提，力争"做一项工程，树一座丰碑"。

一、房屋修缮前景喜人

（一）建筑市场新格局

随着建筑物增量市场逐渐饱和，未来我国的建筑市场格局将从当前的以新兴建筑为主逐步过渡到以既有建筑改造维修为主，城市发展趋势将改变为以存量空间改造为主的内涵式增长，其中，老旧住宅区改造是城市品质提升过程中的一项重要工作。数据显示，我国既有建筑面积达 700 多亿平方米，由于不同年代的施工技术标准、施工水平不同，近年来平均每年约有 20 亿平方米的建筑需要修缮。因此不少业内人士将建筑物修缮称为"朝阳产业"。

（二）痛点突出需求大

我国城镇老旧小区量大面广，要大力进行改造提升。目前老旧小区在三大问题上较为突出：一是基础设施破旧。供热管网、供水设施、电网、燃气、光纤设施要么缺失，要么老化严重。二是公共服务匮乏。由于这些小区建造时间较早，在养老、抚幼、物业，以及文化娱乐、健身、机动车和非机动车的存放等问题较为凸显。其中，电梯等设施的需求较为强烈。三是物业管理缺失。因老旧小区普遍属开放式小区，无专业物业管理团队及公司，公共环境普遍比较差，小区居民的生活品质极低。

据有关部门统计，我国 2000 年前老旧居住小区近 16 万个，涉及居民超过 4200 万户，建筑面积约为 40 亿平方米。据估算，我国城镇需进行修缮的老旧小区投资总额可达 4 万亿元，如改造期为五年，每年可新增投资约 8000 亿元以上。为满足居民生活需求，小区改造后，有经验的物管公司进行小区管理是不可或缺的，这势必形成一个较大的物业管理及房屋修缮增量市场。

二、优势突出激活潜能

依托湖南建工集团有限公司的建筑业强大优势与精耕发展，公司通过过硬的技术和专业的团队，在房屋建筑、市政工程、园林古建筑的修缮改造等方面积累了许多经验，培养了一大批专业技术人员。在已承接的 70 余个修缮工程中，工程的质量进度以及现场文明施工均得到了甲方、监理及相关部门的好评，取得了良好的经济效益和社会效益。

（一）资质齐全，专业值得信赖

建工集团拥有公路工程施工总承包一级，水利水电工程施工总承包一级，市政公用工程施工承包一级，机电安装工程施工总承包一级资质，资质齐全可靠。依托建工集团背景，公司拥有建筑工程总承包三级资质、国家物业管理一级企业资质，立足对建筑物的服务和对人的服务，更专业、更人性化地完成修缮改造，达到"让物业更有价值，让生活更加美好"的企业使命。

（二）经验丰富，强化服务效能

湖南建工集团是一家具有勘察设计、工程投资、施工运营、建筑安装、路桥施工、水利水电施工、新能源建设、房地产开发等综合实力的大型千亿级国有企业集团。建工集团深耕建筑行业 60 余年，在建筑工程方面积累了深厚经验，为湖南建工七星物业修缮公司打下了专业有效的房屋建筑修缮基础及底蕴。自 2017 年成立以来，湖南建工七星物业继承集团建筑优势及经验，修缮项目遍布全省各地市州，涵盖老旧小区改造、场馆维修、学校翻新等，业务精湛、经验丰富。

（三）人才优势，凝聚发展合力

管理团队上，公司经营管理人员结构搭配合理，专业背景有效组合，企业凝聚力强、队伍相对稳定。国企后备人才与市场业务精英有机融合，兼具政治定力和行业视野，为企业又好又快发展提供智力保障。技术团队上，公司现有高级工程师 1 名，工程师 6 名，各专业技术人员 11 名，团队成员平均年龄 32 岁，具有丰富的房屋修缮工程经验和管理能力，资深施工人员 300 余名。人才储备上，公司与湖南城建职业技术学院、湖南建筑高级技工学校开展物业管理专业现代学徒制校企合作办学，开启"定向委培式经理人特招班""物业经理人订单班"，定向人才输送，定制人才培养，有效补充人才梯队的持续培养。

三、把握机遇效益显著

根据国务院办公厅转发《国务院国资委、财政部〈关于国有企业职工家属区"三供一业"分离移交工作指导意见〉的通知》（国办发〔2016〕45 号），建工七星物业修缮公司先后完成了湖南建工集团职工家属区、湖南长堪商贸发展有限公司、江麓机电集团公司职工家属区、际华三五一七等多个省内"三供一业"小区改造项目和湖南建筑高级技工学校、湖南城建职业技术学院等大中专院校校区提质改造项目，以及长沙北辰新河三角洲小区第三方维保工程等房地产类项目。截至目前，建工七星物业修缮公司在建承包项目 40 余个，年盈利 6 亿以上。

建工七星物业把握政策机遇，尽显国企担当，秉承着"交的出、接得稳、管得好、良发展"的总目标，持续推进国有企业职工家属区"三供一业"分离移交工作，向社会提交了一张张满意的答卷，得到业主的感谢与肯定，更获得潇湘晨报、红网、湖南日报等主流媒体宣传。建工七星物业将继续加强修缮版块管理和专业研究，不断提高服务品质，持续为更多的客户提供高品质的管理及服务，以"助建筑百年无忧，护百姓安居乐业"为核心全面助力城市更新，全力打造一站式服务，领跑建筑修缮行业。

湖南建工七星物业以高质量发展为主线，充分发挥人才、技术、品牌、信誉、资源等的综合优势，从物业服务出发，积极开拓延伸服务，重点发展房屋修缮等主业，以专业公司为支撑，上下游产业联动，延伸开发园林绿化、会场服务、资产运营管理、商业街区策划招商和运营管理等多种增值经营，全面实施"4 + 3"业态规划和"一省两线"区域布局的发展战略，全力打造"大物业"发展格局，积极推进全业态链集成化发展，成功打造具有独特核心竞争力的"大后勤一体化服务运营商"，让物业更有价值，让生活更加美好。

同心战"疫"，共克时艰

湖南保利天创物业发展有限公司

庚子鼠年的春天注定不平凡，突如其来的新冠肺炎疫情蔓延成为国之痛、民之殇。物业作为群众生活必需的行业，关系到千家万户的切身利益，天降大任，使命在肩，防疫抗疫路上任重而道远。在严峻的疫情形势下，保利天创物业快速行动、冲锋在前，第一时间成立疫情防控领导小组，做好全面防控与客户服务，践行企业的责任和大爱，彰显物管专业服务的社会价值。

一、党建引领，全面防控

在疫情之始，保利天创物业防疫领导小组做好防疫工作的整体统筹规划，建立、完善防疫工作指引与应急预案，各项目小组积极开展防疫宣传工作，线上线下齐把关，加强疫情防控，守护健康、和谐、美好家园的安防线。

党建是旗帜，党员是先锋。在此次新冠疫情防控狙击硬战中，保利天创党组织带动广大员工，身先士卒奋战在战疫一线，他们充分发挥模范作用，连续值岗，7×24小时待命，他们不畏困难，不顾安危，想群众之想，忧群众之忧，成为公司抗疫工作的先行者和主力军。

"但得人民皆安康，何辞自身安与危"，保利天创物业具有多年党龄的项目维修主管赵国军，为防疫工作春节也未能和年迈的父亲团聚，保洁员庄兴亮坚守工作岗位20余天，未曾有过一丝退却和埋怨；总部三楼会议中心会务员喻利群为防止疫情期间交叉感染，穿梭于各个会议室不辞劳苦……在保利天创党员大家庭中，还有千千万万个他和她，用坚毅和执守书写抗疫故事，践行了身为党员的责任和担当，感动之余，更是鼓舞人心！

生活,也避免了外界病毒的进入……除此之外,保利天创物业还做了很多的暖心善举,为业主带来便利的同时也传递温暖。

(二)爱心——捐款、捐赠物资

面对严峻的疫情形势,公司积极响应政府号召,广泛发动领导干部捐款,做出表率,公司员工纷纷响应,共筹集爱心捐款10万多元,为疫情防控捐赠足底消毒池200套,多次慰问医院和街道社区,送去消毒液、口罩、水果、食品等物资。

聚沙成塔,滴水成河,每一份爱心捐款,每一次捐赠物资都是对疫情患者的关心和支持,每一位保利天创物业人尽己所能,尽力而为,充分体现了保利天创物业抗击疫情,众志成城的决心。

三、抗疫巾帼,物业"她"力量

在新冠肺炎疫情肆虐蔓延之际,在保利天创物业上下万众一心的抗疫战斗队伍中,有这样一群美丽的逆行者,在疫情的寒冬中铿锵绽放,她们不畏艰难,坚守岗位,用柔弱的身躯筑构起坚实的安全防线,为打赢疫情防控阻击战贡献巾帼力量。

(一)段菊姣:夫妻档最美战"疫"线

新冠肺炎疫情之战"打响"以来,水利水电项目助理段菊姣一丝不苟落实公司及院方防控的方针政策。在项目负责人因疫情无法按时返岗的情况下,她和同在保利天创物业当保安员的老公始终奋战一线,通力合作,是业主交口称赞的"夫妻档"战"疫"白衣侠侣,成了抗疫路上最靓丽的风景线。

湖北籍的她也心忧疫情"重灾区"家人的安危,但她深知全力守护好200多户业主的平安健康,才是她刻不容缓的任务。疫情期间,她十分挂心一位80多岁的独居老人的身体状况,百忙之中都会抽空帮老人测量体温,送去防疫物资,关爱老人的生活。她多次跟王奶奶说,"我就是您的子女,有什

二、精诚服务,助力同行

(一)贴心——优质服务

疫情是险情,是命令,也是挑战,是考验,是检验物业突发情况应对和客户综合服务水平的关键时刻。保利天创物业在做好疫情防控工作基础上,开展了疫情贴心客户服务:"移动菜篮子"服务,疫情期间,保利天创物业联合超市推出送菜上门的服务,解决了小区业主医疗用品,生活食用品采购困难等问题,有效保障了小区业主的基本生活供应;在小区门口设置临时快递堆放点,既方便了居民的

么事情您一定要第一时间给我打电话,我就在您楼下住。"奶奶说得最多的是,"小段人真好,我子女都没这么关心我,有了小段,我们这些独居老人晚年生活也很安心、快乐"。她恪尽职守、勇担使命的精神温暖了所有业主的心。

(二)童慧:"红手印",印初心

面对严峻疫情形势,福利院项目经理童慧带领项目 20 名员工认真履行公司疫情防控要求,积极落实院方封院隔离防控措施,避漏防患,严防死守,连续十多天在项目与员工同吃同住,出色完成抗疫消毒工作,此外,她心系员工照料家庭的需要,顶替缺岗工作,身兼数职,践行了物业人的责任和担当。

在防疫初期取得成效,第二阶段即将开始之际,院方决定换第二梯队接替,童经理带头在请愿书上按下红手印,强烈要求继续留守在福利院,"我还可以继续留守,还可以坚持!"在童经理的感召下,团队原班人员纷纷按下红手印,坚决守护"一福老幼"的安康。满满的红手印,一句句铿锵有力的誓言,一颗颗勇敢炽热的心,让人肃然起敬、热泪盈眶!

四、多措并举,严守校园防疫

作为深耕校园物业管理的行业引领者,保利天创在此次校园防疫大考中交出了一张完美答卷。自疫情发生到缓和,保利天创物业时刻处于疫情防护状态,秣马厉兵、沉稳应对,与学校各院系、多部门联防联控,全力保障学校各项工作的有序推进和层层落实。

(一)迅速反应,统筹规划

作为湖南校园物管龙头,保利天创物业人勇担责任和使命,第一时间下发学校防疫工作指南,成立防控应急小组,制订严密措施,加强日常管理监督,彰显了专业风范。

(二)科技赋能,"疫"路同行

"工欲善其事必先利其器",通过高科技赋能物业管理,防疫实现精准化、高效化,利用无接触红外测温系统和"移动防疫测温消毒通道",降低了人为检测导致交叉感染的风险,保证了检测人员的安全。

(三)防疫演练,共迎复学

为全面提高学校疫情防控应急水平,做好开学准备工作,各高校项目联合校方开展疫情防控开学保障应急演练活动,确保学生复学工作全面落实到位,为师生员工身体健康和生命安全提供了保障。复学后,前后两个星期严格执行闭环管理,全面开展清扫消毒,基础设施维护和垃圾分类工作,以确保校园整洁、有序、安全;实行"错峰就餐、分散就餐"制度,保障师生用餐安全。各部门积极沟通、主动谋划、团结协作,认真落实返校复学的后勤保障服务工作。

(四)暖心护航,迎战两大考

为迎接高考、中考,保利天创物业保持疫情防控工作不放松,防疫备考两不误,积极做好防疫物资储备、秩序维护、考场消毒、设置隔离专用通道和考试专用通道等工作，并开展"绿色护考"行动，以贴心的服务为考生保驾护航。

五、齐心抗疫，硕果累累

（一）"100%"和3个"0"

"疾风知劲草，烈火见真金"，疫情延续四个多月，保利天创物业始终坚守抗疫一线，为业主牢筑健康长城，实现了保利天创物业员工百分百的复工率，同时确保了零输入、零感染、零确诊。

（二）捐赠及表彰

"投以木桃，报以琼瑶"，疫情挡不住真情，保利天创物业广大业主肯定和认可物业工作，捐赠防疫口罩、清洁用品、水果食品等抗疫物资，并送来数十封感谢信，表达支持和感激，各项目也陆续收到了政府单位、社区、业户及学校赠送的荣誉证书和锦旗。

（三）媒体宣传报道

保利天创物业防疫抗疫工作获得了媒体广泛报道，保利天创水电水利项目助理段菊姣勇担使命，坚守一线，受到了湖南都市频道的"硬核"点赞——"铁娘子"段菊姣，为262户业主守好"最后防线"、临危受命挑起重担，一天400多个电话摸排信息、夫妻档坚守防疫一线，"白衣侠侣"获业主点赞；保利天创物业宿管员为学生晒被子的贴心举动获得了湖南公共频道等媒体的转发和报道。

"雄关漫道真如铁，而今迈步从头越"，保利天创物业人将继续发扬锐意进取、勇于担当的精神品格，捍卫来之不易的抗疫成果，为守护美好家园和平安城市再作贡献。

万科物业：精工住宅物业服务

深圳市万科物业控股有限公司

2020年10月，万科物业发展股份有限公司更名为"万物云空间科技服务股份有限公司"，在母品牌升级的同时，万科物业宣布精工住宅物业服务，聚焦社区空间。

万科物业从"多元"回归"聚焦"，旨在让住宅物业服务更专注、更专业。作为中国物业管理行业的领跑者，万科物业历经三十年发展，致力于让更多用户体验物业服务之美好。从第一个物业服务项目天景花园开始，万科物业就提出了物业品质的三大法宝："地上无烟头、草绿如地毯、不丢自行车"；随着时代的进步，又发展总结为服务品质的"五好"，分别是：

设施设备运行好；

秩序井然环境好；

有事帮忙管家好；

邻里和谐关系好；

财务透明权益好。

万科物业标志性"小黄人"：生活管家

"住这儿"APP上公共资源收益查询页面

万科物业认为物业的本质是替业主花好钱。类似基金行业的普通合伙人（GP）一样替有限合伙人（LP）当好家一样，万科物业以"五好"为标准，不断通过扎扎实实的实践，夯实服务品质。

例如万科物业全部在管住宅小区已实施电梯广告收益在住这儿 APP 上可查，每位业主均可在线查询电梯广告收入与支出情况。这不仅是行业首创，是万科物业远程运维和质量管理的实践应用，也将真正实现业主作为权利人参与其规范管理与监督，真实践行了"财务透明权益好"。后续，类似的举措将不断落地。

洞察客户的需求与物业行业的本质，是万科物业应该干好、干透的事，在这个过程中，科技始终是核心驱动力。早在 2011 年，万科物业便已开始布局数字化转型。例如：

"住这儿"APP 上报的事处理流程的透明、"阳光物业"版块里人、财、物信息的公开，增进了业主对万科物业的信任，也让更多人参与到数字化建设中来。

睿服务实现了"一群人管一群项目"的效率提升，而如今的 BPaaS 服务，利用互联网技术，将万科物业积累了 30 年的流程和体系"数字化"，使得万科物业"数字化"建设和"品质把控"有了新突破。

通过数字运营中心来扎扎实实做好"五好"，将从服务承诺拓展为可量化的服务品质维度，让物业服务品质有更好的保障。

截至 2020 年底，万科物业住宅合同面积突破 6 亿平方米，营业收入近 120 亿元，保持行业领先领跑水准。在规模不断扩大的同时，如何让更多用户体验物业服务之美好，如何弥补区域间、项目间的差异，使所有服务项目都能够达到稳定的高品质？万科物业推出了四级管控体系：

第一级为项目管家。将住宅项目管理系统中原有的安全、环境、维修和客服四个专业中的客服，作为管家体系拆分出来，在平均约 500 户为一网格的区域内，进行现场统筹，对业主做到"有事帮忙管家好"。

首席客户官"五虎将"——万科物业首席客户官杨光辉（中），万科物业华北、华东、中西、华南区域首席客户官谢程（左一）、王琢珺（左二）、向丹（右二）、余小原（右一）

第二级为业主专属服务组织。万科物业会将把每个城市拆分成多个业主专属服务组织，让前端经营体变小，聚焦属地业主，提供专属服务。比如在深圳，万科物业会拆分出专门为坂田龙岗片区、香蜜湖南山和罗湖福田提供服务的几个机构。

第三级为区域质量与前介中心。万科物业会将知识、能力、流程、解决方案等沉淀进入其中，并设立首席客户官制度。目前上任的四名区域首席客户官以及万科物业首席客户官，平均司龄在20年左右，他们以客户的视角来检视产品和服务实施过程，就产品和服务实施过程中容易出现的问题逆向推出服务产品。

第四级为武汉数字运营中心。这是一个全国远程质量管理中心，可以远程调度现场并对现场作业质量直接给出评价。其数据化的运营和BPaaS流程，减少服务的差异性，也让整体服务体系得以不断优化改进。

业务在聚焦，能力在升维，长期坚持合规运营、坚持以服务文化凝聚十万人团队，是这一切的基础。

以深刻影响我们生活的新冠肺炎疫情为例。在抗击疫情行动中，万科物业成立"长江行动"工作组，对防疫工作做出了系统性的组织安排，至4月8日（武汉解封之日），实现万科物业员工岗位工作上零感染，保障了超过400万户家庭的安全。疫情期间，万科物业武汉公司向火神山医院派驻13位志愿者，连夜为医院开荒消杀，后续为医院1000多名病患送餐。原计划服务15天的万科物业志愿者被一再挽留，从15天延长到30天再延长到48天，成为唯一获得火神山医院书面表扬的志愿者团队。

万科物业火神山志愿者们合影

召之即来、来即能战、战而能胜，在严峻疫情面前，迅速成为合格的保护者，这是万科物业对员工、对团队长期文化建设的成果。

过去30年，万科物业牢记以服务为本；未来，无论时代变化、科技进步，万科物业始终是一家服务企业，精工住宅物业服务，秉持"安心、参与、信任、共生"的理念，为让更多用户体验物业服务之美好，矢志不渝。

建设智慧物业，推动数字化转型升级

招商局积余产业运营服务股份有限公司

一、公司介绍

中国有句古语"积善之家必有余庆"，"积余"释义为积攒起来的剩余财物和资产，"招商积余产业运营服务"意为对存量资产的管理、运营及服务。

招商局积余产业运营服务股份有限公司（简称"招商积余"），是招商局集团旗下唯一一家从事物业资产管理与服务的企业，隶属于招商蛇口。公司创立于1985年，1994年在深交所上市，总部位于深圳，股票代码001914。

招商积余秉承这一历史使命及定位，以打造"世界一流，国内领先"的物业资产管理运营商为愿景，聚焦物业资产服务、管理、运营三大板块，整合招商物业及中航物业两大物业公司，规模优势凸显，铸造物业管理行业非住宅类新龙头。

招商积余明确了"12347"发展战略，以建设"国内领先的物业资产管理运营商"为目标，发展物业管理及资产管理两项核心业务；在战略协同方面，致力于成为招商局集团资产保值增值平台，成为招商蛇口持有资产运营的承载平台，成为招商蛇口产业数字化的标兵；坚持专业化、集约化、生态化、市场化的"四化"发展原则，通过七大战略举措，推动战略实施落地。

2019年，招商积余整体经营业绩稳步增长，实现营业收入60.78亿元（其中物业管理业务营收51.50亿元，同比增长32.80%），归属于上市公司股东的净利润2.86亿元，剔除上年度房地产开发项目子公司转让投资收益影响，同比增长334.95%。

二、智慧物业建设、数字化转型升级情况

招商积余以打造产业数字化标兵为使命，以"科技与数字化赋能"作为公司战略发展的核心举措之一，每年投入大量资源进行科技投入，通过管理赋能和业务赋能两大核心抓手，助力招商积余实现由人力密集型向科技、知识、技

与业务平台进行结合，实现去中心化管理，从而提高管理效率，提高服务品质，降低管理成本。

在业务赋能方面，通过对于不同业态、不同客户群体提供差异化的科技服务，拉动公司整体服务升级，满足客户个性化、一体化需求，从而提升整体客户满意度。

三、取得的成果

术密集型转型，打造最具价值创造能力的物业资产管理运营商的战略目标。

招商积余借助先进的物联网、AI、大数据等新技术，打造了以物业资产服务主价值链为核心的"智慧物业 π 平台"以及以社区服务、增值服务为核心的"一片沃土，四朵金花—招商通平台"。平台打破传统物业服务模式，重塑整个服务流程，打造透明化、标准化的物业服务模式，结合物业服务标准体系，建立全新的物业服务生态圈。平台深耕物业基础服务，构建一片沃土，通过流程重塑、机器替代等手段，将线上线下紧密结合，实现提质增效降本的目标；同时结合细分业态个性化需求形成了医院、高校、社区等特色解决方案，满足客户的一体化需求，提高客户体验，带来延伸收入。

在管理赋能方面，通过对内部管理的数字化，

目前平台累计上线1268个项目，管理楼栋超过8千栋、管理地址91万、管理设施设备45万，通过平台执行基础任务累计1359万，受理工单累计458万，基础"三保"实现全面数字化，支撑物业精细化管理。

平台以价值为导向，在推动业务流程重塑、管理层级缩减、机器替代人、赋能业务等方面进行多方探索并取得初步成效。如通过平台构建远程督导体系，2019年减少现场督导800次以上，节约管理成本的同时，各项关键服务指标均达到公司品质要求；通过委托战略投资控股子公司航电建筑科技（深圳）有限公司（该公司已获得软件著作权28项，实用新型专利5个）尝试推进服务站模式，推动组织边界重构、用工形式重构，实现资源的集约

客户端 到家汇

管理端 招商通

员工端 慧到家

化管理和利用。通过 π 修系统重构了维修业务流程及管理模式，用服务站方式响应所覆盖项目的维修需求，试点服务站 2019 年实行的驻场组工时制模式试点，项目员工效率平均提升 10%～17%，员工收入提升明显，实现了人员优化。另外，试点机器替代人实施巡检、抄表业务，为让工程运行人员从简单高频的巡检、抄表工作（占据 60%～80% 工作量）中释放出来，通过航电科技公司的 π 巡硬件部署，实现设备数据的自动采集、远程监测，并通过 π 巡系统推进人机互动，实现运行岗任务智能化、点检化、工单化，达到岗位缩减的目的。某试点项目通过对其供配电、给排水、暖通的管家设备进行智能硬件部署改造后，实现了远程实时监测，智能运维，系统替代 48% 的日常运行工作量，有效降低了运行人员工作压力。

四、经验分享和心得体会

（一）物业服务科技化、智慧化发展迅速，成为行业发展必然趋势

近 20 年，物业管理行业经历了从流程化、线上化向数据化、智慧化的转型进程。其中，以头部物业为代表，先行先试打造自身数字化能力，推动企业转型升级，构建创新与引领能力护城河。2017 年百强企业智能化研发投入均值为 716 万元，较 2016 年提高 49.82%，智能化建设投入剧增；2018 年约 68% 的百强物业已拥有智能化平台，TOP10 为 100%，20 余家百强企业智能化建设费用超千万，部分龙头企业年度投入超 5000 万以上，智能化建设投入巨大，趋势已变成现实标配。

（二）科技应用赋能物业，突破成本瓶颈，带来规模经济，数字化是第一生产力

技术红利将持续释放，通过技术赋能，推动产业升级，使得物业管理效率提升、成本下降、客户满意度提升，进一步促进行业长期发展。科技赋能可能是破解规模不经济、提升管理效率的潜在重要路径。对于行业来说，科技应用已经是必需选项。在未来人力资源成本不断上涨、服务需求更加多元的情况下，前瞻的数字化手段将促进业务模式创新，打造核心竞争力，挖掘增量收入点。数字化是第一生产力和最大的创新动力。

（三）物业服务企业在数字化转型首要注重战略选择风险，注重短期和长期的平衡。数字化转型是一项战略行动，需持续投入并着眼于长期绩效提升和价值评估

数字化转型过程纷繁复杂，很多物业服务企业不知道数字化转型从哪里入手，在认识上存在一些误区。从战略选择上，战略选择风险是企业数字化转型最大的风险。对数字化趋势、市场需求判断不正确、对自身优势认识不充分等，会导致战略定位失误。转型路径选择不当，会导致在错误的方向上投入研发数字产品。为此，物业服务企业的数字化转型，要认识到战略选择可能存在的误区，深入研讨，避免在转型方向上走偏。

从战略执行上，数字化转型是一项长期的战略行动，需要注重短期和长期的平衡，须着眼于企业的长期绩效提升。因此，企业开展数字化转型，不能片面追求短期效益，要从战略高度出发做好长期打算，持续投入，算大账、算长期账。对于专门从事数字化转型的部门和人员，不能一开始就强加业绩要求，不能以短期财务指标来考核，要鼓励大胆先行先试，敢于试错。数字化转型是一项战略行动，需持续投入并着眼于长期绩效提升和价值评估，只有这样，转型才能顺利进行并最终成功。

（四）物业服务企业在数字化转型要注重技术与业务的紧密结合

物业服务企业在数字化转型时，首先，要对拟应用的技术进行深入研究，尽量使用既前沿又比较成熟的技术，避免投资浪费。其次表现在技术兼容性风险，物业服务企业数字化转型所涉及的技术种

类繁多，既有平台架构技术，又有终端应用技术。企业数字化转型不是简单的技术与工具堆砌，而是要实现各技术应用之间的互联互通。最后，不能过于转注技术，物业场景极其复杂，包括住宅、写字楼、政府机关等多种业态，加之客户需求向多元化、个性化升级，技术本身并不是核心问题，科技赋能的关键是对物业应用场景深入把握和技术的结合。因此，业务与技术结合是解决目前科技应用效果的关键。

（五）"数据标准化"是全面数字化建设的重要基础和关键抓手

很多物业服务企业在开始数字化转型初期，往往匆忙上各类系统，希望能实现"短平快"的效果，但往往忽略在数据标准统一、采集、传输、存储等方式的设计，容易出现一个个"数据孤岛"和系统"烟囱效应"。因此，在数据治理上，物业服务企业内部需要建立良好的数据治理机制，在充分把握自身业务特性的基础上建立其自身的数据分类体系、数据标准和数据收集与存储办法，建构起能够高效率获取并存储高质量数据的企业数据仓库。通过数据标准梳理，实现主数据统一，奠定数据化精细管理的基础，并基于业务信息化进行组织变革，避免后续重复开发和投入的巨大风险。（许志平，吴春宏）

三大保障＋三大利器
——中航物业的战"疫"法宝

中航物业管理有限公司

物业管理，拥有公共管理属性，每一个管理处，都是扎根于社会治理的基础单元。在疫情这类公共事件面前，物业服务企业应义不容辞肩负起应有的责任与使命。

疫情发生后，中航物业全体员工提高政治站位，统一思想，统一调度，统一部署，火速成立公司领导班子为核心的领导组织，统筹公司各项资源，协调上级公司及政府的支持，切实担起"政治责任"、强化各项"工作责任"。在这场战"疫"中，中航物业逐渐形成了"三大保障＋三大利器"的防疫体系。

一、三大保障，确保防疫工作有序开展

（一）组织保障

1月23日，为面对愈发紧张的疫情防控形势，中航物业快速成立了疫情防控领导小组和疫情防控工作推进办公室。两个机构制定了各级疫情防控组织，并就具体工作要求、资源调配机制、沟通机制、员工安排以及问责机制等进行

详尽部署。而后，中航物业各地分支机构以及项目都纷纷成立了健全的组织机构，制定了详细的疫情防控落地方案。1月29日，中航物业就疫情防控及服务保障工作召开党委扩大会议。1月31日，启动"让党旗在项目上高高飘扬"活动，要求广大党员干部要在疫情防控中主动担当作为，扎实工作，经受住考验，切实做到守土有责、守土担责、守土尽责。此外，中航物业成立由各职能部门组成的专项工作组，统筹各职能部门按照组织分工并调配各种资源，同时承上启下，统筹、宣传、督导、落实上级及公司安排的各项工作，做到防控政策宣传、防控要求下达、防控信息总控、防控保障总调。

（二）人财物保障

在防疫过程中，员工凝心聚力，主动放弃节假日休息，提前返岗参与防疫。同时，人力资源部制定《疫情期间若干人事工作的指引》，对假期和开工时间、考勤处理、保障和激励政策、员工缺编与招聘等人事工作进行指导，保障一线人员到岗。针对防疫物资紧缺的现状，中航物业专门成立了"疫情防疫物资采购协调工作小组"，明确物资配置标准、采购、分配、领用、发放、保管和支援等流程和标准，并充分挖掘各方渠道资源，全力采购防疫紧缺物资，收集平衡项目需求信息，及时合理协调供应配送，力保项目一线抗疫物资需求。同时，在财务上对疫情防控物资采购进行便利化授权与调整，以实现快速采购物资。在做好自身工作基础上，中航物业还得到上级单位招商积余的强有力物资支持。基于强大的人财物保障，中航物业得以全面启动防疫应急预案，24小时派专人值守，同时积极开展防疫宣传培训，加强清洁消毒，完善对外来人员和疫区人员的排查，加强对进出人员测温、进出车辆登记……

（三）运营管控保障

中航物业通过临时调整分支机构部分职责及授权，在压实一线责任的前提下，授予其更大的权利，提升管控效率。同时，由中国物协组织开展、中航物业统筹安排的物业管理行业疫情防控工作系列操作指引文件应运而生，为行业防疫工作输入标准化的力量。中航物业充分发挥标准化优势，针对业态差异和结合各项目先进防疫经验，不断完善防疫与服务保障工作。中航物业还由纪检部门负责对疫情防控工作进行监督检查，对不作为、慢作为，搞形式主义、官僚主义，甚至弄虚作假、失职渎职的问题严肃问责。党委号召党员要身体力行、模范践行疫情防控要求，带头弘扬正气，带头做到不信谣、不造谣、不传谣，积极回应客户、员工关切的问题。一系列系统、扎实、精细的标准化疫情防控举措以及铁的纪律，充分保障了项目的正常运行，切实为每一位业主客户的健康安全保驾护航。

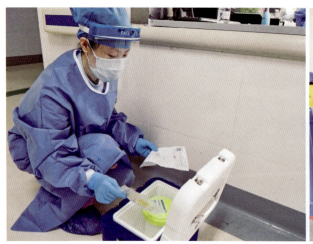

二、三大利器，让防疫工作持续健康开展

（一）智慧战"疫"

中航物业依托自有的智慧物业 π 平台，用科技手段作为应对疫情的强大"武器"。通过平台，线上线下联动对项目区域内保洁、安保、运维等进行管控，实现线上疫情申报、自动门禁通关、红外测温、线上一键报修报事、清洁消杀工作计划安排、车辆无接触通关等功能。通过平台，对物业管理中的设施设备进行线上管理，取代传统的人力监控、巡检、抄表、维保等服务，用机器代替人，实现设施设备的无人值守模式，大大降低了疫情期间员工无法及时到岗、作业人员不足、工作期间容易出现交叉感染的风险，从而让物业员工更专注于防疫工作事项。通过平台，对以上数据进行收集、分析，让公司、客户、防控机构等多方决策者直观面对数据信息，参与防疫决策。

（二）EAP 心理辅导

疫情发生以来，物业人面临着严峻的疫情防控形势与长期坚守一线的辛苦带来的心理压力。为了疏导一线员工的心理压力，中航物业 EAP 项目组（注：中航物业自 2011 年起推出的倾向于心理辅助的员工帮助计划）采取行动，公开服务热线及项目组成员联系方式，并根据疫情期间员工的心理特征与需求，制作 EAP 心灵贴士和战"疫"心理问答，充分利用热门的微信、抖音视频等平台，通过推文、视频教会大家如何放松身心、释放压力。这一创新的 EAP 辅导方式很好地帮助员工缓解紧张、不安等情绪。不仅如此，项目组通过了解员工的诉求和愿望，向公司申请了一定的援助和福利，如协助项目处理好人员岗位缺编情况、各级员工绩效激励等。

正能量宣传。中航物业成立了抗疫宣传小组，在微信公众号、报纸等媒体平台，开辟"防控直击"专栏，加强正面宣传报道工作，成为员工的防疫"加油站"。宣传报道上，重点突出项目防疫一线的感人事迹、先进事迹，对共产党员、优秀员工进行激励表彰，充分彰显物业一线员工在疫情应对工作中的风采，营造主动担当作为的氛围。同时，加强文化建设、强化党建引领作用，充分发挥党员干部的表率作用，凝聚人心，安抚员工，科学有效地做好疫情防控工作；要求全体员工做到不信谣、不传谣，不在微信等社交媒体发布未经官方证实的消息。

目前，尽管疫情之势已趋于稳定，但中航物业坚决做到：不获全胜决不轻言成功！

精筑幸福，创领潮流

中海物业集团有限公司

一、企业品牌

作为央企、国企、民企最为信赖的合作伙伴，成立 30 多年的中海物业集团有限公司（以下简称"中海物业"）至今服务超过 100 家世界 500 强客户，业务遍布于中国 114 座主要城市，涵盖精品住宅、商业综合体、超甲级写字楼、政府物业、产业园区等多元化业态。

秉持着"成为卓越的国际化资产运营服务商"的企业愿景，以及"我们经营幸福"的企业使命，中海物业始终坚持以客户为中心的品质管理、以客户为中心的服务产品设计能力，为客户提供规范化、精细化、专业化、定制化的服务。中海物业始终走在中国物业管理的前沿，秉承香港中海物业的国际先进物业理念，洞察和顺应国内物业管理市场的发展趋势，精心打造中国物业管理行业领先品牌，以国际领先的管理模式实现领先行业的进阶，以卓越品质持续引领行业发展。

二、用心服务，不断超越

中海物业隶属于中国建筑集团有限公司旗下的中国海外集团，是中国首批一级资质物业管理企业，最早可追溯到 1986 年，于香港提供物业服务。1991 年中海物业进入中国内地，辅助并战略性配合中国海外发展在香港及内地的房地产业务，在市场化的竞争环境中不断发展壮大。2015 年 10 月 23 日，中海物业在香港联交所主板上市，股票代码 2669.HK。

回顾中海物业多年发展历史，曾经风雨，曾经磨难，稳步走过了三十多年的岁月冲洗。在这过程中，衍生了一句服务口号"用心服务每一天"，并成为企业员工自觉遵循的行动指引，也让中海物业的品牌形象逐渐深入人心。

2002 年前后，香港社会上基本达成共识：物业管理是服务性行业。次年 3 月，公司由"中海物业管理有限公司"更名为"香港中国海外物业服务有限

公司"，这一举措，对内是要求员工要更加提高服务意识和水平；对外是让业主和市民直接感受到中海物业的改变。2006年12月底，在中海物业成立20周年之际，公司举行圣诞庆典并向全体员工征集公司20周年广告用语。"中海物业二十年，用心服务每一天"这句广告用语被选中并被一致认为应该在公司员工中广泛传播。

"用心"广东话是"比心机"，是指工作态度、做事认真专注的意思。中海物业强调要用"爱心、热心、耐心、关心、细心、诚心、好心、放心、精心、良心、倾心、贴心、暖心、真心"去对待每一位业主、对待每一项工作、对待每一位同事。中海物业邀请曾任中国海外集团副董事长厉复友先生把"用心服务每一天"题写横幅，并把这句口号悬挂到香港中海物业总部、各管理处显眼位置，除了对外展示，更多的作用是时刻提醒所有员工，不断提高服务意识，强化责任感，促使公司团队更团结和更具有凝聚力。

如今，这句服务口号已经成为中海物业人心中自觉的价值追求，随着时代的发展，中海物业人还不断地在原有的基础上赋予它新的内涵。

此外，中海物业不断顺应时代和行业发展，结合企业特色开发出了一代又一代领先行业的高品质、高标准产品与服务，旗下"深蓝""紫金执事""云智""玖系"等诸多创新服务品牌，创下诸多"行业第一""行业之最"及业界"第一品牌""中国第一管家"等赞誉。自1995年中海物业在管项目深圳海丽大厦率先通过最严苛的国家优秀示范小区评审，获得中国首批国家级示范小区荣誉以来，中海物业在全国各地已有270多个优秀示范项目。

依托国内一流的"专业物业服务团队+集团化运作"的管理模式，中海物业以扎实的精英团队、过硬的服务品质、优质的品牌口碑、先进的平台及智能化技术支持，整合核心资源和外部合作伙伴，以高品质服务为客户创造完美的服务体验，实现客户资产的保值增值。

而中海物业强大的物联网、商务平台等技术储备，能够为高端住宅、商业、写字楼等物业快速赋能，提供涵盖房地产全流程之项目规划设计、施工建设、集采寻源顾问、竣工验收、营销招商配合、承接检查、入伙服务、售后维保、日常物业管理等专业服务，与地产有机联动，共促客户满意度提升，同时能够基于对地产的服务经验，对外输出，贡献顾问收入，并从前期顾问服务切入，实现住宅业务的全委转化，最终实现产业链向上延伸的价值深挖与创造发展。

中海物业始终以卓越品质持续引领行业发展，无愧于行业价值创造典范的标杆属性。

三、科创力量，引领行业新标杆

（一）创领智慧园区建设

智慧园区作为智慧城市的特色功能区块和重要组成部分，在国家的大力扶持下，自2017年起，全国各地掀起打造智慧园区的风潮，使园区更加"智慧"成为新的转型趋势。然而，各地打造的智慧园区水平参差不齐，甚至连标杆园区都鲜有出现。中海物业任重而道远，不断发力智慧物业及数字化建设，旗下全资子公司兴海物联以建筑物联网运行平台、智能硬件、人工智能技术为核心，依托布局全国运营社区物联网的经验，通过整合应用"云计算、IoT、AI、5G"等关键技术，构建了基于"X-StarT物联网运行平台"的定制门户、智能硬件、智慧建筑规划设计及运维服务的丰富产品、服务体系集群，进一步探索以科技链接人、空间、建筑的更多可能性，将"智慧园区"提上议事日程。

凭借"基于物联网平台的智慧园区解决方案"的核心灵魂，以及"标准智慧园区全链服务能力"服务产出，2018年2月，兴海物联吸引了重要的合作伙伴——华为。兴海物联携手华为"云、管、边、端"物联网中台架构技术，通过"两表一网"共同打造"智慧园区"项目，成功将智慧物联网平台技术根植在众多知名智慧社区、地产智能家居项目。

2020年4月，凭借对智慧园区场景的理解力与丰富的智慧园区落地实践经验，兴海物联受邀参加华为联合建筑科学研究院共同主编的工程标准《智慧园区设计标准》"智慧应用管理"内容的编制，聚集从园区应用到园区设备子系统等各类国内厂家和生态伙伴，落地"中国智造"，并通过"标准＋平台＋生态"的模式，促进智慧园区产业形成万亿市场空间。此后，兴海物联与华为战略合作了多个项目，包括山西安泰信科技园项目、常州城投等，让本来"杂乱"的园区管理，进化成统一集成，统一部署，统一管理，统一运维的园区环境，让智慧园区的建设在蓝海市场越来越被认可，越来越深入人心。

兴海物联以源源不绝的科创力量，用善于发现、善于创新、善于经营的头脑，引领智慧园区建设新标杆，让建筑空间内的每个人都能享受科技带来的美好，为推动中国新型智慧城市建设与发展贡献中海力量。

（二）国际认证，彰显卓越品质

自成立以来，中海物业始终坚持服务品质高于一切，准确把握住物业管理行业的发展趋势，主动对标国际一流品质标准，积极运用先进的新技术、新理论、新方法，持续提升服务品质，实现企业从优秀到卓越的跨越。

早在1995年，为更加专业化、精细化管理，中海物业就着手筹备IOS9000国际质量体系认证工作，于次年成功通过IOS9000认证，并2003年8月通过三体系认证。这是中国物业管理行业的首例，也是实现物业管理规范化的一大步。如今，中海物业实现专业性的集团化运营，市场化的全国拓展，充分彰显了中海物业在企业治理，经营成效等方面取得的成就，更直接反映出中海物业卓越质量管理，服务品质保障的专业管理的水准。而中海物业追求卓越不止于规范，更是可持续地引领发展，实现行业领先。

2018年12月28日，作为全国顶级综合性商业写字楼之一的成都中海国际中心C座、D座，经过BOMA中国租户满意度调研、资产运营管理效能评估（BAR）及来自美国、加拿大的BOMA专家组全面、严苛、详尽的审查所有运营管理服务文件、考察项目现场及验证管理服务团队能力，达到BOMA中国COE认证全五项合格要求，成为中国中西部首家获得COE认证的写字楼。

BOMA国际作为全球公认的权威专业机构，是市场证明运营管理能力和资产管理能力的最佳认可。目前，中国区仅有七座楼宇通过BOMA中国COE卓越认证，其中就包括中海物业在管的成都中海国际中心CD座和北京中建财富中心项目。

四、责任与担当，潮头勇立

（一）左邻右里，共管共建

共管共建，业主参与，多方联动，这是新时代下物业管理的主旋律，是社区治理的重要组成部分，对促进社区良性发展，睦邻和睦具有重要意义，这更是中海物业坚持客户为本的生动再现，让客户感受家庭般的温暖，享受精彩社区生活。

2019年1月30日，深圳中海西岸华府第一届业主委员会成立，结束了西岸华府十余年没有业委会的历史。2019年9月28日，按照中海物业统一安排部署，西岸华府"左邻右里"组织宣告成立，在社区党委的指导下，华府23栋楼宇共推选出60多名有影响力的业主担任楼栋长/单元长，邻里长由业委会主任担任，左邻右里组织的成立，开启了中海西岸华府社区共管共建新面貌。

2019年，中海西岸华府社区业主广泛参与社区治理，共管共建，社区在垃圾分类、楼道撤桶、电动车集中充电停放、文明养犬、高空抛物、外墙渗漏、公共设备设施翻新改造等"大动作""老问题"落地，初见成效，小区面貌焕然一新，业主满意度不断提升。

此外，中海物业持续打造共管共建议事厅，邀请政府相关部门（街道、社区等）、业委会、业主代表共同参与管理处议事会议，推动业主共商共建共治的浓厚氛围，不断尝试、不断探索、积极创新，努力丰富社区活动内涵，鼓励、调动广大住户积极参与，共同营造社区、业主和物业共建、共治、共享的幸福和谐社区，共同促进社区发展，业主幸福。多种社区组织形态的助力，对夯实小区"共建、共治、共享"的浓厚氛围，提升物业服务品质，构建和谐顺畅的"社区＋业主＋物业"三方交流平台和紧密联系发挥了重要作用。

共管共建模式在中海物业众多在管项目的成功推广，对丰富社区议事机制，解决社区管理难题，营造和谐邻里关系，提高客户满意具有重要意义，这正是中海物业围绕着客户需求，上下协同，多方联动，保持服务品质的生动体现。

（二）央企担当，扶贫进社区

在全面建成小康社会决胜之年，遭受新冠肺炎疫情影响严重的湖北省，经济建设特别是农业经济受到冲击。寒冬褪去春暖迎来，抗疫前线捷报频传，湖北各地也陆续"解封"，为湖北经济按下"重启键"迫在眉睫。在此之下，中央大力倡导"消费扶贫"，为"鄂"拼单，助湖北"回血"。

中海物业深圳公司高度重视支援湖北扶贫工作，积极响应广东省"粤鄂同心，共同战疫"专项合作，加入为湖北拼单"千里援鄂"公益行动，大力开展"千里援鄂，爱满鹏城"扶贫进社区系列活动。5月8日，一批各十万余斤滞销农产品——湖北荆州洪湖粉藕和秭归伦晚脐橙，从湖北运送到广东，分批接受安检，最终被送入深圳中海物业在管的36个社区，以解农户压力。

扶贫工作最重要的是输血、造血，物业服务企业基于业主的委托，服务着数以百万计的家庭，他们有着巨大的、可持续的消费潜力，是优质农产品理想的消费市场。扶贫进社区活动也将陆续在中海物业在管社区内开展。据悉，目前中海物业在全国70个城市近800个社区都在参与到相应的消费扶贫活动中来。

除了支援湖北省抗疫扶贫工作，中海物业还在甘肃三县深入开展"教育扶贫、消费扶贫、产业扶贫、就业扶贫"，为当地打造可持续、可自循环的经营发展模式。

10月20日，由中海物业出资26万元帮扶的卓尼县当归鸡大棚养殖基地在卓尼县政府和卓尼县扶贫开发办公室的协助下正式运营，村集体经济新引擎全力运转；截至11月底，中海物业通过网络及视频招聘成功举办专场就业扶贫招聘会4场，累计到场人员850余人，累计招收贫困务工人员21人，产业帮扶提供就业岗位275个，给百余户家庭带去希望。

除了带动当地村集体经济及促进就业，中海物业还通过深度研发当地特色农产品、搭建线上"海惠优选"销售平台等方式，以帮扶贫困地区群众增产增收为目标，深耕甘肃三县的电商扶贫工作。8月27日中海物业与国务院下属"国资小新"平台合作开展云直播活动，刷新国资小新直播平台销售纪录；11月10日有14款扶贫商品上架中国邮政"极速鲜"商场中海扶贫产品专区，外部企业消费市场被成功联通。截至目前，中海电商平台已销售扶贫产品3500余万元，将扶贫效益辐射至5000余户家庭。

2020年，甘肃三县已全部脱贫摘帽，中海物业开创性探索并实践出的"一二三"工作法获得了上级单位的肯定和当地政府的好评。

踏石有印，落地有声，抓铁有痕。中海物业在扶贫攻坚的路上一直步履不停、铿锵而行，彰显央企担当，不断为社会贡献一份力量，与全社会一起攻克难关。

（三）坚守防疫一线，守护美好家园

多年来，中海物业一直被社会各界誉为中国物业管理行业的旗舰、龙头，行业发展的引领者和推动者，与时俱进、敢为人先、勇于探索、严格苛求的企业文化深深影响着一代又一代的中海人，为客户、员工、合作伙伴、社会传播着独特的中海品牌文化，以实际行动，践行着"物有所依，业有所托"的服务承诺。

2020年，新冠疫情发生，14亿人听从指挥，自觉宅家、闭门不出。与此同时，在战疫"前线"，医护人员紧守前方，冲锋陷阵，而在家园"后方"，也有人在预防一线加固布防，打通社区服务最后"一公里"。他们是物业工作人员，是小区管家、安管、工程师傅、保洁……"治疗一线在医院，预防一线在社区，防控在家园"，在举国抗击疫情的当下，物业服务在疫情防控中起到了至关重要的作用。

中海集团在社区和复工一线双线作战：科学防疫，第一时间在全国各地开展一级响应，实行封闭式管理；联动各方，共建共治、群防群治；开展云维修、特殊人员关怀等创新服务；上线"疫情机器人"，疫情动态百问百答；联动华为，3天完成智能园区升级；率先开展生鲜配送业务、美食配送服务，并成功推广到全国，既丰富了疫情期间业主的餐桌也取得了非常好的经济效益，强大的抗风险能力，勇于担当的责任意识，使得中海集团迸发出关键时刻应有的力量，源源不断输送正能量，为行业涂抹浓墨重彩的一笔。1月23日至今，中海光谷锦城、中海尚城、中核半岛城邦、关山基地等四个武汉中海社区新型冠状病毒 确诊0例、疑似0例、发热0例、密切接触者0例，被所在地新冠肺炎疫情防控指挥部评为"无疫情小区"。

战疫仍在继续，中海人依然在坚守。目前，"外防输入"压力持续增加，为了守护好社区的第一道防线，中海物业时刻保持高度警惕，联防联控，共同防范疫情 相关风险。建立外籍住户"大数据"；机场到家门口，防疫"无缝衔接"；防疫"划重点"，消毒、服务全方位保障。

经此一"疫"，物业服务企业在城市服务、社区服务发挥的价值，渐渐赢得政府、社会和业主的认可。然而，物业管理行业在防疫期间也面临着在行业属性、制度建设、权益保障等方面的困难。全国政协委员、中建集团党组成员、副总经理周勇认为政府应充分重视物业管理行业在社会公共事件中的价值和作用，提出了"应当明确物业服务在社区治理中的定位，加强政策保障力度；应当推进行业转型升级，提升社区治理能力；应当完善相关制度体系，建立行业长效管理机制"。

在社区这个生活场景，平凡又普通的中海人，一边扎根社区，以匠人之态精铸服务品质，为社区业主营造美好生活环境，用心守护业主幸福。同时，也在创新道路上，踏实稳步前行，为物业管理行业向现代化服务业转型升级，贡献中海智慧和中海力量，引领行业发展潮流。

"雄关漫道真如铁，而今迈步从头越"。在未来发展道路上，中海物业将牢记使命，以"变"求新，和谐共生，以创新促管理，以品质促运营。以多元化的服务产品、强大的商业资源聚合能力，化身交互平台，为每一位商业伙伴创造利益最大化、消耗最低化的环境，继续用责任和担当守护美好，坚实迈向家园更美好的前方。

科技化＋人性化构建社区新商业文明

长城物业集团股份有限公司

2020年7月21日，长城物业集团2020年战略研讨会暨中期管理评审会议在深圳一应云·云动中心召开，长城物业集团董事长陈耀忠在会上分享了他关于集团战略的一些思考：社区生态化战略是长城物业的战略突破方向，要用长城物业的"三五发展战略规划"，再造一个长城物业。

回顾长城物业的发展，科技始终相伴。创立之处，长城物业在业内率先启动物业信息化全面建设，之后，首推物业云＋社商云的平台模式，以智慧物业夯实数字化基础，并通过一应云平台和一应云联盟，带动物业管理行业智慧物业的探索实践。2017年，基于对商业本质的思考以及对社区服务业未来发展趋势的研判，长城物业启动旨在推动社区相关方"心与心"诚意链接的一应青藤计划。2018年，长城物业进入其"三·五规划"的快速转型期，提出以人性为引擎，以科技为翅膀，将"科技化＋人性化"作为重要驱动力，砥砺前行。

一、智慧之路：从信息化到智慧平台

1995年，长城物业开始通过电脑软件进行物业收费及核算管理，这是内地物业管理行业最早的信息化探索。

十三年之后的2008年，长城物业启动了对物业管理进行系统的信息化建设的探索；2011年，初步完成物业信息化全面建设；2012年，在业内首推"物业云＋社商云"的平台模式；2013年，全面推广智能停车道闸及门禁业务；2015年，通过一应云平台打通社区设备管理，为智慧社区的"人财物事客"联动完成最后拼图；2019年，再次升级一应云平台，同时联合南京大学推出"一应魔盒"，为智慧物业提档升级提供技术支撑。

创立于1987年的长城物业，秉承"让社区变得更美好"的组织使命，以"成为社区生活方式引领者"为愿景，坚持市场化运营，借力智慧科技，打造了"物业服务""增值服务"及"楼宇科技"三驾马车为业务底层架构的社区生态发展模式。

在物业服务领域，长城物业设立了华东、华南、华西、华北、华中、环渤海六大区域公司，物业服务范围覆盖全国31个省、自治区、直辖市的100余个城市，合约项目超过1000个，合约管理面积超过2亿平方米。所服务的物业类型包括：居住物业（独立式房屋、多层、高层等）、商用物业（写字楼、物流园、工业园、商业综合体、销售案场等）和公建物业（行政办公、教育院校、医疗机构、城市公园、体育场馆、会展中心、交通枢纽等）。

在增值服务领域，长城物业通过一应云智慧平台将物业管理和社区经营进行深度融合，让"物业管理"和"社区经营"生态化发展产生更有价值的叠加效应。长城物业下属全资子公司——深圳一应社区科技集团有限公司曾获得国家高新技术企业称号，也是智能硬件国家标准和智慧住区建设评价标准两项国家标准的参编单位和起草人。2015年5月，长城物业以"开放、合作、共享"的理念，发起了一应云联盟，吸收业内物业服务企业成为联盟成员，将房屋延伸至全国160多个城市的8300多个社区。

在楼宇科技领域，长城楼宇科技专注于楼宇设备综合服务，拥有近二十年的设施设备运行维护及建筑智能化、建筑防水等建安工程服务经验，能满足智能楼宇系统（BMS）、供配电系统、给排水系统、消防系统、电梯／自动扶梯系统（管理及销售）、空调系统、自动人行道等各类设施设备的管理需求。目前，从事专业维保、施工团队达4000余人，承担60万余台设施设备运维任务，其中电梯维护保养数超过10000台。

科技的不断发展，推动了包括物业管理行业在内各行各业的变革，并将推动物业管理行业的数字化变革。长城物业在智慧物业的一路探索，将传统的物业管理搬到互联网上，借助移动互联网解决物业领域的诸多痛点，同时，通过其智慧社区运营平台，整合线上商家资源和线下社区资源，将物业管理和社区商务进行深度融合，并通过物业管理生态圈和社区商务生态圈的相互促进、相互依存，促进了物业管理的良性发展和社区生活方式的进化。

二、科技赋能：与物业管理行业共成长

2015年，长城物业推出"一应云联盟"，一时间震动行业。这是业内最早开展的企业联盟组织之一，也是首个以智慧物业和社区商务为底层逻辑的合作组织，受到了业界的广泛关注。

"一应云联盟"启航之初，长城物业与64家初创联盟伙伴，共同立下了"一应力量，筑梦社区"的理想和目标，以"开放、合作、共享"的理念组成了跨行业联盟。联盟意欲整合社区物业资源、客户资源和商家资源，针对社区生活所需服务，在"互联网＋"的战略下，通过生活服务的形式提高物业管理水平，并让该联盟所有成员获益。

一应云联盟共享的一应云智慧平台，由一应智能与一应生活两个功能性子平台构成，从报修、投诉、查费缴费、订餐、洗衣、购物等信赖、便捷、惊喜的社区生活服务，到智能停车系统、能耗管理、水电检测控制、楼宇管理等智能化的物业管理模式，

突破了目前单一产品或单一服务的桎梏，不论是用户体验，还是物业管理成本、管理效率，相比传统模式均得到明显改善。

一应云联盟的出发点是抱团取暖，"开放、合作、共享"是其基本特征，而其目标指向则是为联盟企业赋能，通过物联网和云计算技术打造集物业服务、社区商务和公共服务于一体的一体化解决方案，为越来越多加盟企业的赋能，最终"共享"成长和发展的红利。数据显示，截至2019年底，一应云联盟平台聚合物业服务企业超过600家，遍布160余座城市，物业项目超过8300个，物业面积超过12亿平方米，服务（业主）家庭达900万户，领跑国内同类社区服务平台。

2019年11月29日，一应云联盟（2019年度）大会在武汉举行。大会发布了长城物业的新一代智慧平台，推出了基于数字化转型的新服务，包括一应账房、一应服务、一应物联、一应运营、一应陪伴等，使社区服务协同更趋向一体化，平台还通过新零售玩法聚集社区周边商家，通过一应装饰、一应保洁、一应驿站等高质量服务，打通线上线下，为构建美好社区服务业主建立有效链接。

三、未来设计：科技化＋人性化构建社区新商业文明

在长城物业董事长陈耀忠看来，物业管理行业正处于拐点时期，行业形态正在快速变异，现有的生存与发展范式正在被改变，社区成为"市场地"正在被越来越多人认知。但是，目前社区商业生态却未能建立成功范式，从人性角度看，其原因在于社区没有建立信任的关系。

为此，长城物业提出了"让陌生人社区变成熟人社区"的理念和"让社区变得更美好"的企业使命。

一是重新定义服务。以中华文化和现代思想连接物业服务与客户之间关系，始终将自身定义为"社区服务企业"，真正让客户能够感知到社区正变得更美好。长城物业通过人性化与科技化的手段，将自身从物业管理经营者，升级为社区服务经营者，再发展成为社区生态经营者。

二是让陌生人社区变为熟人社区。开展了社区相互帮助的项目——向东时光，除了开展暑期儿童学堂，针对老年人、年轻人，还有奋斗者，长城物业还开展了不同的学堂，让社区居民变成志愿者帮助更多的社区居民成长。向东时光项目使社区成了"长者的乐园、孩子的学堂、太太的客厅、奋斗者的港湾、志愿者的舞台"，通过提供丰富多彩的社区文化互动活动，充分为业主搭建沟通的桥梁，充实每一位业主的生活，为大家提供充分的安全感和幸福感。据了解，长城物业未来将在全国社区构建1000所"向东时光"小型学习会所。

三是引领行业科技转型。作为社区服务企业，长城物业视用户、员工、合作伙伴、供应商、其他物业服务企业等生态伙伴为企业发展的生命线，为进一步提升服务质量，提出了"主观利他、顺带利己"的经营理念，以信任和连接作为构建商业关系的基础。

面对物业管理行业的历史拐点，不少业内企业都在探索社区新商业，而长城物业的"科技化＋人性化"既是一个方向，更是一个底层的逻辑架构。可以说，长城物业的探索是一份最好的样本，它是中国内地物业管理行业在创新服务方式和提升服务品质方面，以及在积极探索新商业模式方面的缩影。长城物业也将从不同角度诠释着"长期主义，价值共生"的管理智慧，在实践中成长为行业的领航者。

红色领航，同心同行

广州粤华物业有限公司

一、公司简介

发轫于广州，秉承敢为人先、追求卓越的城市品格，广州粤华物业有限公司(简称"粤华物业")成立于1994年8月28日，作为改革开放后物业服务的先行者，凭借着一贯的果敢和魄力，瞄准了物业管理行业向现代服务业转型升级的大方向，摸索前行27年，稳中求进，锐意进取，以"创建中国物业及资产管理服务的民族品牌"为愿景，面向市场、自主经营、自我发展，紧随社会步伐勇于转型、果断跨界升级，粤华物业始终站在行业发展的最前端。企业发展二十余载，将创新基因融入了企业血液，用现代化的新技术、新理念和新服务方式改造传统物业服务，以实效性、系统性、开放性为主要特征，逐步探索出适合自身的发展模式，积累了品牌实力，打造了企业核心竞争力，在"创建中国物业及资产管理服务的民族品牌"的初衷下，成功跻身全国物业管理百强企业方阵。目前系中国物业管理协会副会长单位，广东省物业管理行业协会执行会长单位，六次蝉联"中国物业服务百强企业"，2018年，担任中国物业管理协会设施设备技术委员会秘书处承担单位，确立了在业界的领先地位。多年来，粤华物业始终坚持经济效益、绿色效益和社会效益相统一，协调发展。

二、特色服务内容

自2013年提出"精准扶贫"这一概念以来，经过长期努力，中国的减贫方案和减贫成果得到了国际社会普遍认可。全面建成小康社会，承载着中华民族孜孜以求的美好梦想，小康路上一个都不能少，这是习近平总书记反复提及的话，也是党和国家对人民群众的庄严承诺。在决战决胜脱贫攻坚和全面建成小康社会的收官之年，粤华物业作为广州市"双强"（党建强，发展强）共同体示范单位，一直以来积极发挥党组织的政治引领作用，主动承担社会责任，

参与精准结对帮扶投身脱贫攻坚，把党建引领与带动扶贫工作、社会公益相融合，用实际行动践行企业社会责任感。

（一）加强组织保障，引领脱贫攻坚

健全组织、搭建平台、创新载体，充分发挥党组织的战斗堡垒和共产党员的先锋模范带头作用是粤华物业助力决胜全面小康、决胜脱贫攻坚的重要做法。在"党建引领，扶贫攻坚"启动会上，粤华物业党总支书记、总经理曲以江强调全体党员、管理干部要高度重视公司助力"脱贫攻坚战"专项行动，并成立党建扶贫领导小组，由书记曲以江担任小组组长，党总支副书记连允林担任副组长。在会上，副组长连允林向与会人员介绍中国物业管理协会关于"社区的力量"专项行动具体情况，并号召大家积极参与到扶贫助农，把消费扶贫量化工作落到实处，参会的党员和管理干部纷纷扫码关注，查看平台上滞销的农产品，根据个人能力和需求，进行自愿选择性消费。动员大会上，由党员和管理干部带头帮扶和宣传，半小时内，粤华物业扶贫助农专项工作，帮助贫困山区销售滞销农产品，销售农产品斤数排名全国社区榜第 10 名，消费扶贫帮扶动员工作首战告捷。另外，粤华物业把消费扶贫纳入到"不忘初心、牢记使命"的主题教育中，并把消费扶贫工作作为每名党员的重要任务，逐步形成"党建引领，党员带头、员工宣传、业主参与"的"党建＋扶贫"模式。

（二）搭建社区平台，引导人人参与

粤华物业自 2019 年 7 月 16 日开展"脱贫攻坚战"动员大会以来，通过微信公众平台、公司月刊、社区摆点等方式进行线上线下的公益宣传，结合微信小程序进行贫困地区农产品运营推广，并在华东、广西等多地社区设立乐农社分店，由党员领导干部带头向社区居民讲解消费扶贫的意义，引导居民消

费扶贫。迄今为止，粤华物业帮助贫困地区销售农产品达15.78万斤，在社区消费扶贫排行榜上名列前茅，得到各级组织的充分认可，先后荣获"'社区的力量'消费扶贫行动奖""扶贫助农先锋奖""消费扶贫企业贡献奖"等荣誉。2020年，中国物业管理协会、中国社区扶贫精准聚焦"三区三州"的西藏地区，发起"藏区青苗牵手计划"专项行动，粤华物业积极响应，通过认购青稞田、牵手藏区儿童成长，助力西藏地区打赢脱贫攻坚战。粤华物业及时总结和宣传推广专项行动中涌现出来的优秀经验。在中国社区扶贫联盟第二届理事大会期间，董事长李健辉被聘任为扶贫联盟副主席，在社区支持农业对话环节中，分享"党建引领、消费扶贫"的粤华物业扶贫经验，引导全行业主动参与扶贫攻坚。

（三）行业帮扶助力，共创美好生活

"人民对美好生活的向往就是我们的奋斗目标"，而物业服务是最贴切人民美好生活的工作，高品质的物业服务直接关系到人民群众的获得感、幸福感和安全感。自2018年起，粤华物业深化帮扶工程，对接云浮房地产行业协会（云浮房协），帮助云浮地区的物业管理人员提升物业管理服务能力；为谋实做细帮扶各项工作，公司半年度召开一次帮扶专题会议，细化帮扶内容，成立工程技术、物业法律、项目创优等专业小组，对云浮房协进行精准帮扶，通过送教上门、专题讲座、现场参观等形式，切实帮助云浮物业同仁们建立诚信自律制度，遵守法律法规和行业内的规章制度，增强诚信守法和公平竞争理念；进一步提升云浮房协物业管理人员对物业精细化管理的能力。通过两年的帮扶交流，云浮房协物业从业人员服务管理能力显著提升，其中广东翔顺物业服务有限公司的"翔顺花园二区""云浮翔顺金山豪苑"成功获评"广东省物业管理示范项目"，这既是云浮房协的项目荣誉，也是粤华物业的帮扶成效。通过两年的帮扶工作，

云浮房协物业管理能力整体得到提升。在帮扶过程中加强与协会之间的沟通交流，进一步在推动物业管理行业高质量发展达成共识。

（四）汇聚点滴力量，助力羊城圆梦

"党建引领，百企助力"，非公企业红联共建点亮"微心愿"慈善爱心活动，9.9元助力困难家庭实现心愿！粤华物业在99公益日发起的"一起捐"活动，由党总支书记曲以江带头发起点亮万个心愿，发动热爱公益的员工、朋友在每年9月7日、8日、9日三天，集中开展募捐，爱心捐赠人可由1元起捐，额度不限，腾讯基金进行配捐，充分调动爱心人士参加公益活动的热情，传扬公益重在持续参与的精神，呼吁更多人能够参与公益事业中。在广东扶贫济困日中，公司参与定点帮扶，通过专人负责收集贫困地区的需求，迄今为止粤华物业向贵州毕节、清远根竹坑等贫困地区学生助学捐款数万余元，为推进乡村振兴建设，改善贫困村民的生活条件。

在扶贫助农的道路上，粤华物业坚定不移树牢党建旗帜，擦亮扶贫特色品牌，积极探索扶贫新模式，汇聚点滴力量，承担社会责任，为脱贫攻坚贡献物业人的力量。

落地有章法,服务很走心
——碧桂园服务打造社区抗疫范本

碧桂园服务控股有限公司

回望 2020 年初,在新型冠状病毒疫情影响下,"少出门、少聚集""宅家防病毒"成了普通民众的标准生活方式。不管是春节、元宵节,亦或是情人节,不同于往年外出旅游、聚餐、购物、看电影等休闲娱乐,居家防护才是日常关键词,由此,居民社区成了疫情防控的第一线。这对于社区的服务方——物业公司而言,从硬件条件到软性服务、从基础物业服务到社区增值服务,各个层面都面临不小的挑战。

不同于以往的"幕后"服务,疫情之下,社区物业服务走向"台前",业主们能够清晰感知,甚至前所未有地觉得"物业如此重要",专业服务的价值被发现。与此同时,疫情防控面前容不得丝毫马虎,业主们也会主动"审视"物业工作。物业服务犹如被摆在"放大镜"前,成则能换来呈倍数的信任与好感,一有纰漏则可能失去品牌企业的光环。

在外有疫情高风险、内有业主高要求的"双重压力"下,如何快速统筹、及时有效开展社区防疫工作,是对企业内部运营、服务能力的一大考验,绝非

临时抱佛脚能够响应得了的。物企的"内功",在这场"社区防疫保卫战"中一览无遗。

国内物业管理行业经过近40年的发展,头部物企的专业化服务能力已相当客观,在这次防疫战中,不少品牌物企的表现可圈可点的。以碧桂园服务为例,疫情发生以来第一时间成立防疫工作领导小组,整体部署全国疫情防控工作,全国3000多个小区、5万多名员工及时有效地落实"10+N防疫模式",全方位守护377万户业主的健康安全,形成了特色鲜明的碧桂园服务模式。

而纵观品牌物企在此次疫情中的行动,我们也不难看到,服务并非止步于"完成",让服务更"走心",需要更前瞻的思考和超越。在传统服务之上,如何依托科技优势赋能防疫?如何给业主更多社区生活所需的服务?在社区防疫之外,如何把服务的本心带向全社会?在疫情冲击考验下,如何迎接挑战、抓住机遇?这些或许都将成为品牌企业"一决高下"的关键所在。

一、从科学防疫到科技防疫,社区防疫也可以很硬核

碧桂园服务是业内最早启动疫情防控的企业之一。疫情发生后,第一时间成立防疫工作领导小组,负责整体部署并且快速响应决策全国防疫工作。

在全国碧桂园社区内,处处是"走心"服务的痕迹,积极贯彻"10大社区防疫标准举措+N项创新特色防疫措施",从政策响应到宣传、社区消毒一应俱全。期间,社区防疫积极与当地政府联动,严格落实卫健局标准防疫动作,确保物资到位,对小区实行封闭式管理,对作业人员实行全面防护,同时进行多维度的防疫宣传。

为了保障业主在抗疫期间的社区生活,主动照顾一线医护、警察、军人业主的老人或小孩,解除"最美逆行者"后顾之忧;针对居家隔离的业

主,为其代买药品并定期送上关怀;联合专业互联网医疗平台,为业主提供免费的在线义诊,给业主提供更便捷的问诊路径;甚至为了广大宅家不方便出门的业主生活不受影响,物业除了帮忙收送快递,还承担起业主们蔬菜生活等日用品的跑腿代购工作,并联动周边商户搭建业主生活物资购买桥梁。

考虑到业主长期居家无聊,一系列温馨趣味的线上活动在物业的策划下成功举办:线上KTV大赛、元宵节线上猜灯谜活动、宅家健身打卡等,用更人性化的温情服务,让邻居们"云聚会"嗨起来。

专业服务实现"价值"被发现的同时,也让我们看到了服务模式的变革。疫情之下,防控手段不断优化升级,技术与服务进一步融合落地,服务工具也在发生改变。

科技手段的注入,助力疫情监控,打造一套行之有效的智能防护体系。智能门岗系统提供人脸识别、二维码、摇一摇等多种非接触式智慧通行方式,高效安全,有效降低交叉感染风险;通过智能安防监控云平台远程智能巡检,社区摄像头每五分钟进行自动"巡逻",可第一时间发现人员聚集情况,监控室及时向社区值班物管发送工单任务,劝散现场聚集人员;通过部分小区的智能化设备,对进入园区的鄂籍车辆及时统计并跟踪管理,掌控疫情重要因素;在个别社区,还启用了无人机消杀辅助传统的人工消杀,消杀立体式更全面……

二、走出社区防疫一线，龙头企业肩头的"责与当"

疫情对社会各行业、居民生活产生了不同程度的影响，抗疫已不仅仅是物业服务的一场"社区防疫保卫战"，作为社会与社区的连接，碧桂园服务更承担了相应的社会责任，用实际行动支持了武汉的物业同行，并捐赠物资。

1月28日，碧桂园服务在官方传播渠道发布《共抗疫情援武汉——致全体碧桂园业主的倡议书》一文，向社会各界人士发出防护物资采购渠道征集的倡议书。并购买、捐赠给奋战在武汉的一线物业从业人员和广大业主。2月2日，由碧桂园集团、广东省国强公益基金会、碧桂园服务联合援助的40000升消毒水抵达武汉，支援武汉物业管理行业的一线员工开展抗疫工作。

还有许多的碧桂园服务地方性团队，参与到了当地的社会支援救助工作。在安徽，碧桂园服务团队利用多种途径购买到1.5吨的消毒酒精，送往其他防疫一线，派出所、街道办和广大业主。在贵州茶马古镇，为配合当地政府防疫工作，物业第一时间组织抗疫小分队，在坚守社区防护的同时，支援政府道路排查工作，核查交通车辆及测量体温等。在江苏，服务团队在社区发起"扶贫助困购买蔬菜免费发放业主"的行动，采购因疫情滞销的南京八卦洲农民的芦蒿，来自南京及南京周边的20个碧桂园社区共购买5800斤芦蒿用于关怀业主，同时也帮助贫困农民渡过难关。

不止步于社区，不拘泥于常规，碧桂园服务式的物业服务是走心且充满温情的。服务从来没有定式，帮助有需要的人，他可以是业主，是防疫人员，是贫困农民……在这场"战疫"中，他们始终用走心的服务关怀他人，关爱社会。

三、疫情之后，物业管理行业的机遇与前景

在这次"社区防疫保卫战"中，我们可以看到，挑战之中也蕴藏着机遇。

首先，"科技＋服务"的行业趋势预计将迎来进一步突破。科技化、智能化已然成为物业服务行

业升级的主旋律。疫情之后，这一行业发展趋势将更明显，头部物企势必凭先发优势再度升级突破。

把"新科技"作为发展重点之一的碧桂园服务，经过近5年的科技建设发展，在这次社区防疫中也初步展现了科技的力量。非接触式智慧通行、远程智能巡检、无人机辅助传统消杀等，都呈现了"科技+服务"的融合运用。而据透露，随着未来社区机器人矩阵的落地，辅助传统的人工服务，提升效能，其服务方式将进一步变革。

再者，社区增值服务也迎来发展新机遇。过往由于选择多样化，业主接受物业提供生活产品服务没有天然的动力。而在这个有史以来最长的"特别假期"，由物业提供生活服务产品成为"刚需"，找管家满足生活需求的用户习惯受到培养。社区"最后一公里"的生活物资代购、外卖快递代收等增值服务，从概念变成现实，甚至更大体量的商业模式，如社区医疗等也迎来发展的契机。

此外，随着社会大众对专业物业服务的价值认可，物业服务将迎来更广阔的市场前景。譬如，品牌物企在"从社区到城市"的城市服务新蓝海上，有望迎来进一步发展。疫情防控中，物业服务企业7×24在线的专业服务，极大程度保证了全国范围内以社区为单位的防疫工作开展，一定程度上助力提升了城市防疫能力和工作水平。专业服务能力和价值被"看见"，物企更深入参与城市公共治理将迎来更多可能。

据说，防疫期间，碧桂园社区不少业主被走心的物业服务打动，纷纷表示"要提前交物业费"。这是非常时期客户对品牌的肯定，而如果在此之后，在日常服务中，企业也能收获客户这般的行动认可，那么这个品牌，就成了。

疫情面前，恒大物业的担当与坚守

金碧物业有限公司

一、您的安全，我们来守护

"治疗一线在医院，防控一线在物业。"新冠肺炎疫情发生以来，恒大物业数万名员工主动放弃春节休假，坚守岗位，7×24小时守卫在疫情联防联控的第一线，用实际行动守护着全国280多个城市600多万恒大业主的健康安全，赢得了各地政府和广大业主的高度认可，成为社区抗疫的一支重要力量。

在这个看不见硝烟的"战场"，恒大物业人化身小区的"最美守护者"——从核对住户信息到严抓园区进出管理，从配合妥善隔离安置发热病人，到变身"采购员""快递员"，为特殊人群和困难家庭送菜送粮送药，为隔离人员提供贴心的保障服务……有态度、有行动、有温暖，书写了许多平凡而感人的故事。

二、科学防疫，建立园区防护网

新年期间，面对湖北和武汉严峻的疫情形势，必须采取更大的力度、更果断的措施，坚决把疫情扩散蔓延势头遏制住。而各楼盘小区是疫情联防联控的第一线，也是外防输入、内防扩散最有效的防线。把这道防线守住，就能有效切断疫情扩散蔓延的渠道。

恒大物业集团湖北公司是湖北最早启动防疫机制的物业服务企业之一，整个疫情期间，在湖北30余个项目，平均每天有960名恒大物业工作人员们

坚持奋斗在一线。他们舍小家为大家，连续工作了668160小时，在平凡的岗位上默默奉献，用贴心服务守护着10万户家庭，与每一位业主并肩同行。并贴心制定了一系列举措，筑守园区防护网，为业主带来暖心、安心、放心的生活。

首先是严格管控，守好最后1米。园区大门，是归家的第一道入口。为将病毒隔离在家园之外，湖北每一个恒大园区实施360°全面监控，24小时严防出入口。已对进出园区人员测量体温约20万余人次，有异常及时上报处理。

其次是每日消毒消杀、隔绝病毒传播。因工作量巨大，很多保洁员都主动放弃了休假，连续工作50余天。他们坚持每天至少2次对园区高频接触部位擦拭消毒，对约3000个园区娱乐设施，累计消毒29400，对约6000个园区垃圾桶，累计消毒58800余次；对约2600扇园区入户单元门，累计消毒254800余次；对约1900个园区电梯，累计消毒186200余次。对园区归家流线、绿化带、下水道、地沟、地下车库、垃圾中转站等卫生死角进行重点清洁和大型烟雾消杀。对约1000万平方米园区面积，累计消杀49000万平方米。

由于湖北管控升级，为减少业主出行，2月中旬园区进行封闭管理。恒大金碧物业启动暖心的"菜篮子服务"，昼夜不停为园区住户集中代买蔬菜、药品及其他生活物资，配送上门。截至3月初，湖北恒大物业已累计配送1000吨物资给业主。更有项目开播点歌台，丰富业主隔离在家的生活，业主们的点播积极性很高。

管家们每日向业主汇报公共区域消毒消杀情况；播报防疫动态和宣传普及自我防疫保护措施，至今已累计进行了1000余次线上线下宣传。

除了做好本职工作之外，恒大物业集团湖北公司还积极配合政府、社区坚持贯彻执行"不漏一户、不漏一人"的目标。开展了为期3天的集中拉网式大排查，收集业主体温信息共计排查30000余户。

物业人每日的坚守和付出，得到了业主们给予的一致好评，有业主将园区消杀硬核操作上传抖音，点击量过万。有的网友很是羡慕，纷纷称"真是别人家的好物业"。

寒冬里，放下口罩、防护服、护目镜、酒精、食物等，还不留姓名、转身就走的暖心业主太多。业主们也给了物业工作很多支持鼓励，除了自发为物业募捐物资，有的业主甚至还作为志愿者主动加入物业，大家共同抗击疫情。

"虽然我们的城市暂时封锁了，可是爱和温暖并没有缺席，这些点滴温情都是对物业人的莫大动力。"恒大物业集团湖北公司的员工表示，他们仍会守护业主，打赢这场防疫战役，坚持严防死守，为业主们的健康安全护航。

三、坚守岗位，他们，是恒大物业人的缩影

"武汉封城的那一天，我从未如此害怕过。但作为三个孩子的妈妈，没人比我更懂得生命的美好与强大。这场战疫，我必须上。"这位正处在哺乳期的妈妈是武汉恒大绿洲的客服管家李伟，在武汉最艰难的时刻，她和其他物业同事一起，为居家隔离的两万多位业主们解决各种各样的生活问题，风雨无阻。

95后大男孩康思伟是长沙恒大江湾的一位客服管家，疫情发生后，决定放弃了春节假期，前往战疫第一线。每天，康思伟除了要解决自己管辖的2000多户业主的生活需求，还要汇总每天园区的《疫情日报》，他坚信，将信息及时准确地送达业主，就是对业主最好的安抚。

符方德是海口恒大文化旅游城的一位秩序维护员。为了保护园区业主，严格落实集团要求，他在海南30多度的艳阳天穿着密不透风的蓝色防疫服，一站就是一整天，业主的每一次出入都以标准姿势进行测温，按要求登记。换班后，他内里的衬衫已经被汗水湿透，一口气能喝下一整瓶水……

四、筑牢健康防线，守护万家灯火

2月23日，恒大集团发布"重大嘉奖令"，对物业系统春节假期坚守一线的员工，除发放国家法定节假日加班工资外，再给予湖北区域员工3倍工资及核定综合奖金的嘉奖，给予其他区域员工1倍工资及核定综合奖金的嘉奖。

此外，恒大智慧社区APP也推出园区每日疫情防控日报、健康通行证、在线买菜以及返程攻略等疫情期服务功能，让业主在享受温暖服务的同时，更拥有来自科技的多维守护。

每一位一线同事的坚守，都是恒大物业贴心服务、真诚相伴服务理念最好的诠释。配合更先进的智慧社区技术，在全国280多个城市，恒大物业人的坚守始终如一。

打造"三横九纵"服务矩阵,与城市共生长

深圳市金地物业管理有限公司

作为中国物业管理行业标杆企业,近年来,金地物业在持续规模化市场外拓的同时,积极向城市运营服务商转型。面向未来,金地物业启动"3＋X"战略布局,打造"三横九纵"服务矩阵,重新定义物业服务的广度和深度。"三横"是指住宅物业、商办物业和城市服务,从社区走向城市,定位于全业态覆盖的综合服务运营商;"九纵"指的是增值服务布局,包括金地楼宇、房屋经纪、房屋配套、资产经营、家装服务、维修服务、社区生活服务、智能家居、社区电商、社区教育等更多垂直业务。

一、服务和品质是核心竞争力

金地物业起步于深圳,截至目前,金地物业服务覆盖120余座大中城市及美国东西海岸的8个不同城市和地区,服务近100家政府机构、开发商、知名大型企业总部、物业服务企业,管理项目包括中高端住宅、产业园、学校、商

写、政府机关等多种业态，线下签约面积近2.8亿平方米，用SaaS来进行线上服务的面积则有3亿平方米。

金地物业的服务品质在行业内有口皆碑。面对纷繁复杂的市场环境，金地物业人坚持"有质量的增长"的同时，不断贯彻"品质为基"理念，秉持工匠精神，努力践行"精品服务 真情关爱"的服务理念，顺应规模化发展，以市场导向为基础制定不同的服务标准，不断地改进、提升、创新，得到地产开发商、大型机构以及业主的广泛认可，历年满意度调研结果持续领先。

二、新昌城投：积极探索，赢合作伙伴青睐

城市服务作为金地物业管理集团三大主营务板块之一，从政府管理的最小单元——物业社区出发，将综合物业服务从每个独立社区延伸至整个城镇的方方面面，服务覆盖商业产业园、公建配套、市政环卫绿化、基础交通设施等方方面面，与地方政府共谋共建，整合城市公共空间与资源，实行全流程"管理＋服务＋运营"的城市运营新服务模式。

2019年10月25日，新昌城投集团与金地物业管理集团杭州物业公司合作成立的新昌县城投·金地城市运营服务有限公司正式挂牌成立，依托金地专业化、标准化、信息化的公共管理服务体系，结合新昌县的发展现状，以政府及市民所需为导向，以品质物业管理和服务为支撑，全方位关注新昌人民追求"美好生活"的需求双方合作朝城市高端物业经营管理领域迈出了实质性一步，产业链条进一步得到完善。

金地物业积极与行业内外客户谋求合作契机，通过行业领先的科技物管理念，深耕基础物业服务领域的同时，大力发展科技化、技术化产业技术。与包括置地集团、昌泰集团、中瑞集团、广隆集团、新华地产、兴达集团、长江源集团等知名企业携手，为其旗下地产项目提供物业服务及资产管理整合运营服务，携手共赢。凭借优秀的综合实力和城市服务解决方案，金地物业先后中标东莞金地水乡大道服务项目、深圳市龙岗河干流管养服务项目。

三、专业服务罗湖区小型水库

罗湖区小型水库安全运行管理标准化工作服务项目，主要服务内容为水库岸坡绿化管理养护、清扫保洁、配套设施维护、安保、"四害"消杀及白蚁防治、档案管理等。绿地管养（含花卉）面积为14809平方米，绿地草皮保洁面及道路保洁面积约为99321平方米。主要针对罗湖区6座小型水库（均包括泄水箱涵）开展绿地管养及日常维护工作。水，是生命的源泉，是人们必不可少的生活资源。罗湖区六座水库滋养着无数的深圳人，保证水库安全运行是极其重要的。

2020年8月26日，深圳经济特区成立40周年，金地物业管理集团一路砥砺前行，见"圳"历史，

积极投身于深圳市经济特区建设。在此特殊的日子里，金地物业管理集团在深圳市罗湖区水务局的信任和支持下，举办了罗湖区小型水库安全运行管理城市服务进驻仪式暨誓师大会。

金地物业管理集团对此项目针对性地建立制定了详细管理方案，凭借多种资源共享等专业优势，在物业管理、资产管理、品牌价值、智能化技术等方面的广泛专业优势对水库安全运行进行管理。有效保障水库设施的安全，保障水库通畅及正常安全运行，保障水岸坡地绿化养护，有效维持景观效果，保证河道岸坡的清洁，有效减少蚊蝇滋生及减少病害传播，守护深圳人的生命之水，给深圳人提供美好生态环境，体现出"生态优先，绿色发展"的生态文明发展方向，全面提升小型水库安全标准化建设的管理水平，相信未来，罗湖区生态变得更加优美，罗湖区人民生活幸福感有所提升，美丽罗湖将焕发新光彩。

四、精益求精守护龙岗河美好生态

2020年8月14日，在龙岗河坪山河流域管理中心各级领导的信任与支持下，龙岗河干流管养服务进驻仪式暨誓师大会取得圆满成功。

金地物业秉持专业的城市公共管理和服务理念，将城市运营管理体系、服务模式、智能化技术等资源与模式全面导入，利用物业管理、资产管理、品牌价值、智能化技术等方面的广泛专业优势，做好龙岗河道管养工作。用专业化的服务能力、智慧化的服务手段、敏捷高效的服务响应、紧密良性的沟通互动，集中优势资源，努力将龙岗河干流管养服务项目打造成城市服务标杆，构建龙岗河美好生态。

接连中标的城市服务项目，这不仅是对我们的肯定，更是一种鞭策和鼓励。2020年"谋布局，加速度"，金地物业将从长远发展的角度制定战略，把握发展契机，不断进取，持续加大市场化拓展的步伐；继续立足服务之本，秉持"匠心"精神，切实做好标准化基础服务，打造品牌，线上线下有质量地扩大规模，换挡提速，实现倍速成长；科技铸能，整合资源，打造精品，充分利用智慧科技手段，进一步加强"智享生态圈"建设，与市场合作共赢，精品服务、真情关爱，与更多的客户共享金地物业优质的服务品质。

深圳市第三人民医院明喆物业团队抗疫案例

深圳市明喆物业管理有限公司

深圳市第三人民医院（南方科技大学第二附属医院）始建于1985年，是一所"强专科，大综合"的现代化三级甲等研究型医院，主要承担深圳和周边地区传染病与重大疫情的防控任务并开展综合医疗服务。2003年，医院共收治非典确诊病例46例，疑似病例390例。以预防性服药为主的综合性防治措施，实现了全院无一例SARS病人院内死亡，600多名职工无一例院内感染的"深圳神话"。2020年1月，新冠肺炎疫情发生，深圳市第三人民医院是深圳市新冠肺炎唯一定点收治医院，最高峰时，医院收治了400余位新冠肺炎患者，

其中包括 90 多位重症、危重症患者。

治疗一线是医院，预防一线是物业。作为战斗在深圳第三人民医院后勤服务岗位上的物业团队，明喆勇扛重任，全力配合院方积极部署、落实责任、严加防范，以规范、精准、严密的防护流程，最大限度保障医护人员、患者及项目员工的生命健康安全。

一、组织保障，粮草先行

1月下旬，明喆集团党委书记、董事长高海清接到有关部门抗疫通知后，第一时间召开集团中层以上管理骨干视频会，发出题为《疫情就是命令、危难之际勇担当》动员令，从"快速响应，无所畏惧，防控不懈怠"等六个方面要求各级人员备战抗击疫情，并通过网络平台及时向员工骨干传授抗疫防护注意事项，对员工进行心理安抚疏导，传递人文关怀，引导大家树立敢打必胜信心。华南区域总经理王海春要求区域管理层春节期间值守三院，管理人员全部取消春节休假，现场帮助解决难题。

春节假期，用人紧张，华南区域人资部门协调全深圳项目向三院支援人手，同时加大外招、内推的力度；疫情期间口罩、消毒用品需求量暴增，工厂未正常上班，供应紧张，集团及华南区域采购部积极寻找、筛选新供应商，同时加快物资配送的速度；财务部门建立疫情资金审批绿色通道，专人负责

跟进流程；品质部门研读各级部门相关防疫指导文件，制定并下发了区域疫情防控方案，指导项目做好消毒消杀、秩序维护、运送护理等各项工作；区域办加强食堂、宿舍等监管和指导，升级配餐水平。

二、加强培训，防范感染

疫情初期，集团特邀请医疗机构专家参与指导，结合托管服务项目特点及时研究制定防疫指引，编印下发《新型冠状病毒管控指导手册》《消毒作业规范》等规范化防疫资料文件，要求一线员工统一标准，严格按照规范流程有条不紊开展疫情防控工作，保证防疫措施标准执行到位。在院方、公司指导下，三院项目制定《外来高危传染病和院内高危传染病应急处置流程》等应急预案，规范各项处理流程。同时，项目积极邀请院方组织七步洗手法、口罩使用、防护服穿脱等培训，要求管理人员率先熟练掌握，并组织部门内部培训。项目经理宋强亲自上阵，当起第一任培训导师，手把手教学，并逐一考核，确保员工个个过关才上岗；在传染风险较高、操作流程复杂的岗位，选调业务技能娴熟、学习能力强的员工上岗。

项目积极开展心理疏导，一方面请医护人员权威解读疫情传播特点，给员工吃定心丸；一方面要求管理人员与情绪特别大的员工谈心、说悄悄话，打消员工疑虑。管理人员穿上隔离服，冲锋在前、身先士卒，激发员工敢于担当、敢打硬仗的明喆精神，增强团队战斗力。

三、清洁消毒，不留空隙

为防范感染，项目根据疫情期间作业指导书要求，全面升级了消毒、消杀的流程和力度。保洁员负责各区域消毒、清洁作业，消毒浓度由原来的 500 毫克/升上调至 2000 毫克/升，员工作业时

服装由普通工作服调整为一级防护服，另外新增两名消毒人员，由院感科对其进行专业指导和培训，负责患者转运期间沿路消毒和转运车辆消毒。病房卫生的维护，由原来的一天两次擦扫拖升级为随时随地擦扫拖，一旦有出院病人，马上对该病房进行消毒，先用二氧化氯喷雾消毒，大约30～60分钟后进行擦拭工作。擦拭时先用高浓度的消毒水擦拭一遍，然后再用清水擦拭，务必保证无死角。此外，医院配备有红外线测温仪、紫外线消毒灯、自动空气消毒机，强化科技防疫设备的运用，高质量高效率开展防疫工作。

疫情紧急，收治病人增多，项目所有部门接到院方需求第一时间快速响应，一天之内完成内科二楼开荒、感一科搬家，一夜之间完成F栋14楼医务休息区开荒及床铺安装。春节前三天，开荒清洁等工作经常从清晨持续到深夜，所有责任员工无一人喊苦喊累，为疫区尽快开辟争分夺秒。1月22日、23日是医院收治病人的高峰期，黄治安、朱晓文为了做好污染区保洁，两人穿、脱防护服40次，48小时没下火线。

四、疫区隔离，严防死守

项目对医院各出入口强化管控，各门岗导医和秩序员除负责各楼栋来访人员登记外，还需做好体温监测和流行病史询问登记。疫区实施清洁区与污染区隔离，医护通道和患者通道隔离。秩序部不仅要保障整栋楼上医护人员及病患的安全，禁止一切无关闲杂人员靠近，还要协助医护人员，特别是在确诊病人去门诊放射科做检查时要提前做好警戒及人群疏导工作。隔离区每栋楼都有专门班组值守，重要岗位设固定执行岗，监控室双人双岗，还有机动小组随时处理突发事件。

4月下旬某天上午10时25分，项目监控中心接到住院部B栋新冠肺炎收治科室打来的求助电话，称有一名确诊核酸阳性患者乘坐电梯下来想逃跑！监控中心接报后马上通知一楼秩序员领班庞旭东及秩序员张俊华，10:26分通知了警务室，10:28分通知了院行政总值。

患者抵达一楼时，张俊华立即上前进行劝导，哪知患者极不配合，抓伤张俊华右胳膊后，往外继续奔逃。闻讯赶来的庞旭东采取紧急措施将其控制住，并与随后赶到的秩序员胡勇、罗海亮和科室医生将其送往指定科室。由于张俊华胳膊被抓伤、庞旭东当时未穿隔离衣而直接接触了确诊患者，根据相关规定要求，庞旭东、张俊华成了密切接触者，需要隔离14天。隔离期满确认无感染风险，两人又回到岗位。

五、温情护理，使命必达

隔离病房内，生活服务部的护理员负责为确诊患者整理床铺，协助医护人员给危重症病人检查、喂食、擦身等。由于穿着防护服，作业起来不方便，护理员工作效率大大降低，原本1人能完成的工作都需要2～3人协作，人员缺口成为大难题。项目保洁部与护理部积极联动，做好工作分工和协作，

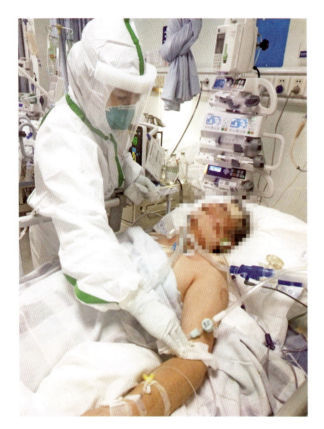

还有唐美婵等一批思想先进、技术过硬的护理员，从二线主动请缨进隔离病院，参与危重症病人护理，缓解人员缺口压力。

陈百苓负责确诊病人医治的协助工作，还要对很多仪器消毒，更换病人床单，每天超过8小时都裹在防护服里。为了节约防护服，她至少4个小时不能喝水，不能上厕所。防护服密不透气，每次脱下来的时候，都是浑身汗如雨下。

在轻症患者病房，项目实施温情护理，每天主动与病人打招呼、问好，力所能及为病人提供更多服务。"对待病人亲切温和、为人幽默、待人诚恳"的保洁员聂立新，不仅给大家一个清洁、整齐的病房，还用自己乐观豁达的心态为许多病人带去了欢乐和信心，收到多位患者的表扬信。

生活服务部运送团队负责护送新冠标本、陪护患者做检查、运送CDC疾控标本，疫情期间运送量增加至每天4~5次，运送员经常从清晨忙到半夜。不仅标本运送量加大，运送流程与要求发生很大改变。为满足院方需求，运送员们每天以冲刺状态奔忙在病区与检验科室，白班晚班连轴转，但标本运送服务质量毫不打折。

三院感人的事迹还有很多：项目经理宋强坚守岗位，直到父亲临终前才回家探望；项目经理助理张雪平新婚，退掉了返乡的车票坚守一线；秩序部主管董跃，闻令立即终止休假从内蒙古辗转多次返回深圳；保洁部主管马淑艳随时处理突发，跟进每次确诊患者收治后的消毒工作，经常一顿饭得分几次吃，从热吃到凉；生活服务部主管郭丽娟，才从隔离病房出来又到了感染科，顶着"最美口罩脸"、提着几十斤重的标本箱跑步前进；明喆第十二党支部书记、华南区域品质经理金万锋把老婆孩子送到岳父母家，自己坚守三院……

3月13日，深圳副市长吴以环莅临明喆调研指导复工复产，对疫情期间明喆员工所做出的辛勤奉献给予充分肯定，特别嘱托，明喆物业的服务对象特殊，要继续当好抗疫工作的排头兵！

3月下旬，仅仅两个多月，深圳三医院便实现了重症、危重症"双清零"，在院病人迅速减少。5月21日，深圳市第三人民医院实现新冠肺炎确诊病例清零，医院未发生一起医护人员感染事件。与此同时，深圳的病例已经连续20天"零新增"，本地感染病例连续95天"零报告"。这也标志着深圳抗击疫情取得了阶段性胜利。

在疫情防控从紧急应对到常态化管理转化的阶段，项目团队没有丝毫松懈，再一次重整"战时"心态，坚决克服麻痹思想、侥幸心理和松劲状况，继续拿出"咬定青山不放松"的劲头，巩固来之不易的疫情防控成果。明喆物业深圳市第三人民医院项目团队陪伴医院战胜过"非典"，面对"新冠肺炎"疫情，项目团队以召之即来、来之能战、战之能胜的明喆精神，再次捍卫医院的声誉和利益！

2020年9月8日，深圳市第三人民医院党委书记、院长、主任医师刘磊喜获国家荣誉表彰。喜讯传来，我们也感受到了一分特别的荣耀——因为在三院立下的赫赫战功里，也浸润着明喆团队奉献的一份功劳！

竞逐智慧城市服务万亿蓝海

雅生活智慧城市服务股份有限公司

随着5G、AI、云计算等技术不断重新定义着城市的观念，不管是互联网巨头还是传统企业，都在不断聚焦智慧城市，加码这个前景广阔的市场。数据显示，全国100%的副省级城市、89%的地级以上城市、49%的县级城市已经开展智慧城市建设，累计参与的地市级城市数量达到300余个，规划投资达到3万亿元，建设投资达到6000亿元。

在政府智慧城市的支持之下，在互联网智慧技术的加持之下，对于雅生活这样的专业化物业服务企业而言，长达28年的物业服务经验，将为其在智慧城市服务这个万亿蓝海中抢占先机，开辟新的赛道。

一、战略升级，更名为"雅生活智慧城市服务股份有限公司"

智慧城市建设已经成为全球共识，而智慧城市服务这个亿万级的蓝海行业，也在拨动着一众物业服务企业的心弦。物业服务企业开始通过上市、转型数字化、上下游收并购、进军社区电商等多种方式参与这个新赛道的角逐。作为行业头部企业，雅生活敏锐捕捉发展先机，率先拥抱变化。2020年7月21日，雅生活发布公告，拟更改公司名称为"雅生活智慧城市服务股份有限公司"，正式升级为"智慧城市服务商"。在原有物业服务、资产管理、公共服务、社区商业四大业务板块的基础上，雅生活进一步延伸产业链，战略布局第五大产业板块——城市服务板块，充分发挥自身品牌优势，导入健全的运营管理体系及成熟的品质积淀成果，输入智慧服务全系统解决方案，致力于成为智慧城市蝶变的见证者和共建者。

全面布局智慧城市服务，雅生活并非无的放矢，而是基于自身优势的又一次勇敢打破。2020年8月20日，雅生活发布2020年中期业绩。雅生活盈利能力获得跨越式增长，收入为人民币40.0亿元，同比增长78.5%；毛利为人民币12.8亿元，同比上升53.8%；净利润为人民币8.7亿元，同比上升53.6%；股东应占核心利润为人民币7.8亿元，同比上升41.1%。集团的管理

规模也在极速扩张，全业态、全国化布局进一步完善。计入中民物业及新中民物业，合约面积突破6亿平方米，在管面积突破5亿平方米，服务团队超50000人，服务业户逾300万人，服务项目超3100个，覆盖全国31个省、直辖市及自治区。

雅生活发布2020年中期业绩

时间的价值在沉淀、在强化。这份靓丽的成绩单，足以证明雅生活的多元化布局策略走对了、走稳了。2017年全国两会上，习近平总书记提出了"城市管理应该像绣花一样精细"的总体要求。关于智慧城市服务，雅生活将通过深度整合资源，为特定的城市地域提供城市环境服务、秩序维护管理、居民生活服务、公共资源运管和智慧城市建设等精细化、一体化的城市服务解决方案，将服务与信息技术深入结合，实现城市治理体系的进一步完善和城市管理效率的有效提升，构建起强大的"护城河"优势。

二、标杆打造，服务雅居乐清水湾百亿醇熟配套

作为智慧城市服务的探行者，雅生活的城市服务艺术早在雅居乐清水湾这一蜚声全国的旅游大盘写下了注脚。从2009年清水湾首度开盘，在这十多年里，雅居乐清水湾不只是做住宅，而是真正参与到海南岛的建设中，陆续建设了16公里的清水湾大道、亚洲最大游艇会、雅居乐海上艺术中心、清水湾莱佛士酒店、滨海高尔夫球场、滨海旅拍基地、雅居乐清水湾公园、顶级981首保健康医学中心等高端滨海度假配套，打造旅游、文创、酒店、婚庆、会展、游艇、体育、教育为一体的多元产业布局，缔造出1.5万亩海岛醇熟之湾，成为区域发展的动力引擎，助力陵水从不起眼的滨海县城跃升为全国百强县。

清水湾项目俯瞰图

人文艺术的精彩绽放，更让雅居乐清水湾成为国人拥抱"第二人生"的梦想度假胜地。海岛椰子狂欢节、雅航盛世、国际沙滩啤酒狂欢节、国际公共艺术展、珐琅艺术展、高黎贡书院读书分享会、清水湾海上艺术节、沙滩马拉松等一场场跨越领域、融汇中西的文化艺术巡礼，为清水湾注入文化艺术的灵魂，让人们在生活中感受艺术、触摸艺术。

清水湾项目覆盖24大精品组团，城市道路16公里，城市绿化面积达173万平方米，城市清洁面积达300万平方米，服务高端业户逾10万户。雅生活员工团队分客户服务、工程维护、秩序维护、环境管理四大专业口，其中清水湾项目的服务团队达到2400多人。从环卫、绿化、水体治理、景区管理、盛典筹办、市政设施维护到公共秩序维护、辅助执法服务、矛盾纠纷化解、应急事件处理、党群服务等诸多方面，雅生活因地制宜，打造独有的"山海系"服务价值体系。

在卫生保洁方面，清水湾项目采用机械与人工循环保洁的作业方式，配备洒水车、大型扫地车、小型扫地车、垃圾收集车、垃圾压缩车等设备；在

雅生活路面清洁车辆

雅生活负责清水湾12公里海岸线、30条河道及17个人工湖面的日常管理和保洁工作

雅生活在清水湾配备警用摩托车全湾区60辆，巡逻电瓶车6辆，沙滩巡逻车4辆，秩序维护员700人，特勤大队40人，警犬巡逻队8队。

景观大道绿化方面，根据植物长势，定期修剪养护；在垃圾收集转运方面，雅生活负责绿化垃圾中转站和垃圾压缩站的日常运营，旺季时每日垃圾收集转运量达到60~80吨。此外，雅生活还设立了专职的水面保洁团队、安全秩序维护队伍、消防队伍、海上救援队伍、市政工程巡检队伍等，为10万业户全力缔造环境优美、文明和谐、丰富多彩的幸福湾居生活。

雅生活清水湾组建一支应急抢险队伍，为清水湾提供消防、海滩救援、警保联控服务。

消防队伍：专业及义务消防员50人，配备1座专业消防站和14座微型消防站，拥有消防车4辆及各类消防设备。

海上救援队伍：共11人，负责12公里海岸线的守护、巡逻、提醒、海上救援、治安维护等

2020年，是海南全岛建设自由贸易试验区和中国特色自由贸易港的开局之年。作为"文旅＋产业"的标杆之作，雅居乐清水湾备受瞩目。在全岛开放的大格局时势中，雅生活将以智慧城市发展为契机，以大数据、物联网、5G、云计算等新技术为服务手段，助力雅居乐清水湾始终站在时代浪潮之上，聆听海南的脉搏，与世界携手共进。

三、多措并举，致力于成为国内领先的智慧城市服务运营商

正式升级为"智慧城市服务商"后，雅生活开始制定智慧城市服务的"三年规划"，同时紧锣密鼓铺排智慧城市服务的落地举措。8月19日，雅生活集团与全球领先的人工智能平台公司商汤科技宣布签订战略合作协议。双方将发挥各自的行业资源及智能技术优势，本着"优势互补、务实高效、协同创新、互惠互利、友好协作"的原则，深度挖掘科技创新方面的需求，战略布局智慧城市服务，携手推进雅生活住宅物业、商办物业、城市服务等多业态管理项目智慧化的建设，同时探索增值服务的多元化场景运营模式。

9月24日，雅生活集团与华为技术有限公司全

面合作签约仪式在华为全联接 2020 上海主会场圆满举行。本着互利共赢原则，双方将在智慧园区、智慧城市运营的数字化建设与运营、智慧家庭、5G 技术应用、物联网、大数据、创新项目孵化、产业园区、市政项目等方面进行全面交流与深入合作。未来雅生活会引入更多的优质服务供应商，将"智慧"渗透到园区建设与运营的每个细节，拓展幸福空间，不断提升物业管理服务品质及客户体验感知，共建智慧社区产业生态新体系，真正成为智慧社区蝶变的见证者和共建者。

关于未来的发展，雅生活制定的战略为：① 打造规模壁垒：以城镇综合服务／地标、大公用服务为重点，深耕优势区域，迅速占领市场空白，形成规模壁垒；以地方政府平台公司为触角，加大合资合作力度，借势快速扩张，形成资源壁垒；以细分龙头为收购标的，快速撬动专业细分市场，形成行业壁垒。② 打造专业壁垒：以专业公司形成业绩、资质、品牌、人才、样板合力，建立品牌壁垒；打造标杆项目，形成细分行业标准先导，形成标准壁垒；以城市智能化增加服务附加值，打造技术壁垒。

一叶知秋，丰收的喜悦弥漫在中国大地上。正如雅生活智慧城市服务的发展热切、迅猛、有节奏。长远展望，我国城镇化率还在不断提高，预计 2030 年中国城市化率将达 75%，中国的五大超级都市圈的平均规模将达到 1.2 亿人，城镇化的发展需求与新兴技术产业的革命将驱动我国智慧城市长期建设，智慧城市服务仍存巨大潜力，雅生活的未来值得期待！

美好的一切正在发生

佳兆业美好集团有限公司

作为全国领先的城市综合服务运营商佳兆业美好集团有限公司（以下简称：佳兆业美好）成立于1999年，总部位于深圳。自成立以来，佳兆业美好始终高速奔跑，乘势改革开放大潮，积极参与行业发展的各个方面，在与时代同频共振中，不断完成自身的发展与蜕变。从1999年成立时的专注品质，夯实基础到2010年厚积薄发，布局全国，再到2018年香港联交所成功上市，佳兆业美好既是时代发展的受益者，也是时代发展的赋能者。

一、布局城市公共配套，与城市共同生长

21年，佳兆业美好从基础物管服务出发，逐渐成长为全国领先的城市综合服务运营商。从中高端社区到商业综合体、写字楼、文体场馆、市政公建、公共设施及产业园，兼容并蓄，不断调整自身的优势来顺应时代的需求，始终保持活力与生机。

2020年5月15日，佳兆业美好与河北邯郸市峰峰矿区签署合作协议，正式成立城市综合服务平台，双方将以平台为载体，依托佳兆业美好在行业领先的管理理念及多年深耕城市公共配套产业的优势，致力于峰峰矿区城市公共配套服务升级，助力城市经济与文明协同发展。同时，佳兆业美好依托峰峰矿区当地的资源优势，着手布局潜在项目，推动全城项目合作，提升佳兆业美好在华北区域的品牌影响力，夯实京津冀区域的市场基础及战略布局；2020年6月30日，佳兆业美好收购了宁波朗通物业60%的股权。宁波朗通在管业态多元化的特点及区域市场的品牌影响力，进一步丰富了佳兆业美好在管业态，实现了管理规模稳定扩张，有利于佳兆业美好在公共配套服务方面的优化和深耕。

作为做新型城市治理公共服务的先行者，佳兆业美好将牢牢把握住城市服务这一物管企业拓展规模增长的新蓝海，积极把握市场机会，注重城市运营的方方面面，在城市绿色发展、文体、智慧城市等方面发挥出更重要的作用，通过战略升级与品牌打造，快速突破，加大城市服务布局。

二、前瞻性区域布局，稳步深化驱动发展

前瞻性的区域布局一直都是佳兆业美好的经营特色。多年来，佳兆业美好始终聚焦国家核心城市群及绝大多数中心城市，聚焦大湾区，辐射长三角，兼顾环渤海以及其他的一些重要的城市带，优先中高端住宅、商写、机构类的组合业态，保持体育场馆类服务的地位，重点开拓产业园区、场馆、政府办公楼城市配套，为企业发展赢得了先机。

2019年4月，佳兆业美好并购了浙江嘉兴大树物业；同年10月又完成了对江苏恒源物业的收购；2020年6月，收购了宁波朗通物业；2020年12月，收购浙江瑞源物业；佳兆业美好通过多点布局，蓄势赋能，助力集团在长三角地区的战略扩张，而收并购对象中的非住宅项目也有利于丰富佳兆业美好的管理业态，实现城市公共服务的转型和升级。目前，佳兆业美好在中国大部分发达城市均有布局，逐渐形成了粤港澳大湾区、长三角区、环渤海区以及华中、华西五大区域。截至2020年6月30日，佳兆业美好进驻全国44个城市，总管理项目323个，管理面积达5923万平方米。

未来，佳兆业美好将加快完善集团在五大区域的战略布局，在收并购和股权合作中会更侧重于非住宅业务，持续发力市政、学校、公园等服务领域，在实现项目拓张面积扩展的同时，优化住宅和非住宅项目组合，进一步扩大多元业态布局的优势，为集团的持续发展和转型升级提供土壤。

三、全业态布局初见成效，"双翼"发力未来可期

在2020年复杂的市场环境中，佳兆业美好依旧保持着高速的增长。根据佳兆业美好2020年中

报显示，截至 2020 年 6 月 30 日，佳兆业美好集团营业收入为 7.41 亿元，较 2019 年同期营业收益增幅约为 32.7%。其中物业管理服务收益为 3.648 亿元；交付前及顾问服务收益为 2.439 亿元；社区增值服务收益为 5930 万元；智能解决方案服务收益为 7300 万元。毛利约为人民币 2.51 亿元，同比增长 30.9%。净利润（不包括股份支付补偿）增长约 4470 万元至 1.36 亿元，同比增长 48.8%。每股基本盈利为 0.8469 元。佳兆业美好的长年稳健发展和高质量增长，获得行业及国际、国内投资机构多方认可。

面对行业升级和时代发展的机遇与挑战，佳兆业美好以组合业态物业服务和深度参与城市公共配套服务升级作为业务发展的核心支撑力和未来的战略发展方向，结合多渠道的智能应用，致力将佳科智能孵化成集设计、施工、研发为一体的智能化解决方案服务提供商，推动社区信息化、智能化升级，积极参与智慧城市的建设。城市综合运营服务和智能化解决方案服务，"双翼"发力，佳兆业美好未来可期。

未来，佳兆业美好将在城市综合服务运营商的新赛道加速奔跑，审慎走稳每一步，持续增强城市综合服务竞争力，为做好人民安居的服务者、城市繁荣的运营者而不断努力。

以党建带动团建，打造独具"广电"特色的企业文化

广州广电城市服务集团股份有限公司

企业文化是企业的灵魂，是推动企业发展的内在动力，积极向上的企业文化有利于实现企业整体战略宣贯，推动企业不断扩大市场影响力和提升品牌形象。广电城市服务作为国企改革的亲历者与践行者，在20余年的发展过程中，公司针对项目点多面广、青年员工较多的特点，摸索出一条"以党建带动团建，打造独具特色的企业文化"的工作思路，大力抓品牌、塑文化，全力服务公司"二次创业"新征程，紧跟时代发展主旋律，科学有效地打造独具"广电"特色的企业文化。

一、加强党建引领　创新红色文化传输方式

如何加强党建工作，营造红色文化氛围，如何将党建工作与生产经营工作有机结合，是广电城市服务一直在探索与实践的方向。作为一家国有企业，广电城市服务一直坚持党建引领，推动党建工作与生产经营工作相结合、互促进。

（一）扎实党建根本　企业文化融合共生

党建宣传工作是企业文化建设的核心。公司在总部及项目办公区域设置党建文化展板、党员先锋模范岗展板；在微信公众号、官方网站、企业内刊等媒介设置党建专栏，将党建文化深入企业的方方面面，构成企业文化核心部分。

公司内部培养一支由中国人民解放军仪仗大队退役军人组成的升旗仪仗队，每月第一个工作日举行升旗仪式，激发员工爱国热情，营造红色氛围；实施"亮徽工程"，全体党员、团员上班必须佩戴党徽团徽司徽，规范党团员言行举止；印制《广电城市服务党建工作应知应会》等口袋书，让党建知识"触手"可及。

同时，公司党工团联合成立了广电城市服务合唱团、篮球队、舞蹈队等文体组织，有效丰富员工业余生活，提升员工向心力。

（二）结合青年文化　党工团活动"年轻化"

针对公司年轻员工较多的特点，公司将党建文化与青年文化紧密结合，并且由青年员工作主导，推出一系列青年员工喜闻乐见的活动，在活动中输出及感知企业文化。

在建军90周年纪念日，公司举办了八一快闪活动，青年员工围绕《七律·长征》这一经典诗词，自编自导自演了一场唱跳结合的快闪；在新中国成立70周年的节日，公司青年员工主导拍摄了广电城市服务版《我和我的祖国》，视频获《学习强国》APP转载……让更多年轻人参与公司文化建设，有效地营造团结和谐的企业氛围。

（三）外拓红色文化　品牌形象迭代升级

红色文化的宣贯也促使公司品牌形象升级，公司员工多次参与微党课、微团课等竞赛活动，以竞赛促品宣，实现社会影响力及企业综合实力有效提升。

由公司优秀党员同志自编自导的作品《传承长征精神 凝聚战疫力量》获得广州市国资系统微党课展示活动一等奖；由公司青年党员及团员自编自导自演的《黄河颂》获得2019年广州市国资系统红色经典诵读活动一等奖。此外公司还曾荣获广东省五四红旗团委、广州市五四红旗团委、佛山市五四红旗团委以及八个市级青年文明号等荣誉称号。

二、建立CIS管理体系　提升企业综合竞争力

系统、科学的管理体系有利于推动企业文化建设及品牌形象的打造。广电城市服务结合自身发展实际情况，围绕VI（视觉）、MI（理念）、BI（行为）三大系统打造建立广电城市服务CIS品牌管理体系。

（一）全面启用新VI　强化广电元素

VI视觉系统，即外在形象，它决定着企业给予公众及社会的第一且最为直接的印象。2017年，广电城市服务在首届国际物业管理产业博览会上发布全新品牌形象。新标志采用字母"U"为主体，领带为载体，融合微笑文化，展现城市服务业态的独特性。

成套的视觉识别系统，形成独具特色的企业文化识别标识，并以此逐步衍生、落地相关周边设计，包括手提袋、笔记本、纸杯等用品，增强员工归属感的同时很好地对外展示企业形象。尤其对于物业服务企业而言，标准化、统一化且极具企业特色的VI体系是加深用户及客户印象，打造品牌形象的重要渠道。

（二）制定行为准则　打造标准流程

根据日常经营管理需要，公司出台多项管理制度，有效提升员工工作效率，保证服务质量，保障

企业安全生产。通过制定行为准则规范，企业内部形成纪律性，提升员工自制力及责任感，提升项目服务水平及服务质量。

针对项目管理，公司制定并推出《广电城市服务项目经理人手册》《广电城市服务品质核查新标准》等各类制度，将各岗位工作及办事流程以标准化方式进行汇总整理，形成一套行之有效的行为规范及应急突发处理流程，最终形成可复制的产品包，输出"广电模式"和"广电方案"。

（三）提炼企业文化　形成核心理念

MI理论识别，如同企业的大脑，作为整个CIS体系里最为核心的内容，它承担着企业内生动力及发展壮大的引领作用。公司将核心价值观、企业愿景、企业使命等抽象的理论转换为简短凝练的文字，形成坚实理论识别。

作为首家提出"现代城市服务"理念的物业服务企业，公司以"志在让城市更美好"为企业使命，主动履行国有企业的社会责任，形成与公司发展定位相匹配、与城市服务企业特点相结合的战略体系，并确定了专业化、标准化、信息化、资本化、生态化的"五化"发展战略，为员工指明战略方向。

三、搭建媒体矩阵　打造企业文化核心平台

随着各类型自媒体平台不断涌现，广电城市服务提出"打造广电全媒体矩阵"的口号，推动内宣外拓双向发展，让企业文化宣传工作更具多样性与针对性，最终形成各有所长，优势互补的矩阵平台，实现宣传阵地协同化和多元化。

（一）从0到1打造广电全媒体矩阵

在原有官方微信公众号、官方网站、企业内刊的基础上，公司推出的企业文化公众号"广电范儿"、抖音号、直播号等自媒体平台，打破以往千篇一律、规行矩步的宣传方式，各个自媒体平台优劣互补，全方位、多层次地开展企业宣传及文化建设。

2020年，受疫情影响，线下流量逐步向线上转移，公司第一时间顺势而为，开办各类型线上直播活动，利用直播推动线上企业文化传播，以及开展各类直播招聘、直播培训等内容，有效实现企业文化传播"不落伍""不掉队"。

（二）线上+线下打响企业文化活动

全媒体矩阵的打造也为公司企业文化活动提供广阔空间。目前，公司业务覆盖广州、佛山等20多个城市，项目点多面广。基于这一难点，公司积极推出"线上+线下"联动的企业活动，破除空间制约，让更多员工参与公司活动。

在2020年五四青年节，由于疫情尚未完全散去，公司举办了首届线上员工才艺大赛，活动受到公司员工追捧，征集了包括舞蹈、歌唱、滑板、厨艺、魔术等才艺展示的作品。此外，包括图片征集、

抖音大赛等线上线下结合的活动,员工参与热度高,活动反响较好,活动效果可见一斑。

(三)创新打造员工喜闻乐见内容

在内容创新上,公司积极利用"广电范儿"这一企业文化公众号,推出青年员工喜欢的内容,并结合时下热点,运用文字、图片、视频等多种形式,不断更新报道内容,创作更多有趣、有价值的内容,推动宣传更走心、更亲民。

公司报道内容也不再局限于企业讯息,而是主动策划选题。在疫情期间,"广电范儿"及时推送防疫小贴士、疫情速报、公司抗疫事迹、战疫留言板等内容,同时在形式上加以创新,长图、视频、H5等形式层出不穷,贴近员工日常生活,加强与员工之间的互动,成为员工日常喜欢浏览阅读的自媒体平台。

企业文化建设工作非一日之功,而贵在恒久。广电城市服务积极应对外部环境变化所带来的机遇和挑战,以党建为引领、以 CIS 管理体系为核心、以全媒体矩阵为平台,全面开展企业文化建设工作,并将企业文化塑造与品牌形象打造相结合,实现双向发展。未来,公司还将继续加强以党建为核心的企业文化建设,进一步发挥企业文化对企业发展的巨大作用。

用心防护　智慧抗疫　越见美好

广州越秀物业发展有限公司

广州越秀物业发展有限公司（以下简称越秀物业）是越秀集团旗下、越秀地产板块属下，从事住宅小区、大型公众物业、商业物业和工业园区物业等经营管理的大型专业物业服务企业，在全国已有百余个在管项目，管理面积近3000万平方米，服务近百万客户。

2019年末，来势汹汹的新型冠状病毒牵动着全国人民的心，越秀物业作为社区抗疫的第一道防线，为千家万户拉起一道"强而有力、坚不可摧"的防疫安全屏障，用心守护每一位客户。

一、高度重视、迅速部署，落实责任搭架构

2020年1月20日，全国多地通报新增冠状病毒病例、国外也出现确诊或疑似病例，防控形势迫在眉睫。越秀物业迅速组织辖下物业公司等召开疫情防控紧急会议，并制定印发多份工作文件，要求各地迅速成立领导小组与工作

越秀物业召开疫情防控紧急会议

小组，并将组织管理架构延升至项目（在管小区）层面，联合项目所属社区制定防控工作方案，严格采取定点防控、出入测体温、排查外来车辆禁入等措施，形成"一层抓一层、层层抓落实"的"网格化"工作格局，时刻监控疫情动态。

二、凝心聚力、共克时艰，履行责任显担当

越秀物业作为一家敢作为、勇担当的国有企业，在疫情期间充分履行社会责任，通过开展"物业暖商、党员突击队、青年志愿者"等系列活动，与广大业主齐心协力、共克时艰，同心赢得疫情防控战。

1. 推出物业暖商行动计划

陆续共减租1200余万元；组织党员捐款支援武汉地区抗疫；组织员工参与"抗击疫情，为爱逆行"义务献血活动。

2. 推动巩固精准扶贫成果

组织到对点帮扶的赤米村线构筑乡村防疫安全网，帮助落实贫困户就业助力真脱贫；利用悦秀会商城平台为特色农副产品提供销售渠道，线上营销促进消费扶贫。

3. 推动各业态复产复工

公司总部多措并举，开展金湾项目、春耕行动、秋收计划等专项行动，推动转型升级、降本增效、快速发展。全国在管项目春节至今未停业，各区域物业公司均争取到当地首批复工。

三、聚焦重点、理顺界面，强化防控抓落实

聚焦"武汉区域＋其他区域"两个重点区域，紧扣"员工防控＋业主防护"两个工作重心，通过做好"标准＋自选"两套动作，切实提高防疫工作的针对性与实效性。

（一）标准动作——结合防控工作重点要求与员工及客户需求，梳理了"四大关键工作触点"，提高工作的针对性

1. 找准点，积极配合政府开展湖北籍业主及湖北相关人员的调查

一是积极配合社区、街道办、当地政府部门，通过采取电话、上门等方式开展业主疫情防控、大数据排查和入户排查工作，以服务中心为单位，为客户的建立个人信息台账（湖北籍、去过湖北等），开展网格化管理，快速锁定敏感人群。二是做好员工及亲属疫情监测工作，实行每日一报机制。

2. 抓重点，做全面好园区消杀及公区消毒工作

一是组织全面加强对公区及人流密集区的清洁消杀工作，在园区出入口、各楼层、电梯、垃圾点等重点接触区域提高消杀频次，公共区域每天消毒1～2次，包括不限于一楼大厅、垃圾区域、卫生间、休息室、走廊、水龙头、门把手、电梯及按钮等区域或物体表面；二是针对疫情特点，为保障业主生命安全，重点加强电梯专项消杀与按键防护、在电梯设置一次性纸巾抽取等方式方便业主；三是为避免废弃口罩二次污染，设置废弃口罩专用垃圾桶、邀请街道环卫站对口罩进行专项处理等方式，安排工作人员进行消毒清洁，做好各项目管理区域内旧口罩的处置管控工作，提高消杀工作的实效性。

3. 勤关心，特别是对重点关注对象做好关怀工作

一方面，着重做好业户关怀工作，积极关注各小区特殊人群，对独居老人、自我隔离的业主做好登记，并时刻关注关心其情况，对管辖区域自觉留守的业主进行必要的宣传引导、心理安慰和沟通，在做好个人防护的同时给行动不便的老人及自我隔离的业主送快递、送菜、送药上门，为其提供必要的生活物资支持。在其他在管区域，对从武汉返乡的业主进行居家隔离并纳入关怀对象，隔离期间落实每天2次健康监测。另一方面，策划组织慰问，并积极向上级及当地政府反馈工作情况，促使其充分了解基层一线的工作状况，寻求认可与关怀，鼓

舞士气。疫情期间，越秀物业多个项目防控举措被当地政府部门给予高度评价。

4. 严管，对所在小区、员工队伍做好防护措施

一是由总部牵头，为各地物业公司采购相关防护物资提供经费支持和协助安排。通过在门岗、服务中心等区域设置免费防护物资领取处，为员工及业主提供口罩、洗手液、消毒液、防护手套、体温计等防护物资。二是做好疫情期间的服务内容、管理办法及温馨提示工作，期间严格管控外来人员（含外卖、快递等）、外来车辆进入小区，封闭无人值守出入口，并向业主做好宣传和沟通解释工作，劝告业主近期不要走亲访友，确保做好疫情防控工作。三是强化封闭管理项目设置测温点等工作，要求对所有出入人员和车辆进行检查，凡体温测量超37.3摄氏度的人员一律做好登记并马上上报居委，切实避免外来人员带病进入小区；四是要求板块全员配备口罩上岗、在湖北疫区要求配置防护服，每天上岗前做好体温测量，同时每天3～4次做好体温登记。

（二）自选动作——结合各地疫情防控需要，提高工作针对性

1. 武汉区域——加强联防联控，做好员工保障

一方面，"五项举措"夯实社区"防线"。一是加强网格化排查。实时掌握在管项目业主情况，积极配合社区、街道办、当地政府部门，通过采取电话、上门等方式开展业主疫情防控、大数据排查和入户排查工作，并做好备案登记。二是严控出入管理。做好疫情期间的服务内容、管理办法及温馨提示工作的同时，严格管控外来人员（含外卖、快递等）、外来车辆进入小区，封闭无人值守出入口，并对进出小区业主开展体温测量与宣传沟通解释工作，规劝其疫情期间不要走亲访友或外出；对体温测量异常的，及时通报社区，并配合做好相关隔离工作。三是强化重点防控。做好消毒工作，公共区域每天消毒1～2次，包括不限于一楼大厅、垃圾区域、卫生间、休息室、走廊、水龙头、门把手、电梯及按钮等区域或物体表面。同时，为避免废弃口罩二次污染，在各小区园区出入口专门设置废弃口罩专用垃圾桶，并安排工作人员进行消毒清洁，并做好各项目管理区域内旧口罩的处置管控工作。四是做好客户关怀。积极关注各小区特殊人群，对独居老人、自我隔离的业主做好登记，时刻关心其情况与需求，并提供送快递、送菜、送药上门等必要的生活物资支持。同时，对自觉留守的业主进行必要的宣传引导、心理安慰和沟通，共克时艰。五是强化宣传引导。由管家配好图片文字说明本社区的疫情现状、消杀情况，安抚业主情绪，并加强宣传推送基础工作，强化业主舆论导向，并针对部分困难业主加强沟通和协调，协调其解决痛点、争取支持。

另一方面，"四重保障"全力稳定"军心"。一是薪酬福利保障。拟定员工岗位津贴发放方案及餐补标准，并积极协调封城期间员工上下班交通问题，采取"机动车禁行前拼车、机动车禁行后就近排班"等方式，方便员工出行。二是后勤物资保障。采取协调周边酒店送餐、入住等方式，切实解决一线员工吃饭住宿等实际问题，并由总部牵头，用好工会应急资金，协同解决消毒水、防护服等后勤物资的采购与补充等工作。三是人员补充保障。充分发挥"一岗双能"或"多能"，合理调配人力资源，安排管家、安防等轮流换岗，确保全天候响应业主服务需求。同时，寻求第三方资源支持，要求外派单位增援保安、保洁等人员，强化培训后上岗，确保一线防控力量充足。此外，加强逐层监督、逐层牵引，确保工作秩序正常、队伍人心稳定。四是身心健康保障。除提供口罩、红外线探热器的基础上，协调采购了防护服、护目镜等物资，并做好上岗前体温测量登记、每天3～4次体温复核等健康台账工作。同时，以"接力打卡"的方式，每天从武汉公司到项目逐层打气、鼓舞士气，并对有确诊病例的项目的服务人员给予做心理疏导及为疑似病例员工积极协调医疗资源及解决实际困难。

2. 其他区域——因地施策、一城一案

结合当地习俗与业主需求，其他区域物业公司"因地施策、一城一案"，为在管项目与客户提供有特色、有温度的"越"式服务，转"危"为"机"，竖立服务口碑，得到了当地政府部门与业主的充分认可与肯定。

四、科技抗疫，智能防控，为安全保驾护航

疫情凶猛，智慧赋能。越秀物业通过打造以"智慧家庭、智慧安防、智慧访客、智慧出行、智慧车场"为主线的智能防控体系，充分运用科技力量为业主的平安健康保驾护航。

地区	重点项目方面	一城一策举措
广州地区	电梯管理方面	电梯按键用保鲜膜贴上，防止被消毒水腐蚀，得到市领导表扬工作细致到位
	外来人员管理方面	为行动不便业户提供外卖代送；星汇园为快餐外卖/生鲜外卖设置临时存放点；商业及场馆项目门岗设置红外体温；若没通过，在门岗外设置隔离区再用水银温度计测腋下体温
	物业用房管理方面	为保证后勤饭堂卫生质量，用中药材仓术烟熏煮食空间；每天坚持对保安用房进行清洁消毒，强调卫生要求
	物业关怀方面	团员假期轮岗和上门服务，为小区防疫出力；管家协助街道工作人员上门对湖北籍人员测体温并进行慰问；为湖北籍返穗业主提供上门回收垃圾及快递等服务，保障业主安心居家隔离
	重点项目防控	商业项目专项制定疫情防控方案、测体温流程简图及设置异常情况临时隔离区；对大厦风机房、服务中心及外判单位办公场所密闭空间紫外线灯杀菌空气消毒；空调通风系统主设备过滤网进行清洗消毒；并在防疫工作中自制防疫小视频，积极与客户做好防疫宣传工作
珠三角地区	消杀防控方面	协调环境供方，全员学习培训，了解新型冠状病毒，加强环境卫生管理，现场全面大消毒；持续每天用84消毒液、75%酒精不少于覆盖执行对电梯消毒4次、楼栋大堂2次、垃圾桶1次及儿童游乐设施、康体设施、车库、楼道等公共区域的统一消毒消杀；及时做好垃圾分类、清理、清运工作，有效防范病毒传播
	防护举措方面	春节前紧急采购数千个医用口罩，向业主们进行免费派发；设置废弃口罩回收专用桶减少病毒传播，为减少废弃口罩造成病毒传播，小区内设置了专用的废弃口罩垃圾桶，集中回收使用过的口罩
	出入管理方面	借助智能化手段，全面加强对外来人员及车辆的盘查力度
	社区宣传方面	在小区主要出入口、大堂、电梯厅等场所张贴温馨提示，各园区客服管家们每天都通过宣传栏、微信群、朋友圈等渠道发布正面消息，让业主做好防护，不传谣不信谣，保持心态平和
华东地区	联防及宣传方面	联合服务中心、街道办事处、街道医院，成立微信群，互留紧急联系电话，如发现返城的业主尤其湖北返回杭州的业主，第一时间上报街道。检测到体温不正常，及时微信群里上报，联系街道电话；业主群每天对园区消毒工作、门岗严控工作以及防疫温馨提示等进行推送；有条件的项目园区每日使用大喇叭进行园区宣传
	物业关怀方面	配合社区、街道、公安等政府部门对湖北籍及经湖北的业主14天居家观察工作给予门口消毒，快递、外卖送至门口，进行日常物资代采购等
北方区域	客户服务方面	在物业服务中心前台设置"消毒物品领用点"，有专门的消毒用品取用处，滴露消毒液、抽取式湿纸巾、冠状病毒预防小贴士
	案场管理方面	组织专人对现场各区域每日进行消毒杀菌工作，同时现场工作人员均佩戴防菌口罩，要求每4小时内进行更换；对进入营销中心上班的员工和看房客户进行体温检测
	信息联动方面	按照物服事业部及北方区域公司的工作要求，实施"一日两报"，每日将各项目的疫情防控工作完成情况及疫情新增明细进行更新，发送系统内部及相关政府单位，确保信息准确，工作执行落地踏实

24 小时监控、全园区覆盖

（一）智慧"天眼"，守护平安

通过建设覆盖全国项目"天眼"视频监控系统，让社区管理人员随时随地对小区的防疫工作进行实行视频巡查，比传统人工巡查频次更多、效率更高。同时能够加强对小区卫生保洁及消毒消杀质量、对业主及车辆高频出入的位置进行实时监控，一旦发现异常情况，即可第一时间通知物业管家进行处理，确保社区防疫百密而无一疏。

此外，越秀物业总部也可以通过"集控中心"进行全国视频轮巡、远程APP对讲，直接指导服务中心的防疫工作，让最前线的疫情防控更加专业、周到。

（二）智慧出行，隔离病毒

公共门禁每天要高频接触不同卡片，传染风险较高。越秀物业通过对在管近百个社区安装蓝牙功能，采取"手机开门、智能门禁、访客授权"等方式，最大限度降低用卡解除门禁的传染风险。

同时，在新增、升级项目社区商业智能化配置、蓝牙门禁、可视对讲、视频监控、无人值守停车场等重点系统配置的基础上，全面支持接入地产IOT平台（阿里云）、AI视频识别等智慧新功能，实现对业主车牌识别100%覆盖，严禁未授权车辆随意出入小区，隔断外部病毒输入。此外，顺应共享经济大潮，引入共享停车、共享汽车、共享充电桩等设施，不断满足业主的多元化需求。

（三）智慧维护，全面守候

坚持以客户为中心，建立以工单为核心的工作机制，实现全面移动化、智能化的前后端管理覆盖，降本增效、提升客户感知及满意度。在智能化管理平台上，建设CRM客户管理系统，形成"多级监督、快速反应"的客户服务保障体系；在设施设备维护上，实现6大系统（供配电系统、给排水系统、风机系统、消防系统、电梯系统、机房环境）的实时监控，并试点接入日立电梯遥监数据、消防主机（试点）数据接入集控平台，智能监控功能不断完善；在维修任务安排上，采取系统自动报警、自动派发工单模式，让社区工程人员对设备健康状态一手掌握，有效保障了业主在疫情期间用水、用电、用电梯的稳定性。

（四）线上服务，贴近需求

充分发挥线上"悦秀会"平台的强大功能，在做好物业管理费、车位管理费、公摊水电费、月保费等在线缴交、在线查询的基础功能基础上，结合疫情防控期间的业主生活需求，推出"线上送菜、远程送药、应急隔离"等多项"云"服务，有力守护了居民健康安全。

疫情无情，人间有爱。越秀物业以"舍小家为大家"的无畏精神，赢得了社会与广大业主的认可与赞誉。越秀物业将紧随国家政策，在物业协会的指导下，以开放合作、创新进取的理念，始终坚守"为员工提供平台、为客户创造价值、为城市带来美好"的企业使命，牢牢把握人民对美好生活的向往这个新期待，通过服务链条上的全资源整合、全触点管理、全周期呵护和全价值回报，朝着打造最具综合实力城市服务运营商的目标而不断努力，以用心态度、至诚行动，为"用心·成就美好生活"而不懈奋斗。

"商办服务"领域创新探索，为美好注入人文动力

保利物业服务股份有限公司

当下是一个行业整合创新的时代，更是一个需要有人站出来的时代。

在全球经济治理遭遇巨大挑战的时代背景下，保利物业秉持保国利民初心，从服务社区逐步发展到服务城市，在实践中探索国内商办服务新生态，用实际行动助力国家企业发展。

深耕物业服务24载，保利物业积累了丰富的重要政企客户资源以及超高层楼宇服务经验。为守护与助力企业发展贡献物业服务企业力量，带来美好更好的生活，保利物业走上了商办服务的创新探索之路。经过调研与实践，保利物业构建商办企业的企服需求理论，逐渐形成了属于自己的生态平台式商办服务品牌——星云企服。

一、聚势谋远，商办服务的创新运营

保利物业一直在寻找中国商办服务的道路——什么样的服务才最适合中国的商办市场，什么样的办公环境才最适合中资企业的成长与发展？

随着现代商务服务业的发展，以及人们对工作与生活观念的转变，个性需求在不断丰富和扩大，而写字楼作为企业与员工、共性与个性的汇集点，如何在企业的共性需求中融入员工的个性化需求，成为评估商办服务品质优劣的关键。

在不断探寻共性与个性的平衡点和兼容性的过程中，保利物业升级改革原有非居业态服务，以保利商业物业公司为基，结合总部优质资源，继承保利500强经验，将自身的效率优势和总部的整合优势有机融合，创新现代商办服务模式，推出属于保利物业的现代商办服务品牌——星云企服。

为了实现商办企业与公司共同发展，满足企业与企业员工日益增长的多元服务需求，保利物业提出了"物业管理+资产管理+企业服务"三位一体运营服务。通过构建智慧型物业服务、平台型资产服务、整合型企业服务，营造可持续的共赢成长路径，实现了保利物业在商办服务领域的率先领跑。

通过理论与实际业务结合，保利物业升华价值服务内涵，构建属于商办业态的企服需求理论，通过打通企业端、员工端两大通路，向商办客户提供全生命周期的运营服务，来实现商办资产保值增值的最终目的。

保利物业坚持"与楼内企业共成长"的发展理念，依托保利系强大的资源背景，利用央企优势搭建政企互通平台，设置政策咨询窗口、一站式服务站点；打造企业孵化资源平台，引入保利系资源网，提供全周期共享资源；提供政策咨询、金融法务、工商财税、人力资源等全维度商务定制平台，减少楼内企业非经营性事务的干扰，为企业发展增势赋能。

对于企业员工，保利物业将"社区生活"概念植入写字楼，提倡在办公之余为企业员工提供更舒适的生活体验和更多元的便捷服务。疫情期间，保利物业用专业的管理水平、完善的应急处理能力和不惧危险的敬业态度，对旗下写字楼布下"八面防护"，确保了写字楼内员工的人身安全，实现疫情期间项目、客户、员工0确诊、复工0事故的安全运营目标。

二、首创场景运营，升级星云尊享服务

带着"为500强而生"的品牌理念，保利物业首创"场景运营"服务理念，从对"物"、对"人"的关注，升级为"人与物"的灵动结合，用个性化人文场景为客户提供最贴合的价值服务，使个性需求自然而然地与共性需求有机结合，拉开商办物业管理的3.0时代。

场景运营理念通过五维价值的创新，凝练八大特色场景服务，让商务活动更高效、办公空间更人文、楼宇运作更智能、企业发展更稳健、资产盘活更有效。

星云企服场景运营理念在保利物业旗下所有超甲、甲级写字楼实现落位，打造出属于保利的写字楼标杆。2018年10月，保利物业开始接管保利发展广场，率先将场景运营理念应用到这个琶洲片区唯一的超甲级写字楼，重塑标准化、国际化、专业化的标杆价值，为保利发展广场注入新的活力。从停车场到吸烟区，从洗手间到母婴室，从员工餐厅到商务活动，从大堂早迎到夜间的温馨服务，根据写字楼空间、场景的不同功能与特定时刻的需求，以全维度情境体验，营造高效、人文的办公场景。2020年，保利发展广场荣获"中国物业服务企业标杆服务项目"大奖。

结合高端企业客户的需求，保利物业践行MOD（Manager On Duty），升级延展星云企服八大特色服务，打造多业务融合的高端商务服务线——星云尊享，以星云礼宾、星云护卫、星云案场、星云管家四大特色高端产品作为服务第一触点，满足VIP客户的尊享需求。"2019广州文化产业交易会"开幕晚会暨肖邦钢琴音乐节开幕音乐会在星海音乐厅举行，星云礼宾与星云护卫用精致的人文服务为文化交流盛会护航。星云案场亮相2020广州国际智慧物业博览会，让与会者近距离感受高端定制服务的美好。

三、极致标准化，走出保利特色商办新路径

通过建立起极致的标准管控体系，全方位介入企业全生命周期，提供物业服务、资产服务、公共服务、增值服务在内的全品类、多元化商办服务。保利物业逐步构筑起全域化、全周期、全品类生态服务平台，根据企业发展需求，全程提供多种不同的服务与解决方案，提供一站式专属定制服务，为企业发展赋能。

为充分体现"星云企服"服务标准极致化，用高品质写字楼生态服务助力行业升级为企业创造价值，让物业服务展现新力量，保利物业集结精英专家团队，根据国际相关法律法规及行业有关标准和规范，结合商办服务特性，制定近千条服务标准，输出《"星云企服"服务工作手册》，形成从标准到考核的服务管理闭环。

为了实现场景运营管理提质增效，保利物业不断追求更高效的数字化运营管控，自主研发芯智慧云平台，依托统一数据平台，集成多种管理业态，通过信息化管控手段和移动互联网、智能传感技术，实现标准化、数字化、智能化及透明化管控，优化品质管理，降低运营成本，构建服务核心竞争力。

保利物业商办服务，在落位实践中进行体系、模式的创新探索，已经取得阶段性的成果。围绕楼内企业全生命周期，实现多维度、广范畴、全渗透的一站式服务，在专注写字楼生态圈建设的专业商办服务品牌星云企服的加持下，已然走出了一条具有保利特色的平台式商办服务新路径。

在这样的模式下，保利物业商办服务能够适应不同发展阶段下，多元业态、多种行业、多方企业角色需求，突破地域及行业壁垒，树立中国物业管理行业商办服务的新标杆。

四、成立星云学院，打造商物人才队伍

人才是企业稳健发展的基石。随着企业战略升级和商办品牌——星云企服的推出，对专业人才培养也提出了更高的要求。星云企服打造赋能平台，星云学院应运而生！

保利物业重视人才发展，把人才作为企业发展的动力源泉，通过搭建完备的培养机制以帮助员工快速成长。星云学院明确七大培育体系，设立了五个内部优才孵化示范基地，同时也借助外部力量，开展全面的人才发展战略合作，通过整合双方优势资源，共同推进人才领域合作。

星云学院的正式成立，标志着保利物业综合线上线下培训平台的成立，为公司人才发展、商办领域专业人才培养开启新征程，将助力公司战略变革与实施。

带着"打造战略赋能，聚焦能力培养"的使命，星云学院将从人才培养、企业文化建设、引进先进人才管理理念等方面，发挥出增强企业核心竞争力的作用，打造商物人才蓝海的摇篮。

为进一步提升员工综合素质，培养核心人才，星云学院在今年5月正式启动"百万持证计划"。

此计划将通过整合优质的培训资源、制定创新的激励政策和提供持续有效的支持，鼓励员工积极向上，努力提升业务水平和能力，利用业余时间进行个人进修学习，考取证书，让员工提升自我价值，实现个人发展。

以经验型人才为对象，萃取过往经验成标准，外部转化—内部传承为过程，优化体系—提升绩效为目的，2020年7月，星云学院启动赋能培训之敏捷工作坊内训师养成计划。该培训主要基于岗位经验内化的课程开发与师资培养，通过系统、专业、务实、可持续的培训模式，将经验型员工转型为内部培训复制力量，将岗位优秀经验通过提炼、梳理、整合成标准化内部教材并进行传承、复制，从而提升企业竞争力。

五、打造星云企服 IP，做商办服务的引领者

立足商办服务发展前沿，深耕"美好"核心，保利物业打造星云企服独有的品牌 IP，为商办美好，注入人文动力。

打造专属企业交流圈层，保利物业在保利旗下写字楼举行"星云下午茶"系列活动，形成"星云企服"特有的企业赋能型活动。星云下午茶已在保利发展广场、保利中心、保利克洛维广场、保利叁悦广场等多个项目落地。该项特色服务开创了物业管理行业之先河，为企业构建一个全新的信息交流、分享的平台，进一步实现写字楼商务圈共融，同时为企业、写字楼带来增值。

为美好发声，让这个世界多一些美好和温暖。星云企服倡导轻松、健康、向上的商办文化。在所服务的写字楼项目中，星云企服 IP 活动——垂马趣味运动嘉年华已成功举办多年，每年吸引近两百名业户参与。通过人文氛围的营造，让写字楼也开始有了温度，不再只是企业和员工办公的场所。

星云企服 IP 打造迈入新的里程碑。今年端午节来临之际，首次推出星云系列产品"星云礼粽"，为企业提供多元化的节日福利选择，这也是保利商写特色增值服务的一次崭新尝试。

随着写字楼存量转化的增加，商办业态对物业管理要求的不断提升。2020博鳌房地产论坛上，保利物业副总经理邹福顺代表保利物业发表以"聚势谋远决胜未来"为题的演讲，分享保利物业在"商办服务"领域的创新探索。"星云企服"商办特色服务品牌的发布，代表着保利物业"大物业"战略正式应用于商办板块。

凭借优异的成绩，星云企服先后获得2020中国特色物业服务领先企业商办服务品牌、中国物业服务企业优质服务体系、2019特色物业服务品牌企业、2019中国商办物业运营商品牌TOP10、2019办公写字楼物业服务领先企业等多项殊荣，品牌实力获得行业认可。

星云同辉，美好同行。未来，保利物业将继续秉持匠心，融入"为500强而生"的品牌理念，不断深化商办服务内涵，持续打造商办服务生态圈平台，为更多精英企业提供高效、人文、智能的赋能型商办服务。

合伙人制下的人才激励机制
——宏德科技物业的发展利器

广东宏德科技物业有限公司

广东宏德科技物业有限公司2016年开始实行合伙人制度，在"共同发展、利益共享、风险共担"合伙人制度下，成功吸引并保留了大批物业管理精英，为宏德科技物业打造了稳定的合伙人队伍的同时，也通过稳定的利益分配机制，避免了合伙人之间的薪酬攀比现象。合伙人制度的改革创新使宏德科技物业显示出超强的人才兼容能力，合伙人在宏德体系充分发挥了各自的能力，实现了公司和个人的互相成就。宏德科技物业合伙人涵盖了总公司和分公司的关键管理岗位，提升了企业的核心管理能力。合伙人的高专业技能和领导能力，使其可以对项目进行更全面掌控和更科学的管理，有效提高了管理效率，降低管理成本。此外，合伙人与企业的利益共享机制激励着合伙人始终以客户体验为导向，努力贴近客户的实际需求，用更高的服务质量不断满足客户的需求，让客户获得更好的服务体验。

一、宏德科技物业为什么要实行合伙人制度

宏德科技物业的合伙人制度建立的起因，不是策划出来或者学习回来，更多是激烈的市场竞争下的一种选择。

宏德科技物业没有一个高大上的"爸爸"，自成立至今，经历过国企改制，经历过艰辛的首次创业，二次创业后的快速发展。从始至终，他没有像任何一个目前物业管理行业排前50的公司一样，拥有那么深厚上天入地的背景，或是有财大气粗的金主。当时，外部，有来自或具有开发商背景企业、或是实力雄厚的国有物业服务企业等的竞争；内部，企业原有的管理机制已然成为企业的长远发展的阻碍，其存在的管理问题也将不断削弱企业的市场竞争力。幸运的是，宏德科技物业有一批核心团队，一直在市场中摸爬滚打，具有丰富的业务拓展能力、资源整合能力和实操管理能力。

在深刻认识到外部环境和内部要求所带来的企业管理制度创新的必要性之后，宏德科技物业于2016年开始探索合伙人制度改革，并在实践中不断优化完善，逐渐形成了具有宏德科技物业特色的合伙人制度。自此，公司迈上了快速发展之路，近五年的营收平均复合增长超过30%。

二、合伙人制在日常运营管理中的融入

合伙人制本质上是责、权、利的一种分配机制。

（一）责

宏德科技物业的做法是每个核心的合伙人都有一项主责，首问责任人。

（二）权

权在宏德科技物业中相对弱化。虽然合伙人持股比例多少不一，但在重大事务的决策上实行一人一票制，因合伙人总数较多，经全体合伙人决议将日常事务的决策权委托给管委会（管委会的成员均从合伙人中产生）代为行使。

（三）利

各合伙人利益的分配主要来自于两方面，一个是在公司的股权，另一个是该合伙人的年度贡献（包

括直接的经济贡献、为公司挽回的损失、人才的引进及培养、获得的重大荣誉、战略性的改进建议、切合公司实际的创新举措等）。同时，公司允许各合伙人领衔组建单独的分（子）公司或事业部，在集团整体的框架下更多元化发展，各合伙人可以单独享有分（子）公司或事业部所对应股权的收益。

三、合伙人制下独特的激励机制做法

物业公司激励机制一定要会做加减法，任何公司所拥有的资源都是有限的，如何对有限的资源进行组合，以产生更好的效益，这是每一位管理者每时每刻都需要思考的问题。

以宏德科技物业为例，公司的行政后勤费用很少，因为总部和核心事业部数百人都不用考勤打卡，做事主要靠自我驱动。虽然不用打卡，但很多人还经常自愿加班到深夜。最好的管理就是不用管理，也就自然达成了低成本。

有减当然还有加，宏德科技物业在品牌建设，品质提升，核心人才培养和引进等方面都下足了功夫。特别是在核心人才培养发展方面，宏德科技物业制定了个性化的合伙人发展培养体系，通过设计科学合理的合伙人培训规划，将理论学习和实践结合，针对合伙人的自身存在的短板和企业的战略需要进行培养。发展培养体系包括综合素质提升、领导力发展项目和外派学习考察三个模块。

综合素质提升旨在建立和提升中高层管理者管理思维与管理能力，主要包括企业内部培训和外部培训两大项内容。内部培训包括企业高层管理专题培训、物业服务企业人力资源及企业文化建设和互联网＋物业服务企业转型升级探索等内容；外部培训包括其他专业或政策培训、物业管理专业论坛等内容。

领导力发展项目是基于宏德科技物业的远景目标、战略要求和价值观所制定的系统长期的合伙人领导力培训项目。领导力发展项目包括个人领导力培训、情境领导力培训和团队领导力培训三个模块，

通过理论学习和实践学习，帮助合伙人深入理解领导和管理之间的不同，在提升领导力的基础上实现领导行为的转变和业绩的提升。

外派学习考察。宏德科技物业外派合伙人到国内外其他优秀物业服务企业进行交流、考察，不断开阔视野，学习借鉴先进物业服务企业的优秀服务管理经验，并学以致用，不断提升本企业的物业服务水平，完善企业的专业运行模式。

有很多慕名加入宏德的"真物业人"，看重的是宏德开放、进取、高效的平台，相信自己的能力与宏德相结合，能焕发出更强大的能量，最终既能成就公司，又能成就自己。而公司的业绩和利润增长主要不是来自"收并购"，而是来自市场竞争，而且这种增长，对应的是低成本。

然就会有相匹配的职位。结果是，一个比较高的职位，个人的收益不会少的，这个收益不单是指薪酬方面，还有个人的阅历、视野、经验等的人生价值收益。

"责权利"的次序非常重要，先主动承担责任、再会有职位、随后会有收益，如果行不通，不要怀疑自己，那是环境有问题，马上换个好地方，此处不留人自有留人处，不必留恋。

四、宏德科技物业激励机制的经验

（一）"责权利"的次序不能搞错

凡是物业管理人员，都会有对应的责任、权力、利益，只有把"责权利"三者统一好，才能实现公司和个人的双赢。

很多企业和个人一上来就搞反了，先谈利益、再谈职位、最后谈责任。为什么会出现很多物业管理人员在相同的职位频繁跳槽，哪里都干不长？因为他们一上来都是谈工资，哪里高就去哪里，跳多了就发现自己的竞争力没有实质的提升，一过40后就开始焦虑了。

"责权利"除了本身所体现的内涵，最重要的就是次序，其自身的排列也体现出这一点，那就是先有责任、然后权力、随后利益。

对于个体来说，这也是每个人可以运用的策略，去任何一家公司，先主动承担责任。在一般的企业里，主动揽责的人不多，这就给了主动承担责任的人脱颖而出的机会。一旦承担了较重要的责任，自

（二）要制定管理目标和经济目标

宏德科技物业虽然对合伙人不做业绩考核的要求，但为了保证合伙人能顺利完成公司下达的经营收入指标，保持企业物业管理服务的高水平高质量，确保客户满意度和员工满意度，企业为合伙人制定了一系列管理目标和经济目标。如：部门工作计划完成率、物业费用预算控制率、基础设施完好率、水电暖设施完好率、维修及时率、保洁达标率、绿化完好率、安全消防设施完好率、业主满意度等的指标值。

（三）要有人才发展规划

如上文提到，科学合理的人才培训规划，能帮助公司人才积累更多企业管理相关的经验、知识和技能，以解决企业发展过程中可能遇到各种问题，不断提高人才的思想政治素养和履行岗位职责的能力和水平。

"跨界"探索城市治理"新生态"
——深业物业进阶城市服务蓝海拥抱"大航海时代"

深业集团（深圳）物业管理有限公司

2020年8月26日，深圳经济特区建立40周年。四十不惑的深圳，走在新时代前列，新征程勇当尖兵，依旧青春正当时。40年来，这座城市始终不忘初心，"时间就是金钱，效率就是生命"的口号历久弥新，一句朴实无华而又无比真诚的"来了就是深圳人"，就让成千上万敢想敢拼的年轻人扎根于此，把这里当成了家。

历史总是在标志性的节点上镌刻永恒。在新的时代，深圳紧抓建设先行示范区和粤港澳大湾区重大历史机遇，在"双区"利好叠加、"双区"驱动之下，坚决扛起先行示范区的历史担当和主体责任，全力当好粤港澳大湾区建设主阵地，争做全方位、各领域的"全能冠军"。这其中既包括"阳春白雪"的经济社会建设，又涵盖"下里巴人"的城市服务管理。

站在新起点上，深圳改革再出发，改革不仅体现在经济发展上，同样也体现在与民生相关的城市管理及服务上。2019年，深圳市政府计划引进"城市管家"概念，希望借助市场的力量，依托专业的物管企业开展市政一体化运营，

构建"管理＋服务＋运营"的城市治理新模式,"物管城市"模式开始浮出水面。

"好风凭借力,扬帆正当时。"处在"双区"驱动的上风口,嗅觉敏锐的深业物业顺应新时代的浪潮,迎接物业管理行业的"大航海时代",迅速转变思路改变模式,造船出海参与福田区华富街道"物管城市"试点建设,"跨界"探索城市治理"新生态",驶向城市服务这片全新的蓝海。本着"做最具价值的城市空间服务商"愿景,深业物业肩负起国有企业社会责任,朝着"城市文明典范、民生幸福标杆"的方向,正不遗余力探寻与深圳打造全球标杆城市相匹配的城市治理新模式。

一、国有企业另辟"新赛道"全新定义精细化管理理念

在城市发展进程中,深圳也一直在不断提升城市精细化管理水平,不断满足市民对美好生活的向往。得益于深圳一贯"小政府大服务"的管理理念,深圳的城市管理服务生态链培育了一大批在环境卫生、园林绿化、垃圾分类等领域的专业公司,它们通过购买服务的形式深度参与城市管理服务工作,并接受城市管理部门管理监督考核,这种条状明晰的纵向管理模式,确保了这座千万级人口的超级城市始终保持整洁、文明、美丽大方的城市面貌。

习近平总书记指出:"城市管理应该像绣花一样精细。要强化智能化管理,提高城市管理标准,更多运用互联网、大数据等信息技术手段,提高城市科学化、精细化、智能化管理水平。"

新形势下,精细化管理理念如何进一步升华,满足宜居宜业宜游的优质生活需求?互联网时代,城市管理手段和模式如何改革创新方能与时代互联,与城市发展同频共振?2019年初,在深圳市福田区委区政府的领导下,福田区城管局联合华富街道办事处,率先在城市治理领域,实现将环卫保洁、绿化管养等多种主线业务进行统筹运营管理,

并打破传统市政环卫项目招标只接纳单一专业企业报名的模式,鼓励跨专业、精细化管理经验丰富的物业服务企业参与竞争,大胆探索城市治理新路径。

在此背景下,"物管城市"模式正式浮出水面。针对"物管城市"模式试点项目,深业物业主动把握市场新机遇,凭借30多年对城市物业综合运营的精细化管理经验品牌,以及将自主研发的"深享汇"物业管理智慧平台全面接入试点项目的设想,迅速拿出一套以城市区块立体化管理的"物管城市"实施方案,成功中标深圳市福田区华富街道"物管城市"试点项目管理权。

深业物业所服务的项目涉及政府机关、写字楼、住宅、医院、学校、公寓、酒店、铁路、水库、公园、航管站等业态。早在1997年,深业物业就陆续接管毗邻的多业态物业,并一直在关注如何同时将多业态管理契合到城市化管理中,最终形成良性的有机整体。在2011年,深业物业就开始深度参与创新基层治理工作,香蜜湖街道将12类共91项工作全面交由深业物业万厦社区公共服务中心运行,彼时深业物业就已经开始将"政务外包"业务拓展到街道、城市管理这个"新赛道",早早便埋下了如今在全市率先建立先行示范"物管城市"的种子。

深业物业先行示范"物管城市"试点项目中,根据深圳人口基数多、城市治理规范、业态成熟的特点,提出由"管理"转向"服务"争当"城市管家"服务的设想,真正实现用智慧创造价值,用专业服务城市。提出管理要体现"五个新":即模式新、

方法新、设备新、制度新、平台新。要达到五个目标：实现可持续、小区式的精细化管理，管理总成本不超过原有的投入，机械化逐步代替人工作业，智慧化管理全覆盖，管理经验可复制。

相比此前，城市管理部门需要监管督促多家专业公司，推崇人海战术的纵向管理模式，当下"物管城市"这种"政府＋专业企业"的垂直管理模式，打通了城市管理的"任督二脉"，城市管理服务更加科学化、精细化、智能化。试点项目经过深业物业一年的管理运作，街道面貌焕然一新，昔日的乱摆乱卖现象不见了，地上的烟头、垃圾、卫生死角消失了，垃圾分类和清运井然有序，街道绿篱修剪整齐，道路两旁的林荫树下难觅枯藤落叶踪影，街头巷尾格外整洁靓丽。不仅赢得了居民的好口碑，先行示范的虹吸效应更是让前来参观学习的队伍络绎不绝……

2019年5月13日，深业物业"物管城市"再下一城，坪山区与深业物业集团签署战略合作协议，全面推进城市管理运营市场化、专业化改革。这也从侧面证明，深业物业的"物管城市"试点管理项目取得了重大突破，"物管城市"全新管理模式在实战中打出了一张张"好牌"。

二、打通"物管城市"神经中枢　构建"城市管家"分发平台

如何将传统的条状纵向管理模式进行统筹运营？深业物业以实用可靠、快速便捷为原则，确保各种命令快速准确下达、辅助信息的获取和各方面情况的正确反馈，在项目现场设立"城市管家"平台，集中政府各专业主管部门、辖区各单位、项目各专业队伍的联系电话、人员状况、作业需求等信息，形成6＋1＋N的管理模式，即6个政府专业主管部门＋1个城市管家平台＋N个辖区范围内的企业、商家等的协调互动机制，城市管家平台承担项目运转的核心职能，实现上传下达和指挥中枢的作用，搭建了扁平化的高效管理模式。据统计，目前1个"城市管家平台"每天接收、处理信息一百余条，理顺了各专业间的信息沟通及其"边沿真空"等问题。

三、万"物"互联互通　"深享汇"智慧平台优势凸显

随着物联网的不断完善，智能技术已经渗透到各行各业的许多领域。深业物业利用自主开发并运用成熟的"深享汇"物业智慧平台，顺利将试点项目的"派单、接单、工单、审核、回访、督办"以及"项目作业的考核标准和要求"等管理功能接入应用，一是城市管家通过手机登录物业智慧平台，全面掌握当天及中长远的作业要求，核查前一天作业完成情况，对非常规工作做出指令安排。二是现场作业人员通过手机了解当天的作业要求，并对临时指令或询问进行回复反馈。三是主管部门、上层管理者可以通过平台，全面了解项目运作情况，快速实现管理者对现场的监管。四是智慧系统完成每月自动数据统计，对所有管控数据进行储存，形成可追溯的管理信息链。数据的融合共享，将物业管理各专业服务紧密连接起来，建立了高效的联动机制，综合管理效率得到了进一步的提高。

四、摒弃"人海战术"　机器替换人工　拥抱人工智能

为提高保洁效率、增加作业巡查频次、降低在岗人员劳动强度，弥补大型机器作业空间受限制等问题，深业物业大量使用绿色环保的小型电动作业车，并根据作业需要，集中对小型机械进行改造创新，变普通环卫清扫车为电动车巡查、吸、吹、夹一体的多功能"环卫巡查车""多功能保洁车""吸叶吸尘车"等，并申请了6项实用新型专利及1项外观新型专利。传统模式中，按照相关规定，环卫

工人要以 30 分钟的频率，清扫、检查所负责的街道。环卫工人一天至少要步行 25000～30000 步，工作强度大，任务繁重。试点项目应用改造后的环卫巡查车后，30 分钟巡查一次的目标轻松实现。此外，还通过对作业车装载 GPS，连接智慧平台，实现监督功能，实时掌握作业人员出现异常、作业区域漏巡等情况。

小型机械的普及和改造，大幅度加强了片区清扫的及时性，同时也弥补了大型机械无法涉足的死角。

五、机制先行织密服务网　问题导向消灭"边沿真空"

项目现场涉及环卫保洁、绿化管养、勤务管理、数字化城管、垃圾清运等作业，如果各司其职，没有相互间的协作互助，很难实现真正意义上的消灭条状"边沿真空"问题。深业物业从制度着手，建立多方联动机制，实现各专业项目紧密协同，一体化整体运作，形成"人人都是清洁工，人人都是巡查员"的一张"网"，取得显著成效。一是"定主责、分层负责"的原则，即在本专业作业区域如发现其他专业的问题，有责任及时在管理平台上通过视频、文字等方式进行汇报。二是建立奖励机制，鼓励大家发现问题、反映问题，月底对所反馈的问题进行汇总，除掉规定完成的任务数，按超额完成量进行相应的奖励。三是专业间协调，统筹兼顾，形成既各负其责，又齐抓共管的工作格局，合力化解各类矛盾和问题。特别是面对突出问题，相关专业负责人及作业人员集中到现场，协调解决，并形成今后解决类似问题的共识共同遵守执行。

六、党建为引领旗帜鲜明　共治共享城市文明红利

一座城市所呈现的，不应该仅仅拥有通过管理出来的亮丽"外貌"，更应该由内在的"灵魂"自律所形成的城市文明新风尚。如何培育新时代的城市新风尚？深业物业首先是将所属 27 个党支部党员，分批带到试点项目开展和参与文明宣传活动，在充分运作成熟后，发动辖区企业、学校、社区老人等义务队伍参与进来，大力开展环境清洁卫生日、文明养犬宣传、"烟头不落地"、礼让斑马线等活动，希望文明行动通过一批人带动一群人，用一群人再影响一座城。如今，走进试点项目会发现，党建引领文明建设、培育文明新风尚已经形成合力，"讲文明、树新风"崇尚文明的氛围日渐浓厚。据不完全统计，一年来，试点项目共组织宣传活动、文明行动 60 多场次，平均每周超过一次。试点项目吹起了文明新风，文明之举随处可见，市民文明素质、城市文明程度大幅提升，市民幸福感、获得感大为增强。

"物管城市"工作全力推进后,华富街道环卫指数测评在 2019 年第三、四季度排名稳居前列。城中村共建共治共享治理模式、"六乱一超"整治、共享单车管控、电动车管理等 6 项经验做法在福田区全区推广,城中村内电动车充电疏导和管控模式,破解了安全监督与市容品质工作壁垒,居民满意度明显提升。近日,在中国城市商业网点建设管理联合会的授权下,深圳市福田区城管局正式立项以深业物业"物管城市"试点项目经验为蓝本,开展"物管城市模式"的课题调研和标准的起草,最终形成具有国家标准委审批的拥有知识产权的《物管城市全国团体标准》。

通过"政府＋物业服务企业"的新形式,将环境卫生、园林绿化、勤务管理、数字化城管巡查、垃圾分类、垃圾清运等作业服务及管理事项委托给物业服务企业进行统筹运营。具体由政府出资指导、国企承接,充分利用科技手段,通过改变原有条状管理方式,对城市实施区域式全覆盖的综合统筹治理,最终实现城市管理水平质的提升。一方面,深业物业的业务从小区拓展到街道和城市片区,既是企业壮大谋求更大发展空间的驱动,又是企业为城市建设展示自我价值的需要。另一方面,于政府而言,城市管理业务交由综合运营能力强、实力雄厚的企业统筹治理,为城市治理的科学化、规范化,提高城市治理水平提供了强有力的保障,也为深圳"先行示范区、粤港澳大湾区"建设闯出新路子。

一颗诚心，所有关爱

深圳市莲花物业管理有限公司

莲花物业集团创立于1990年，注册资金1.1亿元，是中国首批一级物业管理资质企业、中国物业管理百强、广东省物业管理23强、深圳物业服务综合实力12强企业、深圳知名品牌企业、国际金钥匙认证单位、福田区总部企业。

莲花物业集团秉承"专心创造价值，诚信赢得尊重"的企业宗旨，以推动物业管理行业的规范化、职业化、国际化为己任，致力打造中国最值得信赖和托付的物业服务供应商。业务范围辐射全国重点一、二线城市，业务类型涵盖行政办公、商业、工业园区、高端住宅、学校和医院等全业态管理。

一、整体能力建设与提升

（一）"专业化服务与区域化管理相结合"创新模式

在综合一体化模式的基础上，莲花物业最早提出的区域化管理和专业化服务相结合的管理服务模式，深化了物业管理专业模块的专业水平。公司下属专业公司：深圳市劳特斯机电有限公司和南京通菱机电有限公司专业从事高端物业机电设备和楼宇智能化系统研发、安装、改造、维修与保养，拥有多项著作权和专利权，成为江苏省科技厅的"高新技术企业培育库入库企业"，获得"江

苏省科技型中小企业"称号；深圳市莲花环保技术有限公司专业从事各类物业清洁、园林绿化养护、有害生物防治、二次供水设施清洗服务，是深圳市十佳消杀单位。

（二）"智慧物业+智慧社区"服务模式

随着现代科技尤其是互联网技术的快速发展，莲花物业在做好物业基础服务的同时，顺应"互联网+"时代的深刻变革，努力提升科技服务意识和信息化管控能力。在服务中"注入科技元素，启动智慧管理"。一是品质管理启用"莲享家"智慧物业、智慧社区云平台，推进物业现场移动管理；二是停车场推进"大数据"管理，实现车牌识别、云端监控、移动支付、自动上传数据四大功能；三是搭建移动支付平台，实现微信和支付宝手机缴费、远程缴费等功能，让客户真正体验到了快捷、贴心、便利的服务。

莲花物业全力打造"莲享家智慧云平台"，将莲花物业成熟的管理经验、运营体系、执行标准用互联网科学技术实现移动化管理，为莲花物业战略转型和集团化管控奠定坚实的基础。

二、内部管控能力强化

2019年，莲花物业集团根据"赋能·笃行"的工作主题，通过梳理集团管理制度、质量管理体系以及新工具、新技术的推广与运用系列措施，为管理聚力、赋能。

一是梳理职能部门职责及管理制度，全面调整集团职级薪酬体系和OA流程，以适应集团化办公模式需求。

二是全集团范围推广停车场移动支付，实现具备条件项目移动支付全覆盖。

三是引入文档管理系统，推动集团文档管理信息化。

四是品质管理开展以基础服务线条为着手点作业指导书的编制，制定"图文结合"形式的项目管理服务标准。

五是扩展"莲享家"功能与运用范围。

六是推广引用新工具新技术。降低成本，提升效率，改善服务体验和提升服务品质。

三、公共突发事件处置能力提升

2020年初，新冠肺炎病毒肆虐，莲花物业集团积极响应国家、地方政府关于做好"新型冠状病毒"相关防范工作的号召。集团成立疫情防控领导工作小组，各职能部门、区域（分）公司认真部署应急预案并严控落实。

复工期间，全体莲花人扛起责任，响应政府疫情防控、复工复业两手抓号召和公司工作要求，充分做好各项防控及业主复工准备工作，所做工作得到了区领导及辖区街道的充分肯定。

疫情当前，党员当先。莲花物业集团党总支、南京分公司党支部、昆明分公司党支部向疫区捐款数万余元，支援新冠肺炎疫情防控工作。多名员工被评为"抗疫先锋"，多个项目被评为"优秀抗疫小区"。莲花物业受到政府相关部门及主管单位、行业协会的表扬和赞赏。

四、标准化体系建设能力提升

莲花物业是物业管理行业内最早通过ISO9001质量管理体系、ISO14001环境管理体系、OHSAS18001

职业健康管理体系认证的企业之一,多年来,一直将标准化体系建设和落地实践作为工作重中之重。不断完善物业管理体系和加强公司资质管理,提升服务质量和品质。

(1)服务标准视频化、音频化。将基层作业的操作规范、焦点案例、经验心得分享等业务信息,制作成视频、音频文件,在企业内部借助多媒体方式进行传播。

(2)品质管理移动化。引入信息管理软件,实现了内部服务品质管控持续平衡、外部客户诉求响应处理及时高效;并且依托软件初步实现了服务品质的跨区域动态监管,客户信息的运态管理。

五、服务品质满意度提升

"您的微笑是我的心愿,您的满意是我的追求"。这是莲花人一贯坚持的服务理念。莲花物业连续三年获评"业主满意度(深圳指数)领先30企业",2019年,通过创优创新继续保持和提升服务品质。

一是继续提升项目服务品质。在设施改造、工程改造、环境提升等方面加大人力、物力投入。二是积极开展创优、创新服务。公司各地借助创建活动,开展"五心服务""一厅两库"服务,提升服务水平、提升品牌形象,赢得社会认可和客户的信赖。

莲花人想客户所想,主动自我提升、自我完善。怀着"一颗诚心",全心投入服务,因而不断赢得行业认可和客户满意的笑容。

六、参与社会公益能力提升

2019年,参与精准扶贫社区项目约100个,扶贫农产品近万斤;参加深圳市慈善总会"三区三洲对口帮扶"活动,公司获评"公益慈善爱心企业";全年扶贫金额约10余万元,解决建档立卡贫困户就业人员约60余人。

莲花物业党总支部成立于1990年。先后十余次被华富街道党工委、福田区民营工委授予"先进基层党组织"荣誉称号。近年来,莲花物业积极探索党建的新路子、新模式,党建工作实施"54321党建模式",发挥党组织在促进民营企业经济建设中的引领、带头作用,取得了突出的成效。

莲花物业工会成立于2003年,提供专项的经费、资源投入,经常开展员工娱乐活动,让员工感受到企业的温暖,更加深入融入企业这个大家庭中,增强员工归属感、企业凝聚力和稳定性。

未来一年,莲花物业在"沟通信赖"工作主题的引领下,重视服务与沟通,努力提升企业的美誉度,以此赢得客户信赖、赢得市场竞争,进一步推动物业管理行业的高质量发展。

深耕物业品质提升，为业主打造"有温度的社区"

龙光服务控股有限公司

龙光服务诞生于1996年，总部设在深圳，具有国家一级物业管理企业资质。经过25年的长足发展，龙光服务已成功向项目物业规划、项目运营全生命周期的管理体系迈进。目前接管物业管理项目约225个，公司在职员工超7000人，服务人口约100万人。

龙光服务在持续发展壮大的同时，始终将品质提升作为企业的发展动能。一方面，通过对物业环节全覆盖，创建自上而下的垂直管理体系，夯实品质管理基础。另一方面，以打造城市标杆项目的形式，不断提升物业服务标准，通过对标杆项目实行固定化亮点全面推广，个性化亮点定向推广，全面提升龙光服务品质。

一、全覆盖：从地产开发之初介入，实现全程品质监控

为协助开发商从项目开发之初以高标准打造精品，龙光服务提供前期介入、入伙交楼、正常管理等一系列物业管理服务。在物业管理各个阶段导入全

面品质管理，助力房屋品质提升和输出好服务。

作为龙光集团旗下的物业公司，龙光服务由工程部经验丰富的专业人员组成前期介入团队，在地产开发之初开始介入工作。团队凭借丰富的后期工程管理服务经验和知悉后期服务现场硬件痛点的优势，围绕未来使用人的安全、舒适、便捷、设施设备的使用寿命和周期出发，对公共配套的选址和建设、设施设备的选型以及相关建筑材质的选择等提供建议。从项目源头完善规划设计，提升产品价值，减少后期物业管理的隐患，为建立良好的客户关系奠定坚实的基础。

在建筑施工阶段，龙光服务专业小组从施工现场介入，提前告知施工阶段客户敏感点，从防水施工、设施设备施工、绿化施工等方面预控工程质量，提升建筑品质，对后续物业工程服务和维护工作做到知根知底，心中有数。同时为业主提前做好管家角色，进行分户查验，降低交房风险。

在物业竣工、入伙阶段，龙光服务提供承接查验、专业服务，在交付前对整个项目公共区域进行查验，向项目挑毛病、提建议，并提出全部整改完成期限，在业主收房前做好层层把关。

在常规服务阶段，龙光服务除了为业主提供多样化的优质服务，还对建筑本体、设施设备进行科学管理维护，延长使用寿命，实现物业保值、增值。龙光服务通过对建筑和服务品质实现全程品质监控，不断促进品质提升，让业主在龙光小区住得安心、放心、开心。

二、强监管：建立"三大管控层级"，实施"八项管理措施"

为推行全面品质管理，建立高标准管理体系，龙光服务从2002年起全面导入质量管理概念，先后通过ISO9001质量管理体系、ISO14001环境管理体系和OHSAS18001职业健康安全管理体系审核认证。

在品质管控架构方面，龙光服务实行"总部、区域、项目"三级服务质量监督执行架构。总部根据业务发展需要构建维护公司质量管理体系，编制标准文件、作业指导，制定专项业务解决方案。区域公司根据质量管理体系的管理要求，指导下辖项目开展基础服务、专项业务，管控区域品质目标达成。项目各部门在区域公司的指导下，落实质量管理体系的管理要求，执行工作标准，达成项目品质管理目标。

与此相呼应的是，在品质管理方面，龙光服务实行覆盖"三大管控层级"的"八项管理措施"。首先在集团层面，共有四项管理措施，分别是以第三方客户满意度调查和第三方神秘顾客检查为主的行业权威机构调查。通过权威机构调查，传递物业服务等八大维度客户原声，以客户视角评价感知服务品质。另一方面，由集团内部开展飞行检查，检验专项抽查项目的服务品质。同时在集团内设置E控中心，对关键岗位持续监控，受理客户诉求。通过E控天眼对人员出入口、车辆出入口执行情况（是否符合标准）进行抽查，邮件通报，列入月度考核。

区域层面的品质管控措施主要是通过区域常规品质检查和区域飞行检查，对区域常态和专项项目检查服务质量，进行品质管控。具体落实到项目层级的管理措施，包括对客户原声管控，在服务一线关注客户原声处理及时性、关闭率，以及由主管检验、管家巡查组成的项目操作层对服务质量进行检查。

龙光服务通过第三方检查、总部－区域－项目三级检查、E控中心管控的管理模式，做到效果可保证、标准可落地。例如，在2019年三季度的满意度调查中，有业主提出安全原声问题，根据业主反映的问题，龙光服务10月份对低分项门岗进行专项检查，将问题查实整改。

为巩固整改效果，提高小区安全团队品质意识和安全队员专业技能，龙光服务还专门开展"百日安心"专项行动，营造园区的安全氛围，守护业主的安宁。经过长达百日的专项行动，龙光服务在2020年第一季度满意度调查，总分达到了87.3分，相较2019年第三季度提升12.6%，安全评分87.3，提升8%，服务品质和业主满意度均得到显著提升。

三、树典型：打造城市标杆项目，以点带面促品质提升

"精诚服务、精细管理、高效运营、营造美好生活"是龙光服务的质量方针，为向每位业主提供更优质的服务，创造健康、环保、优质的居住环境，提高业主满意度，龙光服务从2018年开始打造标杆项目，以业务流程处理为基础，以优化组织架构、规范服务流程、提升服务效能、减低运营成本和创造价值为目的，以市场视角为内外部业主和外部客户提供高效智能化、专业化服务，树立行业标杆，以点带面提升龙光服务整体品质。

居住在龙光服务标杆项目是怎样一种体验？在

龙光服务标杆项目深圳玖龙玺可见一斑，从入口开始，客服主管每天进行早送晚迎服务，在龙光服务行业首创的"无钥匙社区"，业主可通过手机龙光荟APP或刷脸进入园区。在园林管理上，通过绿植造景设置业主最佳留影区，业主可通过扫码树木上面二维码了解详细的树木信息。小区已建设高空抛物实时监测，可快速定位抛物楼层并实时预警，提升园区的安全等级。

小区还设有龙光书苑，在龙光书苑内不仅设置了传统的阅读区，还开辟出手作区、休闲区、交流区，为住户预留出更多生活的平台和空间。小区同时还设有社区文化长廊，对社区文化进行展示。疫情期间，为了减少业主接触风险，龙光服务工作人员化身为快递小哥，日送千件，将快递送至业主家门口。平日里，小区每月至少举办两场社区活动，通过龙光家宴、龙光悦跑、龙光运动会等年度盛事，增添邻里互动，提升社区温度，打造"有温度的社区"。

龙光服务通过归家"触点营造"、智能化管理平台、"1＋N"优管家服务、社区文化打造，树立标杆项目四大服务体系。从硬件、软件、信息、应急处理四大方面，建立标杆项目标准，并形成《龙光服务标杆手册》，实行固定化亮点全面推广，个性化亮点定向推广，建立亮点分享评选机制，形成龙光服务全项目学习氛围。

未来，龙光服务将通过标杆标准升级、标杆项目打造、标杆项目复制的模式，实现一个城市完成一个标杆项目打造复制，全面提升服务能力及公司品牌价值。

科技赋能美好生活

广州海伦堡物业管理有限公司

海伦堡物业始于 1999 年，二十载荣耀征程，我们以雕刻时光的匠心，不断助推城市美好生活升级，现已布局国内外 50 余座城市，服务 60 余万业主，管理业态涵盖高端住宅、产业园区、购物中心、写字楼等多种业态，从跻身中国物业服务百强企业 TOP 25 到实现品牌价值行业领先，海伦堡物业匠心打造至臻品质，用心服美好生活，运用"物业＋互联网"创新模式，持续升级智慧物业服务的同时，不断深化医疗健康、线上商城、资产租售、社区金融、美居等多元化增值服务。二十载峥嵘，点亮城市梦想，二十载光阴，淬炼荣耀时光，我们，为美好而来！

大数据正成为整个社会的底层架构和标配，大数据时代与"互联网＋"时代的到来，使得业主的需求与消费体验不断改变。未来的物业必然将会以"服务"为中心，通过科技赋能与跨行业整合，把服务渗透到"衣食住行"等各个领域。海伦堡物业积极走在时代发展的前端，在建设智慧物业的进程中大胆探索，勇于实践，自 2016 年已开始布局自己的智慧物业系统解决方案，并逐步扎根智慧物业建设，通过科技赋能，持续完善智慧社区服务理念，逐步构建起以"一个平台"（智慧生活服务平台）和"三大体系"（智慧物业服务体系、社区生活服务体系、信息化管理体系）为核心的"美好生活全生命周期服务体系"，为客户提供更加智慧、便捷、健康、温情的全生命周期服务。

海伦堡物业美好生活全生命周期服务体系

一、科技赋能，重塑企业管理

海伦堡物业积极利用科技手段，挖掘大数据价值，帮助企业运营实现降本增效，推动企业的可持续发展。通过建立智慧社区数据门户，多类型社区数据汇总及集中展示，让整个智慧社区数据透明、清晰。利用"基础信息"模块储存项目信息、房产信息、业主信息、车辆信息、设备信息等大数据。同时，通过数字化管理实现经营导航、决策支持、BI分析和风险控制，以 EHR 系统、财务系统、OA 系统为依托，实现日常工作线上化、数据管理透明化、信息沟通实时化，极大地提高了办公管理效率及信息传递的可及性。

海伦堡物业以"物业管家"APP 为依托，打造智慧门禁、智慧车场、智慧安防、设备设施远程监控、设备设施运维管理以及线上投诉、缴费、报事报修等多个功能模块，实现高效管理。日常巡检、维保维修工作引入智慧化管理精简了维保修 30% 的冗余时间，同时大幅减少能源浪费。海伦堡物业通过升级车场道闸系统，将车场管理与云端服务器相连，不仅提高了车场管理效率，增加了车场效益，还实现了业主端无感扣款，让业主得到更多便捷体验；建立的"门禁—道闸—巡查—智能系统"四位一体的安防系统，通过人脸识别、蓝牙、车牌识别等技术设置门禁、道闸第一道安全防线，24 小时巡查系统通过员工手机 APP 监控，由 GPS 定位及目的地设置二维码签到这两个手段保证巡查完整度，四位一体安防系统让海伦堡物业安防风险大幅降低，也使管理层能够更好地管控项目安全，及时发现并控制风险。此外，通过智能化管理，提前预测耗损情况，保障海伦堡物业项目设备耗损降低 10% 以上。

二、科技赋能，成就服务满意

当前，物业服务企业在发展过程中愈加注重服务的标准化，通过对服务内容进行标准化、精细化、体系化、线上化的组织管理，提升物业服务水平和客户满意度，为实现企业转型升级、做强做大打下坚实基础。服务，从每一件小事做起，海伦堡物业秉承"源于顾客满意"的核心价值理念，不断开拓创新，把业主在园区工作、生活的每一个日常，都看作企业管理和服务的现场。通过科技信息技术，实现物业服务线上化，有效提升物业服务的品质和效率，大幅提升业主体验和居住的品质感。

品质造就满意，海伦堡物业认为，智慧物业是以科技物业为基础的升维，科技物业的出发点与落脚点是聚焦管理层面上，以互联网等新技术为依托，实现物业管理的信息化，而智慧物业则以服务为最终的目的与落脚点，构建智慧物业更多的是构建起物业服务企业与业主的强交互，海伦堡物业所倡导和践行的，不再是简单的服务与被服务的关系，而是通过智慧物业创新模式构建起双方的"强关联"。以"强关联"叠加"软服务"构建起具有物业管理特色和企业发展特点的智慧体系才是未来智慧物业的发展方向。在海伦堡物业智慧生活平台的支撑下，业主在购买服务行为之外，有了更多交互的可能。需求被直接反馈、服务能直接送达，海伦堡物业与业主建立起信任和依赖，业主亦能成为伙伴，使物业服务效率有效提升，客户满意度直线上升。智慧生活所建立起来的舒适的平台环境，以高品质的物业服务"黏住"业主，同时增加了一层新的"归属感"，从而使多方建立起健康、有序、多元共创的格局，一起走向更高更远的未来。

三、科技赋能，构筑美好生活

科技改变生活，用科技赋能物业管理，让社区生活变得更美好，是物业管理行业发展的必然趋势，也是未来社区生活的必然选择。海伦堡物业紧密结合社会发展趋势和时代发展要求，为满足人民不断增长的美好生活需求不断创变、革新，潜心践行"用心服务美好生活"的理念。

利用物联网和互联网技术，海伦堡物业打造了社区生活服务体系，并于2019年全面升级线上服务平台"Hi 居"APP，在原有一键开门、线上缴费、报事报修等实用功能基础上，新增了医疗健康、房产中介、美居服务、社区金融、线上商城等增值服务，通过线上服务平台"Hi 居"＋线下服务中心，打通线上线下的社区服务闭环，构建全景服务生态圈，为业主的衣食住行提供一站式智能化的解决方案，让服务更智慧、更便捷，让业主更省心、更放心，让社区生活更美好。

二十年匠心筑梦，海伦堡物业在用心服务美好生活的探索中，不断完善和深化多层次的社区生活服务网，通过信息化手段构建增值服务平台，跨界整合，将服务延伸到了健康管理领域。搭载着互联网医疗高速发展的快车，海伦堡物业携手互联网医疗龙头企业微医，联合打造"Hi ＋健康"健康管理服务平台，通过"线上＋线下""全科＋专科"的新型医疗健康服务，为客户提供在线问诊开药、预约全国专家、重疾就医绿通等医疗健康服务。小病、常见病、慢性病的诊疗需求，甚至大病重病等就医安排，都可以通过"Hi＋健康"线上服务平台来解决。在线下 Hi＋健康屋，可通过远程视频诊疗、健康咨询、专家会诊等多种健康管理服务，为客户提供简单、优质、高效的健康管理服务，让健康触手可及。

"Hi ＋健康"健康管理服务平台

四、结语

随着互联网技术的变革和更新迭代，海伦堡物业的产品和服务始终紧紧把握时代潮流，通过建设以"物业＋互联网"为核心要素的现代物业服务体系，为客户提供便捷、高效、安全的全生命周期服务，不断满足业主日益增长的美好生活需求，为业主创造更大的价值。同时积极运用现代科技和跨界融合等手段，优化管理理念，创新服务模式，探索智能化升级，将品质、管理、经营、服务全面贯彻于品牌价值体系中。未来，海伦堡物业将致力于发展成为国内一流的美好生活服务商和值得信赖与尊重的卓越企业。

科技赋能助力品质提升

路劲物业服务集团有限公司

多年来,路劲物业致力于通过高品质、精益化的服务,为客户呈现更专业的企业形象。通过对服务团队、规则制度、特色行动、智慧社区平台的建构等方面,将路劲物业逐渐打造成为业主认可的品牌。

一、夯实员工业务功底,落实服务标准

什么才是衡量服务品质的标尺?怎样才能夯实业务功底?这是路劲物业一直在探索与思考的问题。

为提升服务品质及管理标准,路劲物业推出《路劲物业师傅手册》《物业管理标准化运营手册》,进一步统一物业管理和服务标准,更有针对性地规范和指导项目管理作业,把极致服务落实到每个细节,提升现场管理和服务品质。

一线员工是传达服务的主体,是衡量专业性的标准。路劲物业每年都会以

夯实业务基础作为前提、提升服务品质为要务，通过启动多项人才发展战略项目，完善人才选拔、评价与培养系统课程，培养管理及专业型人才。

如刚刚结束的基础岗位星级评定、正进行到培训阶段的劲业升项目、各城市秩序维护比武大赛以及常规性职能岗位培训等，有效激励员工提升专业技能，树立岗位标杆，为员工的可持续发展赋能。

二、加强服务工作创新，助力品质提升

为呈现服务新品质、传递服务新感知，路劲物业全国项目联动，结合各季度工作特点，开展"焕新行动""亮剑行动""磐石行动"及"鲲鹏行动"四个主题的品质提升行动。旨在全面提升客户服务水平，切实提升客户满意度。截至目前，主题服务季活动在各项目已取得阶段性成果。

同时，为满足客户日益增长的需求，路劲物业建立监督机制，成立专项小组，深入探索服务全场景，以顾客的视觉，从专业的角度，深入项目，不讳不足，挖掘品质提升机会点。在高标准的严苛要求和各项目的大力整改下，一些老大难问题得到明显改善，部分长期影响服务品质的问题也得到突破。

三、实现智慧物业落地，赋能精准服务

虽然在一系列组合拳的作用下，社区服务品质在不断提升，但仅靠传统的物业管理发展空间还是有限，智能化、信息化建设已经成为物业提升服务效能、降低成本的重要手段。路劲物业乘风而行，借助智能技术，打破传统服务模式中存在的高成本、低能效等问题，既能实现服务转型升级，又能拓展多元发展。

（一）探索智慧之路　创造平台多元价值

路劲物业恪守在加强基础服务的同时积极探索适合自身发展的"智慧之路"，以提升客户满意度与企业可持续发展为着力点，从客户服务、社区便利、物业管控等方面入手，借助物联网、人工智能（AI）、大数据等新技术应用，构建智慧社区生态平台——"劲管家"。

"劲管家"智慧社区生态平台，前身为路劲会平台，是以微信公众号为载体打造的轻量级应用平台。随着物联网、5G等技术的发展，路劲物业基于全面提升基础业务服务、提高物业效能，对路劲会平台进行全面升级。升级平台坚持以业主为中心的理念，扩展服务范围，致力通过智能化管理，提升企业管理效能，节约管理运营成本，打造高标准、优品质的企业品牌价值，真正实现"用人少，科技高，服务好"。

作为收集用户信息的终端，门禁系统有着不小的潜力，比如实现智能通行。一部手机，一个APP，通过"刷脸""扫码"等方式，业主或是访客在进出时，能充分感受物业信息化带来的便利。

物业缴费也是社区生活中最常见的应用场景之一，业主通过"劲管家"可直接查看每月的物业账单信息，同时支持在线缴纳物业费的功能，提升业主缴费便利性；系统内置账单管理系统，可实现物业账单和财务管理，从深层次解决物业管理行业收费难、财务做账复杂等行业问题。

（二）场景全覆盖　实现多体系整合输出

建设智慧物业、搭建智慧社区生态平台在实际的落地中面临不少挑战，平台定位、框架设计、推广应用等环环相扣，功能链接、业务匹配、用户体验等任何一个环节都能成为影响平台成功与否的关

键点。没有将平台进行实际应用，再美的平台框架图，也只是一个虚幻的符号。

路劲物业在构建智慧物业之初，便坚定了方便用户、提高工作效能的理念，结合AI、物联网、云计算、大数据等技术的发展，从软硬件方面进行着力，部署智慧平台管理系统并实现智能应用。"劲管家"智慧社区平台是路劲物业构建智慧物业的载体，致力于实现全场景覆盖，实现业务与数据全面融合，确保物管服务流程可追踪、操作更科学、管理更便捷，全方位实现集移动化、信息化、智能化的小区管理。比如在日常的服务管理中，物业人员通过劲管家平台可以实现后台对小区所有安防智能硬件产品（门禁、监控、对讲等）的管理、授权及查阅以及与业主之间的工作沟通交流（通知公告、投诉保修、催缴及收费管理等）操作管理。

同时，为构建社区生态圈，满足社区居民生活方式转变下的各种需求，"劲管家"在业务体系构建方面注入了大量精力，集成客户服务、物联网、物业管控、商业运营、数据分析五大系统模块，功能涵盖智慧通行、在线缴费、报事报修、邻里社交、物业管控、安防监控、设备巡检、通知公告等社区生活、管理刚需，可灵活扩展周边生活及公共服务，积极推进了社区建设的高效与智能化，满足多方需求。

智慧化场景的覆盖，让社区每一个角落都充满着"智慧"：智能停车，车牌自动识别，方便居民进出，降低管理成本；访客邀约，输入信息生成访客码，提升访客进出效率，优化物业管理水平；人脸识别，

门禁数字化管理，刷脸即可通行；智能安防，全范围智能化设备覆盖，让社区隐患无所遁形……"劲管家"汇集了社区管理的数字化便利，实现多场景下物业与居民的"双赢"。

（三）有温度的服务 唤活物业服务本质

如果纯粹依赖科技而不遵循"以人为本"的核心理念，智慧社区平台便只是一副没有血肉的骨架。智慧物业，基于人、事、物出发，关注的重点必定是当下最需迫切解决的。

路劲物业在新冠疫情发生初期，紧急响应并利用先进的科技手段进行立体布防，通过自主研发"防疫通行证"与率先引进应用"热成像人体温度检测仪"，切实提升防疫管控效率。科技手段的应用，让智慧物业的功能得到广泛验证，也让小区居民提高了对智慧物业的认识，对物业水平的认可度也会有一个重新的评估。

报事报修是社区最常见的服务需求，工作人员及时响应、业主随时了解进度是传统服务模式难以有效解决的"重点"。现在有了智慧社区平台，这个"老大难"便能一键解决。业主通过登录劲管家APP的"报事报修"功能，一键提交问题，工作人员通过移动工作端及时响应，实现业主与工作人员的直接沟通，业主通过APP便能直接了解进度。同时，管理人员可以在后台看到员工的工作量和业主给维修人员的评价，全面了解服务质量及工作效能，通过这种方式可有效缩短业主与工作人员的物理距离，快速响应服务需求。

在打造品质服务的道路上，路劲物业以夯实业务功底为基础，以加强服务创新为内核，以智慧物业为支撑，打造集成化、数字化、网络化、智能化、模块化、无线化的社区管理平台，实现标准化物业服务、智能化硬件设备、多元化生活配套、数字化管理场景，从而为广大用户提供更贴心、更有温度的服务。

品牌管理探索与实践

众安康后勤集团有限公司

品牌是识别产品的名称或符号，企业通过不断赋予其内涵、意义、价值等内容，让自身与其他企业区别开来。树品牌物业、创优质服务现已成为我国物业服务企业管理目标和奋斗的方向。

众安康后勤集团（以下简称众安康）通过二十年的不断发展，在品牌建设方面也积累了丰富的经验。根据集团整体发展战略部署和品牌建设要求，众安康大力推进品牌建设，创建拥有自主知识产权和同行业竞争力的自主品牌。健全品牌管理体系，形成优质品牌资产，为提升集团品牌在医院后勤领域及物业管理行业方面的知名度和美誉度做出了不懈努力。

一、组建专业团队、打造品牌架构

众安康高度重视品牌管理工作，集团研究所作为众安康品牌运营与品牌建设的管理部门，根据公司经营战略与医院后勤服务市场开发目标，组建了一支

素质高、专业精、能力强、负责任的品牌建设专业队伍。通过明确岗位职责、制定品牌运作与相关活动管理方案，参与品牌推广、资质评定以及行业地位定性类评比等的活动，促进品牌资产增值与市场开发效果，形成众安康品牌的竞争优势；以提升品牌价值为主线，逐步建立健全品牌运营管理、传播推广机制，打造以"众安康品牌"为核心的品牌架构，集中塑造强势集团品牌，使集团品牌真正发挥战略导航、资源聚合、价值创新、业务协同的作用。

牌企业"这一企业品牌目标定位，从服务一个城市一家医院到服务五十多个城市二百多家医院，走过了一条普通但又不平凡的发展道路。

二、制定发展规划、明确品牌定位

（一）制定品牌发展规划

品牌是企业最重要的资产，是企业的核心竞争力。众安康根据企业发展战略，制定长远品牌建设规划，全盘统筹安排，推动品牌建设，完善品牌管理体系，不断修订品牌建设措施。

通过对品牌成长具有影响的国家医院后勤管理政策、后勤服务产业动态、同行业公司情况、医院客户的需求等进行调查和研究，并对调查结果结合工作实际深入剖析，作为制定相关品牌管理策略和品牌发展规划的依据。

（二）明确企业品牌目标定位

众安康经过近二十年的发展，从深圳开始起步，把握住历史契机和市场先机，开辟出一个新兴的产业。用变革的思想将医院后勤服务产业与传统的物业管理区隔开来，始终坚持"全心全意致力于医院后勤管理服务，做行业领先者，打造国际化民族品

三、建立品牌资产、塑造企业形象

（一）建立企业品牌的核心价值

众安康通过研究企业发展的各类模式，梳理多年来公司在管理医院后勤、医疗工程等方面的宝贵经验，充分利用在医院后勤服务行业的品牌优势，注重品质与创新，将客户委托服务管理的每一个项目都做出特色、做出效益，打造成精品。

在客户需求上，众安康持续关注客户满意度，从集团高层到各个项目管理处，都把顾客的需求放在首要位置，以"紧贴医院特点，紧贴医院和病人需求，紧贴医院的经济效益和社会效益，紧贴现代医疗卫生行业发展趋势"为己任，时刻倾听客户的声音，通过产品细分，分析各类客户的需求，贴心服务客户。

（二）引入标准化管理制度

众安康后勤集团为全面提升医院后勤服务品质，实现集团持续创新发展，一直在专业化、标准化管理道路上不断探索努力。2001年首次推出《现代医院后勤服务管理手册》，2004年集团通过ISO9000质量管理体系、ISO14000环境管理体系以及中国职业健康安全管理体系与综合管理体系文件正式发布并实施运行。而后又相继通过了食

品安全管理体系认证（ISO22000:2005）、危害分析与关键控制点认证（HACCP，GB/T 27341—2009）、信息安全管理体系认证（ISO27001：2013）及深圳市社会责任评价体系和能源管理体系认证。此外还应医院协会的委托，编制了医院后勤评价标准以及消防标准等。

2018年，集团编撰推出《机电管理》《秩序维护》《环境美化》《医疗辅助》和《营养餐饮》五个分册构成的《众安康医疗后勤服务目视化操作手册》，对各服务领域的组织架构、人员职责、工作内容、设备物资、日常管理、表格流程和信息化管理等做了图文并茂式的解读。

（三）导入卓越绩效管理模式

卓越绩效模式（Performance Excellence Model）是当前国际上广泛认同的一种组织综合绩效管理的有效方法和工具，反映了当今世界现代管理的理念和方法。引进、学习和实践《卓越绩效模式》，是激励和引导企业追求卓越的有效途径。

众安康集团从2015年开始导入《卓越绩效模式》。为了顺利推进卓越绩效模式导入，众安康成立内部工作小组，并聘请专业咨询顾问团队作指导，全面实施卓越绩效管理，系统强化和改进公司的管理理念和经营方法。

经过四年多对卓越绩效模式的探索与实践，集团通过实施卓越绩效模式，在组织的经营管理上有了新的视角和思维，并在卓越绩效模式的框架下研究自身需要改进的各个方面，形成了一些独具特色的做法，实现了管理的新跨越。

（四）加强企业文化建设

当前，企业竞争已从单纯的价格、质量和服务竞争转化为具有深厚文化内涵的品牌竞争。通过品牌背后富含社会责任的企业文化，赢得消费者和公众对品牌的认同，已经成为一种深层次、高水平和智慧型的竞争选择。

众安康集团坚持"以人为本"的管理思想，在公司全体员工中广泛深入地学习、宣传、实践公司企业文化体系，使之落实到每个岗位，每个员工行为中，渗透到企业经营管理中，融入公司各项规章制度中。全面塑造企业精神、理念和价值观，达到人人认同，人人实践公司企业文化的效果。

（五）创建企业形象识别CIS系统

根据集团经营理念和企业文化的要求，众安康还设计、制作了企业形象识别CIS系统（理念识别、行为识别和视觉识别系统），形成众安康特有的企业形象，透过视觉符号的设计统一化传达了公司企业精神与经营理念，有效推广了众安康的形象和知名度。

四、注重企业宣传、维护品牌形象

众安康根据集团公司品牌价值战略，创新思维，打造以"倾听需求、贴心服务"为核心的服务理念，在品牌宣传和品牌维护上不断进行新的尝试，为进一步提升公司品牌形象、稳固和开拓市场作出了积极贡献。

（一）加大品牌宣传力度

充分运用物业管理行业及医院后勤行业展会、推介会以及各行业协会举办的活动，组织宣传众安康服务特色和服务理念，做好品牌宣传推广，树立良好外部形象。在企业与政府、社会和医院客户之间架设了一条沟通的桥梁，为企业发展赢得更加优化的外部环境。

（二）扩大新闻媒体宣传

通过电视台、报纸以及公司网站、公众号对公司优秀品牌事件、各部门工作成果进行新闻报道和活动支持。不断把公司的好做法、好经验、好典型宣传出去，塑造企业良好的形象。加强宣传队伍建设，健全了以集团研究所为中心以及各个分公司、

管理处为骨干的二级通信报道网络。加大对外宣传报道力度，提高企业知名度。

（三）维护公司品牌形象

重视品牌危机事件，推动完善企业商标注册，对公司知识产权进行保护备案，对于本公司品牌侵权事件，积极发现线索，主动出击，调查取证、全力维护公司品牌形象。

五、丰富品牌内涵、促进价值成长

众安康通过分析公司品牌现状与评估管理品牌资产，提高品牌文化内涵，创建优良品牌形象；提升品牌知名度，促进品牌价值成长。

自主创新是品牌的内核，是发掘客户需求、提高品牌竞争力的关键。品质是品牌的基石，是提高客户满意度、美誉度和忠诚度的前提。管理是创建品牌的保障，是企业把一流的产品和服务转化为一流品牌的必由之路。诚信是品牌的命脉，是做成"百年老店"必须坚守的道德底线。"创新、品质、管理、诚信"是众安康品牌建设的深层次体现，是创造卓越品牌内涵的基础。

（一）重视自主创新

不断创新是企业的核心价值观之一，是企业发展的动力。众安康以多年来对医院后勤保障协同的研究和实践探索为基础，紧扣现代医院大后勤观念，主动与临床服务、医学工程、人文关怀相融相通并逐渐创造出一套有理论、有实践、切合现代医院后勤服务的社会化经营管理模式。通过微利低耗、全方位一体化服务与单项服务相结合，专注社会服务的医疗后勤领域，定位于医疗健康服务大产业，通过创新，不断开辟出新的服务领域。

同时重视高新技术创新工作，不断探索研究，开发出包括众安康后勤云平台系统、众安康餐饮云平台系统等 25 项专利产品，并持续进行技术成果转化，形成企业核心自主知识产权。

（二）提升服务品质

众安康从事的医院后勤保障行业是以围绕医院医疗服务为中心，以满足病人需求为目标，以配合医务人员进行医疗服务为宗旨，为医疗服务的各项环节和相关工作提供及时有效的保障和服务。众安康的产品就是服务，服务品质的持续提高是众安康不懈努力的目标。

为此众安康根据多年的行业经验对现代医院后勤服务项目状况进行了全面的调研论证，组织专业人员经过多年的努力，整理编写了包括机电、保洁、保安、医辅等专业的标准化工作手册，制定出一套行业领先的全方位后勤保障标准体系，为进一步推动标准化体系建设打下了基础，为全公司实现"六个统一"（即：统一标志标识、统一装具设备、统一物质耗材、统一信息化管理、统一工作流程、统一操作方法）工作总基调，强化全员、全要素、全方位品质管理，努力打造具有众安康特色的医院后勤服务样板和典范迈出了坚实的一步。

众安康通过标准化工作使各项医院后勤服务形成规范，同时使用信息化管理，使现场工作实时监控，实时考核，保证现场服务质量获得客户较高的满意度；通过标准化，全面贯穿公司管理，使之成为深化改革，提升服务质量，推动管理工作的重要抓手。

（三）打造先进管理模式

众安康为提升医院后勤服务品质，全面树立精细化管理理念。强调医院后勤管理要以"精"为目标，以"细"为手段，把精细化理念贯彻到后勤管理的整个过程中。运用"三化四定五制"的管理模式——三化：服务队伍专业化、服务质量标准化、经营管理制度化；四定：每级机构、每个项目实行定任务、定人员、定成本、定奖罚的目标责任；五制："1＋3"责任制、限时复命制、服务访查制、考核监督制、CBA训练认证制，形成有效的医院后勤行业竞争优势。

（四）建立企业诚信机制

诚信是社会道德的基本要求，是现代企业必须恪守的基本准则之一。众安康通过制定诚实守信的经营准则和企业文化，明确社会责任和使命，规范公司信用管理，提高信用意识和信用管理水平；加强自律，营造诚信经营、公平竞争的市场环境，促进企业的健康发展。多次获得"守合同重信用企业""企业诚信评价AAA级证书""广东省诚信示范企业"等荣誉称号和证书。

六、增强品牌意识、构建行业优势

品牌是企业的无形资产，自主品牌是企业的核心竞争力。

品牌建设就在于创建出具有内涵和深度的品牌，让品牌的核心价值得以体现，并得到市场的高度认同，这样的品牌才能持久。

众安康后勤集团有限公司通过品牌文化建设，不断增强全员品牌意识，丰富品牌文化内涵，营造"人人塑造品牌、人人维护品牌、人人传播品牌"的浓厚氛围。积极开展品牌工作的学习和培训，通过自主创新，提升品牌的竞争力，扩大市场的占有份额，使众安康集团在严峻的市场竞争中不断的发展和壮大。（张晓林）

筑牢疫情防线　护航春季复学

广东华信服务集团有限公司

在经历"史上最长寒假""空中课堂""网上作业"之后，结合疫情防控形势，广州市各级各类学校开始分批返校开学。在这个特殊的"开学季"，华信服务集团所服务的广州广播电视大学、天河中学等学校类项目筑牢疫情防控"安全网"和复学复课"防护墙"。

一、制定方案落实举措

自接到复学通知后，华信服务集团结合广州市教委、市物业行业协会下发文件要求，以保障学生、教职工生命健康安全为主要任务，第一时间启动《校园开学防疫工作重点》方案，并组织各学校类项目负责人召开复学准备及培训工作会议，强调开学准备工作的重要性，明确各条线工作职责，调配区域力量，确保学校所有防疫准备工作精准、到位，保证各项目安全、平稳开学。

二、开展培训实景演练

华信服务集团联合各校卫生部门对在校保安、保洁工作人员多次进行培训，就返校流程、不同区域的消毒药水配比、消毒重点、操作要求及注意事项等进行详细指导。为提高复学期间应急指挥、组织协调、处理突发事件等防控能力，让方案举措落地，让流程细节落地，物业服务人员配合学校开展防疫实景演练，通过模拟开学当日返校、测温、登记等全过程，在真情实景中逐步斟酌优化开学预案，为正式开学做好充分准备。

4月29日，华信服务集团所服务的广州广播电视大学举行新冠肺炎疫情防控应急演练。物业服务中心协同校方认真做好疫情防控演练的前期准备工作，演练设置了校门、课室、宿舍、食堂四个场景，严格按照开学后师生进入学校全流程和突发公共卫生事件后启动应急预案处置流程进行演练。演练在校内疫情发现、疫情报告、病人转诊、隔离处置、现场消杀等应急处置工作全过程。此时正值防疫抗疫关键期，通过这场应急演练，让大家熟悉了应急处置流程，提高了应急处置能力，并将及时优化演练中发现的问题，结合复学后学校的实际情况，更细致、更完美、更到位地做好防疫工作打下坚实的基础。

三、全面消杀落实细节

开学前，华信服务集团对学校内所有公共区域、教学建筑、垃圾库房等区域全方位清洁消毒；对教室中的课桌椅进行擦拭、消毒；清理窨井、下水道并投放灭害消杀的药剂；为减少人群聚集，工作人员在校园出入口、食堂、超市、卫生间等易聚集区域路面粘贴了间隔1.5米的安全警示线，显眼处粘贴标识标牌，教室外设置了取餐点，开学后将由食堂定点送餐。各物业服务中心严格落实项目防疫预案，配合校方建立隔离室，安装检查床、制氧机等设备，搭建体温测量帐篷，多点设置"废弃口罩、手套专用垃圾桶"；所有卫生间摆放免洗手消毒液凝胶、洗手液、肥皂，清洗教室饮水机并用酒精消毒。对校园绿植进行统一养护，以安全、美丽的校园环境迎接师生返校开学。

四、硬核消杀助力复学

开学后，学校物业服务人员除每日常规清洁消毒工作以外，对教学楼内的卫生间严格执行"一课一消"制度，落实专人每日定时多次开窗通风，根据用量及时更换洗手液；在放学后对每一间教室、

每一张桌椅进行彻底消毒，对门把手、台面、水龙头等重点部位喷洒消毒药水并逐一擦拭；对设置在测温棚内的鞋底消毒垫进行更换，保持棚内通风，做好教室桌椅消毒、卫生间的消毒工作。

五、加强宣传增强意识

华信服务集团在校内公示栏、宣传栏、卫生间、食堂、教学楼等醒目位置张贴"戴口罩、勤洗手、多通风、少聚集"防疫宣传海报；在电梯、饮水机、男女厕所、洗手台前张贴一米距离贴，提高师生防疫意识。所有在校物业服务人员在持健康绿码和进行有效证件备案后，方可进入校园工作，严格落实在校工作人员每天两次测温工作。

开学复课吹响了新一轮战役的号角，华信服务集团各部门积极行动，疫情防控与服务保障两手抓，以整洁安全的校园环境，全面规范的防疫消杀，优质及时的服务保障，与学校师生一起，全力打好、打赢复学复课这场"关键战疫"。

传承创新基因　智造品质服务

深圳市保利物业管理集团有限公司

深圳乃至中国的地产行业的真正繁荣由进入千禧年开始，2001年刚好是中国迈入千禧年的第一年，正是在这一年，深圳保利物业诞生在中国改革开放的前沿阵地——深圳，伴随着深圳房地产行业的繁荣，深圳保利物业经历20年的发展，从一家单纯从事物业管理服务的公司，逐渐成长为国内具有广泛知名度和行业影响力的科技型、不动产综合服务运营商。作为一家发轫于深圳的物业服务企业，深圳保利物业也传承了深圳"敢为人先"的创新基因，尤其是面对当下汹涌而至的互联网转型浪潮，深圳保利物业通过不断探索物业数字化转型之路，来优化服务质量、提升服务效率以不断满足人们对美好生活的新期待、新需求。

一、不断创新，积极布局智慧物业

深圳保利物业自2001年成立至今，已深耕物业服务领域20年，一直致

力于打造自己的特色服务品牌,以一系列创新的服务举措和严格的品质管控,一步步走出了自己的"服务之路"。

深圳保利物业从2004年引入质量管理体系并选择与国际六大认证机构的BSI(英国标准协会,国际权威认证机构;BSI倡导制定了世界上流行的ISO9000系列管理标准)合作,而三合一体系认证则选择了国际十大认证机构的DNV(挪威船级社,国际权威认证机构)合作,同时还在2005年率先在业内发布中国首部非官方物业服务标准——《品质管理标准说明书》,此后,深圳保利物业持续迭代创新,并基于ABCI等新技术进行品质标准的数字化、在线化、实时化改造,构建出物业管理行业全面的解决方案及各项技术标准输出方案。

在严格品质管控的同时,深圳保利物业在服务模式上也不断推陈出新,2009年3月,深圳保利物业开通国内物管行业第一条400客户服务热线,为全国客户提供24小时便捷沟通,令客户需求第一时间得到满足。另外,深圳保利物业还先后推出"一体化服务""管家式服务""个性化贴心服务""零缺陷、零时差、零干扰""5E"等一系列创新的服务模式,不断为行业发展贡献力量。

如今,随着人工智能、大数据、云技术和物联网技术(统称为ABCI)的广泛发展,移动互联网蓬勃发展,在各行各业无孔不入,物业管理行业也纷纷踏上探索"物业+互联网"的升级路径,深圳物业充分意识到,在信息化发展的当代社会大环境下,唯有迎合信息化发展的趋势,才能突破行业困局,实现物业服务的转型升级。深圳保利物业将传统基础服务与多元化智慧服务有机链接,以业主需求为基础,并凭借自身在物业服务领域积累的丰富经验与国内领先产业互联网方案提供商保臻科技强强联合,共同打造出一整套链接物业管理全流程的智慧社区解决方案——田丁智慧社区平台。

该平台涵盖五大平台一大中心,即:监管云平台、物业云平台、供应链云平台、人才服务云平台、生活服务云平台,以及智能运营中心。不仅为业主营造更加安全、舒适、便捷的智慧社区生活。还帮助物业服务企业提升项目运营能力,提高员工效能,创造经营价值,以实现物业管理流程体系重塑和服务模式科技化转型,助力行业向高效化、数字化、智能化的"智慧物业"发展迈进。

二、科技抗疫,筑牢社区安全防线

2020年春,一场新型冠状病毒疫情来势汹汹,让物业管理行业面临着严峻考验,社区作为基层治理的最小单元,自然成了疫情防控的源头,值此非常时期,物业也担当着保护业主、保护家园的"最后一道口罩",面对这样严峻的形势,深圳保利物业迅速行动、积极应对,公司全国50多个城市的50余家分子公司近百个项目服务中心,上千名物业工作者,全力投入防疫一线中,为广大居民构筑起一道安全防线。

抗疫期间，深圳保利物业一线物业人员始终坚守岗位，24小时待命社区，做好公共区域的全面消杀，为社区居民有效切断病毒传播途径，为方便业主居家隔离，他们从安保员、卫生员，化身为跑腿员、快递员，努力为社区居民提供着力所能及的暖心服务。

而除了扎实做好基本的防疫措施外，深圳保利物业还积极利用科技手段提升防疫水平，在疫情发生初始，深圳保利物业总部就利用田丁智慧平台迅速统一部署防控，并通过田丁服务版APP和企业微信保证与各项目信息沟通通畅。一旦收到各项目反馈的问题，总部和分公司马上联动处理，以保证防疫工作落实到位。而在疫情期间很多小区由于实行封闭管理业主生活产生了不便，为此深圳保利物业还通过田丁云商平台启用防疫物资全国寻源集采，互通有无，快速调度，以解决小区封闭管理期间业主的生活困扰。

此外，为了应对复产复工时人流管控的压力，深圳保利物业还第一时间参与研发上线"田丁防疫通"，以提高社区出入管控效率。"田丁防疫通"，可提供线上登记、扫码检验、信息汇总、数据分析等实用功能，支持政府相关部门政务端口的衔接拓展。物业公司总部可轻松针对多个项目的人流进行管控，员工省却大量信息登记、查验、汇总和上报工作，提高了门岗效率，减轻工作压力。而业主也避免了出入排队拥挤，降低新冠肺炎交叉感染风险。

三、立足品质，以信心赢未来

拥抱时代变革的同时深圳保利物业也始终明白物业服务企业的核心竞争力是服务品质，要赢得客户口碑关键还得让业主切身感受到服务的温度，深

圳保利物业一直致力于用匠心打造有情怀、有温度的居住氛围，把"为业主营造安全、环保、优美的工作和居住环境"当做不变的服务承诺。

"哪里有生活，哪里就有幸福。"深圳保利物业人愿意做幸福社区生活的连接者。在其所管辖的社区，绿化师会精心妆点社区的每一处花草植被，保洁员会错开业主上下班高峰在不打扰业主正常生活的情况下将楼栋打扫干净，这里有贴心的管家式服务，365天为业主排忧解难。每逢元宵、端午、中秋等传统佳节，深圳保利物业还会精心策划煮汤圆、包粽子、猜灯谜等丰富的文化活动，增进社区邻里和谐，提升社区居民幸福度。

时代在进步，品质在提升，深圳保利物业始终在实践中不断修正自己的方向，用智慧、勇气、和汗水收获了丰硕的果实，赢得了赞誉无数，如今的深圳保利物业市场遍及全国50余个大中城市，业务覆盖高档社区、写字楼、商业综合体等多种物业形态。

未来的道路，有鲜花也会有荆棘，但深圳保利物业依然会满含信心与激情，以一个奋斗者的姿态，将敢为人先的特区精神与自身对品质的坚守完美融合，持续优化智能化标准，携手更多合作伙伴，为城市的经济发展，和人们的幸福生活贡献自己的力量。

大湾区核心商务示范标杆项目管理分享

深圳市卓越物业管理有限责任公司

一、前海壹号：标杆启航

卓越前海壹号项目是卓越集团旗下标杆国际级旗舰商务综合体，同时也是粤港澳大湾区核心前海自贸区首个建成并投入使用的写字楼综合体，前海壹号项目在前海的发展史里有着里程碑的意义，从2013年的前海第一拍，到2016年一期写字楼入伙交付，再到2020年T1座写字楼盛装入市，多年的匠心打磨，与前海先行示范区共同蓬勃生长，树立起卓越前海壹号绝对商务标杆及示范形象。

卓越·前海壹号项目历程时间轴

（T1栋写字楼高约318米，层高4.5米；T3栋写字楼高约224米，层高4.5米；T7/T8高约178米，层高4.3米；T2公寓高约193米；T4公寓高约110米。）

项目总占地面积约 5.7 万平方米，总建筑面积约 47 万平方米，由 2 座国际行政公寓、4 座甲级写字楼及一条商业街组成。

前海壹号致力于与国际接轨，并延伸卓越"商务美学"服务理念和商务 E＋智慧服务模式，为客户提供"现代、尊贵、高效、绿色"的五星级商住环境，令客户体验和享受更丰盛的商住生活之旅，营造现代、开放、人文、科技与自然亲密融合的商务空间。

二、团队建设：项目区域职能化建设赋能

作为前海大湾区首个投入使用的商务综合体，卓越前海壹号一直以高标准高定位的团队建设来严格要求自身；打造以客户为中心的专属服务模式，智慧运营的高智能化高端物业服务，实现一对一的商务服务；打造一支高端的私人专属安防团队；成立高端商务会客接待礼宾团队，致力于捕捉更卓越的服务；提供最优质的设施设备维护保养团队，确保每时每刻流畅运作，以及统一高效的环境保洁服务团队。实现更多的职能区域化，不断辐射带动更多团队的运营建设，称之为标杆！

卓越前海壹号物业服务团队于 2016 年成立，项目滚动开发陆续交付，物业团队在 2016 年经历了一期 7、8 号写字楼入伙，2018 年二期 2、4 号公寓入伙，2019 年 1、3 号楼交付，每一次客户入伙，初生团队成员以最热情饱满的服务态度，吃苦耐劳辛勤奉献的服务精神，将精心打理的大厦楼宇呈现给业主客户，客户看得到的是一尘不染、精致商务的楼宇空间，看不到的是无数个夜晚保洁人员多次精细开荒，工程师细致入微的承接查验，安管、礼宾每一个服务动作、服务语言的精致雕琢。前海壹号一期到场入伙满意度 100％，2、4 号楼公寓入伙满意度 97％以上，这是客户最好的肯定。

在项目正常运营阶段，卓越前海壹号物业服务中心重塑客户服务体系，建立客户服务标准化，首创客户服务体验中心，以卓越智慧双平台为项目驱动，E＋office 客户平台连接客户端需求高效处理，E＋FM 管理平台全面保障项目运营及设施设备完好运行，不断重视项目品质管理，梳理优化客户触点感受，定制专属特色的客户主题服务活动，持续维护客户关系。卓越前海壹号项目已经连续 3 年第三方客户测评满意度 100％，创造客户价值一直是卓越最核心的服务理念，把标准化服务和个性化服务渗透到客户商务生活和社区生活的每一个细节，缔造新的商务价值空间。

"卓越客服"，前海壹号根据不同的客户需求，不断完善提升业务办理，客户入伙、入驻全流程触点设计，建立多渠道客户需求平台，完善高效的内部沟通处理机制，针对客户感知面进行优化升级，时刻根据不同客户类型特点划分服务重点；建立项目公众号，定期为更新，传递更多物业服务信息。

"卓越安管"，区域甄选具有军事训练背景的人员，加以专业礼仪培训，打造出了一支前海高端私人安防团队，他们不仅能参与到各类重要参观接待、明星接待、客户护送服务中，也是前海壹号项目最坚实可靠的安全保卫臂膀。

"卓越礼宾"，卓越礼宾服务是前海壹号的名片，是商务楼宇里一道靓丽的风景线，她们有最温

"卓越环境"，环境服务是大厦的美化师，不仅辛勤细致的进行保洁作业，还能运用着先进的保洁设备，具备专业的清洁作业知识，让环境服务不仅仅停留在基础，更加融入了环保、健康、科技和智慧。

三、场景体验：让服务更有温度与色彩

场景一：资产创造参与者

关注物业管理服务价值、关注资产管理运营价值，始终坚持从客户需求出发，高度重视客户满意度，不断为客户创造惊喜。这是前海壹号项目服务团队从成立后就秉承的企业气质，也是项目团队持续发展追求卓越的核心动力。

卓越前海壹号目前入驻有招行、交行、玉山银行、上海银行、京东、中联、招商证券、银河证券、前海期货等知名企业，入驻办公企业100家以上，是前海片区运营最为成熟的写字楼综合体。入驻前海的企业多为企业总部、国内外知名企业，我们的客户更加关注大厦整体的商务形象，关注企业访客到访接待感受，关注写字楼办公舒适体验，注重物业品牌塑造。

暖的微笑和热情的问候，不仅能给大厦内的办公客户提供来访和个性化的主题服务，还为来自全国各地、各行业的参观客户，提供专业、特色、国际化的高端接待服务。

"卓越工程"，大厦设施设备的正常运行，离不开这样一群与楼宇设施设备打交道的工程技术团队，小到入户维修，大到专业设施设备的运行维护维保……他们日复一日奔走在大小设备机房，大厦里的春天体验，每一缕光线、每一丝新鲜空气，都与他们的付出息息相关。

场景二：优质商务生活缔造者

前海壹号根据客户特点，营造出国际化的大堂氛围，从专属香氛，大堂美陈，温度感受，定制绿化，礼宾乘梯服务、VIP电梯服务等角度打造商务尊贵的客户动线；写字楼客户到访，可提前进行 O+预约扫码进入大厦，或便捷安全的登记扫码进入大厦，更是配备了人脸识别和扫码两种进出识别方式，提升客户到访体验。对于楼层公区的舒适度，楼层配置空气质量监测装置，随时对楼层内的空气质量进行监控，同时调整舒适的光照度和新风空调温度。为企业客户打造舒适商务的办公生活空间。据统计：前海壹号项目2019年度接待重要客户144次，接待人数达到2214人。

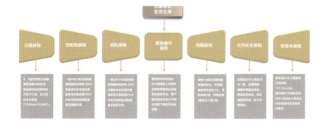

场景三：智慧办公服务助推者

前海壹号持续完善客户体验，不断引进智慧科技服务，目前大厦已正式投入运营机器人快递派送服务，引入保温外卖箱，同时上线卓品LIFE平台，LIFE好物商城为商务办公生活增添色彩，同时线上O＋客户平台也在不断完善更新，未来将更好为客户提供一站式物业服务解决方案。

场景四：疫情防控的无忧守护者

2020年初受疫情影响，大厦入驻企业经营状况收到严重影响，让本就低迷的租赁市场行情持续走低，写字楼运营面临巨大挑战，前海壹号项目在此艰难的环境下，仍然借助卓越物业商务客户资源及优势，在O＋平台进行卓越楼宇房源信息推广。同时，搭建大厦租赁资源对接桥梁，对客户资源进行线上线下推广，实现租赁，推广，广告位宣传一体化，为资产持有者和运营者带来更多的市场机会。

同时，疫情期间，前海壹号项目积极配合社区工作站，对复工企业的正常复工进行防疫严格把控，在项目各重要出入口设立测温防疫检测点（停车场入口、大厦门口、地库与大厦转换电梯处等），坚持一人一码，进出测温防控，层层防护；同时，在疫情期间积极跟进片区防疫工作站对复工企业的疫情防控，现场防疫物资检查情况。日常对大厦公共区域环境卫生，设施设备进行多频次消毒灭菌，确保客户无忧办公，共同抗疫。

四、卓越E＋智慧平台：未来已来，智慧平台让项目服务更智慧

卓越前海壹号项目2017年正式上线使用E＋智慧双平台服务，E＋FM智慧设备管理平台利用物联网、大数据、AI等先进技术进行智能楼宇管理，E＋OFFICE系统为客户端提供便捷智联的线上物业服务。E＋双平台的结合运用，全面提升项目物业服务效率、服务质量，更加智能化的对建筑进行全生命周期管理运维。

以平台为核心，利用物联网、大数据、AI等实现多项目统一管理、设备运数据完整实时采集、分级报警与预警、设备全生命周期管理、能耗分析优化、运维知识库体系、多系统智能联动、系统自动巡检、无纸化办公、多维度BI报表等，实现了业务流程的完整闭环。

（一）智慧运营提升物业服务运营能力

前海壹号项目上线使用智慧平台对比传统模式，经营战略上，平台以客户需求为出发点，将非核心的物业服务进行创新、策划，降低了运营成本并提高收益；通过对运营成本分析、大厦空间规划、服务流程的梳理、能源能耗的分析、日常风险防治和建筑可持续发展保值，为客户提供专业化和精细化的物业服务，断优化和简化，服务品质、成本管控、高效服务实现整体最优，使得物业服务变得更加的智能化、信息化与集约化，不断向客户的提供高效保值和增值服务。且持续周期长，贯穿物业与设施的设计、建造、维修及运营管理全过程。

（二）智慧运营推动项目管理模式改革

前海壹号项目在写字楼运营管理过程中，结合E＋智慧平台，通过平台大数据集成，科学管理的探索，对运营成本、服务效率、基准测量进行综合分析，通过组织架构及管理模式变革，将项目管理区域责任划分，由原有"层级结构"优化为"扁平化"

管理模式，由部门管理制延伸至区域小组管理制，以 E＋管理平台为驱动，模式优化结合公司体系，提升现场工作效率，优化调整岗位职责，带来员工综合发展，客户满意度提升，全面保障现场运营及服务开展。

（三）智慧运营推动项目创新服务模式升级

前海壹号通过 E＋智慧平台线上服务平台，推动线下体验服务升级；传统物业服务中心升级为"去前台化"客户服务体验中心；卓品 LIFE 写字楼生态服务线上线下体验馆。

（四）前海壹号智慧化项目运营成果

2018 年，经过 1 年多的测试运营，E＋智慧平台成功实现线上服务运营，项目创新"体验式"物业服务中心模式取得企业及客户的高度认可。同时，项目管理模式也由原来的"层级化"优化为"扁平化"，大数据分析、集约化运营，实现更高效、便捷的物业服务。

五、管理与赋能焕新：项目管理提升与最佳实践精益生产

（一）前海壹号的项目管理提升

前海壹号项目通过一段时间的写字楼运营管理，项目整体能够实现高效、质量、健康运行。管理团队在对运营成本、工作实效综合分析后发现：传统项目的商务运营多采用"层级结构"的管理模式，沟通成本较大，工作效率低，已经不适用于快节奏、多元化的管理服务对象，传统项目运营的岗位架构容易存在工作量不饱和的现象，一定程度上降低了员工的积极性，阻滞员工学习和成长空间；项目缺少品质专员的督导与培训，员工品质管理意识参差不齐。

前海壹号项目为了解决和避免上述现状中存在的问题和潜在问题，通过调整优化项目的管理思路，经过项目一年的管理探索与分析提炼，用"扁平化"及"导师化"的科学管理模式，实现了以下的管理目标：1.降本增效，项目通过建立标准化文件，改革传统的楼栋运营模式，成立责任制小组运营模式，进行个维度屏蔽机制，激励小组员工，每月度进行小组激励。同比管理模式调整之前，项目人力成本降低了数百万左右；2.员工成长，责任小组员工不仅仅培养本职工作的完成，更多去培养员工的学习创新能力，楼栋运营能力，团队协调能力等多元化的综合能力；激励员工不断挑战高位，有

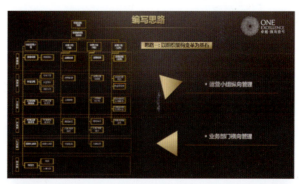

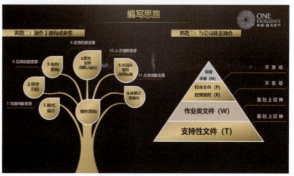

卓越前海壹号运营小组模式编写思路图示

能力发起冲击。3.提升品质，落实质量管理体系现场服务规范，场景化考核机制；新运营模式标准化、可视化。4.满意客户，实现客户满意度连续三年为100%，神秘访客场景化测评在不断提升。

（二）前海壹号的最佳实践、精益生产

"最佳实践"活动基于卓越物业公司追求卓越，不断超越的企业文化，通过推行项目最佳实践，促使项目经理和项目基层员工共同参与改善帮助提高经营利润、交付质量、客户关系、团队发展，进而达成知识管理、成果共享、价值传递，带动公司所有项目降本增效的氛围，帮助企业建立持续改善的运营文化。前海壹号项目部在2018年设立"最佳实践"（Best Practice）管理改善机制，鼓励各部门共同参与"最佳实践"管理方法的操作和应用，密切围绕经营利润、交付质量、客户关系三个维度，通过技术、方法、过程、活动或机制使管理实践的结果达到最优，并通过经验分享和交流复制，从而使组织成长、效益提升，最终赋予卓越物业持续的企业竞争力。

前海壹号项目通过对管理模式的改变，结合智慧E＋平台的使用，整体的人力效率在原来的基础上提升了30%，年度人力成本降低数百万元以上；维修工单处理及时率在98%、QPI检查在96%、安全隐患整改率95%以上；大厦设施设备运用系统科学保养，运维成本大幅度降低，设施设备寿命延长约10%～15%；公共区域能耗较往年减少60万千瓦时。

尾声：中国领先的商务不动产服务运营商，与客户共同成就远大商业愿景

伴随城市经济体的不断发展，写字楼的运营管理服务也要与时俱进，不断创新，未来的客户群体将更加国际化、更加崇尚自由和舒适的空间。高端的写字楼物业服务必须更贴近客户的习惯和文化，服务将更加趋于定制化，技术含量和科技含量也会越来越高。未来，主题化的办公场景会越来越多，物业服务只有主动迎接变化、战略前瞻，才能把握时代发展的浪潮。

作为中国领先的商务物业服务商，写字楼和商务综合体业态一直是卓越物业非常具有行业优势的发展领域，随着新服务和新技术、先进的管理方式的不断应用，在基础服务的专业度和深度，品质服务的深化和提升上，在增值服务和智慧科技的应用创新上，卓越物业将为行业的发展不断探索实践，带来更多的示范亮点与经验分享。

联防联动全力抗疫　守望相助共渡难关

广州市庆德物业管理有限公司

2020年伊始，新冠肺炎疫情全国蔓延，庆德物业所服务的医院、学校、机关单位等项目立即被推至疫情防控最前沿。广东省首批11家定点收治医院中，有3家医院为庆德物业在管服务项目，其中包括广州市疾病预防控制中心、广州市卫生健康委员会等。庆德在疫情防控后勤保障工作中面临着巨大压力。

疫情防控刻不容缓！1月21日，庆德物业立即成立由公司领导班子、党支部及工会组成的疫情防控指挥部，并成立防疫物资保障专项小组，发动一切社会资源购买防护物资，保障一线工作安全；即日下达联防联控工作部署通知，指导项目开展全员网格化的疫情防控管理，并要求各项目严格执行疫情工作日报制，同步上传人员到岗、防控培训、清洁消毒、员工防护等工作情况至公司信息化管控平台，确保防疫工作做严做实。每日两次对职场进行全面消毒，员工需按时填写"每日健康申报"，测温正常后方可进入办公场所，保证员工防护工作到位。

另一方面，应广州市物业管理行业协会邀约，庆德物业参与编写《新冠肺炎疫情防控物业管理业务操作指引（试行）》，并面向全市物业服务企业推荐实施，此举对于同类业态防疫标准化管控措施有重要推动作用。截至目前，我

广州市物业管理行业协会文件

们在管项目服务人员及员工实现"零感染",防控疫情的有效性得到了客户的广泛认可与肯定。

一、庆德物业党支部——让党旗飘扬在防疫一线

面对疫情,庆德物业党支部1月25日成立以业务骨干为主的党员先锋队,党员们冲锋在前,积极主动承担急、难、险、重的防疫任务。2月14日,庆德物业党支部召开党员和业务骨干防疫工作小结会议,再次统一思想,明确下一步的工作方向是:员工是企业的基础,将继续加大防疫物资的投入,确保员工在工作中得到有效保护;提出将引进气触媒消毒新技术,科学防治新冠病毒;同时,再次号召全体党员、骨干充分发挥党员的先锋模范作用,带头当好疫情防控的"引领者"和"实践者",坚决打赢疫情防控攻坚战。

3月5日,是全国第57个学雷锋纪念日。在

得知抗疫一线临床用血形势严峻后,庆德物业党支部成员、青年志愿者等来到广州市卫生健康委员会参加"热血抗疫护佑生命——无偿献血主题活动",为抗疫贡献自己的一份热血力量!

3月6日,庆德物业党支部发出防疫捐款倡议,党员先锋队率先响应,员工们纷纷踊跃参与。通过线上线下捐款相结合的方式,共筹集到80000余元。当天,党员捐款如数转交至越秀区光塔街道党工委,非党员捐款转交至越秀区民政局。

庆德物业党团员、青年志愿者还主动支援一线,参与越秀区"青年战役突击队",每周末值守街道,为出入人员测量体温、宣传防疫知识,分担一线防控工作压力;同时众多庆德志愿者还积极参与"全民爱国卫生运动""慰问湖北籍返岗员工"等公益活动,为疫情防控工作贡献庆德力量!

二、庆德陪护运送团队——与医护人员同行的蓝衣"天使"

在庆德物业有一群蓝色"天使",他们不是医生,不是护士,却每天与医护人员一样,同病毒赛跑,与死神抢时间,他们就是在医院项目服务的运送陪

护服务团队。面对疫情，公司组织员工进行佩戴防护用品及防控知识培训，做到员工100%考核合格；同时，对返岗员工实施身体健康评估与防疫信息登记，确认无潜在风险后方可上岗。

他们严格落实清洁消毒、擦拭病床、医废处理、垃圾转运等基础保障工作；配合院方进行感染科病区改造，协助医院对病房实行24小时封闭式管理；深入病区，承担起运送病人、新增检测盒及发热门诊标本等辅医工作，全力保障临床救治工作。

疫情期间，庆德运送组每天须加送发热门诊的疑似病人检测盒和发热门诊标本至急诊检验科，而每跑一次发热门诊，都要更换口罩、帽子和隔离衣，他们用无畏的担当和责任感确保每一次运送及时准确。当医院科室收治发热病人时，病区实行全封闭式隔离，工作人员要24小时在病房内吃住，直至患者检查结果为阴性才开封病房。在隔离区的庆德护理人员同所有医护人员一样每天"全副武装"，身穿防疫套装进行工作，每时每刻与病毒作战。正是这样一群富有使命、担当与爱心的庆德陪护运送团队，每天接送病人检查平均要走2万多步约11公里，每天平均铺换床单120张，配液120台，工作量比平时增多、防护流程比平时繁复、被感染风险比平日增大，员工们没有一个退缩，始终坚守岗位，提供专业陪护运送服务，与医护人员一起并肩抗疫。

三、庆德安保团队——防疫一线的"守护神"

庆德物业安保团队超1500人，其中部分项目退伍军人比例高达60%，是一支雷厉风行、使命必达的精干队伍。通过日常定期的技能培训和应急演练，强化安保团队面对各类突发事件的业务技能。训为用，练为战。因为未雨绸缪，所以当疫情发生时他们不退缩不畏惧。

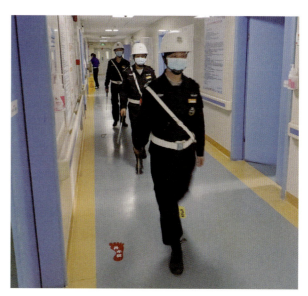

在广州妇女儿童医疗中心项目，庆德物业于疫情初期积极配合院方开展防疫防控演练。战役期间，配合院方隔离区的搭建，转运确诊病人做到高效无误。疫情就是命令，防控就是责任。接到院方通知后，庆德物业项目安保团队在广州的人员初二全部到岗，而外地休假的员工，有的在除夕夜放下碗筷驱车从湖南赶回广州，有的推迟了婚礼，除因疫情封锁无法返穗的同事外，其他人在排除无病毒携带风险后全部返岗，并一直坚守在各自岗位。无论在医院还是学校，项目安保人员始终坚持出入口体温测量与防疫信息登记，在隔离病区进行24小时安保执勤，为项目筑起一道病毒隔绝墙，是当之无愧的防疫一线"守护神"。

四、庆德清洁团队——勤劳朴实的防疫"清道夫"

清洁消杀是防疫一线的重点工作。为遏制病毒传播，防止病毒残留，庆德物业根据省住房城乡建设厅印发的《广东省物业管理区域新型冠状病毒感染的肺炎疫情防控工作指引（试行）》部署落实，对在管项目楼栋大堂、走廊、停车场、楼梯间等公共区域进行清洁消杀；对出入口把手、各楼层通道门拉手、楼梯扶手、电梯按钮等常触部件进行定期擦拭消毒；对垃圾转运站、环卫工具房、卫生间进行保洁消毒等工作。清洁消毒工作量较平时翻番，防疫压力加倍，但庆德物业全体保洁人员无一抱怨，他们用勤劳朴实的双手，在各自岗位上默默无闻地为医院、机关单位、学校等项目提供清洁安全的环境保障。

在庆德物业专业细致的防疫部署下，迄今为止，庆德物业无一员工被感染，防疫工作成果突出，受到广州市卫生健康委员会、广州市疾病预防控制中心、广州市妇女儿童医疗中心、南方医科大学珠江医院、华南师范大学附属广州大学城小学等单位的充分认可与赞扬。

买各类防疫物资，在保障一线员工防疫安全的前提下自发进行定点捐赠。截至目前，庆德物业为40余个项目捐赠一次性医用口罩及日常防护口罩共计6.5万个，N95、KN95口罩2000个；75℃医用酒精450瓶/500毫升、喷雾小罐装酒精300支、20千克装酒精25桶；一次性医用手套8000双；免洗抑菌洗手液220瓶、84除菌液85桶、防护衣130套及其他防疫物资数批；庆德工会发动公司员工捐款共80000余元等（含公司领导个人捐款）。全体庆德人主动担当，与广大社会人士共同形成抗击疫情的奋进力量，有效缓解了广州部分单位的物资短缺困难。

五、病毒无情，庆德有爱；物资捐赠，守望相助

在防疫期间，庆德同样面临疫情带来的不利影响。在勒紧腰带过日子的时候，庆德不忘初心，主动询问在管服务项目及相关单位防疫物资是否充足，发动公司全体员工从各种渠道寻找规范厂家购

众多受赠单位也纷纷发来荣誉证书、感谢信等以表达对庆德物业勇担社会责任、无私捐赠防疫物资行动的感谢。同时，庆德物业在疫情期间的优秀事迹还得到了今日头条、中物研协、乐居财经、广东省物业管理行业协会、广州市物业管理行业协会等多家媒体平台的报道。

虽然当前全国新冠肺炎疫情阻击战已经取得了一定的成果，但疫情防控工作仍不容松懈，每一位一线庆德人仍需绷紧这根弦，继续坚守防疫一线，为全面打赢这场战争持续贡献力量！

以智慧化服务凸显核心竞争力

深圳市绿清集团有限公司

伴随着物业管理行业大面积的洗牌和深度整合,很多物业服务企业面临增速下行和品质竞争加剧这两大难题,尤其是今年疫情的发生,让物业管理行业和物企公司看到了"智慧物业"展现出的优势与潜力。如何解决行业难题,展开差异化服务,打好品质攻坚战,获得客户满意度,是决定物企的未来的发展趋势。

绿清集团作为专业的智慧物业综合服务商,扎根深圳,十年磨一剑,凭借精益化的管理体系和对智慧变革的独特认知,实现各业务领域更精细化、专业化的服务,先后成立了绿清集团有限公司、绿源物业环保产业有限公司、龙翔保安服务有限公司,形成了集团化管理格局:其中,绿清专注于居住物业、公建物业、工业园物业、轨道交通类等领域;绿源环保致力于政府办公楼、学校、医院、公园、展馆、餐饮、政府外包、人力资源等公建领域;龙翔保安公司特许经营保安服务、智慧安防和数字物业服务……经过多年的精心经营,绿清集团已经成功转型升级为业内知名的智慧城市服务综合供应商,涵盖各类服务项目数千个。

从行业崭露头角到成为全国范围内具备鲜活竞争力的物业服务500强企业，以智慧化的平台和人性化的服务打造出自己独特的市场空间，在智慧城市浪潮涌起的当下，绿清集团借此契机积极利用科技手段为业主提供差异化的便利服务，不仅赢得了客户的肯定，也让物业服务企业在资本市场中价值凸显。

一、核心竞争力：智慧化服务模式

由于竞争的不断深化，物业服务逐渐显现行业集中的趋势，绿清的优势开始凸显，在实现经营模式转型升级的同时，绿清集团历经数年研发并耗巨资打造的"慧·生活"成为智慧化建设的重要助推利器。"慧·生活"，是一款精服务、擅管理、高效率的智慧社区服务平台，依托5G、物联网、云计算等高新技术，成功创新便民服务、邻里生活、智能门禁、智能停车、星级管家、阳光监管、老人应急救助等功能模块，为小区住宅、大型社区的运营方提供各式品质生活的精准管理和智慧服务。在社区治理领域，"慧·生活"一键打造标准化、智能化、有社区温度的物业服务，已成为智慧物业的必备配套服务，曾多次受到政府和行业的表彰肯定，并作为示范案例在多个住宅社区进行推广。

为引领行业的多元化转型浪潮，绿清集团更是拓展出党建一体化、管控数字化、企业规范化、服务标准化、装备科技化的"五化"特色管理模式，实现全周期的高效率、高品质物业配套服务。以"河源长城世纪华府"为例，作为绿清集团智慧化建设落地的标杆项目，除了导入智慧化服务模式和经营管理模式之外，还为服务质量、产品服务等方面做了信息化手段和能力的提升，赢得了广大业户的认可和赞许。

运作模式的确定只是良好的开端，但要想落实好智慧化物业的建设，就要避免"追星式"发展，跳出跟风的误区，才是绿清智慧化服务的关键。绿清以优质服务换来业户舒心，从原来对"物"的理解提升到对"人"的服务，坚持"以人为本"的原则，以"为民、便民"为向导，依据绿清"慧·生活"的战略定位，做有针对性的规划和设计，把业户的感受体验放在首位，让业户感受到绿清的用心服务和真情回报。作为军事化物业服务典范企业，绿清集团继承了严格守纪、团队向上、雷厉风行的军人作风，把对工作人员的严格要求和星级式高标准治理导入到物业服务中来，这种意识观念的转变和智慧化服务模式的实施就是绿清最大的服务优势和核心竞争力。

二、防疫战下的智慧化成果

新型冠状病毒肺炎疫情的发生，给我国甚至全球的经济带来重创，作为防控第一线的物企——绿清集团，积极承担起社会责任，物业服务融入智慧化联防联控工作，配合业户和相关部门将区域治理有机地结合起来，承担了封闭期间众多管理和服务工作，把联防联控工作落地实施，凸显了行业和企业的价值和品牌形象。

绿清集团谷永刚董事长表示："我们在疫情期间积极发挥'科技抗疫'的力量，利用智慧化的成果，第一时间将智慧物业服务融入抗疫战中，以提高管控效率、改善物业服务水平，来满足绿清对疫情防控的更高要求。"

疫情只是一个契机，绿清在智慧化成果上的表现举世瞩目，也为实现物业服务治理体系和治理能力提供了重要探索和基础，践行"科技让生活更美好"的初心，为使业主享受智慧带来的便捷，结合大数据、云计算、AI、5G等技术，对人、财、物及信息实现智慧管理，不断提升用户体验。目前，国家也正加速推进智能城市的建设进程，绿清集团的智慧化物业转型已就此铺开，物业服务的智慧科技升级已经是大势所趋，绿清只要拥抱行业发展变革，抓住机遇，就能在行业大洗牌中实现快速发展。

三、升级与转型，助力智慧城市发展

眼下，整个物业管理行业增速下行与竞争加剧，本质是因为传统的物业服务已无法在当前的市场环境中获得生存土壤，物企必须转向高质量发展和品质竞争。智慧化物业作为智慧城市的一部分，已形成一种基于信息管理服务，并可持续运营状态。智慧化物业的出现，带动了整个绿清集团的转型升级，也解决了在传统物业管理上的存在的痛点问题。

就此，董事长谷永刚谈道："智慧化是今后物业管理行业发展的主旋律，我们必须为绿清的长远转型做好技术补充和基础准备。"目前，绿清集团业务范围已遍及全国，究其核心竞争力，是坚持提供好的服务，同时又能用市场比较合理的成本去运作经营。谷永刚说，"不能跟在龙头企业后面捡漏，而要找到自身的生存价值。绿清集团所采取的发展策略将在细分的每一专业板块上吸引并聚集全国全业界最顶尖的资源，研究打磨从而超越竞争对手。"

当然，在谷永刚看来，谈谁是真正的智慧化物业运营商还为时尚早，物业领域整体发展仍需整合，只有当行业集中解决了安全、卫生、日常管理、社区综合问题治理等基础服务后，改善物业服务企业的定价机制与盈利能力，才能谈及智慧这一概念。谷永刚认为："我们经过11年的磨练，伴随着物业管理水平的发展，已经被市场培养得更加成熟，现阶段的发展重点，是专注做好'慧生活'和智慧化服务，为集团的发展，提供人力资源、管理效能、品质控制以及基础业务等方面的支持，通过这种方式，才能快速扩大业务蓝图。"

未来，绿清集团还将持续升级智慧化服务，以物业服务为载体融入科技新通道，推进"智慧化"多形式联动，不断强化大数据与实体服务的同步发展，真正实现智慧物业，为建设智慧城市助力！

以温度浸润服务　让生活更美好

四川蓝光嘉宝服务集团股份有限公司

"为小区内公共设施的尖锐部分安装防撞软包、举办三八妇女节'大嘉闺SHOW'抖音挑战赛、定期开展防洪防汛等各项安全实战演练、在端午节为每户业主家门挂上一把艾草、及时发现火情并保障业主生命财产安全、于新冠疫情期间为业主提供'无接触'服务……"种种场景，是蓝光嘉宝服务日常服务工作的缩影。物业无小事，点滴暖人心，作为西部地区第 1 家在港股成功上市的物业服务企业，蓝光嘉宝服务在 20 年发展历程中，始终坚守物业服务本质，在对物的管理、对人的服务过程中，通过人文性、品质感、数字化等维度为业主带来有温度的服务。

一、以人为本，彰显服务的人文性

对于秉持着"用心服务生活"理念的蓝光嘉宝服务而言，最重要的资产就是客户资产。作为服务居民"最后一米"中的重要一环，蓝光嘉宝服务始终将客户的需求放在首位，通过对服务对象的重视度、对健康的关注、对长幼的关爱和服务的贴心度等，将服务过程中的人文性深度诠释。

面对物业＋生活服务构成的双万亿市场，蓝光嘉宝服务看到了服务内容创新和重构的重要性。2020年，围绕全龄段客户需求，从社区服务到社会关爱，蓝光嘉宝服务升级"幸福居文化2.0"，围绕"责任、专注、温度、智慧"四大品牌内核，沿"服务产品迭代""智慧生活升级""精神文化进阶"三个路径，从硬件品质改善到软性服务提升，将幸福宏观价值最大化，持续提升业主的获得感和幸福感。通过打造嘉宝"4＋6"（4大主题，6大社区文化名片）的幸福居文化体系，营造和谐幸福生活氛围。通过嘉园善居、乐智宝贝、颐养天地等主题活动，蓝光嘉宝服务在全国范围内每年举办上千场贯穿全龄段的社区文化活动，客户满意度及行业美誉度都大幅提升。蓝色运动员、业主艺术节、微爱有嘉等更是成为蓝光嘉宝服务的幸福名片。

在逐渐向现代服务业转型升级的过程中，蓝光嘉宝服务意识到，随着消费升级，消费者的需求日渐差异化及精细化。因此，在夯实基础物业服务的前提下，蓝光嘉宝服务还打破陈规，勇于创新，不断拓宽服务边界，全面拓展延伸服务、创新服务等垂直细分市场。目前，蓝光嘉宝服务围绕业主生活服务需求，已携手京东服务＋、苏宁帮客、爱康国宾等全国300余家品牌服务合作商，以大平台为基础构建社区新零售、居家服务、旅游出行等创新型、高黏性业务，全方位覆盖业主生活场景。仅在居家服务版块，嘉宝生活家服务就已落地覆盖69个城市，436个社区，累积服务超13万业主。

面对2020年初突发新冠肺炎疫情，作为一家有温度、有社会责任的物企，蓝光嘉宝服务总部及全国四大区域第一时间成立蓝光疫情防控领导小组和执行小组。抗疫期间共计有1000名管理人员坚守岗位，8000名物业一线员工冲锋在前。通过这些最美物业人为社区环境筑牢安全防线，高效精准的坚守住了社区"战场"。

二、深度理解需求，打造服务的品质感

社区作为基本的生活单元，是每个人都离不开的生活场景，也是实现每个人对美好生活追求的重要载体。蓝光嘉宝服务在不断积累服务经验的同时，深度理解客户需求，打造品质服务。

以"诚信、责任、专业"为品牌主张的蓝光嘉宝服务，不仅早于川内其他物业服务企业构建质量管理体系、环境管理体系及健康安全管理体系的三标一体化，确保现场服务设施设备维护良好、社区安全、小区环境和谐，还于2006年在行业首创"优质""酒店""管家""金管家"四套个性化、有温度的服务模式，对应产品系、客户群体、服务需求的差异性，契合不同客户的品质需求。2020年6月，蓝光嘉宝服务立足标准，沉淀20年服务经验，迭代发布《四套服务模式标准化体系2.0》，持续深入服务品质的升级。

2020年，蓝光嘉宝服务定义为"品质夯实标准化沉淀年"，通过系列品质夯实和标准化动作，让业主体验质感生活之旅。2020年夏天，蓝光嘉宝服务积极响应蓝光发展集团号召，启动"暖蓝＋"夏季美好家园焕新行动第二季活动，实现公区焕新、入户保养、便民活动等。此外，蓝光嘉宝服务全国联动，开启了"幸福居焕新行动"之夯实品质60天专项活动，深度聚焦照亮回家路、公区设施翻新、客户需求处理、贯彻标准等方面，目前的品质升级整改率已超过80%。

致力于为千万客户提供嘉宝金牌服务的蓝光嘉宝服务，以暖心、细心、匠心倾注的点滴品质提升，

将温度延伸至业主的居住品质，并进一步感受到全维度的温度守护。

三、迎变新时代，激活服务的数字化

随着时代的发展和消费升级，数字、科技渗入到人们日常生活的方方面面，而这也赋予物业管理更多可能性。蓝光嘉宝服务在持续聚焦高感知的业主体验感提升，构建适应不同场景的星级服务产品的同时，借力大数据、物联网、人工智能等数字科技赋能传统物业服务的升级。

蓝光嘉宝服务积极与波士顿（BCG）、普华永道（PwC）等权威企业达成数字化战略、信息化合作，在智慧社区等方面多点布局。未来，蓝光嘉宝服务可通过远程图像识别技术，实时了解管理人员工作细节，例如前台服务人员的在岗情况、服务流程是否合规等，都会及时记录，并自动反馈不合规的服务流程；在社区安全保障上实行毫秒级人脸认证通行、人群密度实时分析、异常滞留提醒、电梯乘客热感应等；对于公共区域可能出现的垃圾满溢、草皮损害、绿化修剪、车辆违规停放等情况，AI 也会及时发出预警，提醒相关部门及时处理，提高用户体验和管理效果。这些充满科技感的 AI 智能加速落地社区，让物业服务人员腾出更多工作时间，有更多机会与业主面对面，带来更优质贴心服务的同时，有效提高物业管理效能。

值得一提的是，蓝光嘉宝服务还突破行业壁垒，推出以智能语音助理"嘉宝精灵"语音交互为核心的全屋智能解决方案，为业主带来更智慧、更美好的居住生活体验。

此外，数字科技方面的运用在蓝光嘉宝服务的新冠肺炎抗疫工作中发挥了重要作用。在"战疫"期间，蓝光嘉宝服务借助 ECM 系统、人脸识别、智慧化停车系统等科技化物业管理方式，减少员工外出率及员工与业主直接接触率，降低传染风险。通过嘉宝生活家 APP，蓝光嘉宝服务为业主提供了"跑腿服务""云采购""嘉菜园""云医疗"等"无接触"的全方位生活服务，与业主之间的互动、黏性更为密切。

对于蓝光嘉宝服务而言，温度服务不止步于给予业主高品质居住的物化空间，更要实现他们追求的精神共鸣和人文价值。站在建业二十周年的新起点，蓝光嘉宝服务将继续守正出奇，为营造每个温度生活场景全力以赴，通过"好产品＋好服务"，为业主提供"满意＋惊喜＋感动"的物业服务，构筑成业主所感知的温度。

四海皆兄弟，谁为行路人
——疫情防控，彰显物业服务企业责任与担当

成都金房物业集团有限责任公司

2020年的一场新冠肺炎疫情，考验着我们的国家，考验着我们所有人。在这场大考中，在这个特殊时期，唯有上下同欲者胜。作为守护千家万户业主的物业服务企业，在这期间，逆行而上，成了防疫第一线勇敢的战士。治疗的一线在医院，防控的一线在物业。成都金房物业集团有限责任公司（以下简称金房物业），与全国的物业人一样，没有像其他行业一样放假在家，而是像医护人员那样逆行而上，勇担使命，坚守岗位，用大无畏的精神和实际行动，始终坚定地站在疫情防控第一线，充分体现出了物业管理在公共卫生事件中的作用和价值。

一、疫情防控贵在反应快速、部署周密、措施得力

疫情发生后，国家迅速发出全国疫情防控号召，作为一家物业服务企业，深知这个时候物业的行动直接关系着疫情防控守住基层老百姓的重要性，关系着千家万户业主的健康安危。我司在大年初一那天，取消休假，快速响应：

集团公司立即启动《金房物业公共疫情防控处置预案》，成立了由董事长担任组长的"疫情防控应急指导工作组"，指导项目一线的防控工作。同时，第一时间向全公司发出了《公共疫情处置紧急通知》和《防控处置预案》，对各分公司和项目的防疫工作进行周密部署和严格要求，各项目经理迅速返岗带领员工落实防控措施，真正做到了"早防控、早发现、早处置"，收到了良好效果。在这一系列反应快速、部署周密、措施得力工作举措之下，经过分公司和各项目一线员工的共同努力，在全面防控工作开展的几个月来，全集团所有员工无一人感染。

1. 严格小区门岗管理。物业公司配合社区加强对业主和外来人员的管控，对出入小区人员进行防疫排查等，构筑社区防疫的第一道防线。在全国各个项目，对确需进入的外来人员和从外地返回的业主进行了重点管控，监督其严格按要求进行居家隔离观察，确保情况可控。项目上的很多项目经理连续两个月每晚坚守在寒夜中，无怨无悔，看着昏暗的灯光下，黑夜中那单薄而坚毅的身影，让人不禁对这些普通的安保人员肃然起敬。

2. 强化对小区环境卫生服务。特别是电梯、楼道、生活垃圾、废弃口罩等防疫垃圾进行及时处置。各个项目每日进行消杀工作。保洁人员每天在小区的电梯、楼道、道路等公共部位进行多次消毒液喷洒，不放过任何一个角落旮旯，有效控制了病毒的传播。

3. 减少业主出户和接触他人，在疫情期间加强特约委托服务，为业主尽可能地提供足不出户的生活所需。在各住宅小区项目，为了解决业主防疫期间购物和买菜难的问题，主动为业主提供代购物服务，为业主联系蔬菜供应送货服务。金房物业湖北武汉的项目佰昌公馆，疫情的震中，全封闭管理，为解决业主的饮食问题，每天通过微信接龙报需求，小区统一网购蔬菜送上门，再由社区和物业分发。对此，"长江日报"和"武汉市人民政府网"都对此进行了报道。还有一批老旧小区如成都保和二期，项目经理叶兆勇与业主成立了"退伍军人蔬果联盟"，疫情期间一直为业主提供免费蔬菜赠送，直到疫情稳定为止；在檀香山项目，为降低风险，物业一直为业主代收快递，并亲自送上门。这些贴心服务拉近了物业与业主的距离，感动了广大业主，受到了普遍好评。

在这场危险重重的防疫战中，我们的一线员工做了大量的艰苦工作，有的分公司想业主所想，积极为业主提供各类便民服务，有的项目经理从防疫工作开始至今三个多月没有离开过项目，有的员工在本职岗位下班后又主动加班投入到上门登记排查工作中，还为居家观察业主代购生活用品，受到广大业主的普遍称赞。

4. 切断疫情扩展的源头。在眉山"同升苑"项目，有8户业主于1月18日从武汉返回，项目部及时登记备案，协助业主做好隔离观察，并给予生活上的关心和照顾。之后，这几户业主中有人被确诊，但是却没有感染小区其他人。正是当初我们项目上物业人及时和正确处置，才有效避免了重大疫情扩散事件。

1月26日，在成都市"城市绿洲花园"项目，对于从湖北返回业主进入小区，我们及时报告相关部门进行隔离处置，有效阻控了危险系数极高的潜在传染源，受到相关部门的表扬。

二、国务院联防联控机制工作指导组莅临金房物业服务项目指导

2月21日，以国家卫健委人事司副司长徐缓为组长的国务院联防联控机制工作组一行来到由金房物业提供物业服务的华庭阳光小区视察指导疫情防控工作。工作指导组对小区疫情防控工作中的具体实施情况（摸排、管控、执行、服务、宣传）进行详细了解，对物业防控疫情工作给予了充分肯定。

三、隔离医院疫情防控获得甲方肯定

随着疫情肆虐，医院物业更是紧张，其中，由金房物业提供服务的隆昌通康医院作为隆昌市的定点观察隔离医院，对物业公司提出了更高的要求，在防护措施极度匮乏的情况下，项目全体员工毫不退缩，深入疫区，保证隔离观察人员安全的就医环境，连续奋战两个多月，无一人休假，无怨无悔，一直坚持在防控第一线。项目负责人罗红，每日坚守在现场，对医院公共区域、过道走廊、住院部等区域进行全面防疫工作，不放过任何一处卫生死角，带领专人清理医疗废物垃圾，用血肉之躯在特殊时期，为通康医院筑起一道道坚强的防疫堡垒。金房物业人的精神和行动让医护人员感动。疫情稳定后，医院方为物业公司授予了"突出贡献奖"，以示肯定。

四、不畏艰难，逆行而上，进驻火神山医院

3月中旬，金房物业集团湖北分公司"党员突击队"，组织了25名员工赴武汉"火神山"医院，为医院隔离区提供物业服务，对医院隔离区开展保洁、消毒、物资运送、病员送餐等相关服务，一直坚守到整体封院的最后一刻。我们的付出，得到了政府主管部门的肯定，武汉市住房保障和房屋管理局发来了感谢信，对金房物业在这个非常时期的支持与付出，表示衷心感谢。

五、党员的力量

为积极响应习近平总书记提出的"让党旗在防

控疫情斗争第一线高高飘扬"重要指示，金房物业集团党委于2月4日向全体党员发出了《关于在防控"新冠肺炎"疫情中发挥党员先锋模范作用的倡议书》，倡议和鼓励广大党员冲锋在防控疫情斗争的第一线，要在抗疫战中充分发挥党组织的战斗堡垒作用和党员的先锋模范作用。倡议发出后，各分公司和党支部纷纷组织党员防疫先锋队、党员志愿服务队深入抗疫最前线，共产党员不怕危险、勇敢逆行，入党积极分子也不甘示弱，自觉把防疫工作当成了党组织对他的培养和考验。共产党员和入党积极分子的先进性和模范作用给很多普通员工的工作起到了很好的带头作用，有些员工主动向党员看齐，积极向组织靠拢，自觉用党员的标准要求自己，在抗疫前线主动提出入党申请。绵阳第一分公司总经理冯辉在疫情期间，展示军人本色，表现突出，被绵阳双拥领导小组办公室、绵阳军分区政治工作处授予"绵阳市新冠肺炎疫情防控工作退役军人优秀个人"荣誉称号……宜宾党支部不仅守好自己一方土，在自身困难重重的情况下，仍然给李庄同济医院送去防护服50套和慰问金2万元。

六、特殊时期，特别的温暖与鼓励

雪中送炭的情谊，弥足珍贵。金房物业人的真诚、努力工作，也获得了业主们的支持与回馈。防疫物资匮乏时，许多爱心业主为我们捐钱捐物。据不完全统计，全国600多个项目，业主们为我们的物业人捐钱近10万元，另外还有大量口罩、酒精、消毒液、手套等防疫物资，还有的业主为物业人送来了水果、早餐、鱼，这些爱心举动让物业人的心里在寒冷的冬天也暖融融的。

在防控疫情期间，金房物业人的战疫行动也获得了行业媒体和社会媒体的关注报道。中国物业管理协会微信号、《中国物业管理》杂志和微信号等行业媒体，学习强国、长江日报以及成都电视台等近20家媒体对金房物业人抗击疫情的工作进行了报道。

无论是业主的真情回馈还是媒体的正面宣传报道，对于物业人来说就是照亮我们前行的那道光，温暖着我们，鼓励着我们，监督着我们。

结语

疫情期间，还有很多感人的故事，无法一一述说，但是他们定会向夜空中闪亮的星星一般，照耀在于业主和物业人的心中。作为一家物业服务企业，通过此次的疫情，也检测了我们履行社会责任的态度和能力。四海皆兄弟，谁为行路人，在这场疫情大考中，最终我们用自己的智慧和行动，向党和所有业主交出了一份合格的答卷。

努力服务社会，践行社会责任

成都嘉诚新悦物业管理集团有限公司

成都嘉诚新悦物业管理集团有限公司（简称"嘉诚新悦集团"）成立于2010年2月，注册资本5000万元，是一家纯粹市场化的独立第三方物业服务企业，中国物业管理100强企业，具有"国家物业管理企业一级资质"，现任中国物业管理协会副秘书长单位、中国物业管理协会标准化工作委员会副主任单位、四川省房地产业协会副会长单位、成都市物业管理协会会长单位等。

目前，集团已完成全国化、多业态战略布局，进入成都、上海、北京、广州、深圳、南京、苏州、南昌、重庆、昆明、贵阳、长沙、青岛、济南、西安、哈尔滨等全国85余个城市，签约和在管的物业服务面积逾9000万平方米，分别在成都和上海设立有企业总部，下设"嘉诚新悦、上海新里程、上海合创嘉锦"三大物业综合服务品牌，并设立有成都、南昌、北京、上海、西北五大区域公司，业务发展从成都走向全国，与世界500强绿地集团形成了紧密的战略协同伙伴关系。

因为信任，嘉诚新悦才有了从零的开始。在嘉诚"信任与责任同行"，作为一家市场化物业服务企业，集团自成立以来，始终坚持"信任无价"价值观，心怀社会责任。无论是助教成都特殊教育学校的孩子、组织业主进行寒冬捐赠衣物，还是资助昏迷的落水女孩、看望地震受灾群众、亦或是为重症员工捐款，嘉诚新悦集团一直用自己的力量做着力所能及的事情回报社会。

一、心系责任，反哺社会

当得知甘孜州白玉县交通不便，经济落后，当地卫生情况差，村民就医难时，嘉诚新悦集团立即向白玉县金沙乡哈巴村捐赠修建了一所崭新的、功能齐备的村卫生室。

2020年，面对乐山重大汛情，在省住建厅统一部署下，嘉诚新悦集团根据乐山物业管理行业当前最大困难，紧急购置并向乐山市物协赠送20台大型发电抽水泵，并在第一时间将设备送到乐山。嘉诚新悦的相关工程人员也立刻投入到乐山的抗洪抢险工作中，跟随乐山物协的工作人员对项目上设备房受损情况进行评估，提供相应的技术支持，一起制定相应的解决方案，尽全力守护好每一位业主的安全。

二、消费扶贫，脱贫攻坚

为贯彻落实党中央、国务院关于打赢脱贫攻坚战的决策部署，嘉诚新悦集团积极参战了中国物业管理协会、中国扶贫志愿服务促进会联合主办的"社区的力量"消费扶贫攻坚战专项行动，为脱贫攻坚贡献出自己的力量！

期间，嘉诚新悦集团利用全国在管项目物业服务中心、自营社区门店，社区便利店、二手房门店等合作伙伴场地优势，摆放开设"带一斤回家"贫困县农特产品专柜，与社区宣传推广、社区活动相结合，让业主不出小区即可体验到来自原产地的优质农产品，为消费扶贫献出绵薄之力。

三、成长路上，用爱守护

（一）成立"阳光希望助学基金"

人生之善莫过于助人，助人之德莫过于助学。为鼓励贫寒学子树立自强之志、安心学习，给予他们长期持续直至学业结束的帮助。2019年嘉诚新悦集团启动了"阳光希望助学计划"，并计划在未来3～5年实现对500名贫困学生的资助。

嘉诚新悦集团董事长李旭东说到，"再穷不能穷教育，再苦不能苦孩子！企业存在于社会，就要服务于社会，希望在我们能力范围内，多做一些力所能及的好事，帮到更多的孩子与家庭。我们不仅在物质上提供帮助，更是给予他们长久的成长关爱，成为他们成长路上一个'特别的家'。"

2019年6月—2020年12月，我们先后走进甘孜州白玉县捐建卫生所、我们携手爱心小业主走进阿坝州黑水县与当地孩子度过了一个有意义的"六一儿童节"；我们携手教育局，走进雅安名山中学，资助困难学生。一年多的时间，我们走访了181名学生家庭，定向资助了142名贫困学子，捐赠600套藏式校服，为梦想助力。截至2020年底，已实现100名困难学子的爱心助学。

（二）携手腾讯公益，为梦想助力

世界的改变不是一个人做了很多，而是每个人

都付出一点点。2020年，为了让更多的爱心人士加入到"阳光希望助学计划"公益项目中来，为更多需要帮助的孩子插上梦想的翅膀，助力他们成长，嘉诚新悦集团携手成都市慈善总会，将"阳光希望助学计划"在腾讯公益平台上线！

9月7日—9月9日，是腾讯"99公益日"，这三天除了腾讯公益基金的配捐，嘉诚新悦阳光希望助学基金以1∶5的配捐让大家的爱心加倍，为梦想助力！

嘉诚新悦集团董事长李旭东携高管及嘉诚人在成都绿地之窗活动现场，为公益助力，为梦想点赞。嘉诚新悦集团全国在管项目也持续开展了公益宣导活动，向更多的人介绍"阳光希望助学计划"，让更多的人关注到大山深处孩子们的上学问题。

公益路上的点点滴滴，都是爱心人士的身体力行。每一次助力与点赞，都是爱心力量的传播。嘉诚新悦集团"阳光希望助学计划"99公益日三天，募集到公益助学金和配捐总计约136000元，爱心配捐额位居四川企业前三名！

四、抗击疫情，踏实履行企业责任

新型冠状病毒感染的肺炎疫情发生后，嘉诚新悦集团积极响应，第一时间做出防控工作安排，成立疫情防控工作组，编制疫情防治应急预案，层层落实工作职责，为业主筑好每一道安全防线。

（一）在防疫物资保障方面

集团迅速调配人力保障项目疫情防控需求，并在第一时间与各大供货商联系储备疫情防控物资，采购储备了消毒液、口罩等；随着疫情升级，集团招采部门每天24小时电话在岗，积极调配资源，在物流停滞、厂家息业、供货商放假的情况下，为各项目购得近4万只口罩。在项目紧缺温度枪的时，积极联系各大医疗器械厂家采购了数百把温度枪，为进出业主客户测量体温，把好第一道关口。

（二）在便民服务方面

我们在全国项目物业中心提供免费口罩、药品等便民服务。为帮助业主减少外出，避免交叉感染，我们提供"暖心代购"服务，精心挑选供货商，为嘉诚业主送货上门。集团坚持党的领导，大力开展物业党建联建工作，疫情期间，集团和分公司党支部、院落党支部、党小组充分发挥党员先锋模范作用，通过嘉诚新悦"阳光公益基金"对全国在管项目进行了关爱独居老人的活动。为数百位独居老人送上防疫物资，帮助讲解防疫事项，建立长期的支援帮扶联系；同时积极进行"爱心助农"计划，集采千斤因疫情滞销的蔬菜，播散希望收获美好。

（三）在防疫宣传方面

针对小业主，集团品宣特别借用流行绘本的形式，向孩子们普及木次新型冠状病毒的知识，让他们了解事实，增强意识，养成良好的生活习惯。通过业主群、单元信息栏、园区公告栏等方式，陆续发声，大力宣传卫生防病知识，发布健康温馨提示。

（四）在助力复工复产方面

推出多项防疫举措，包括人员健康统计日报、疫情防控监测日志、对开工前、开工后每日办公区消毒，各项目人员24小时坚守岗位，坚决落实政府的各项防控工作要求，全面助力各项目业主单位复工复产。除了安全复工的保障，我们还开展了各

项目业主单位的交流活动，让各个企业之间进行异业联盟以及相互间的资源置换，让企业能解决当下资源缺乏，流量瓶颈的困局，从而全面助力企业的复工复产。

10000多名嘉诚新悦物业人，始终坚守在疫情防疫的第一线，积极配合党和政府的防疫要求。所有一线物业人员轮流执勤、坚守岗位、高效行动，物业人用自己实实在在的守护行动，赢得了社会的认可，也刷新了社会对于整个物业管理行业的认知。

大爱无疆，用心至上，无论是公司成立之初还是公司走向快速健康发展的今天，嘉诚新悦集团一直强调"把客户需求放在第一位，对现场基础业务精益求精！"我们关注业主每一个生活的瞬间，主动服务，用心服务；我们为爱发声，用实际行动影响更多的人，关心、帮助社会弱势群体，努力承担社会责任，做客户满意和特色社区的创建者。

标准化建设，助推产业园区高质量发展

成都嘉善商务服务管理有限公司

成都嘉善商务服务管理有限公司（简称"嘉善商务"）是一家从事产业园区、办公项目服务的专业化物业服务公司，具有国家物业服务一级资质，是中国物业管理协会常务理事单位、中国物业管理协会产业园区物业联盟第二届轮值主席、中国物业管理协会标准化工作委员会委员、中国物业管理协会产业发展研究委员会委员、四川省房地产业协会物业管理专业委员会副主任单位、成都市物业管理协会副会长单位。

公司秉承"客户至上"的服务理念，始终坚持专业塑造品牌、经营创造价值，努力将公司打造成为中国产业园区服务标杆。公司服务的项目类型涉及工业总部园区、写字楼、研发中心、仓储中心、厂房、公园、商业、旅游度假区、市政公共设施配套、住宅等多种复合业态。

凭借优质的服务，嘉善商务先后斩获"2020物业服务企业综合实力百强""党建引领社区共建品牌影响力榜样物业""中国物业服务特色品牌企业—园区运营""中国物业管理品牌价值企业""全国满意度十佳典范物业服务企业""AAA重服务守信用企业""物业管理行业新闻宣传先进单位""物业管理媒体测评微信公众号影响力TOP100""四川省物业服务品牌项目""四川省房地产优秀物业服务企业""成都市服务业百强品牌"等百余项殊荣，培育出十大核心竞争力，包括研发能力、能源管理能力、活动策划能力、服务创新能力、品质控制能力、经营能力、专业化能力、议价能力、标准制定及复制能力、团队复制能力。

一、标准化建设背景

标准是构建行业互联互通最基础的必要条件，也是企业规模化、模块化、平台化发展，建立现代化管理的重要技术依据。近年来，产业园区的形态不断细化，有工业产业园区也有总部产业园区；建筑形态上，有独栋厂房、独栋办公楼或整栋写字楼，产业园区需要不断提升标准化能力和水平，细化行业标准，助推产业园区物业管理行业高质量发展。同时，中国物业管理协会也多次提出"全面加强标准化建设，推动物业管理行业高质量发展"，可见标准化建设是实现物业管理行业高质量发展的重要路径之一，并贯穿于物业管理行业发展始终。

作为中国物业管理协会产业园区物业联盟第二届轮值主席单位，嘉善商务长期致力于将标准化能力建设作为提升自身核心竞争力和产业园区高质量发展的有力武器，以此提高园区服务水平，推动园区创造更高的社会效益，为行业发展做出积极贡献。

二、标准化建设举措

（一）协助做好物业服务标准的有效供给

嘉善商务是中国物业管理协会标准化委员会委员，充分利用自身专业的标准化建设能力，协助中物协或其他相关协会，推进行业标准、团体标准的研究、编撰工作，协助做好物业服务标准的有效供给，争取成为标准化标杆企业，助推标准化建设格局及产业园区高质量发展。

（二）强化标准实施落地

嘉善商务充分发挥标准化在创新驱动中的基础性、战略性和引领性作用，以标准建设带动服务质量提升，将严格按照物业管理行业标准，开展各项服务工作，强化标准实施落到服务工作的每一处。如公司成立物业服务产品线研发工作组，着手搭建公司的产品标准化框架，用以指导标准化研究工作的进行，强化标准实施落地。

（三）积极参与专业知识培训

标准化建设的不断提升，离不开专业的知识培训和能力建设，嘉善商务积极参与中国物业管理协会及行业相关单位举办的各类专业知识培训，参加地方组织的行业专家交流学习，与更多的标准化建设企业、院校、其他标准化委员，相互学习、相互探讨，不断提高、深化自身的专业知识理论水平，在推动物业管理行业发展的过程中，共同推动产业升级，筑牢行业高质量发展根基。

同时，公司成立的职业教育与人才发展中心，以服务园区企业、工作者为主，立足于产业研究，为产业人才的引用和企业经营发展提供系统性且持续创新的服务解决方案，也是为公司、各行业工作者提供自我提升发展和终身学习的综合型学习平台。

三、标准化建设成效

（一）形成标准化建设能力

公司以体系研发、知识管理为依托，通过多年沉淀，形成了专业的标准化建设能力。嘉善商务先后协助住房和城乡建设部门拟定《工业园区类标准》；协助中国物业管理协会，牵头编撰《物业管理指南—产业园区》《产业园区物业服务规范》；协助四川省特种设备安全管理协会编制《住宅电梯使用安全管理规范》；与四川省标准化研究院共同编制《四川省工业总部园区服务规范》；配合成都市房管局、成都市标准化研究院，牵头拟定《成都市产业园物业服务等级划分》；参与《房屋共用部位、共用设施设备维修项目分类》和《四川省住宅物业管理规程》的编撰。

（二）自主创建标准

嘉善商务在打造标准化建设能力的同时，不断完善自身服务体系，提升管理标准，比如针对应急事件管理，公司自主创建了5112应急系统（5分钟快速响应到达现场，1个小时控制事态，1天出具书面报告，2天内完成回访关闭事态），此外还研发了三级服务结果标准考核、《总部园区前期规划设计介入方案书》、《风险控制手册》等服务标准。

（三）培养出标准化团队与人才

嘉善商务在推进标准化建设过程中，通过线上专题学习、定期培训、校企合作、建立实训基地等方式，以"人才为第一生产力"的人才价值观为核心，培养了标准研发团队和专业技术人才，截至目前，公司具有各类职称资格或职称的职员共有百余人，其中包括物业管理师、行业专家、注册国际物业管理师、各类物业业态评审专家等。

（四）标准化建设案例

2020年初，面对新冠疫情的突然发生，产业园区作为各类企业的聚集地，也是节后企业复工复产的主战场，如何在复工复产过程中做好防疫工作为企业发展保驾护航是产业园区物业服务企业面临的共同课题。

中国物业管理协会第一时间联动嘉善商务及业界专家快速响应，充分发挥行业标准建设优势，开展《产业园区物业疫情防控操作指引》（以下简称《操作指引》）的编撰工作。公司组织8名专业骨干牵头编写《操作指引》，期间几易其稿，并于2月6日在全国正式发布，为产业园区物业服务企业及业主提供疫情防控操作指引方面的有效供给，为全国2万余个产业园区如期按时复工提供帮助和指导，筑起安全"防疫线"。

该《操作指引》包括总则、基本保障指引、员工上岗指引、防控操作指引、沟通与配合指引、附录六部分，其中第四部分防控操作指引为主要内容，涵盖物业服务企业疫情防控应急预案关键要素、客户服务管理、出入控制、区域封闭管理、通风管理、重点区域与部位清洁与消毒管理、垃圾管理、宣传管理等九部分内容。

嘉善商务在编写《操作指引》的过程也是学习的过程，既提升了自身的防疫工作水平，完善了自身的防疫工作流程，为在管园区的防疫和复工复产创造了有利条件，同时也为全国产业园区防疫战场提供了标准体系保障。截至目前，嘉善商务在管产业园区均未发生疫情，多次被政府主管部门表扬为"无疫园区"，并获得成都市住房和城乡建设局颁发的"新冠肺炎疫情防控先进集体"荣誉称号，也受到了园区业主的一致好评。

四、未来发展展望

未来，嘉善商务将继续秉持"客户至上"的服务理念，以标准化建设为契机，延伸服务内容，打造产业园区3.0服务体系，向园区入驻企业提供基础物业服务、配套服务及统称为专业化服务的能源服务、打理服务、科技服务、园林服务、租赁服务、健康养老服务，构建和培育产业生态体系，为企业提供从创业孵化到创新产出全过程的链条服务，助力企业与园区共同成长，推动产业园区高质量发展。

以标准建设作支撑，促服务品质稳提升

四川悦华置地物业管理有限公司

经过近 18 年的不懈努力，四川悦华置地物业管理有限公司已入围中国物业服务综合实力 100 强、中国物业服务企业品牌价值 50 强、中国商业物业特色企业 10 强范畴，"悦华置地"企业品牌估值达 14.08 亿元，成为中国物业服务企业一流团队中的一员。悦华置地在发展过程中关注的基础端和关键点是"逐本"——坚守物业服务本质，持续发扬匠人精神；坚持物业服务标准，提升物业服务品质。悦华置地坚信：只有以标准建设作支撑，才能促服务品质稳提升。

一、建立服务标准系统

（一）建立 ISO9001/ISO14001/OHSAS18001 系列标准

只有最适合的才是最好的，悦华置地从创立之初就意识到了这一点。在 2005 年 8 月就编制完成了 ISO9001/ISO14001 质量·环境整合管理体系操作规范，后又将 OHSAS18001 职业健康安全管理体系纳入，全体员工人手一本，为悦华置地管理服务标准化系统的建立打下了坚实的基础。在管控管理服务过程、纠正偏离过程行为、把握服务标准方向、确保服务品质实现方面发挥了重要作用，推动了悦华置地企业的标准化建设，特别是对于持续稳定管理服务质量起到了保证作用。

（二）扩展 5S 管理内容将其充实升华为 12S

悦华置地将 5S 管理内容扩展升华为 12S 现场视觉服务示范管理系统。编制了《12S 现场视觉服务示范管理指南》，将整理、整顿、清扫、清洁、素养、安全、节约、服务、学习、满意、坚持、效率 12S 的管理细节进行统一的视觉识别表现，纳入物业项目视觉服务管理系统中，以确保随时关注并着力改进细节管理。为此，专门设立了"12S 现场规范管理专项资金"和"品牌应急维护基金"，旨在着意提高服务速度和服务改进速度，确保服务标准化的推进和品质持续性提升。

（三）编制发布《悦华置地精致管理执行指南》

悦华置地用大量的时间和精力，逐一编写了每一个岗位的岗位说明书。从入职、考勤、仪容、礼仪到岗位职责、工作流程、质量要求、业绩考核、职业规划、岗位待遇等方面，较为全面地涉及了企业内部管理所需的各个方面，最终编辑形成厚厚的一本《悦华置地精致管理执行指南》并发至公司全员人手一册。凡被悦华置地接纳的员工，从入职开始都将被该执行指南所指引、所规范、所强迫、所塑造。目标是明晰的，评价是公开的，考核是量化的，竞争是平等的。

（四）建立服务标准系统的一点感悟

悦华置地在企业发展实践中认识到，用匠人精神坚守物业服务本质进而提升物业服务品质，需要标准化的企业管理作支撑。因此，注重对 CRM 客户服务满意系统、ISO 质量环境管理系统、MBO 目标绩效管理系统、PTS 物业服务培训系统的建立、规范、投入和提升。悦华置地期望通过标准化的管理系统，使管理服务相对稳定而不随意多变，公开透明而不暗箱操作，客观可鉴而不主观臆断，责任明确而不推诿拖延。

二、培养服务标准意识

（一）开展服务标准体系内容和实操的培训

让企业全员熟知、理解、掌握、实操并出成效，是建设标准系统的终极目标。为此，悦华置地发布了《员工培训管理办法》，编写了《悦华置地内部培训教材》《物业管理服务实操基础知识》《物业服务现场案例讲评》《中高级管理人员职业素养培训》等内部培训教材。通过内训、外请专家等多种形式，运用每培必考、必罚、必奖且公布的方式，持续对全员进行树立服务意识和掌握服务技能、遵循服务流程和实现质量目标的培训。

（二）建立标准化的员工综合性培训基地

悦华置地耗资建立了具有一定规模的"悦华置地物业服务培训学校黄龙溪基地"，设置了"理论教学区"两个理论培训板块，包括企业文化展示和理论授课现场；"实操模拟区"九个培训模拟操作平台，包括客服服务、秩序维护、工程技术、环境保洁、环境绿化、消防抢险、物业收费、档案管理和库房管理；"体能训练区"四个实地操作训练现场，包括意志磨练、分列式、通过障碍和快速反应。期间，还编写了《培训学员手册》，从开学报到、教学方式、培训考核、寝室管理、用餐要求等方面，都作出了详细的规定和要求。

（三）培养服务标准意识和实操技能的终极目的

悦华置地期望通过培养服务标准意识和掌握

实操技能，认识并达成以下目的：坚守物业服务本质，提升物业服务品质，突破"同质化"，创造"差异化"，使物业服务以一种"绝招"的形式表现出来。所谓绝招，第一是产品特色，第二是科技含量。其产品特色就是：在细节中完善简单和提升平凡。通过不断重复，把简单、平凡的事情演绎到极致。其产品的科技含量就是：服务的速度和服务的改进速度。形成一套操作性较强的系统标准和管理规范，通过执行力去维护；而不是一味地去安慰、去道歉。

三、管控服务标准目标

（一）形成标准化管控流程和细化操作要求

悦华置地编制了《品质督查管理办法》，从督查责任部门、基本原则、主要依据、考核方式、实施流程及操作要求、申诉流程及操作要求等进行了规范。同时形成了《品质督查细则》，竭力细化和明确可能涉及的各种行为，并作出了以下规定："如被督查人的行为在本细则中找不到对应条款，则督查人员可参照性质相近的有关条款予以处罚，同时报公司分管领导批准，增写入本细则中，作为今后类似行为的处罚依据"。使《品质督查细则》管控的内容越来越充实、囊括的范围越来越广泛、遵循的路径越来越明晰、发挥的作用越来越显著。督查结果按月公布，按年进行综合评价，与业绩考核紧密挂钩，即时兑现。

（二）强化监管部门的专业水平和管控技能

悦华置地认为，把学到的专业知识转变为达到预期目标的实操能力特别重要。因此，将监管部门人员选送到专业的培训机构，接受ISO9001、ISO14001和OHSAS18001管理体系的培训，均取得内审员资格证。

在强化专职监管部门职权和技能的同时，还设置了投诉机制。如对监管部门人员的工作情况不满意，可以投诉。悦华置地坚决不容忍监管部门人员只是发现问题，却不主动协助解决问题，甚至提不出解决问题的办法的行为。以此倒逼监管部门人员主动提升自己的专业水平和解决问题的实操能力。

（三）规范监管部门人员监管过程中操作基本要求

首先从企业标准化系统文件规范和人事组织上明确"谁来做、何时做、怎样做、质如何"入手，监管过程中关注是否做到"写下要做的，记下做了的，检查做过的，纠正做错的"履行职责，最终是否达到"一错即发现，发现就纠正，纠正加预防，预防不再错"的最佳状态。要求监管部门要特别关注服务速度和服务改进速度。悦华置地认为，服务速度和服务改进速度是可视化的品质表现，将伴随服务质量效应，带给业主视觉冲击和心灵感受。

四、对以标准建设为支撑，促服务品质稳提升的一点认识

悦华置地认为，企业标准化建设中最为关键的一环，是建立一支标准意识浓、专业技能高、实操经验多、执行能力强的复合型人才队伍。即培养出既懂物业管理服务，又懂标准化实施和推广的专业人才，能为企业标准化建设助力，进而持续提升企业人才的专业技能和职业素养。只有脚踏实地坚守

物业服务本质，求真务实践行物业服务标准，服务品质才能得以持续、稳步提升。

悦华置地认为，物业服务每天从事的都是一些繁琐、细小的服务性工作，而正是这些繁琐、细小的工作成就了物业服务人。因为由此可以看到，一个人的优秀不在于他的行为，而在于他的习惯。悦华置地的企业文化氛围要求每位员工在日常的管理服务过程中，遵循标准化规范，去追求"细化自身管理行为，注重由个别员工对个别业主提供的个别服务尽可能做到完美"的服务境界。这是悦华置地突破"同质化"、追求"差异化"的核心内涵，也是悦华置地稳步提升服务品质的源动力。

创新人才培养，中天城投物业"有一套"

中天城投集团物业管理有限公司

中天城投集团物业管理有限公司（以下简称中天城投物业）成立于1994年，系中天金融集团旗下全资子公司，具备国家一级物业管理资质，是贵州省内唯一一家六度蝉联中国物业服务百强企业榜单的物业服务企业（2020年全国百强排名TOP24）。中天城投物业深耕贵州26载，涉足全国6大城市，在管项目104个，管理面积逾4000万平方米，服务业主50多万。主要经营业务包括物业管理服务、品牌顾问服务、社区增值服务、科技物业技术输出等。

中天城投物业目前以"集团化"组织架构运行，涵盖总部七大职能中心，下辖五个分公司，一个子公司。在职员工7000余人，其中中高层管理团队100余人，年龄主要分布在25～50岁，司龄3年以上占比62.89%，人员稳定性较强。为保证为广大业主提供更专业服务，目前公司管理层大专及以上学历人员占比92%，对管理层人员综合素质及技能有着高标准的要求。在人才打造上，中天城投物业在已运行成熟的人才梯队培养体系基础上，致力建设"培训学院"，承诺所有上进员工以完善的学习和晋升渠道，借以挖掘、培养并留住优秀人才，不断尝试和探索向物业管理行业培养和输送更多优秀人才，在贵州省树立"物业人才库"标杆榜样。

一、树立"懂专业、精管理、有创新"的人才培训目标

伴随着时代的进步、生活水平的提升，人们对物业管理行业的需求度以及

认可度越发提高，业主对物业服务的要求也越发严格，物业服务企业对员工的要求也逐渐提高，所以企业之间的竞争，归根结底是人才的竞争。中天城投集团物业管理有限公司成立于1994年，距今已经有26年的发展历程，随着公司管理规模的不断扩大，公司的内训需求日益旺盛，为了更好地服务业主，将物业的重要性传递给每一位业主，公司对员工的知识结构、能力结构和专业结构提出了更高的要求，旨在通过不同阶段的培训管理以及培训内容的输入，打造专业、全能的人才库。于是，中天城投物业在原有培训体系的基础上进行打造升级，2019年4月正式成立了"中天物业培训学院"，并开始通过"线上＋线下"的培训方式，为中天物业公司以及贵州省物业管理行业培养"懂专业、精管理、有创新"的物业管理人才。

二、建立"金字塔"式三级管理培训机制

（一）一级管理，统一制定培训标准及要求

（1）由培训学院针对培训基本的内容、流程、规则、要求进行统一制定，培训方式和具体培训内容可根据员工实际需求，由授课讲师自由拟定，培训学院针对培训形式和计划进行监管和建议，做到有组织、有纪律，保证培训的有效性。

（2）公司总部七大职能中心组织相关专业岗位/线条知识培训，针对二级管理层进行培训，保证公司需要学习的工作内容、操作标准要求等能够较好复制，保证由上至下的内容统一。

（二）二级管理，复制、输出培训内容

（1）由二级职能管理部门针对培训内容进行复制输出，主要针对项目专/主管及以上专业线条人员。

（2）结合现场授课情况，对受训人员进行相应考核，确保掌握输出内容，保证课程持续输出有效性。

（3）根据员工实际工作需求，开设相应培训课程，保证员工能够及时获取准确的标准，便于执行。

（三）三级管理，覆盖一线员工

（1）由项目专/主管及以上针对培训项目进行培训，确保一线员工能够及时掌握公司各类工作要求的标准。

（2）定期进行作业工具使用实操/军素类操作性强的培训，提升员工对工作流程的掌握。

三级管理机制的实施能够加强各阶层的培训效果，保证培训"有人抓""有人管"，通过责任层层分解，保证培训内容的复制准确性、实用性。

三、"树人计划"全面覆盖各阶层

（一）管理类计划

（1）"领航人"计划，培训对象为项目经理及以上中高层管理人员。旨在提升中高层管理人员的领导力、前瞻力与规划能力。

（2）"前行人"计划，主要针对一线操作类、专员级/主管级管理类员工，开展相应"骨干员工培训班"、"准主管训练营"、"准经理训练营"，提前帮助有意愿晋升的员工，对管理岗位知识、技能进行学习，参训并考核合格将严格作为晋升条件，鼓励并激发员工的学习积极性。目前公司已连续开设八期"骨干员工培训班"、四期"准主管训练营"、两期"中层领导提升训练营"。

（二）专业类计划

针对物业公司中各专业线条开展培训，针对操作性强、专业性强的工作岗位，进行专业化培训，提升各岗位员工的技术性工作技能。目前分为五大板块类型，具体如下：

（1）"贴心人"计划——客服/管家线；
（2）"稻草人"计划——秩序线；
（3）"魔法人"计划——保洁线；
（4）"工匠人"计划——工程线；
（5）"职能人"计划——职能线。

（三）新员工类计划

（1）"向阳人"计划，针对公司新入职员工。帮助新员工更快了解企业文化、公司各项规章管理制度，采用线上理论学习+线下培训交流的形式完成。

（2）"向日葵"计划，针对公司新招聘"管理培训生"（应届毕业生）。通过"123"即第1年培养为"优秀员工"，第2年培养为"主管"，第3年培养为"经理"，为公司快速发展引进新生力量，以最快的速度补充中层梯队管理人才。

四、"园丁计划"打造企业内训师队伍

充分利用公司内部人才资源，有效传承企业文化、传授专业技能，帮助员工提高工作效率，增强培训工作的针对性，公司已通过内部选拔报名的方式成立内训师团队（现有内训师共97名）。

培训学院每年定期开展"TTT培训"，并根据内训师试讲情况以及学员的课程满意度评分，将内训师进行评级（一星级至五星级），讲师根据星级匹配课酬费，年底进行"金牌讲师"评选，最大化调动内训师团队的积极性，打造能"传道、授业、解惑"的物业"园丁"。

五、校企合作，精准扶贫——开设"中天精准脱贫订单班"

2019年，中天城投物业与贵州水利水电学院联办"中天精准脱贫订单班"，100名学生均来自三都、剑河、黄平三个贫困县建档立卡贫困户家庭，实施精准招生、精准培养、精准就业政策，解决贫困学生的学习及就业，并为实习生量身打造师带徒管理培养模式，由公司中技术骨干担任师父，"师带徒"模式一对一教学，从生活、工作方方面面关心、实习生。考虑到学生家庭困难的现实，公司针对这批"精准扶贫订单班"学生特安排"提前出师"考试，成绩合格的学生，提前享受实习津贴，帮助学生掌握技能、自力更生，早日脱贫。

中天城投物业以"立足贵州、拓展全国"的战略规划，在人才培养上打造了特有的人才培养体系，在劳动密集型企业向信息化智慧物业转型过程中，充分学习、创新并致力于人才体系建设，发挥了物业服务企业人才自我"造血"功能。

城关物业，西北物业服务的璀璨明珠

兰州城关物业服务集团有限公司

1999 年，城关物业从黄河之畔傲然起步，成为伴随着改革开放成长起来的甘肃省首批物业服务企业。21 年，波澜壮阔，风雨兼程；21 年披荆斩棘，高歌猛进；21 年秉承工匠精神，锐意改革。从一步到一万步，从甘肃省首家获得国家一级资质的物业服务企业到 2019 年荣获全国五一劳动奖状！如今，城关物业奋力前行，乘风破浪，已然成为西北物业服务行业中的一颗璀璨明珠。

作为甘肃最具有代表性物业服务企业，多年来，城关物业始终坚持"一心为您"的企业文化，围绕客户的需求，持续创新管理模式和服务模式，以供给侧结构性改革引领行业高质量发展。城关物业在基础物业和社区服务中融入"物业＋互联网"新模式，凭借较强的战略发展力、服务创新力、团队凝聚力、资本增值力、文化驱动力和品牌感召力，深挖互联网应用价值，全力打造智慧物业，为客户提供便民、利民、惠民服务，带来高质量的幸福生活，促进社区服务闭环的形成，进一步实现社区资源生态圈共享，助推服务结构化变革。

一、互联网大数据管控下的基础物业

互联网大数据时代的到来，使得物业管理行业在客户需求搜集、业务分析、工单派工等方面出现了更多元化的方法。数字技术化的崛起使物业服务企业发掘了新的市场驱动力，同时也为物业基础服务的管控带来更全面、更严格、更智能的方法。

城关物业充分运用互联网技术，通过现代化、信息化、网络化手段全面导入管理平台及服务平台，打造业主端服务 APP，为业主开启全新的生活模式：将"缴费""维修""咨询""投诉""家访""业主满意度调查"等各类服务通过平台导入线上，链接业主与项目管理人员，使业主的需求在第一时间内得到回应与帮助，同时项目管理人员也能第一时间看见业主需求，实现无障碍对接，将物业基础服务智能化管控真正落到实处。

同时，建立集中管控中心，进一步加强基础物业服务的品质管控。通过一应云 BMS 系统、停车监管系统、智能云巡系统、天眼监控系统、人脸识别系统等，实施远程监控，实现 24 小时实时全面无死角的监督管控，进一步加强对于公共设施设备、公共场所的智能化管理，全面整合工程、保洁、绿化、秩序维护四大专业模块的服务流程、执行及操作标准，做到实时数据的收集与分析，实现自动化全生命周期管理。

二、互联网平台基础上的社区服务

城关物业以科技助力，不断创新服务品质、升级服务模式，引入集"线上 + 线下"多元化社区服务平台，从细微之处了解业主的需求，让业主足不出户就能体验美好幸福生活，提高业主的满意度和幸福感，增强物业与业主的黏性，让业主认识物业管理的专业价值，真正做到以物业服务为平台发展多种相关联服务，将社区家政服务、养老托幼、陪护服务、餐饮服务、汽车检测、菜篮子工程等纳入服务范围中，将社区邻里关系、服务商与居民的关系等串联起来，从社区各项服务场景出发，大大提升了"社区最后一公里"。

特别在疫情期间，城关物业为了确保业主能够正常生活，推出便民、利民、惠民的菜篮子工程——"佳家菜篮"。"佳家菜篮"是城关物业为了满足业主生活需求应运而生的社区服务平台，以市场准入为切入点，从产品产地和社区服务两个环节入手，通过对农产品实行"从农田到餐桌"全过程质量安全控制，由专人负责采购，坚持挑选田间地头和地县最优质、最新鲜、最安全的农副产品，悉心包装后，采用"零接触"配送至业主家中，减少中间接触，有效降低疫情期间的感染风险，保障了业主疫情期间正常生活的必要需求，得到业主、政府领导及社会各界人士的广泛认可。随着"佳家菜篮"的不断优化，产品线的不断丰富，经过层层把关、细心严选，如今，"佳家菜篮"已然得到了广大业主的信任，成为众多业主购买农副产品、米面粮油及生活用品的首选。

集众智可定良策，合众力必兴伟业。我们将依托基础物业和社区平台，激活力、聚合力、强服务、树品牌，持续进行智慧社区建设，建立互联网下的"物业 + 社区服务中心"，为业主打造全方位的社区服务生活圈，不断延伸现有服务产业链条，利用互联网工具改进服务流程，提升服务体验，挖掘并提升物业服务价值，构建完善的既有物业产品链。通过品牌输出、管理模式输出、适时采取灵活多样的合作模式，集睿智之言、纳务实之策，凝聚起加快行业发展的强大力量，引领行业创新发展方向，满足人民的美好生活期盼，共同谱写行业发展升级的壮阔蓝图！

部分企业展示

碧桂园服务
COUNTRY GARDEN SERVICES

致力于成为国际领先的新物业服务集团

- 新科技
- 新服务
- 新生态
- 新价值

碧桂园服务控股有限公司
Country Garden Services Holdings Company Limited

扫码关注 了解更多

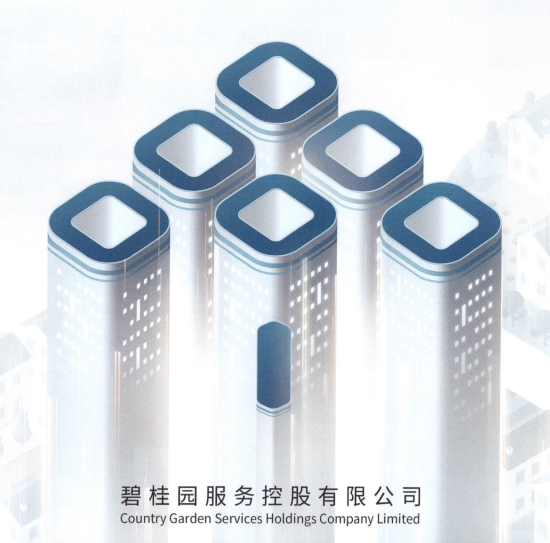

95059

美好如約
BEAUTIFUL AS PROMISED

GREENTOWN SERVICE

致幸福同行者：

"幸福生活服务商"绿城服务，品质服务践行9490天

中国高端物业服务第一品牌，满溢业主的幸福微笑

从【幸福O2U方程式】的服务创新到E.O管家、云享体验官、幸福里公益责任的品质常新

从未来社区、智慧城镇和产业新城等全业态智慧解决方案到房地产全周期资产增值服务的资产赋新

2020年

绿城服务朋友圈新增星月集团、置信产业集团、成都城投、温州城发、

中信城开、支付宝、同济大学等战略伙伴

屡拓之江实验室、广州中交汇通中心、珠海横琴广场、丽水银泰城、

合杭梦想小镇等大型商业、产业、公建项目

2021年

绿城服务愿做幸福生活的光明使者

与您美好相约

此致

敬礼

绿城服务集团

与美好同期抵达
请扫码加入绿城幸福家庭

大物业
时代的
国家力量

The National Power
Of Great Property
Management Times.

保利物业,是保利发展控股集团旗下控股子公司,国家物业管理一级资质企业。2020年行业综合实力排名全国TOP3,品牌价值超122亿元。服务涵盖住宅、写字楼、政府公建、城镇景区、院校、医院等多元业态。

2020年保利物业成功赴港上市,登上全新舞台。在"大物业"发展战略的引领下,在国家十四五规划带来的全新发展机遇下,作为大物业时代的国家力量,保利物业肩负起央企使命与担当,持续深耕城市业态和城镇全域;以专业化的管理和服务能力,全方位践行"善治善成 服务民生"的企业使命;为国家经济与民生福祉的新发展,书写物业服务的"软基建"价值。

LONGFOR
龙湖智慧服务

龙湖智慧服务，深耕服务23年，"满意+惊喜"的龙湖式幸福深入人心，连续十一年客户满意度超过90%。
秉承"善待你一生"的理念，龙湖智慧服务始终致力于为客户提供温馨、全面、细致、周到的专业服务。
龙湖智慧服务的多业态布局已触及13个城市空间领域，愿与您一同勾勒未来的幸福旅程。

服务13类业态

 住宅　　 医院　　 文旅　　 酒店　　 案场

 商业　　 康养　　 学校　　 产城　　 写字楼

 租赁住房　　 市政配套　　 智慧城市

智慧理念　品质服务

龙湖智慧服务，深刻洞察客户需求及各前沿发展趋势，以创新科技点亮智慧服务，运用物联网+互联网+平台的技术联盟，为客户提供高品质、优体系、创价值、多业态、全生命周期的智慧物业服务。

品质为本
基础服务树立标杆

科技为翼
智慧服务保驾护航

客户满意
服务更加有的放矢

需求导航
平台整合提效增速

专业产品体系 全生命周期服务

前期介入
·方案设计介入顾问　·现场施工介入顾问
·交付返修顾问服务

分户查验
·分户查验　·整改跟进　·现场核销

案场服务
·常规服务　·应急服务　·特色服务

多元经营
·社区租售及资产管理服务　·社区资源管理服务
·爱享家·美居·旅游·家政·搬家

智慧科技体系
·CRM平台　·远程楼宇设备自控系统
·设施设备管理系统
·400集成指挥中心　·员工&业主APP
·慧眼　·电梯云·车管云　·能源管理
·智慧通行　·龙智物业主数据
·经分BI报表　·用户数字画像

多业态全生命周期运营
·四大服务体系　·客户服务　·安全管理
·工程管理　·设施管理　·环境保护　·资产管理
·导诊服务　·运送服务　·洗涤服务　·陪护服务
·司乘服务　·配餐服务　·后勤保障　·会务服务
·商业前策　·运营顾问　·应急预控

多元合作　创享未来

全委服务
根据项目具体情况,组建运营团队,提供全方位、专业化的智慧物业服务体系,为客户营造高品质的工作和生活环境。

股权合作
携手合作伙伴共同注资投入,通过增资扩股及股权收购、资产并购等多种合作模式,与合作伙伴共赢更大的商机平台。

顾问咨询
基于智慧服务成熟经验,为合作企业提供全方位诊断、定制高效管理实施计划等服务,全面改善合作企业服务品质。

单项委托
根据物业项目的生命周期及客户需求定制输出前期介入、分户检查、案场服务、多元经营等专业服务,致力提供更贴心周到服务体验。

体系输出
直面传统物业高人力成本,高信息流转成本两大痛点,输出科技物业体系,增强设备运行的可靠性和安全性,全面提升物业服务水平。

扫码获取更多资讯

世茂服务 | 00873.HK

SHIMAO SERVICE

美好生活智造者
BETTER SMART LIFE

中国领先的综合物业管理及社区生活服务提供商
世茂集团旗下上市公司，也是世茂集团"大飞机"战略重要双翼之一
于2020年10月在香港联合交易所成功挂牌上市
位列2020年中国物业服务百强企业TOP12
2020中国物业服务企业品牌价值百强TOP8
以"美好生活智造者"为品牌理念
重点布局长三角、环渤海、海峡与中西部四大核心高能级城市群
业务范围涵盖住宅、学校、政府及公共设施、康养中心和医院、候机室贵宾厅等业态

以用户为先，以品质为核，以数智化驱动
打造"OCEAN X深蓝服务系统"及"OCEAN OS深蓝管理系统"
围绕"用户"与"资产"缔造增值服务生态系统
重点布局智慧科技服务、不动产增值、社区教育、社区新生活等版块
以"线上平台+线下空间"相融合的服务模式
创新构建"0-2KM世茂社区新生态"
优化服务产业全链条价值，助推服务行业数字智慧化升级与智慧城市建设
致力于成为提供高品质服务的城市服务商
引领中国社区生活方式新未来

爲客戶 [創造價值]

ABOUT US
企业简介

诚信行物业管理集团起源于中国,根植中国内地与香港,深耕亚太,服务全球,融综合一体化物业管理、资产运营为基础的家族财富管理与传承,以物业管理为核心的适度关联多元化为产业方向,是一家综合性资产增值服务集成供应商。

集团业务遍及全球20多个国家和地区,全球拥有近百间分子公司,员工总数超过10000人,管理面积超过1.3亿平方米。

COMPANY HISTORY 企业历程

- **1963** 西班牙Afisas公司成立
- **1993** 天怡物业顾问有限公司在香港成立
- **1996** 南京百市物业管理有限公司成立
- **2000** 山东省诚信行物业管理有限公司成立
  世纪天缘广告有限公司成立
- **2007** 鼎策投资咨询有限公司成立
- **2009** 加拿大Atlas公司成立
- **2011** 诚信行物业管理集团正式成立
  诚信行并购南京百市物业管理有限公司
  乐惠家电子商务科技有限公司成立
- **2015** 济南铂诚停车服务有限公司成立
  电梯工程有限公司成立
- **2016** 山东百事无忧家政服务有限公司成立
  山东诚信行新能源汽车租赁有限公司成立
- **2018** 诚信行共享教育中心成立
- **2020** 诚信行"全球运营中心"深圳总部启幕
  "善邻"品牌正式注册

---

1 初心
让诚信行成为受人尊敬的企业
让物业管理成为受人尊敬的行业

2 轮驱动
基于阿米巴经营理念的管家制
以标准化为盾
以智慧化为矛的专业化

3 定位
全球资产增值服务集成供应商
幸福文化建设者
物业管理大数据平台联通者

4 标准化思想
终于意识 始于档案
物有其位 人尽其责

5 引擎
国际化 品牌化
专业化 标准化 智慧化

6 家人文化核心
兴家业 守家规
善家事 树家风
爱家人 担家责

以 **诚心 用心 恒心** 的服务为业主打造
安心 舒心 开心 的幸福社区

兼具东方美又注重西方礼仪的管家团队
HOUSEKEEPER TEAM WITH ORIENTAL BEAUTY AND WESTERN ETIQUETTE

专业的设施设备管理
PROFESSIONAL FACILITIES AND EQUIPMENT MANAGEMENT

强大的保安人才队伍和管理
STRONG SECURITY PERSONNEL TEAM AND MANAGEMENT

智能化、设备化标准化、颗粒化的保洁团队
INTELLIGENT EQUIPMENT BASED STANDARDIZED AND GRANULAR CLEANING TEAM

新城悦服务为您提供
物业服务全价值链解决方案

- 2020物业服务企业综合实力15强
- 2020物业服务企业上市公司10强
- 深耕长三角,布局全中国
- 在管面积超过100000000平方米

全委服务
结合项目状况,匹配专业经营团队,提供全方位、专业化的物业管理服务,以数字化智能技术驱动幸福生活

股权合作
携手优秀的合作伙伴,通过股权收购、资产并购、成立合资公司等多种合作模式,与合作企业协作共赢

单项委托
根据项目的生命周期,从物业管理运作和客户需求角度定制输出前期介入、分户检查、案场服务以及公共资源类的单项目服务

顾问服务
基于丰富的物业服务成熟经验,为合作企业提供全方位诊断,定制高效管理实施计划,树立卓越优质的服务体系等专业咨询服务

餐饮服务
以"提供更高品质、更健康安全菜品及更专业、更优质的服务为己任"的理念,为政府、商企、产业园提供员工工作餐、宴会接待餐饮、在线外卖、食堂方案设计、菜系烹调研发等服务

老旧社区改造
根据老旧社区的痛点,提供老旧社区的定制化改造实施方案,包含安防、人脸识别、高空抛物监控等

智慧服务
提供智能化系统咨询、工程设计施工、系统运行维护与技术支持等全流程智慧服务,打造"系统集成+产品研发+服务运维"的全价值链综合业务模式

电梯服务
专业成熟的电梯安装维保团队可提供电梯销售、安装、维修、保养等服务

感动心 感受悦

卓悦成就幸福社区

跨越"物"界
智慧未来

智慧天骄 商住产一体化全息生活服务运营商

勇毅笃行二十二载
2021鑫苑服务奋力谱写新篇章

笃行致远 惟实励新
GREAT AMBITION

XINYUAN SERVICE

22ᵀᴴ 年来

鑫苑服务始终坚守初心,将"创享智慧城市家园"的企业使命和"六心"服务理念贯穿各项产品与服务。2019年,拥抱资本、拥抱变革,在港交所成功上市。2021年,笃行致远、惟实励新,致力于用服务的力量让城市生活更美好。

● **厚植根基,产品体系再升级**

在发展过程中鑫苑服务形成了多业态管理能力,服务范围涵盖四大业务方向——社区服务、城市公共服务、政府公共服务、产业园区服务,逐步实现业态全覆盖,满足不同业态业主的需求。

● **赋能裂变,创造服务新场景**

鑫苑服务深耕社区服务,以大物管、大资管和产业延伸为龙头,打造以社区为辐射的存量市场服务和运营模式,形成物业服务、专业服务、社区康养、社区教育、资产管理、智慧生活、文化产业、金融服务八大产业,系统构建以社区为基点、以城市为服务空间、以多元产业为支柱的"泛物业产业生态圈"。

● **科技赋能,强化发展源动力**

鑫苑服务规划了"数字化社区场景"建设战略,围绕用户的物理触点、人际触点、数字触点,完成了智慧社区1.0、2.0、3.0系统规划和建设,对社区智能硬件进行整体升级,借助人脸识别、深度学习、AI识别等技术,实现居民信息和身份识别统一认证管理,与政府信息平台无缝链接,数字化服务贯穿社区生活全场景。

hooplife 合生活

合生活科技集团
国际领先的科技生态运营商

合生活科技集团是一家集物业管理、科技服务、社区商业全场景运营及资产运营为一体的科技型、创新型、综合型集团公司。从产品规划、设计、研发到推广应用,多维度布局社区产业链发展,帮助物企降本增效,多元增收,同时助力政府推进城市、社区的智慧化进程。

扎根四大战略服务区域　夯实全国化战略布局

作为业内异军突起的一匹黑马,
合生活近几年屡获行业机构、专业媒体的认可,曾斩获多项专业大奖。

扫一扫，开启精彩社区生活

"**科技**"作为合生活发展的核心动能，研发中心已拥有超**100个**软件著作权，**10项**国家专利，**600人**的科研团队，业界领先的智慧社区云平台，精准的大数据挖掘，全维度业主数据及精准画像业务线功能快速迭代。

06958.HK

正荣服务
全国布局 快速成长的综合性物业管理服务提供商

正荣服务成立于2000年，总部位于上海，是一家全国布局、快速成长的综合性物业管理服务提供商，为住宅和非住宅物业提供多样化的物业管理服务。公司在管项目覆盖长三角、海峡西岸、中西部及环渤海四大区域，业态涵盖住宅物业及政府公建、写字楼、工业园区、学校等多种类非住宅物业。2020年公司荣列中指院发布的中国物业服务百强企业综合实力排名第19位，同时荣列中国物业管理协会理事单位、江西省物业管理行业协会常务副会长单位、福建省物业管理协会副会长单位、合肥市物业管理协会理事单位。

2020年7月10日
正荣服务成功登录香港交易所

股票代码：06958.HK

正荣服务业务体系

荣居 正荣服务旗下住宅服务品牌

管家服务 · 日常维修 · 社区配套 · 接待服务 · 秩序安全 · 景观环境

荣企 正荣服务旗下商企物业服务品牌

FINE 服务体系

专注 Focus 更贴心、更满意！
深度 Indepth 创造更多可能！
科技 New tech 用"新"更用心！
绿色 Environment 为环境多一份考虑！

荣城 正荣服务旗下城市服务品牌

目前，正荣服务已与福州鼓楼区、南京玄武环境签约，成功布局城市服务，未来将持续深耕这一领域。

服务为你 荣居　ZHENRO SERVICES　陪伴由心

服务为你 荣企　ZHENRO SERVICES　赋能见行

正荣服务 微信公众号

正荣服务 服务场景图

联发物业

人文联发　美好相伴
HUMANITIES LIANFA GOOD COMPANY

品牌实力 BRAND STRENGTH

联发集团全资子公司　　1994年成立　　国家一级资质企业

ISO9001国际质量保证体系、环境管理体系(GB/T2400)、职业安全管理体系(GB/T2800)认证

物业类型：高档住宅、写字楼、商业、文创园、工业园、高等院校、销售案场等

国家示范项目4个、省级示范项目17个、市级示范项目32个

中国物业管理协会理事单位　金钥匙国际联盟成员

中国物业服务企业综合实力500强　　物业服务企业　　　华东品牌物业　　　2020住宅物业
　　　　第40位　　　　　　　　品牌价值100强　　　服务企业20强　　　服务领先企业

城市布局 URBAN LAYOUT

20座城市专业服务　　45万客户共同见证

深耕华夏7大城市群　4100万平服务面积

中国优秀物业服务运营商

合作方式 COOPERATION MODE

全面委托接管服务
全部接管物业管理权合作方　可采用酬金制或包干制新开发项目

专业顾问服务
项目经营主体不变　提供专业技术指导

单项委托接管服务
物业常规单项或多项委托管理服务

温情服务 WARM SERVICE

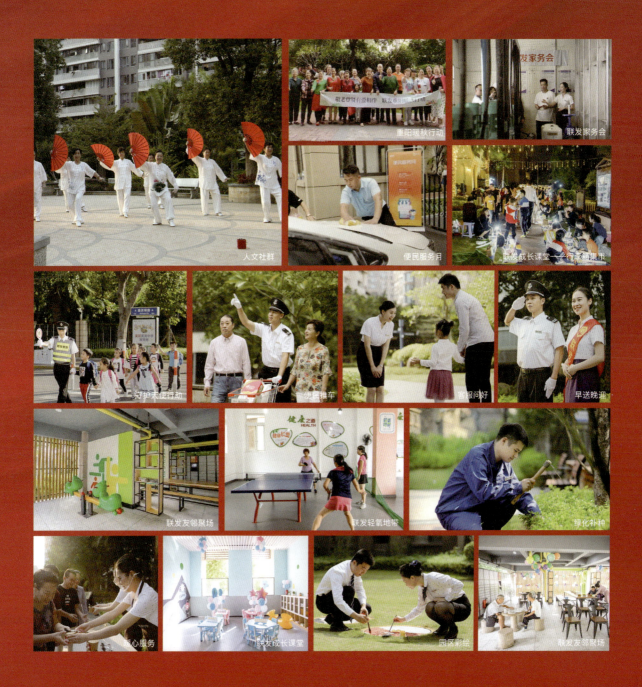

东原物业 不动产全价值链整合服务商

大物业·全价值发展布局

东原物业以全维共创、品质至臻、人文创享、仁爱至善为核心价值，以品质力、服务力、科技力、社区力塑造全维服务理念，立足城市更新趋势和人居美好生活诉求，构建全生命周期服务、社区文化运营、资产运营、原管家高端服务四大核心体系，同时东原物业积极打造社区文化运营标签，孵化独具特色的老友生活节、原聚场、童梦童享、老友趣生活等社群IP，为业主提供高品质的全维生活场景体验，在物业空间运营和品牌价值回归的行业背景下，东原物业坚持企业服务基因，以创新优势，全面迈进"大物业 全价值"高速发展道路。

实景图

东原物业,成立于2004年,注册资金一亿元,是具有物业服务国家一级资质,通过ISO9000、ISO14001、OHSAS18001认证。发展至今,东原物业已位居中国物业综合实力排行榜前二十三强,客户满意度连续四年位居前列,中国新社区文化运营TOP1,同时还是中国物业服务特色品牌企业、中国物业管理协会理事单位。

（更多详情请扫码）

東原 | 东原物业
为 新 的 每 一 天　　DOWELL PROPERTY MGT

▼ 重庆东原·印长江

▲ BMW-NEW宝马

■ 全业态发力,构建安心城市

依托东原集团资源,伴随东原地产布局延伸,东原物业持续深化全国布局,已覆盖华东、华中、华南、华北、西北、西南六大区域。同时,以北京、上海、广州、深圳一线城市为发力点,完成了杭州、苏州、重庆、武汉、成都、南京、长沙、青岛、昆明等二十余座重点城市的战略布局,当前,东原物业服务项目350余个,管理面积近5000万方,业务范围布局住宅服务、公众服务、城市服务、国际服务、智慧服务、高端服务、专业服务,客户涵盖如奔驰、宝马、亚马逊、博世、采埃孚、东芝等世界500强外资企业,全力发展工/产业园、医院、学校、场馆、市政共建等全业态服务。

▲ BOSCH博世

弘阳服务集团
RSUN SERVICE

弘阳服务集团（股份代码：01971.HK），香港联合交易所主板上市企业，具有国家一级物业管理资质，中国物业管理协会会员单位，是弘阳集团旗下集住宅物业服务、商业物业服务、地产服务、资产管理、科技开发和生活服务六大业务板块为一体的综合型、科技型物业服务集团。

未来，集团将不断提升核心竞争力，继续拓展品牌影响力，秉承"让生活更有温度"的初心，通过以诚待客和卓越服务，让弘阳服务成为一家受人尊敬的美好生活运营服务商。

上海总部
Shanghai headquarter

承接业态

- 住宅
- 商业
- 办公
- 产业园区
- 政府公建
- 学校
- 游乐园

合作类型

- 股权合作
- 合资公司
- 全委项目
- 顾问项目

南京总部
Nanjing headquarter

弘阳服务
官方微信公众号

新力物业集团有限公司成立于2011年,致力成为国内新锐的全产业链·产城综合服务商,作为江西省物业管理标杆企业,系中国物业管理协会理事单位、南昌市物业管理协会副会长单位。

依托**港股上市企业新力控股(集团)有限公司**的优势资源,新力物业近年飞速发展,已成为江西物业行业的龙头企业。业务已布局13省50余座城市400余个项目,团队规模超万人。

94.8%
2020年业主满意度

第三方客户满意度连续4年90%以上
稳居江西业主满意度领先地位

数据来源:第三方权威调查机构 赛惟

全产业链·产城综合服务商

业务多元化　多业态纵深发展

·地产·

·产业·

·商业·

·旅游·

·金融·

·政务·

·地产事务·

·体育产业·

·文化产业·

·公共服务·

中建东孚物业
CSC DONGFU PROPERTY SERVICE

企业使命

服务城市发展 成就美好生活

企业愿景

成为中国城市综合服务创领者

核心价值观

信孚于人 专精于事

服务理念

精致服务 至诚永远

康 派 臻 心 ～ 悦 享 生 活

康桥悦生活服务集团有限公司（简称康桥悦生活），国家一级资质企业。

现承接服务业态涵盖住宅、写字楼、商业、产业园、公建等多种物业类型，累计服务项目近300个，管理面积逾4700万平方米，旗下拥有康桥嘉和、康桥祝福、君阳物业、蓝盛物业、苏荷物业、郑燃物业、吉祥物业等控股公司，并设置了惠州、肇庆、廊坊、鄂州、无锡、西安等近三十家分公司，赢得了47万余户业主的支持和信赖。荣获200余项荣誉，多年蝉联"中国物业服务百强企业"、"中国物业服务企业综合实力百强"。

细致入微 守护每一个日常

始终秉承12-12-24-72反馈机制，提供贴心、专业的服务，成为"您的贴身物业管家"。打造恭贺乔迁之喜、冬日门把手套、家政服务、会务服务、搬家志愿服务等8项定制服务和爱心义诊、共享手推车、知识大讲堂、爱心打气筒、等16项贴心服务，细致守护每个美好的日子。

有爱的邻里 有温度的生活

构建了康桥"邻礼汇"社群文化品牌，打造"四季一堂"社区文化活动，致力于打造"同檐如邻里，交融似乡亲"的社区氛围，让业主在日常生活之外，收获精神世界的愉悦和幸福。

爱心公益季
举办爱心义诊、各种便民服务以及多样的节日活动

童心梦想季
一年一度暑期康桥快乐营以及丰富多彩的亲子活动

运动健康季
篮球赛、羽毛赛、乒乓球赛…所有社区竞技PK

暖心感恩季
社区焕新计划、暖手茶派送、感恩回馈给予业主多样关怀

康桥礼学堂
鼓励学习传统文化礼仪关照业主们的精神文化世界

大服务战略 承载生活的万千美好

为满足人们日益增长的多元化生活需求，康桥悦生活通过描摹客户画像，深度挖掘生活痛点，从健康到教育，从家装到家政，从餐饮到资产管理，以高品质生活配套，为业主营造美好生活的全生态。

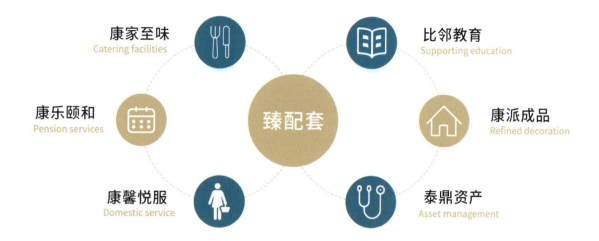

智慧服务生态圈 从"芯"到"心"的互动

利用互联网、物联网、大数据、云计算等技术，从"数据可视化运营指挥舱"的搭建到"FM设施设备智能管理系统"的打造以及"康云优家"APP的上线，以数据化、智能化连接人与生活，不断实现对物的智能管理和对人的高效服务。

01 移动质检
02 移动验房
03 康云优家™APP
04 数据可视化运营指挥舱
05 "Fm"设施设备智能管理系统

未来，康桥悦生活将以城市综合服务商的角色定位，不断打破服务边界，实现从小物业到大物业的完美蜕变。为城市新邻里情注入鲜活动力，重新定义城市美好生活！

康桥悦生活服务集团有限公司
Kangqiao yue shenghuo Service Group Co., Ltd.
地址：中国·郑州大学路80号

让服务有更多可能 JUST FOR YOU

▶▶▶ 亿达服务集团
Yida Service Group Co., Ltd

成立于1996年的亿达物业服务集团，是亿达中国全资控股子公司。作为全国物业百强企业，亿达服务集团是东北地区规模、影响力领先的物业服务企业。

亿达服务集团总部位于上海，在武汉、长沙、合肥、重庆、成都、绵阳、杭州、郑州、济南、长春、沈阳、大连等地设立城市公司，涵盖不同类型的服务模式。公司通过二十几年不断积极探索，目前在管物业涵盖产业园区物业，写字楼物业，城市配套服务、院校物业，商业物业，居住类别墅、住宅、公寓等全业态物业服务类型。

企业实力 ▶ 1996年成立 20余载经验 | 管理项目 1000余个 | 园区产业客户 近1500家 | 企业员工近 万人

战略布局 ▶ 全国布局 6大区 | 全国主要城市公司 15余个 | 业务发展遍及近 30个城市

中国物业管理协会副会长单位

辽宁省房地产行业协会常务副会长单位

品牌实力 ▶ 服务业主 百万人次 | 全国物业百强 TOP 20

大连市物业管理协会会长单位

▶▶▶ 企业大事记
Corporate Milestones

1996年 成立：亿达物业正式注册成立，开始公司化运作

1998年 产业园区：亿达服务开启产业园区运营服务时代

2003年 全国示范：打造"三位一体"全国示范基地

2003-2008年 服务模式：积极探索，逐步建立物业管理亿达式服务模式

2015年 布局全国：亿达服务逐步布局全国，拓展服务版图

2016年 物业+：社区增值业务相继落地，为传统物业赋能增值服务

2017年 智慧+：智慧服务升级转型。智能终端逐步应用

2018年 多业态布局：住宅、产业园的基础上，高铁、高校……全面推进全域化多业态布局

2019年 品牌价值：产业园区服务领先企业，全国物业企业百强18位，品牌价值55.87亿元

2020年 双轮驱动：产业园区和社区生态并驱发展

▶▶▶ 产业园区板块
Industrial Parks

面向投资者
提供专业产业园区服务

面向IS | Investor Services 投资者服务

亿达服务基于投资者资产的全生命周期运营及管理,做资产保值增值的捍卫者

面向OS | Enterprise Services/Owner Services 企业客户/租户服务

亿达服务针对企业客户的实际需求提供全面定制化解决方案,做产业物业的"研发工程师"

产业园区开发定位建造标准 · 产业园区整体包装品牌推广 · 综合配套 · 人才供给 · 设施设备维运 · WHAT CAN WE DO · 招商引资 · 税收减免 · 政府关系平台搭建 · 智慧平台

▶▶▶ 产业园区一览
Industrial Parks

大连软件园

郑州科技新城

合肥庐阳大数据产业园

大连生态科技创新城

长沙亿达智造产业小镇

成都亿达天府智慧产业园

▶▶▶ 公共事业服务
Public Service

商业广场

写字楼

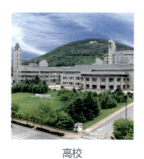
高校

医院

政府场馆

轨道交通

大家服务集团

大家服务成立于1993年，是国家一级资质物业企业、中国物业服务百强企业、物业服务企业品牌价值100强、中国物业管理协会会员单位、浙江省"AAA"级物业服务信用企业、杭州市物业管理协会会员单位、杭州市诚实守信行业服务质量领先单位，通过ISO9001质量管理体系、环境管理体系、职业健康安全管理体系认证。业务领域涉及住宅、商务楼、综合体、未来社区等多种业态，服务覆盖近20个省市，签约项目100余个，签约总合同服务面积超2000万平方米，服务业主超10万户，以优质服务护航品质生活。

公司成立20余年来，始终禀承"诚信、热情、规范、细致"的服务理念，始终把业主的满意度作为衡量服务工作的基本标准。

DAJA 大家服务 | 让家更好

大家服务，让家更好

| 深耕行业 **28**年 | 服务覆盖 **20**个省市 | 签约项目 **100**⁺个 | (签约)总合同服务面积 **2000**万㎡ | 服务业主 **10**万⁺户 |

积极探索新的增值服务，携手优质供应商。为业主的房屋资产升级、改造，提供保值增值的延伸服务。打造"DAJA大家服务中心"的专业一体化生活服务平台开展多样化经营，美居、租售、社商新零售业务全方位覆盖。

美居

秉承为业主提供专业装修装饰的社区服务平台，以物业为纽带，建立一站式贴心服务，让装修成为通向美好生活的愉悦之路。

租售

建立一站式贴心服务，把房屋买卖、租赁服务与物业紧密相连，让客户不动产在交易租赁的过程中，能享受更好更全面的服务。

NO.1　NO.2　NO.3　增值服务

更多服务

敬请期待！

社商

探寻业主生活需求，提供贴心的零售服务，结合物业特性，以活动为基础，丰富业主生活。

三级服务标准

家人初见 — 美好遇见，以享佳期
微笑礼仪，缤纷茶水，醇香咖啡，以礼宾五部曲加持10种美好服务瞬间，提供案场臻享服务。

优享家 — 品质触摸，以享生活
"优"出自"让家更好"的服务理念，用优质的服务覆盖到每一位业主。物业APP为"小优管家"系列，覆盖到所有物业在管项目，因此"优"是服务观，是方法论，也是来自客户的评价。

大家匠心维护
四季创意小景
缤纷园区生活
……

悦享家 — 幸福顾盼，以享归心
"悦"有使人愉悦的意思。美好的生活就是从拥有愉悦的心情作为开端，以享受生活作为过程，以舒适归家为节点，客户能够感同身受的体会到幸福。

多维共鸣服务
同频便民服务
社区共享读库

尊享家 — 大家风范，以享尊荣
"尊"是我们对高端客户的整体定位。大家服务对于最高阶的业主群体，以最极致的服务之礼相待，使其有重视且尊贵之感。

夜间骑士护送
安心居家平台
智慧物联覆盖
……

湖北中楚物业股份有限公司
HUBEI ZHONGCHU PROPERTY MANAGEMENT CO.,LTD.

真诚服务 共创和谐

创新引领　创造服务
科技赋能　慧享品质生活

公司简介

湖北中楚物业股份有限公司成立于2008年9月，全国物业管理行业百强企业，武汉市和谐企业、武汉市总工会民主管理五星级单位、武汉市"红色物业五星级"企业、武汉市"工人先锋号"，武汉第七届世界军人运动会保障突出贡献单位，2019年全国物业行业"社区的力量"扶贫攻坚贡献力位列湖北物业企业第1名，2020年被中国社会扶贫网授予"爱心消费扶贫企业"，湖北省内注册唯一新三板上市的物业企业（股票号：871971）。公司总经理成学荣荣获"湖北省贡献力民营企业家"、"武汉市创业十佳"、武汉市物协"抗疫先进个人"、"2020全国物业经理人100强"等。

在管项目

  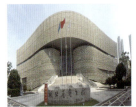  

管理项目涵盖住宅、政府机关、企事业单位、军工央企、学校、场馆、医院、公园景区、轨道交通、机场、道路环卫等多元化业态。

企业文化

企业愿景	发扬工匠精神　打造百年企业
服务理念	以人为本、客户至上、真诚服务、共创和谐
服务宗旨	员工客户共快乐　社会责任同担当
服务品牌	"精楚校园""楚帮洁""楚留香""楚云慧"
服务管理标准	基础服务标准化、差异服务订制化、常态服务精细化、精细服务品牌化、党建共建制度化、和谐服务温馨化。

智慧物业

坚持以"服务"为基础，以"智慧"为支撑，运用5G、互联网、物联网、云计算、大数据、OA和人工智能等技术，搭建中楚物业智慧管理服务平台，打造智慧安防、智慧消防、智慧出行、智慧报修、智慧数据中心等全方位服务保障体系。

品牌建设

围绕"美好生活、和谐社会"的理念，满足业主对于美好生活的需求，整合社会资源，建设人、物共联现代化服务体系，打造出"精楚校园"、"楚帮洁"、"楚留香""楚云慧"等服务品牌。

红色物业

"民有所呼，我有所应"，积极开展红色物业活动，联结好党服务群众最后一百米工作，开展志愿者活动，结对帮扶，实行专业化指导，提供有温度服务。

精准帮扶

通过资金帮扶、就业帮扶、消费帮扶、技术帮扶多种形式多项并举，着力提高精准帮扶的质量和成效。2019年参与中物协《社区的力量》消费扶贫攻坚战，获"消费扶贫榜样社区"称号；2020年参与藏区青苗牵手计划，定点帮扶藏区贫困小学生；精准帮扶湖北省竹溪县，购买农副产品，让消费扶贫的红利真正释放到建档立卡贫困户身上。

"疫"流而上

2020年初，面对汹涌的新冠肺炎疫情，公司扛责在肩、坚守一线、连续作战，援建保障方舱医院和酒店隔离点21个，持续保障武汉天河国际机场重要防疫人员物资运送通道，累计参加一线抗"疫"10多万人次，投入专项防疫经费400多万元，抗疫捐款21万左右，为员工和社区居民心理辅导1000多人次，收到1397封书面感谢信。

有温度的社区

朗诗绿色生活
是一家深耕长三角、布局全国，
快速成长的全生命周期绿色生活服务商。

朗诗绿色生活现已进驻全国**32**个城市，服务近**200**个项目，管理面积超过**2300**万平方米，服务业主超过**50**万人。

公司恪守"人本、阳光、绿色"的核心价值观，致力于为广大业主提供有温度的服务，创造美好绿色生活，成为有温度的社区生活服务引领者。

朗诗绿色生活，与您携手共建有温度的社区
A WARM COMMUNITY LIFESTYLE

16年 - 物业管理实践经验
24H - 管家式服务
90分 - 行业领先的业主满意度

中国最早的物业管理百强

武汉市万吉物业管理有限公司

助力客户：

环境体验升级、品牌价值增长；
人力资源赋能、成本管理优化；
资产保值增值、生命周期常青。

中国最早的物业管理百强、国家一级资质企业——万吉物业，创立于1996年6月6日，是"中国物业管理协会理事单位"、"湖北省物业服务和管理协会副会长单位"、"武汉市物业管理协会副会长单位"，在物业管理行业极具口碑与影响力。近三十年来，万吉物业致力于为政府机构、商务写字楼、企业总部、高端社区、产业园区、大型场馆、学校等提供物业委托管理和餐饮管理服务。

万吉物业不断改良管理系统和管控手段，持续完善ISO9001质量管理体系、ISO14001环境管理体系、ISO45001职业健康安全管理体系认证、ISO27001信息安全管理体系四位一体的内部管理体系、5S工作环境管理、4D食品安全现场管理体系、PBC绩效评估体系以及企业文化五大体系，保障品质管理和团队建设。

WUHAN WANJI PROPERTY MANAGEMENT CO.,LTD

万吉指南针
WANJI COMPASS

使命：
做最好的物业管理企业。

愿景：
我们努力一直活下去，
让团队的每一员都拥有很棒的专业技能和良好的生活。

价值观：
客户就是我们的父母，
客户的信任像黄金一样珍贵。
时刻心怀感恩，我们都是为自己干。

武汉市公安局

武汉市青山区政府

武汉美术馆

武汉规划展示馆

中石化川气东送天然气管道有限公司

武汉市烟草专卖局

服务理念 WANJI SERVICE PHILOSOPHY　　至善至美　精益求精

建业新生活 香港股票代码 9983.HK

NEW

河南建业新生活服务有限公司「香港股票代码: 9983.HK」秉承"让河南人民都过上好生活"的企业使命，践行"根植中原，造福百姓"的核心价值观致力于打造新型生活式服务平台。业务覆盖物业管理与增值服务、生活服务、商业资产管理及咨询服务三大板块,涵盖物业管理、优选生活、智慧社区、品质居住、定制旅游、精致酒店、商业管理、农业发展、文旅运营、高端会员组织等多元业务,为用户提供时间、区域、功能无盲点的生活服务。

LIFE

好生活 多一点

吃 | 住 | 行 | 游 | 购 | 娱

sunac 融创服务
至善·致美

中国品质服务引领者

融创服务控股有限公司（01516.HK），香港联交所上市企业。

壹级物业管理资质，中国物业管理协会常务理事单位，中国物业服务品质领先品牌企业TOP3，中国地产数字力TOP5物企，自成立以来，秉承以服务客户为核心，持续创造美好生活。

融创服务聚焦核心城市中高端物业，是增长最快的中国大型物业管理综合服务商，市场地位领先。以"至善·致美"为服务理念，为客户提供全面的高品质物业服务，致力于成为"中国品质服务引领者"。

■ 聚焦核心一二线城市

整体已签约覆盖城市	总合同建筑面积	在管项目	高端案场	服务客户	2019年客户满意度
127个	2.47亿平方米	716个	422个	100+万	90分

数据的截止时间：2020年9月30日

■ 多业态综合发展

住宅物业服务

商企物业服务

文旅度假物业服务

城市公共服务

案场物业服务

物业咨询服务

■ 行业领先的高品质服务

归心服务是融创服务重点打造的住宅物业服务品牌，从原有的基础物业服务视角出发，提出"大服务"理念，包含基础物业服务、物业增值服务、以及围绕社区活动和社群建设等展开的精神文化服务，为客户打造[有家、有生活、有知己]的高品质社区服务，与客户共建有生命力的社区。

融创归心

有家 *Home*
- 严把交付品质第一关
- 精益化的工程服务保障体系
- "零时差、零距离"的安保工作
- "零死角、零干扰"的环境保洁

有生活 *Life*
- 线上线下一站式快捷服务
- 便捷的社区生活配套服务
- "懂客户、懂生活"的管家团队

有知己 *Confidant*
- 招募「归心共建大使」倡导《融创社区公约》
- 五大品牌活动、社区活动及社群活动
- 携手业主参与社会公益

更多详情关注公众号

SUNAC SERVICES

远洋服务的历史可追溯至1997年,并于2020年12月17日在香港联交所正式挂牌上市(股票代码:06677.HK),位列中国物业服务百强企业TOP13。远洋服务坚持通过打造自身能力并整合优质资源,专注中高端住宅社区、商业物业(如写字楼、商场及酒店)、公共物业及其他物业(如医院、公共服务设施、政府大楼及学校)等业态,向客户提供物业管理服务、非业主增值服务和社区增值服务等综合性服务。

扎实强劲的品牌实力

2019年按综合实力计

第13位

中国物业服务百强企业

2019年按增长潜力计

第11位

中国物业服务百强企业

核心广泛的地理覆盖

282个
合约物业管理项目组合

61.9百万平方米
总合约建筑面积

24个
省、直辖市及自治区

54个
城市

——以上数据截至2020年6月30日——

2020年,被中国物业管理协会、上海易居房地产研究院及中国房地产测评中心评为

物业服务企业潜力独角兽
物业服务企业品牌价值100强

数字共创服务价值

我们的服务

社区生活服务
物业服务 附属资源 生活家 拎包入住

商业运营
设计规范能力 营销策划能力 招商筹备能力 运营管理能力

智慧服务
智慧社区 智慧社区升级改造 全屋智能 智慧办公 智慧商业 智慧案场

服务领域

商业领域
包含社区商业、写字楼、公寓、停车场及市政公建资源等

消费者业务领域
打造线上+线下, 商业+住宅的智慧化生活消费体验场景

数字科技领域
联合开发 SaaS服务 智能化施工 专案设计 智能化产品与配套服务

我们的合作

合作一　企业股权合作
合作二　物业服务全委托
合作三　数字科技咨询与服务

蓝光嘉宝服务

嘉宝数字科技

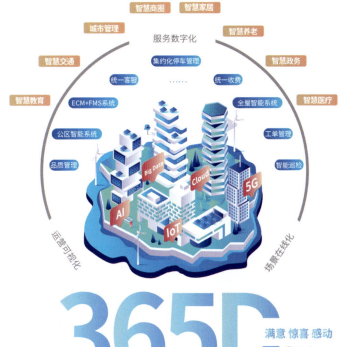

365Day 满意 惊喜 感动

满 儿童关爱
父母可随时关注孩子在小区公共场所的活动场景

意 主动响应
家中遇到问题,一键呼叫物业服务,物业快速安排处理

惊 主动服务
当您携带大件重物时,安保人员及时提供小推车帮助您送到家中

喜 访客邀请
业主邀请亲友到访,通过访客二维码发放,极大优化访客体验和感受

感 服务O2O
单元管家式服务,给业主带来更贴心的亲切感,您想所想,为您服务

动 社区生活
收发快件、订餐、订票、看病挂号等生活需求,都可找到对应服务

蓝光发展旗下成员企业　蓝光嘉宝服务 股票代码: 2606.HK　用心服务生活

香港联交所上市编码：09928

现代服务创造者
MODERN SERVICE CREATOR

**TIMES
NEIGHBORHOOD
CREATE SERVICE**

全委管理	营销案场服务	股权合作	合作发展	咨询服务
物业前期介入服务	营销案场物业服务	采取控股及参股方式进行紧密合作	时代邻里服务品牌输出	帮助物业企业建立体系
房地产营销支持服务	以助力地产营销为第一核心	优质资源整合造就强势品牌	派驻资深物业管理专家	全方位问题诊断
物业管理服务	独创的"前置式体验服务模式"	利益共同体共担风险、共享收益	导入成熟物业管理模式	提供解决方案并指导实施
个性化服务	优质服务保障高成交率	灵活快速的决策机制助力市场拓展	与合作方共享经营成果，共赢发展	持续改进建议

服务业态

住宅 / 商写 / 学校 / 医院 / 公园 / 产业园 / 机关单位 / 公共场馆 / 公共交通 / 市政环卫 / 城市公服

官方微信

幸福基业
核心都市圈
幸福生活综合服务商

缔造幸福生活

用心服务 服务到心

幸福基业物业服务有限公司成立于1999年，中国物业管理协会常务理事单位，中国物业服务百强企业第11名。幸福基业凭借独一无二的城市服务模式，为15省50余座城市的居民与政府企业提供综合服务，是国内规模领先、专注于城市服务的城市综合物业服务集成商。

幸福基业作为国内最早开展城市服务的物业百强企业，长期服务于中国的城市化进程，服务于都市圈的发展。20年磨一剑，无论是城市的市民服务，企业服务还是政务服务，幸福基业都积累下丰富的经验，沉淀下大量先进的管理方法。立足于信息科技应用，持续流程优化，与设施设备开发，幸福基业打造了一套高效服务体系，并具备了快速复制能力，以独到的服务和管理认知，在对"幸福城市"深入研究及深刻理解基础上，提出"'城'就幸福"新理念，创新了"3+2"城市服务业务逻辑，提出了独有的CDM(Customer Driven Model)客户驱动模型，致力于更好地服务于城市的"云"、"管"、"端"、"边"结构，为中国现代服务业的发展做出自己的贡献。

新大正　　　　　　　　　　　　　股票代码 002968

创造城市新价值
联接未来新体验
BETTER SERVICE BETTER CITY

怀抱"让城市更美好"的企业使命，立足公建物业，发力城市运营综合服务为主的创新产品，以"基础物业服务+特色服务+现代化信息技术"，赋能物业服务新价值，创造优质客户体验，立志成为智慧城市公共物业服务领跑者。

新大正物业集团官微

与城市祺精彩

持续追求价值领先的
城市运营和生活服务商

服务类型：住宅、医院、园区、小镇、商业、办公楼、场馆、银行、学校、景区、高速公路服务区、销售中心、酒店等

浙江开元物业管理股份有限公司

SHINSUN 祥生物业

用温暖的心　做有温度的事

★ 中国物业管理协会理事单位
★ 中国物业服务企业成长性TOP10
★ 中国社区服务商客户满意度模范企业TOP50
★ 中国物业行业品牌价值TOP50
★ 诸暨市物业管理协会会长单位
★ 泰兴市物业管理协会会长单位
★ 国际白金管家服务联盟成员单位

以**超22万**家庭审视
打造金牌生活管家

全委服务
THE SERVICE

股权合作
EQUITY COOPERATION

顾问服务
CONSULTING SERVICE

前介服务
PRECURSOR SERVICE

专项服务
PROFESSIONAL SERVICE

天健城市服务
Tagen Urban Services

蜜生活 MY HONEY

城市日新月异　　服务臻于至善

深圳市天健城市服务有限公司成立于1991年，深圳知名品牌，全国物业综合实力50强企业，具有国家物业管理一级资质，并通过质量、环境等五大管理体系认证，是首批获得物业管理服务深圳标准认证企业之一。

天健城市服务坚持转型升级、紧抓行业机遇，持续打造物业城市、三供一业、长租公寓、市政管养、城市更新、政府窗口服务、地产资源整合代理、市政管养等新型业务，凭借优质服务及品牌形象立足全国，以满足人们日益增长对美好生活的需要为己任，打造令人尊敬的城市服务商。

- 物业服务
- 蜜生活
- 商业运营
- 城市服务
- 园林工程
- 智能楼宇

受人之托 忠人之事

成为具有影响力的城市运营服务商和美好生活集成商

  |

安徽长城物业
ANHUI GREATWALL PROPERTY

企业愿景：做一家受人尊重的现代化服务企业！

公司简介

安徽省长城物业管理有限公司于一九九九年在合肥成立。注册资金2080万元。公司目前为中国物业管理协会常务理事单位、安徽省物业管理协会副会长单位、合肥市物业管理协会副会长单位、合肥市清洗保洁行业协会副会长单位、合肥公共资源交易管理协会常务理事单位、AAA级重合同守信用单位。

管理业绩

经过二十余年的拼搏和努力，长城物业由最初管理农垦系统住宅小区1万多平方米的项目开始，发展到现在，管理项目总面积超过5000万平方米的规模，管理的项目涵盖住宅、写字楼、商业综合体、校园、医院、会展场馆、政府办公楼等多种业态，在上海、河南郑州、江苏苏州、芜湖、淮南、淮北、宿州、滁州、六安、铜陵、池州、安庆、阜阳、亳州、蚌埠等地设立了分公司。

公司荣誉

自1999年成立至今，公司获得多项荣誉：中国质量万里行授予"质量服务双优单位"，中国物业管理安徽省"十强"企业，安徽省消协"安徽省第九届诚信单位"，合肥市首届"十佳"物业管理公司，合肥市物业管理企业"综合实力三十强"，合肥市精神文明建设指导委员会授予窗口行业"礼貌待人、诚信服务"先进集体，2016年合肥市物业协会"综合实力五十强"排名第一，2015、2016、2018、2019年、2020年连续五次入选中物协"中国物业服务百强企业"称号，2017年被安徽省清洗保洁行业协会评为一级企业，2018年被安徽省工商行政管理局评为安徽省著名商标，2019年跻身中国物业品牌价值50强。

安徽省长城物业管理有限公司

期待与您合作！

创物管精品
源不懈奋斗

企业简介

安徽创源物业管理有限公司成立于2005年8月，具有国家建设部颁发的一级资质证书。公司集市场化运作、跨区域经营、集团化管理于一身，是现代物业服务综合性代表企业，为中国物业管理协会理事单位、安徽省物业协会副秘书长单位、合肥市物业协会副会长单位、党建工作先进企业、中国物业服务百强企业、医院物业服务领先企业、校园物业特色服务品牌企业、安徽服务名牌、安徽省重合同守信用单位等。专业从事物业管理服务、园林绿化管理、市政环境保洁、道路保洁、房屋租赁、小区车辆管理、石材养护、建筑物清洗、保洁耗材销售、餐饮服务等。公司下辖子公司8个，分公司42个，在管项目两百多个，面积达4000多万平米，年经营收入超十亿元。公司现有员工上万人，拥有一支高素质的专业管理团队，管理人员持证率达到90%以上。经过多年发展，公司逐渐形成以医院物业为核心，学校、办公楼物业为主力，商业、小区物业全覆盖的综合物业企业。

部分公司在管项目展示

安徽省国际妇女儿童医学中心

合肥工业大学翡翠湖校区

国家税务总局安徽省税务局滨湖办公区

滨湖桂园

安徽大剧院

郎溪高铁站

企业文化

企业愿景：做行业标准的领跑军，创一流品牌的百年企业

企业使命：用我们高端的服务，为客户带来品质的生活

企业宗旨：提供客户满意的服务，搭建员工发展的平台

企业理念：质量为本，客户为尊，有效沟通，诚信待人

企业质量方针：严谨、务实、优质、诚信、高效、创新

安徽新亚物业管理发展有限公司

○ 把每件简单的事情做成不简单 ○

公司简介

安徽新亚物业管理发展有限公司是一家致力于现代化物业管理等服务的综合性服务企业；是一家以公众物业为发展方向，具有办公楼宇、高校、机场、高铁站、工业园区、医院、住宅等物业类型的管理与服务经验，并形成了以物业管理为主业服务，以建筑清洗、建筑防水、食堂管理、高校客房管理、专家公寓管理等为辅业的多元化融合发展的经营与服务模式，持有国家一级物业管理服务资质和清洗保洁一级资质等。截止至2020年12月底，其物业管理与服务项目已突破220个，物业管理服务面积达到了3500万平方米，并在芜湖、宣城、宿州、安庆、郑州等全国各地成立了18个分公司。

目前，新亚物业是"全国物业服务500强企业（排位66名）""全国校园物业服务50强企业（排位17名）""安徽省物业行业综合实力30强企业（排位第2名）""安徽省校园物业十强企业（排名第一）""中国清洁服务行业百强企业（排位10名）""安徽省物业行业标兵企业""第12届全国和谐商业企业"等。

在日常的管理与服务中，新亚人不断地传承服务精髓，致力于管理的标准化、服务的精细化、运行的规范化实践与探索，在创造专业与优质服务、构建和谐社区、打造企业品牌等方面均取得了突出的成绩。

在未来的发展征途上，新亚人敏于思而笃于行，将不断进取、追求卓越，以其崭新的业绩，让服务充满着温馨、让服务创造价值、让企业绽放出基业长青的华彩。

公司荣誉/员工风采

中国物业服务百强企业 | 中国校园物业服务50强企业 | 全国物业服务品牌价值100强企业 | 华东地区品牌物业20强企业

安徽新亚物业管理发展有限公司

四川悦华置地物业管理有限公司
Sichuan YHZD Property Management Co., Ltd.

（党建引领）ⁿ+（企业优势）ⁿ+（企业形象）ⁿ+（文化气质）ⁿ =魅力悦华
(Party Building Leading)ⁿ+(Corporate Superiority)ⁿ+(Corporate Identity)ⁿ+(Culture Temperament)ⁿ=Charming Yuehuazhidi

团队 / 品牌 / 资源 / 服务 / 标准

龙管家·心服务

企业介绍 Company Profile

四川悦华置地物业管理有限公司（简称"悦华置地"）于2003年在中国成都注册成立。作为首批国家一级资质物业服务企业，悦华置地始终坚持纯市场化的发展定位导向，聚焦客户需求，着力打造以物业服务为核心，以智慧物业管理服务平台为支撑，以居家社区养老、商业运营、电子商务、地产代理、文化传播等延伸服务和家政服务、维修保养、公共服务、便民生活服务等创新增值服务为补充的物业服务商品牌。截止到目前，悦华置地物业服务已涉入全国56座大中型城市，覆盖项目600余处，服务终端客户群100余万。

秉承着"您的微笑对我们最重要"的企业核心理念，悦华置地建立了完善的"龙管家·心服务" "12S服务规范"管理方案和服务体系，通过了ISO9001/ISO14001/OHSAS18001三大体系国际国内双重认证，先后担任中国管理科学研究院学术委员会特约研究员、中国物业管理行业发展研究中心首批及现任特约研究员、中国物业管理协会产业发展研究委员会首届委员、中国物业管理协会常务理事、中国房地产企业家协会理事等要职，获得亚洲物业管理100强、中国物业管理综合实力100强、中国物业企业微信公众号影响力100强、中国物业服务企业品牌价值50强、中国物业客户满意度模范企业50强、中国物业管理商业特色物业10强等殊荣。

近年来，随着企业综合实力和品牌价值的持续攀升并逐步向城市服务商转型，悦华置地提出"双总部+三集团"分进合作、统一布局的战略实施，形成以"服务客户大产业，创造价值新标准"为核心品牌定位的"事业部平台"，通过委托管理、顾问服务、股权合作、合资公司等方式拓展业务市场，全面开启"合伙人制度"，整合社会、行业、志同道合者资源，深化"悦华置地"品牌价值内涵，共谋发展图强之路。

我们服务全国
- 600余个项目
- 56个城市
- 100余万业主
- 5000多万平方米

Won the top 100 corporate honors of the China Property Managment Research Institution in 2020
荣获中物研协百强荣誉

3000余名 悦管家 贴心服务

| 委托管理 | 顾问服务 | 股权合作 | 合资公司 |

诚寻有资源的行业内及社会精英人士、地产商/承建商、业主委员会等共谋发展。

中国物业品牌50强　　　　创造服务价值新标准

悦华置地官方微信

专业服务年

2021主题 professional services

为业主营造美好生活场景

Company Profile
企业简介

合肥美而特物业服务有限公司是美而特后勤集团下属主要业务板块之一，物业服务企业一级资质。2018年、2019年、2020年连续三年名列全国百强物业，2019年、2020年连续两年医院物业服务领先企业。华东品牌物业服务企业20强，物业服务企业品牌价值100强。

公司于2014年12月顺利通过了三标一体化国际认证：ISO9001质量管理体系认证，ISO14001环境管理体系认证，OHSAS18001职业健康安全管理体系认证。

企业文化 Company Culture

服务理念：
规范管理、至诚服务

企业精神：
诚信、协作、感恩

企业使命：
社会价值、员工希望

企业目标：
品质、创新、特色、精品

企业愿景：
呵护生命、保卫健康、用行动传递爱！

企业价值观：
自重、自信、团结一致、负责到底

主要业绩 Main Achievements

- 中国科学技术大学附属第一医院(安徽省立医院)南区
- 中国科学技术大学附属第一医院(安徽省肿瘤医院)西区
- 中国人民解放军西部战区总医院
- 复旦大学附属儿科医院安徽医院安徽省儿童医院
- 安徽医科大学附属巢湖医院
- 安徽医科大学附属宿州医院

企业荣誉 Company Honor

美而特后勤服务集团有限公司
MELTAL LOGISTICS SERVICES GROUP CO., LTD.

美而特微信公众号

呵护生命，保卫健康，
用行动传递爱！
Care for life, safeguard health,
take action for love!

首华物业　老房管

公司简介

北京首华物业管理有限公司成立于2013年9月，是北京首都开发控股(集团)有限公司下属物业企业，前身为北京市第一房屋管理修缮工程公司(北京市房管一公司)，成立于1953年，是一家拥有悠久历史的国有物业企业。是中央国家机关物业服务定点采购入围单位、北京市市级行政事业单位物业服务定点政府采购项目入围企业、军委机关事务管理总局"军民融合"战略合作单位、军队采购入库供应商。公司拥有中央国家机关部委应急抢险队及北京市住建委直属防汛抢险队，同时也是北京市市级供热应急抢修抢险单位。具有华侨历史博物馆(北京市物业管理楼宇安全生产标准化二级项目)、北京汽车博物馆(中国物业服务示范项目)、中华女子学院(AA级学校优秀物业服务项目)、恒奥中心(北京市物业管理四星级大厦)等诸多优秀项目。

项目展示

公司的主营项目包括：物业管理、机电安装、供暖运行、资产经营等。

新的时期、新的机遇、新的使命。首华物业公司作为国有企业，将继续发挥国企的担当精神，助力探索"首开经验"、丰富"首开模式"，不忘初心，扎根服务，砥砺创新，持续打造物业服务卓越品牌。

企业文化

企业初心和使命： 真心为业主服务 全心为城市运营服务
企业文化： 诚信 务实 发展 创新
企业愿景： 做物业行业的先锋 做多种业态规范化管理的典范 做物业行业盈利模式的创新

企业荣誉

2020年，公司先后获得了"物业管理微信公众号影响力 TOP100"、"物业管理刊物影响力 TOP50"、"2020华北品牌物业服务企业10强"及"首都功能核心区服务商•2020特色物业服务品牌企业"、"2020物业服务企业综合实力500强"及"2020公众物业服务领先企业"等多项荣誉。

首都博物馆

中国华侨历史博物馆

中华女子学院

京西宾馆

馨港庄园

恒奥中心

给您一个温馨的家

为员工生活谋幸福
为社会发展做贡献

服务每一天，细心每一分

企业简介 COMPANY PROFILE

安徽省鹏徽市场管理服务集团有限公司成立于二〇〇五年四月，其前称为安徽省鹏徽物业管理有限公司，于2020年1月13日正式更名为安徽省鹏徽市场管理服务集团有限公司，系中国物业管理协会会员单位、安徽省物业管理协会副秘书长单位，合肥市物业管理协会副会长单位，是一家同时具有物业管理壹级资质和中国清洁清洗行业一级资质的双壹级资质的物业管理企业。注册资金5001万元。

公司主要从事住宅、商业、办公、学校、医院、工业园、公园（风景区）、园林绿化工程、停车管理、道路清扫、垃圾清运、建筑物外墙清洗等服务。

安徽省鹏徽市场管理服务集团有限公司是一家发展快速的现代企业，公司实行董事会领导下的总经理负责制，下设财务部、行政人事部、工程管理部、市场管理部、品质管理部、信息管理部、运营管理部，拥有60多家分公司，合肥分公司、灵璧分公司、芜湖分公司、岗集分公司、双凤分公司、长丰分公司、滁州分公司、蚌埠子公司、阜阳分公司、宣城分公司、安庆分公司、河北分公司、杭州分公司等，各机构分工明确、协调有序。企业实行现代企业管理制度，每个部门、每个岗位都制定了完善而明确的职责，实行严格而细致的考核制度。公司坚持"有德无才可以培养，有才无德坚决不用"的用人理念，深信人力资源是企业发展的根本，高素质人才是企业迅速发展的基石。公司拥有一支技术较全面、爱岗敬业的专业人才队伍。

企业文化 CORPORATE CULTURE

服务理念 微笑服务、至善至美。

经营理念 诚信经营、规范运作。

质量方针 以科学规范的管理，实现高效的服务；
以竭诚尽心的努力，营造舒心的环境；
以团结务实的追求，获得持续的发展。

部分业绩展示

肥东循环经济产业园

安徽省气象局

无锡太平洋城中城

安徽石关体育训练基地

景瑞物业
专注理想生活

合作携手同行
与城市
共建美好

从为客户创造价值，

从用户满意到理想价值的追求，

景瑞邀您一起携手同行，

共同求索，

共赢未来城市理想生活。

绿升服务

绿城服务全资品牌公司　02869.HK

绿升足迹
Green Service Footprint

15 个　服务省市自治区

72 座　服务城市

160 个　服务项目

10⁺ 万　服务业主

BETTER SERVICE BETTER LIFE
城市好服务　幸福正升级

绿升服务成立于1999年，注册资金6000万，是绿城服务集团（2869.HK）全资品牌公司。作为集团战略组合，公司已形成精致、特色、轻奢的品牌质地，是一家高性价比，优服务流的城市综合服务公司。

二十余年，绿升服务始终秉承绿城"真诚、善意、精致、完美"的核心价值观，坚守服务品质，丰富服务内容，不断提升客户幸福指数，在业界享有良好口碑，连续多年获得"中国物业服务百强企业"。公司拥有6个省级优秀项目，22个市级物业管理优秀示范住宅小区的管理经验及荣誉，均受到政府、社会和业主好评，实现社会效益、经济效益和环境效益多方共赢。

绿升服务具有国家一级物业服务资质，服务类型多样，涵盖住宅、政府公建、商业办公等，擅长军事部队、教育院校、文化旅游、交通运输、高端汽车4S店等特色物业类型。目前，公司服务足迹已覆盖全国15个省、市、自治区，72座城市，160个项目，服务业主10万余户。

未来，绿升服务将立足"城市好服务，幸福正升级"的品牌愿景，继续发挥团队优势、服务优势和信誉优势，致力于成为精智化、综合型的城市服务公司，为客户创造幸福。

快乐服务　　追求卓越

上海明华物业管理有限公司（以下简称明华）成立于1992年6月，国家一级资质，中国物业管理协会理事单位，上海市物业管理行业协会常务理事、副会长单位，上海市文明单位，本市首批获"公众物业管理服务——服务品牌"的认证企业之一。明华成立20余年来，一直秉承"快乐服务，追求卓越"的服务理念，不走寻常路，差异发展、创新经营，开创了上海公众物业管理先河，并长期服务上海市众多知名公众项目。

阡陌物业
QIANMO PROPERTY

WE ARE YOUR BEST CHOOSE

合肥阡陌物业服务有限公司

| 团结合作 | 开拓创新 | 追求卓越 | 永创最佳 |

合肥阡陌物业服务有限公司成立于2007年，注册资本3005万元，拥有物业服务企业国家一级资质、安徽省清洗保洁行业一级资质。公司凭借"团结合作，开拓创新，追求卓越，永创最佳"的阡陌精神，开创了"以校园物业服务为主导，其它公共物业服务为支撑"的业务模式。现已发展成为安徽省校园物业服务十强企业、全国清洗保洁行业百强企业、全国校园物业服务百强企业、中国物业服务百强企业。

品质第一
公司以提供最好的品质给客户为目标，将品质作为企业立足之本。

客户至上
客户是物业服务的最终受益者，阡陌物业始终将客户的利益放在至高无上的位置。

精益求精
注重服务过程精细化，认真把事情做对，用心把事情做好。

持续提升
持续不断的寻找并解决问题，完善服务质量和意识，提升质量管理体系及增强客户满意度。

让商务生活更美好

楷林物业

中国高端写字楼专业服务商

从中原到中国
4部国家级行业标准
3000+塔尖名企
……

初心未改
更加专注 更加专业

关注微信公众号
了解更多企业动态

| 全委服务 | 资产管理 | 顾问咨询 | 股权合作 | 案场管理 | 公司咨询 | 项目咨询 |

洪泉物业

真诚服务 温馨万家

　　重庆洪泉物业管理有限公司成立于2000年5月，是一家不依托开发商具有独立法人资格的国家第一批（2005年）物业服务一级资质和重庆市A级资质城市生活垃圾经营性清扫、收集、处置服务的企业。公司由两部（财务部、法律事务部）、三中心（综合事务管理中心、发展运营管理中心、品质管控中心）、六个子公司（重庆新洪泉环境绿化工程有限公司、重庆缘森市场经营管理有限公司、重庆洪泉恒得环保工程有限公司、重庆星迈建筑装饰工程有限公司、重庆霄卓洪泉环保科技有限公司、重庆洪泉瑞森园林绿化有限公司）及项目管理处组成。公司现有员工6000多人，管理层大都具有大专以上文化程度，其中博士2人，中、高级技术专业职称156人，特殊工种员工持证上岗率达100%。管理总面积1600余万平方米，物业区域覆盖重庆市主城区和区县及贵州、四川、湖北、广西等省市，物业类型涵盖公租房、商业写字楼、行政办公楼、高层住宅、工业园区、场馆、轻轨、旅游景区、医院、学校等。

　　民心佳园项目是我司2011年承接的重庆市首个公租房小区，多年以来一直秉承"真诚服务、温馨万家"的服务宗旨，以专业的技术、一流的服务，赢得了住户的肯定。

至信至诚
　　服务业主

公司简介

　　云南澜沧江物业服务有限公司成立于2004年10月，实缴注册资本金5000万元人民币，总部位于云南昆明。

　　公司下辖昆明、漫湾、小湾、景洪、糯扎渡等13家分公司，拥有芒康县金格桑水电服务有限责任公司、云南沧盛保安服务有限公司、云南沧龙园林绿化工程有限公司3家全资子公司及云南仓禾餐饮管理有限公司1家控股企业。

　　公司具有国家物业管理一级资质，通过了质量、环境、职业健康安全管理体系认证，是中国物业管理协会理事单位、《中国物业管理》杂志协办单位、云南省物业管理协会常务理事单位、云南省房地产业协会物业管理分会副会长单位、云南省烹饪协会副会长单位。

　　公司从事高端、精品、综合体物业管理服务，物业管理服务项目特点是点多、面广、战线长，服务范围广、技术含量高、标准要求高。

　　公司服务的业主包括人民银行昆明中心支行、南方电网丽江供电局、华能澜沧江水电公司、中国移动大理、迪庆分公司等单位，涵盖金融、电力、烟草、通信等行业。管理服务物业项目种类齐全，涵盖了大型水电站工业园区、企业综合办公基地、城市高层住宅小区、高档办公写字楼等综合体物业的常规服务、专项服务、特约服务（包括职工餐厅、接待中心、会议礼仪、职工活动中心管理）等内容，管理服务总建筑面积4000多万平方米。公司管理着2个国家级优秀物业管理示范项目，1个全国标杆物业管理项目，2个全国五星级物业服务项目，2个省级物业管理示范工业园区。公司管理服务的近30个职工餐厅，有3个"中国餐饮名店"，6个"云南省餐饮名店"，以及3个"绿色餐厅"，员工获得国家级、省级烹饪大赛团体、个人多项大奖。

2011年，公司被中国物业管理协会评为"物业管理改革发展三十周年·综合实力排名入围企业"。

2013年，获得"物业管理综合实力TOP200企业"荣誉。

2019年，被评为"2019物业服务企业综合实力500强""2019特色物业服务品牌企业（大型水电站工业园区服务）""2019年产业园区物业服务领先企业"。

2020年，荣获"2020物业服务企业品牌价值100强""2020物业服务企业综合实力500强""2020产业园区物业服务领先企业"称号。

晟邦物业
SUNBOW PROPERTY

"精准管理、精细服务、精心经营"

  北京晟邦物业管理有限公司成立于2008年，国家一级资质物业管理企业、中国物业服务百强企业、中国物业管理协会理事单位、北京物业管理行业协会理事单位、AAA级信用企业、2012年通过GB/T19001质量管理体系、GB/T24001环境管理体系、GB/T45001职业健康安全管理体系认证，2013年成立党支部并被评为"先进基层党组织"以党建领航物业，当选中国特色物业管理服务领先企业。

  所服务项目多次被评为"全国物业管理示范住宅小区""北京市物业管理示范小区"。服务产品覆盖住宅、公寓、写字楼、别墅、商业、会所、汽车产业园、物流园区、公园等多种业态；服务版图深耕北京、天津、河北、杭州、成都、哈尔滨、西安等全国多个地区；服务范围涵盖物业服务委托、高端案场、资产管理、家居装饰、餐饮服务、婚庆策划、园林绿化、私人定制旅游等全生命周期服务链条，打造尊贵贴心、高效舒适的生活服务空间。

  公司秉承务实、高效、责任、和谐的企业精神，"精准管理、精细服务、精心经营"为经营管理目标，以成为"全国物业行业精细化管理标杆企业"为企业愿景。以品质生活，悉心为你的服务宗旨给客户营造温馨的生活空间。

扫码了解详情

合肥市政文外滩物业管理有限公司

企业简介

合肥市政文外滩物业管理有限公司(以下简称"政文外滩")成立于2004年4月14日,由合肥文旅博览集团有限公司与上海浦江物业有限公司共同投资组建,物业管理一级资质,中国物业服务百强企业,中国物业办公写字楼物业服务领先企业。

政文外滩是一家以服务为根基,以品质求发展的物业企业,现已基本形成以政府办公楼、高档写字楼、高档住宅、体育场馆、公众物业、工业园区等多种业态为特色,以省会为核心发展点,多城市多业态拓展齐头并进的良好态势。政文外滩一直遵循"业主至上,服务第一"的企业宗旨,发扬"敬业修德、高效创优、诚信进取"的企业精神,始终以"市场为导向,不断满足客户的需求"为出发点,坚持"以情服务,用心做事,科学管理,追求卓越"的管理理念,为客户提供安全、方便、舒适、健康、温情的服务。在积极进行市场拓展的同时,通过科学管理、信息化技术创新等手段持续降低运营成本,提高运营效率,净利润连续几年实现大幅增长。政文外滩物业在物业服务的广袤土地上精耕细作,不断塑造自己的品牌和企业文化,赢得了客户一致好评,博得了社会各界的广泛赞誉。

业绩展示

合肥市政务综合楼

安庆市东部新城

合肥体育中心

合肥市天鹅湖畔小区

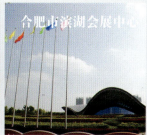
合肥市滨湖会展中心

企业文化

核 心 理 念:沟通至上,服务致远
企 业 使 命:使物业更有价值,让员工更有成就
核心价值观:人本、进取、和谐
服 务 理 念:我们多努力,让您更满意
经 营 理 念:为客户创造价值,为企业创造利润

管理理念

质量观———品质为我们赢得尊重
人才观———人人都能成才,付出就有回报
危机观———危机最终来自于我们自身

合肥市政文外滩物业管理有限公司

鸿园物业 HONGYUAN PROPERTY SERVICES

业主至上
服务至诚

公司概况
COMPANY PROFILE

云南鸿园电力物业服务有限公司成立于1999年6月,是一家专业化经营、市场化运行、集团化管理的公有制企业。截至2019年年底,公司管理总面积为1733.29万㎡,管理项目246个。从业人员达3572人,各类行业带头人及市、省、国家级专家委员38名,经营总收入3.22亿元。

公司立足云南电网,专注写字楼、综合办公区业态物业管理,多年来,业务涉及基础物业(保安、保洁、绿化、维修、客户管理等)、驾驶、餐饮、资产、客房等运营,客户覆盖电力系统、银行系统、邮政系统、税务系统等领域,秉承"业主至上,服务至诚"的服务宗旨,恪守"守法服务重安全、整洁环保求健康、追求完美人为本"的管理方针,公司以客户需求为导向,强化内部管理,在云南同行中率先制定公司的安保、维修、会务、保洁、绿化、餐饮等服务标准(企业标准),不断为客户提供优质、高效的物业服务。多年来,公司的电力特色物业服务已深深融入广大客户的生产、生活中,为电网、银行、邮政、税务等系统业主的后勤保障提供了有力支撑,获得了广大客户的好评。

公司为昆明市物业管理协会副会长单位,云南省物业管理协会、中国物业管理协会理事单位,多年来,公司的物业服务、供餐服务、驾驶服务等获得了客户和同行的高度认可。近年,公司荣获了2019特色物业服务品牌企业,中国南方电网职工持股改革后企业2018年A类标杆企业,2020物业服务企业综合实力500强企业。

在新的历史发展时期,作为一家公有制企业,为贯彻落实好国有企业改革三年行动方案,云南鸿园电力物业服务有限公司紧紧围绕服务生产经营不偏离,紧盯业务,补齐短板,坚持两手抓:一手抓系统内部整合,坚定不移推进系统内部物业专业化整合,激发内生动力,调整生产关系,提高系统的服务效率和服务能力;一手抓外部市场,坚持以市场为导向,积极参加市场投标,提高市场竞争能力,提升公司核心竞争力。

砥砺奋进,再续新篇,在上级党委的坚强领导下,云南鸿园电力物业服务有限公司正在发挥系统物业龙头作用,积极稳固现有市场,拓展新兴业务,按照上级管理单位"规范化服务、专业化整合、集团化管理、社会化发展"的总体要求和部署,强化专业素质,提升管理水平,求新求变,创新发展,努力将公司发展为快速成长的现代明星企业。

2020

2019

2019

2019

规范化服务
专业化整合
集团化管理
社会化发展

GROUP PROFILE
集团简介

大鹏一日同风起，扶摇直上九万里。绿清集团2009年创立于"创新之都"深圳，是一家致力于智慧城市综合服务的大型现代企业，旗下拥有绿清集团有限公司、绿源物业环保产业有限公司和龙翔保安服务有限公司，形成了集团化、多元化的战略发展格局，实现了各领域更精细化、专业化的服务优势。

绿清集团有限公司业务涵盖居住物业、公建物业、工业园物业、轨道交通、智慧安防等多种业态；绿源物业环保有限公司专注于政府办公楼、学校、医院、公园、展馆等公建领域，为智慧城市、智慧社区提供一站式服务保障；龙翔保安服务有限公司致力于保安服务、智慧安防等。

经过多年的精心经营，绿清集团通过"五体"特色管理模式的建立、完善和实施，实现了党建一体化、企业规范化、服务标准化、管控数字化、装备科技化"五化"协调统一发展，在行业确立了独树一帜的发展之路。

积跬步以至千里。绿清集团的业务广泛分布于广东、广西、四川、湖南、山东、河南、安徽、浙江、江苏等省份（直辖市、自治区），涵盖各类服务项目数千个，拥有员工数万人，可高效响应和精准满足各领域业主、客户的需求。

志于道，据于德，依于仁，游于艺。绿清集团将依托精准的战略规划、精细的市场管理、精湛的专业运作，塑造绿清品牌美誉度与影响力，致力成为一体化智慧城市服务标杆。

COMPANY PROFILE
业务板块

住宅物业服务	轨道交通服务	办公写字楼服务	工业园区服务	展馆物业服务	学校物业服务

医院后勤服务	餐饮管理服务	公园物业服务	市政管理服务	政府外包服务

GROUP HONOR
集团荣誉

绿清集团　　绿源物业　　龙翔保安
LVQING GROUP　LVYUAN PROPERTY　LONGXIANG SECURITY

深圳市绿清集团有限公司
SHENZHEN LVQING GROUP CO., LTD

深圳市绿源物业环保产业有限公司
SHENZHEN LVYUAN PROPERTY AND ENVIRONMENTAL PROTECTION INDUSTRY CO., LTD

广东龙翔保安服务有限公司
GUANGDONG LONGXIANG SECURITY SERVICE CO., LTD

绿清官方微信　　绿源官方微信　　龙翔官方微信

嘉 诚 物 业

JIA CHENG PROPERTY

嘉誉天下·诚挚永远

Fine reputation all over the world Sincere forever

合作模式

♛ 物业全委　🏠 项目托管　☺ 顾问咨询　🤝 股权合作

🏙 战略合作

服务业态

住宅 / 商企 / 案场 / 社区多元 / 城市服务 / 行政机关 / 文旅

创领美好生活

正美物业："美生活"，让生活更美

河南正美物业服务有限公司由中国物业管理协会名誉副会长李书剑携核心团队共同创建，秉承"服务创造美好生活"的企业使命，坚持"专业、专注、专精、专诚"的服务理念，一切以客户体验为中心，致力于让社会尊重物业管理行业。2020年荣获中国物业服务企业综合实力300强第227位、中国物业服务企业品牌价值100强、中国物业服务防疫满意度企业50强等殊荣。

防疫有力 红色社区

正美物业坚持党建引领，明确"一心六翼"的党建模式，践行党建引领下的社区居民委员会、业主委员会、物业服务企业协调运行机制，以党员示范岗和党员攻坚队为先锋，在新冠疫情防控中发挥突出作用，保障和推动"零输入、零感染、零传播、零风险"的防控目标实现。同时，引导居民党员参与服务协调与监督，以党建统领工作全局，推动党建和业务两手抓、两促进，从安全维护、服务调处、公益扶贫等六大方面，推动红色社区打造，为城市建设和社会发展做出贡献。

专注服务 美好生活

正美物业遵循"坚守品质、彰显品位、铸就品牌"的路径，坚持"基础服务做优，品牌推广做大，社区服务做强"的"一体两翼"发展战略、"多维布局、守正出奇、星火燎原、转型升级"的战略路径，依托核心团队和规范体系，根植河南，布局全国，一切以客户体验为中心，为广大的不动产拥有者、房地产企业及公共机构提供专业化、一站式、全过程的物业运营及生活服务，致力于打造行业领先的社区服务与资产运营平台，用服务为更多业主创造美好生活。

公司创建"美生活"服务模式，不仅以示范创建的标准保障基础服务品质，打造"品质和创新"的企业IP，而且构筑社区平台服务体系，为业主提供"衣、食、住、行、教、养、医、娱、文、金"等增值服务，定制多元化生活方式，以"互联网+"的思维创新模式和技术手段，完善社区服务生态布局。让客户畅享"美景美境美居乐"，"美家美邻美生活"。

责任企业 助力行业

正美物业积极担当行业责任，作为中国物业管理协会法律政策工作委员会主任单位，以推动中国物业管理法治化进程为使命，2020年，主导编撰《物业服务企业在疫情防控中的法律风险防范指引》等行业指引，组织开展线上法律援助和政策咨询服务。以《民法典》等法律法规宣贯推广为要，承办民法典公益讲堂、组织民法典专栏宣传，举办第二届、第三届法治论坛及线上活动，着力提高从业人员法治意识与风险防范能力，为行业法治化建设提供支持。同时，牵头研究《中部地区居住物业服务成本分析及动态指数研究》课题，助力行业"质价相符"及动态调整的物业费价格建立、调整机制的形成。响应国家扶贫攻坚号召，参与中国物业管理行业"社区的力量—藏区青苗牵手计划"、河南省住建厅消费扶贫现场采购活动等，开展助老敬老、扶弱助残公益活动等，致力于让社会尊重物业管理行业。

以党建聚合力，以心服务筑造美生活，以责任担当推动行业发展，正美，让生活更美！

扫一扫关注企业动态

物业升级 智慧鸠兹
让您的生活更便利

不断开拓
创名牌企业
做精品项目

　　安徽鸠兹物业服务有限公司成立于2002年4月26日，是具有一级资质的物业管理企业，注册资金2000万元，管理建筑面积与环卫道路共2440多万平方米，拥有员工4000余人。其中管理技术人员具大学以上文化程度的达80%。

　　法人代表邹乐是芜湖市镜湖区第七届政协委员，芜湖市镜湖区第八届人大代表，芜湖市物业管理协会会长，芜湖市青企协副会长，安徽省物业管理协会副会长，安徽省优秀民营企业家，安徽省物业管理评标专家，中国物业管理协会会员单位。

企业先后荣获"安徽省物业管理诚信企业"、"守合同重信用单位"芜湖市法制工作"先进集体"、"芜湖市优秀物业管理企业"等称号管理项目屡次获'省优'、'市优'称号。并于2005年9月通过ISO9001-2000质量管理体系认证。2019年在全国12.7万家物业服务企业中被中物协评为综合实力500强，位列312名居全国物业服务行业领先地位。

部分在管项目展示

企业使命

以学习、创新激发员工活力

以关爱、体贴赢得客户信赖

以绿色、低碳倡导企业与客户、人与自然的和谐共处

三个增值

让客户感到增值

让员工感到自身增值

让企业资产增值

企业愿景

成为客户信赖、不断创新，具有高美誉度的优秀企业

核心价值

持续创造超顾客期望值的卓越服务

△公司简介

上坤物业成立于2012年，系上坤企业集团股份有限公司全资子公司。自成立以来，通过不断积累拓展，确立了"立足上海、深耕长三角、布局华南和西南区域"发展战略，现已成立上海、苏州、杭州、东阳、合肥、商丘、天门、上饶、武汉、确山、佛山、青岛、阜阳、慈溪等分公司，业务服务内容涵盖综合体、写字楼、高端住宅、咨询等诸多领域。同时引进智能化物业管理模式，使物业服务更多元化，不断增值创新，将上坤物业打造成为业界品牌价值标杆，为行业未来注入新的活力。

有温度
让温情回归生活
让生活更有温度

有深度
人本之心为怀
践行高品质生活理念

有速度
分分秒秒的潜心专注
24小时臻心守候

有风度
事无巨细的打点
以入微服务打动生活

零打扰
社区零干扰
回避式社区打理

零距离
服务零距离
细心做好每一件小事

零障碍
沟通零障碍
亲力亲为答疑解惑

零死角
清洁监督零死角
回避式社区打理

为宜居而来

俊发七彩服务 | 全心全意全为您
JUNFA QICAI SERVICE | WHOLEHEARTED SERVICES

历经二十余载，我们矢志成为客户信赖的美好生活服务商，为此，俊发七彩生活服务集团始终秉承"全心全意全为您"的企业使命，用心对待每一次服务，细心呵护每一名业主，这是我们烙印在心的不变承诺，更是以"至臻、至诚、至勤、至慧"的核心价值观成就60万业主的幸福生活体验。

俊发七彩生活服务集团是是国家一级资质物业管理企业。现已进驻昆明、玉溪、大理、开远、西双版纳、成都、贵阳、无锡等城市，服务项目70余个，合约管理面积超4200万平方米，服务项目多次被评为市级、省级、国家级物业管理示范项目。

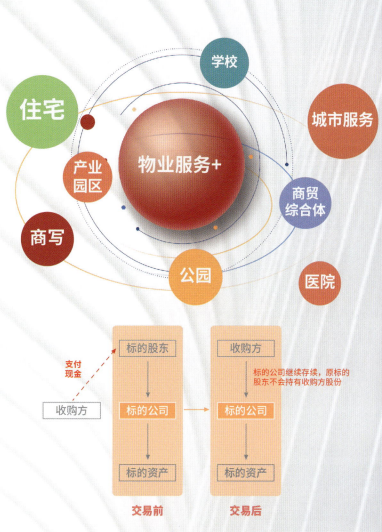

全委 / QUANWEI
通过直接承接项目物业管理权，以包干制或酬金制的形式为开发商 / 业委会 / 产权管理单位提供俊发物业专业化、特色化的全生命周期物业服务。

顾问 / CONSULTANT
通过俊发物业专家团队为合作方提供包括不限于前期介入、高端案场体验服务顾问、现场管理顾问、企业管理专项咨询等专业化咨询服务，与客户共享俊发物业二十多年的企业运营经验及服务成果，实现品牌双赢。

股权合作 / EQUITY COOPERATION
收购目标公司股权
通过收购合作物业公司部分或全部股权的方式，与合作方共同经营、管理，共担风险、共享收益。

现金收购：指的是收购方直接以现金方式收购标的公司的行为，其最重要的特点是收购方的股权结构在并购前后并不会发生变化。

合作成立新公司 / ESTABLISH A NEW COMPANY TOGETHER
合作双方在平等，互惠互利的原则下，采取共同出资设立新公司，各自发挥公司优势承接物业管理项目，俊发物业将为新公司提供专业的物业服务与技术、平台支持。

社区生态合作 / COMMUNITY ECOLOGICAL COOPERATION
合作内容以俊发物业现有社区生态业务合作为主，主要包含美居中心、社区资源、七彩优选。通过构建商户、物业、业户之间的商业链接平台。

俊发·春之眼

俊发中心

俊发新螺蛳湾国际商贸城

俊发滇池 ONE

翠湖俊园

2020物业服务企业
综合实力500强

2020学校物业服务
领先企业

连续八年位列江苏省
物业服务业综合实力
50强企业第1名

"江苏精品"认证

室外大型机械化设备

「心心相印，四化融合，让生活更美好」

SOOCHOW SERVICE

 | # 让客户的生活更幸福

河南庭瑞物业管理有限公司

系振兴集团旗下全资子公司
中部领先的综合性物业服务企业与平台

秉承着"让客户的生活更幸福"的企业使命，庭瑞物业在住宅物业、写字楼物业、商业物业等领域为客户提供优质、智能、安全的产品、解决方案与服务！

扫一扫，了解我们更多

2020中国物业服务企业综合实力500强
2020华中区域品牌物业服务企业10强
2020特色物业服务品牌企业

金钥匙管家、健康管家，融合金钥匙联盟"满意+惊喜"的服务理念，24小时一站式服务模式，从入住那一刻起，大到乔迁新居，小到绿植养护，让业主在一点一滴中体会国际物业管理带来的美好生活享受。

健康服务、关爱服务、家居服务、生活服务、文化服务，在三百六十五天，在每一个传统节日里，庭瑞物业贴心守望，为客户提供全生命周期服务，标注全维度幸福人居新高度。

标准为杆，谨本详始，2020年庭瑞物业GB/T19001质量管理体系、GB/T24001环境管理体系、GB/T45001职业健康安全管理体系认证完成，标准化工作贯彻进公司运营管理的每一个环节。

合作共赢：全委管理、企业并购、股权合作

以真诚的服务提升客户的幸福生活体验　以品质管理实现客户资产的增值保值

美的物业

SMART LIFE

BRIEF INTRODUCTION
企业简介

■ 创立于 2000 年，美的置业控股成员企业，中国物业服务 top30 企业。美的物业以物业服务为主营，布局智慧城市全产业链，经过 20 年的稳健发展，已经成为一家业务涉及住宅、养老、文化、广告、代建、代销、资产管理、科技能源、家电配套、城市空间运营服务等领域，享有良好声誉且快速成长的城市空间运营与美好生活服务商。

■ 国家一级物业管理资质
2020 住宅物业服务领先企业
2020 华南品牌物业服务企业 20 强
2020 智慧物业服务领先企业
2020 年度物业服务满意度 23 强
2019 公众物业服务领先企业
2019 住宅物业服务领先企业
截至 2020 年 12 月，获市级管理示范单位 129 个，省级示范单位 38 个。

关爱无所不在

扫一扫　打开智慧美好生活

智慧科技 美好生活

公司简介

青岛海尚海生活服务集团有限公司，具备物业服务企业一级资质。在海尔集团"黑海战略"的指导下，以海尔"人单合一""链群合约"为指引，以"真诚"+"科技"为基因，以智慧科技赋能服务体验，建立起"基础服务"+"业主增值服务"+"非业主增值服务"+"智能科技服务"+"城市公共事业服务"五大业务板块的多元化服务和覆盖住宅、写字楼、酒店、商业等多元业态的全场景服务体系，致力于打造国内引领的智慧生活服务生态平台。

核心差异化

智能科技赋能·全业态·多元化

以"AIoT+IOC"物联平台为依托，聚焦住宅、商办、工业、城市等全业态，提供N种可定制的多元化智慧增值服务，用科技让生活更美好。

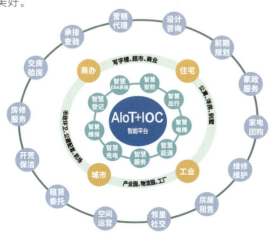

社区家生活

搭建"一站式网格化温情服务平台"，做到"用户零距离，维修零延误，安全零事故，环境零抱怨"。

智慧场景体验

1、**智慧电梯**：国内首个电梯物联网生态平台

四大智慧电梯解决方案：推出"梯之眼""梯之屏""梯之肺""故障预测算法"

模式创新："1+6+N"模式

智慧场景：AI应急救援、健康空气、无感通行等

2、**智慧数字登记**：访客无纸化登记，延伸打造社区入口生态综合服务；

3、**海e停–智慧停车解决方案**：打造自主知识产权的收费管理平台，用科技改变出行；

4、**智慧充电**：打造社区电动自行车充电桩生态系统，构建共享充电新模式；

5、**智慧EBA设备设施维保系统**：实现机电设备的全生命周期管理。

6、**智慧服务（APP）**：海客会APP，用户可实现一键报修、缴费、锁车，访客邀约等便民服务，足不出户，乐享掌上生活。

智能机器

安杰领跑未来 颠覆传统科技

Angel leads the future and subverts traditional technology

- 人工智能
- 赋能物业
- 高新技术

深圳市安杰信息科技有限公司

A级安装维保服务商

精心打造优质化服务

公司简介
COMPANY PROFILE

  湖南锦峰电梯有限公司主营电梯设备的销售、安装、维保等一站式服务，具有A级安装维保资质，是内外一线、二、三线品牌等电梯授权经销商，为客户提供高品质的产品、多模式的合作解决方案，成立于2015年7月，拥有近100名技术精湛的管理和专业技术人员；为客户提供一站式的电梯采购工程解决方案。

100%优选
  厂家直签一手资源，保证后续销售、维保、100%原厂原品牌保障利益的同时，保证产品及售后的质量。

A级维保单位
  锦峰电梯具有电梯A级资格许可证，能够提供系列电梯，如三菱、迅达、日立、奥的斯等电梯的维修保养服务，还可协助客户进行电梯每年一次的由政府部门强制实行的年审。

加装电梯
  随着社会老龄化的加剧，保证老年人顺利出行成为急待解决的社会问题，多层建筑加装电梯成了必然选择，我司提供从加装电梯的审批到验收全程跟踪服务。

已与全国50+物业服务商或地产商合作
服务电梯3000余台电梯

 企业微信 个人微信

电务通
— DIAN WU TONG —

公司介绍

北京电务通已在朝阳门悠唐商场、丽泽桥恒泰广场、中关村e世界、亦庄城乡世纪广场建立工作站并对项目进行管理，其他管理项目包括二商怡和阳光大厦、京粮大厦、北方导航、四达时代、章光101、城乡商城、FFC、京广中心、新华保险、中粮可口可乐、DHL亚太总部、世邦魏理仕、北京燃气集团等项目。是国家高新技术企业、中关村高新技术企业、北京安全生产联合会理事单位、北京物业管理行业协会会员、北京电力行业协会理事单位、北京市朝阳区物业管理协会会员、施耐德售后服务商。

01 监控中心
线上集中监控，提供全数据支持

02 服务站点
在用户或周边位置设立服务站点，完成巡检、操作、抢修及区域数据监控工作

03 人
专人、标准化工作PAD、在服务站点，为用户提供专业人工服务

04 用户
互联网+云平台+服务站点+标准化作业

电务通运维模式

现有工作站位置

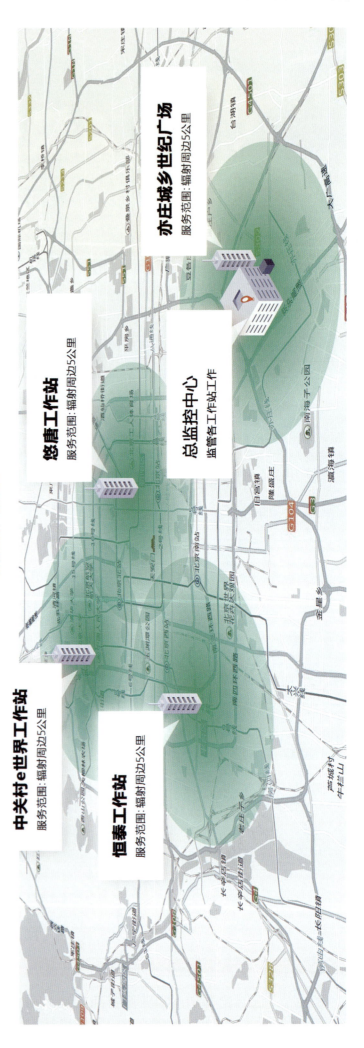

亦庄城乡世纪广场
服务范围：辐射周边5公里

悠唐工作站
服务范围：辐射周边5公里

总监控中心
监管客工作站工作

中关村e世界工作站
服务范围：辐射周边5公里

恒泰工作站
服务范围：辐射周边5公里

云智易智慧物联

智慧空间物联云平台第一品牌

致力于成为最具影响力的「智慧空间运营赋能者」

核心输出： 物联网平台、物联网应用中台、物联网SaaS服务、
X-Brain AI盒子和物联网咨询服务

某集团全场景智慧社区落地案例

扫码试用

E3-智慧设备运维系统

成本	安全	增强现场	品质	可量化
降低65%巡检成本	消除50%设备安全隐患	100%保障现场人员工作准确性	提升80%问题及时响应率	自动报告生成，量化服务数据、设备数据，洞察数据背后价值

A4-智慧人行运营平台

无卡通行体验
借助手机、二维码、人脸识别等多种方式，实现多出口畅行

出行鉴权管理
构建统一鉴权体系，提升人员通行管理效率和安全管理水平

通行数据分析
驱动用户在线化、活跃度和流量运营，动态数据持续采集和沉淀，升华运营

P6-智慧车场运营平台

统一平台统一支付
消除厂商硬件差异，全集团车场统一支付，统一车行、收费数据，收入增加20%~30%

无人值守智能管理
自动化操作优化人员结构，智能收费对账、设备运维等，每年/车场减少14万元支出

集团管控持续运营
集团可构建统一车行鉴权体系，提升车场分析运营能力，减少80%运营支出

创新应用提升服务
数据沉淀分析，建立用户模型，打造车位共享等创新应用，提升服务品质

绩效指标稽核管控
稽核车场异常收费、违规放行业务，优化用人质量

V8-智能视频AI服务

视频巡更降本增效
视频巡更协助企业安保人员降低出勤巡逻次数，扩大巡更检查面积，覆盖率提高30%~40%

贯穿全程无缝衔接
摄像头巡更、异常事件告警，保安联动，安全事件全流程管理

AI融合管控品质
AI与生物识别技术结合视频监控，接入社区监控、监管服务人员，保障管理工作规范化

集团管理调取快捷
统一平台管控，打通各视频系统，助力商业运营